本书是国家社科基金重点项目"中国特色社会主义自由观建构中的思想资源及其创新整合研究"(17AKS009)的阶段性成果

丛书主编 / 袁祖社

观念会通与理论创新 丛书

寇东亮 著

自由的哲学视界

中国社会科学出版社

图书在版编目(CIP)数据

自由的哲学视界／寇东亮著．－－北京：中国社会科学出版社，2019.12
ISBN 978-7-5203-5486-8

Ⅰ.①自… Ⅱ.①寇… Ⅲ.①自由-研究 Ⅳ.①D081

中国版本图书馆CIP数据核字（2019）第232401号

出 版 人	赵剑英	
责任编辑	朱华彬	
责任校对	张爱华	
责任印制	张雪娇	
出　　版	中国社会科学出版社	
社　　址	北京鼓楼西大街甲158号	
邮　　编	100720	
网　　址	http://www.csspw.cn	
发 行 部	010-84083685	
门 市 部	010-84029450	
经　　销	新华书店及其他书店	
印刷装订	北京君升印刷有限公司	
版　　次	2019年12月第1版	
印　　次	2019年12月第1次印刷	
开　　本	710×1000 1/16	
印　　张	21.75	
插　　页	2	
字　　数	333千字	
定　　价	128.00元	

凡购买中国社会科学出版社图书，如有质量问题请与本社营销中心联系调换
电话：010-84083683
版权所有　侵权必究

"观念会通与理论创新丛书"编委会

主　编　袁祖社

副主编　许　宁　石碧球

编委会　刘学智　林乐昌　丁为祥　寇东亮

　　　　宋宽锋　戴　晖　庄振华

总　　序

哲学发展史的历程表明，任何最为抽象的哲学观念、哲学理论的提出，在归根结底的意义上，都有其深厚的人类生存与生活的根基，都是对于某种现实问题的回应、诠释和批判性反思。马克思指出："任何真正的哲学，都是自己时代的精神上的精华，……哲学不仅在内部通过自己的内容，而且在外部通过自己的表现，同自己时代的现实世界接触并相互作用。……各种外部表现证明，哲学正在获得这样的意义，哲学正变成文化的活的灵魂。"[①] 马克思的上述论断深刻地表明，任何一个富有时代气息和旺盛的生命力哲学，都担负着时代赋予它的使命，都必须回答时代提出的最根本问题，都必须密切关注、思考和回答现实中提出的重大问题。

置身"百年未有之大变局"，当此人类文明转型的新的历史时期，当代世界正在发生广泛而深刻的变革，当今中国也正在经历更为全面、更为深层次的社会转型。面对愈益复杂的历史变迁格局，如何运用哲学思维把握和引领这个大变革、大转型时代，是重要的时代课题。

本套丛书的选题，从论域来看，涵盖了中国哲学、西方哲学、马克思主义哲学、伦理学、科技哲学等多个学科。本套丛书的作者，均是陕西师范大学哲学系一线教学科研人员，多年来专心致力于相关理论的研究，具有深厚的哲学理论素养和扎实的学术功底。

本套丛书的鲜明特点，概括起来，主要有以下四个方面：

1. 倡导中西马的辩证融通与对话。丛书编辑的主题思想，在于倡导

[①] ［德］马克思：《〈科隆日报〉第179号的社论（1842年）》，载《马克思恩格斯全集》第1卷，人民出版社1995年版，第220页。

中国哲学、西方哲学、马克思主义哲学在哲学观上的会通。随着经济全球化，哲学在精神领域从过去的各守门户、独持己见而开始走向融通、对话与和解。不容否认，中国传统哲学、西方哲学、马克思主义哲学在理解世界、认识人类发展命运上都独具自己的认识和思考。中国传统哲学、西方哲学和马克思主义哲学是横向层面的哲学形态，它们之间不是简单的相加和并列关系，而是一种"互补互用"的互动关系。中国传统哲学的整体性思维，对理解世界与科学的复杂现象提供了具有中国文化精神特质的历史思维渊源；西方哲学则从个体性、多样性，多角度地阐释科学人本内涵的复杂性和深刻性；马克思主义哲学基于"全部社会生活在本质上是实践的"的科学论断，以"问题在于改变世界"的姿态，深入而全面地阐述了人及其实践与世界关系的理论，努力推动哲学由传统向现代形态的转变。随着中国现代化步伐的加快，中国哲学界的主体意识的觉醒，迫切需要通过中西哲学的对话，以及现代与传统中国思想之间的融通，找到一条适合当代中国哲学未来发展的路径，探寻哲学创新的突破口。

2. 返本与开新并重基础上的创新努力。在研究方法上，本套丛书的作者们严格遵循"立本经"、求"本义"宗旨，力戒空疏的抽象诠释，务求"实事求是"的学风和求真、求实的治学精神，从而在新的时代和语义环境中实现返本开新意义上的当代哲学创新。创新是一个艰深的理论难题，其目的在于以新理念、新视角、新范式、新理解、新体会或新解释等形式出现的对时代精神的高度提炼和精准把握。无疑，思想、时代与社会现实是内在地统一在一起的。换言之，只有切入时代的思想，从问题意识、问答逻辑、问题表征和问题域等方面展开对问题范式内涵的分析，才能真正把握社会现实的真谛。同时，也只有反映社会现实的思想，才能真正切入时代。"问题范式"内含于"哲学范式"中之中，以问题导向展现研究者的致思路径，通过对时代问题的总结归纳，实现从不同视角表达哲学范式及范式转换的主旨。本套丛书分属不同的哲学研究领域，涉及不同的思想主题，但其共同的特点在于，所有的作者要么是基于对于特定问题研究中一种约定俗成的观念的质疑，要么是致力于核心理念、研究范式的纠偏和，要么强调思维逻辑的变革与创新。

3. 敏锐的问题意识与强烈的现实关切情怀境界中的使命担当。对哲学和现实关系问题的不同回答，实质上是不同时期的哲学家各自立场和世界观的真实反映。基于现实问题的基础理论探讨，本套丛书着眼于现实问题的多维度哲学反思，致力于文明转型新时期人类生存与生活现实的深刻的哲学理论思考与精到诠释，力求在慎思明辨中国实现以问题为导向的对"具体"现实问题的理论自觉。中西哲学史的演进史表明，一种具有深刻创见的哲学理论和观念的出场，都是通过回答时代提出的问题，客观地正视现实、理解现实、推动现实，务求真正把哲学创新落到实处。在这方面，马克思主义经典作家堪称典范。马克思所实现的哲学观变革，所确立的新的哲学观，是对社会现实进行无情批判的"批判哲学"，变革了以往哲学的思维范式，提升了人类哲学思维的境界，开辟了关注现实个体之生活世界的"生活哲学"；关注现实人的生存境遇与发展命运的"人的哲学"；改变现存世界的"实践哲学"；不断修正和完善自己理论的与时俱进的哲学；善于自我批判和自我超越的开放哲学。

4. "辨章学术，考镜源流"的治学规范与学术理性坚守。"辨章学术，考镜源流"出自《校雠通义序》："校雠之义，盖自刘向父子部次条别，将以辨章学术，考镜源流。非深明于道术精微、群言得失之故者，不足语此。"在中西文化交流中，梁启超有感于"中体西用论"和"西学中源论"的争辩，用于变革传统的"学术"概念，梁启超指出："吾国向以学术二字相连属为一名辞（《礼记》乡饮酒义云：'古之学术道者。'《庄子·天下篇》云：'天下之治方术者多矣'。又云：'古之所谓道术者，果恶乎在？'凡此所谓术者即学也。惟《汉书·震光传》赞称光不学无术，学与术对举始此。近世泰西学问大盛，学者始将学与术之分野，厘然画出，各勤厥职以前民用。试语其概要，则学也者，观察事物而发明其真理者也；术也者，取所发明之真理而致诸用者也。例如以石投水则沉，投以木则浮，观察此事实，以证明水之有浮力，此物理也。应用此真理以驾驶船舶，则航海术也。"[①] 论及"学"与"术"之间的关系，梁启超指出："学者术之体，术者学之用，二者如辅车相依而不可离。学

---

① 《梁启超全集》第四册，北京出版社1999版，第2351页。

而不足以应用于术者，无益之学也；术而不以科学上之真理为基础者，欺世误人之术也。"① 梁启超既不赞同一味考据帖括学，皓首穷经，而不能为治世所用的做法，同时也反对那种离学论术，模仿照抄他人经验的学舌之术。

袁祖社　谨识

2019 年 12 月

---

① 《梁启超全集》第四册，北京出版社 1999 版，第 2351 页。

目 录

导　言　提升社会主义自由观意识形态话语权 …………………… 1

第一章　自由的历史哲学视界 ……………………………………… 13
　一　中国传统思想中的自由概念与心性自由观念 ………………… 13
　二　启蒙、理性的自由运用与公共理性 …………………………… 27
　三　马克思早期自由思想变革的五个节点 ………………………… 37
　四　两次提升、两个和解与历史进步 ……………………………… 51

第二章　自由的道德哲学视界（上） ……………………………… 63
　一　德性与自由：道德的两个基本构成因子 ……………………… 63
　二　自由、权利与德性 ……………………………………………… 74
　三　主体性道德人格、道德能力与道德的"实践教化" …………… 80
　四　自律、利益与道德的演化 ……………………………………… 102

第三章　自由的道德哲学视界（下） ……………………………… 115
　一　德性与自由的融通：康德伦理思想的一个旨意 ……………… 115
　二　同情与意志形而上学：叔本华关于道德基础的思想 ………… 122
　三　自由优先于德性：罗尔斯伦理思想的一个原则 ……………… 132
　四　"伦理的终结"与"道德的解放"：后现代伦理的宗旨 ……… 142

第四章　自由的政治哲学视界 ……………………………………… 148
　一　青年马克思对"政治解放"境遇的自由及其悖谬的辩驳 …… 148

二　马克思"人的解放"视域中的国家治理现代化与个人自由 …… 161
　　三　劳动·自由·公正："一体两翼"社会主义核心价值观 ……… 173
　　四　社会主义核心价值观研究的方法论自觉 ………………… 182

第五章　自由的人学哲学视界 …………………………………… 192
　　一　马克思恩格斯"个人的自由发展"思想的三个面相 ……… 192
　　二　马克思早期思想中的"市民—公民"观念及其批判意蕴 …… 201
　　三　人与物关系的科学阐释与价值定向 ……………………… 213
　　四　身心自由、德性与真实自我 ……………………………… 222

第六章　自由的实践哲学视界 …………………………………… 232
　　一　当代中国人自由观念的三个转向 ………………………… 232
　　二　"美好生活"的自由逻辑 …………………………………… 243
　　三　"美好生活需要"内涵的自由意蕴 ………………………… 256
　　四　陌生化境遇中的社会心态及其道德风险 ………………… 265

第七章　自由的生态哲学视界 …………………………………… 278
　　一　自然、自由与生态文明 …………………………………… 278
　　二　"人的自然本质"与"自然界的人的本质"的统一 ………… 290
　　三　现时代的"身体生态"危机及其伦理消解 ………………… 299
　　四　"自我实现"的生态维度 …………………………………… 321

参考文献 ………………………………………………………………… 330

后　记 ………………………………………………………………… 335

导言　提升社会主义自由观意识形态话语权

把自由作为社会主义核心价值观基本要素，并置于社会价值的首位，这是我们在自由问题上第一次从意识形态层面自觉发出的"中国声音"。如何阐释、建构和传播中国特色社会主义自由观，提升和凸显中国特色社会主义自由观的意识形态话语权，是我国主流意识形态建设面临的一个新课题。

1. 加强社会主义自由观意识形态话语权建设

自由是人类最高的价值追求，是人类思想史中最为耀眼和恒久的主题之一，人类对自由问题的理解最为丰富和庞杂。启蒙运动以来，自由成为现代性最重要的价值追求和思想符号，对自由问题的解答成为现代政治思想分化和界分的最主要依据。在现代性思想的演化中，围绕自由问题的争论最为纷繁复杂、莫衷一是，甚至误解曲解丛生，形成了极为丰富而驳杂的自由思想资源，尤其是形成了流行数百年且在今天仍处于强势话语地位的自由主义思想。自由主义成为资本主义社会的主流意识形态。18、19世纪，尤其是20世纪，资本主义国家通过各种经济、政治、文化等途径，借助市场逻辑、资本逻辑、技术逻辑甚至战争逻辑等，向全球推广其自由主义意识形态。列宁早在1900年代初就告诫道："资产阶级意识形态的渊源比社会主义意识形态久远得多，它经过了更加全面的加工，它拥有的传播工具也多得不能相比。所以某一个国家中的社会主义运动愈年轻，也就应当愈积极地同一切巩固非社会主义意识形态的企图作斗争。"① 进入21世纪，随着市场化、全球化进程的加快，自由问题更是成为当今资本主义和社会主义两种意识形态斗争的交汇点。西

---

① 《列宁选集》第1卷，人民出版社2012年版，第328页。

方自由主义者宣称其拥有关于自由问题的唯一性和垄断性话语权，标榜自己对自由问题的解答具有"普世价值"，认为自由主义价值观具有普适性和永恒性，适用于所有的国家、民族、阶级和个人，适用于任何社会形态、任何发展阶段。美国学者福山宣称，自由主义价值观已无可匹敌，资本主义的"自由民主可能形成'人类意识形态进步的终点'与'人类统治的最后形态'，也构成'历史的终结'"①。改革开放以来，尤其是近十余年来，西方自由主义在我国的影响不断扩大。在对自由问题的研究和理解中，我们存在对西方自由主义思想资源的过度移植和路径依赖，西方自由主义理论范式、致思方法和基本观点较为盛行。当前，自由主义处于话语霸权地位，自由主义构成对当下中国主流意识形态的最大挑战。在全面深化改革和扩大开放的条件下，我国作为世界上最大的社会主义国家，将长期面对自由主义意识形态渗透的压力。因此，习近平反复强调，在意识形态建设中，必须增强主动性、掌握主动权、打好主动仗，着力打造新概念新范畴新表述，讲好中国故事，传播好中国声音，阐释好中国特色，努力提高社会主义意识形态的国际话语权。

马克思主义自由观是社会主义自由观的原生形态和理论根据，也是中国特色社会主义自由观的思想源头和根基。由于历史条件、时代任务和理论主题所限，尤其是在马克思时代社会主义实践的有限性，使得马克思主义创始人建构的社会主义自由观更多地具有原则性、宏观性和理论性。马克思主义自由观在中国革命、建设和改革的不同时期获得丰富和发展，并不断被中国化，产出了丰富的理论成果。但我们对马克思主义自由观的研究和理解存在一定程度的教条化、口号化和标签化倾向，存在对马克思主义自由观的未解、误解、庸解、肢解、曲解、消解等现象。我们对马克思主义自由观的认识更多囿于政治意识形态和学术理论层面，马克思主义自由观的理论表述和话语表达更多流于单纯的概念范畴推演和理论逻辑自证，一定程度上脱离时代和现实，疏离大众生活。同时，历史地看，社会主义自由实践经历许多曲折，出现诸多问题。有

---

① ［美］弗朗西斯·福山：《历史的终结及最后之人》，黄胜强、许铭原译，中国社会科学出版社2008年版，第1页。

学者认为，背离自由是苏联模式社会主义的一大弊端，使社会主义与自由、民主相分离、相分割，这是20世纪社会主义运动出现的怪事、憾事、错事、丑事、坏事①。西方民主社会主义、"第三条道路"等，都对社会主义自由的理论与实践提出了挑战。更为重要的是，我们对社会主义自由观的认识和理解是伴随改革开放进程而起步的，进入21世纪才真正自觉认同和全面研究社会主义自由观。因此，如何深入挖掘、传承和发展马克思主义自由观，如何建构中国特色社会主义自由观，如何让大众能够深刻理解和切身认同社会主义自由观，这是中国特色社会主义自由观意识形态话语权建构面临的新问题和新课题。

在社会主义核心价值观的12个要素中，自由范畴最具外源性、争议性和歧义性。中国古代传统思想中蕴含丰富的自由意识，这种自由意识具有双重性，一方面，在"私"的层面即个体生存层面，自由被理解为个人安然自在、恬静自得、悠闲自乐的内心感受、生活态度、人生理想或日常生活状态；由此发展出一个较为发达的心性自由意识谱系，其中蕴含一种德性主义的自我发展辩证法。另一方面，在"公"的层面即正统思想与正式制度层面，自由被理解为随情放纵、任意散漫、自私自用等态度或行为。对中国人来说，现代意义的自由观念是外来的，是20世纪初随着自由主义等西方思想进入中国的。在中西思想的碰撞和交锋中，国人的自由观念在20世纪中国现代思想的流变中一直处于矛盾和纠结状态。我们力图在行为自由与心性自由、个体本位与集体至上、个人自由与群体自由、精英主导与大众支撑、自发演化与自觉规划、消极法理自由与积极道德自由等之间的平衡中诠释自由概念，但在现实性上又常常面对的是自由实践的失衡和冲突。现在，我们确认了自由理念的主流意识形态地位，但我们对自由概念的正确理解和现代阐释，还处于起步阶段。何谓自由，如何处理自由观念的统一性与差异性，怎样理解作为社会主义核心价值观的自由，以何种话语体系表述和呈现中国特色社会主义自由观，诸如此类的问题亟待澄清和阐明。

在社会主义核心价值观中，自由居于社会价值层面的首位，它对于

---

① 《高放自选集》，中国人民大学出版社2007年版，第169页。

平等、公正、法治，乃至国家价值层面的富强、民主、文明、和谐，都具有支撑性和统领性意义。自由是平等与公正的前提和基础，民主是自由的表现和实现形式，法治是自由的保障，富强的内核是自由，文明集中表现为自由的拓展和提升，和谐是自由的标识。从现代性价值观念的生成和演化脉络来看，自由是始源性价值要素，具有目的性和终极性，而平等、民主、公正、法治等则是围绕自由而形成的衍生性价值要素，具有手段性和工具性。自由个性、自由人联合体和自由王国，是马克思对个人发展、社会进步和人类文明理想状态的设定。在马克思那里，人的自由发展是社会主义和共产主义的最高价值目标。因此，建构和凸显中国特色社会主义自由观的意识形态话语权，对于全面理解和培育践行社会主义核心价值观，对于正确认识马克思主义和社会主义的根本特质，具有奠基性、导向性和引领性的意义。

2. 社会主义自由观经典话语体系的创制及其遭遇的"话语权挑战"

自由问题是马克思在创立其学说时与近代西方思想交锋的焦点所在。从思想谱系看，现代社会主义"就其理论形式来说，它起初表现为18世纪法国伟大的启蒙学者们所提出的各种原则的进一步的、据称是更彻底的发展"①。"启蒙学者们所提出的各种原则"主要包括自由、平等、博爱等，就其性质而言，可归结为自由主义。

19世纪中叶，马克思建构了关于社会主义自由的科学学说，创制了社会主义自由观的经典话语体系。《共产党宣言》指出："代替那存在着阶级和阶级对立的资产阶级旧社会的，将是这样一个联合体，在那里，每个人的自由发展是一切人的自由发展的条件。"② 在《1857—1858年经济学手稿》中，马克思把"建立在个人全面发展和他们的共同的、社会的生产能力成为从属于他们的社会财富这一基础上的自由个性"③ 视为社会发展的最高形式。在《资本论》中，马克思强调，未来新社会是"以每一个个人的全面而自由的发展为基本原则的社会形式"④。在《社会主

---

① 《马克思恩格斯文集》第3卷，人民出版社2009年版，第523页。
② 《马克思恩格斯文集》第2卷，人民出版社2009年版，第53页。
③ 《马克思恩格斯文集》第8卷，人民出版社2009年版，第52页。
④ 《马克思恩格斯文集》第5卷，人民出版社2009年版，第683页。

义从空想到科学的发展》中,恩格斯宣称,在社会主义和共产主义社会,"人终于成为自己的社会结合的主人,从而也就成为自然界的主人,成为自身的主人——自由的人"①。围绕社会主义和共产主义的自由愿景,马克思在批判自由主义的市场自由、竞争自由、资本自由、财产自由等观点的基础上,提出并阐述了自由个性、自由发展、自由劳动、自由时间、自由人联合体、自由王国等概念范畴,建构了主体与客体、自在与为为、自由与必然、自然历史过程与主体自主选择、生产力与生产关系、经济基础与上层建筑、物质生产与精神生产、劳动时间与自由时间、自由王国与必然王国、个体生活与类生活、每个人的自由与一切人的自由等要素及其辩证统一的自由观和话语体系,提出了基于人与自然之间合理的物质变换的自主劳动、基于过渡时期的无产阶级民主专政、基于人与人之间真正平等的自由人联合体、基于个人全面发展的自由个性等自由理念,这是马克思关于社会主义自由观的经典话语表达。

马克思社会主义自由观在马克思恩格斯在世时就遭遇各种挑战,如拉萨尔主义、巴枯宁主义、第二国际"经济决定论"等。进入20世纪,经典马克思主义的社会主义自由观遭遇更大挑战。克罗齐、施米特、伯林等西方学者把马克思浪漫主义化,企图以此贬低马克思学说的科学性。在他们看来,自由主义是理性主义的,浪漫主义则是非理性主义的。所以,作为浪漫主义的马克思主义是非理性的,是反自由的。美国学者维塞尔认为,马克思是一位浪漫主义的诗人,"马克思的科学社会主义的观点本质上是变形的诗歌"②。因而,马克思主义社会主义是乌托邦。正是在把马克思浪漫主义化的意义上,伯林断言,马克思是西方自由传统的"畸形叛徒"③。波普尔、哈耶克等将极权主义的理论渊源追溯到马克思。波普尔在《历史主义的贫困》(1944)、《开放社会及其敌人》(1945)等论著中,将马克思的历史唯物主义视为一种具有封闭性的历史决定论或历史主义,并将这种理论当作专制主义、极权主义和反自由的思想根源

---

① 《马克思恩格斯文集》第3卷,人民出版社2009年版,第566页。
② [美]维塞尔:《马克思与浪漫派的反讽——论马克思主义神话诗学的本源》,陈开华译,华东师范大学出版社2008年版,第1页。
③ [英]伯林:《自由论》,胡传胜译,译林出版社2003年版,第385页。

之一，认为马克思的政治哲学是现代极权主义的重要思想来源。哈耶克通过复兴古典自由主义，把"自发演化"视为自由的内核，把社会主义归结为"通往奴役之路"。柯亨等忽视甚至有意掩饰马克思对自由主义的批判，而将马克思主义修改为某种形式的激进自由主义。

20世纪80年代，麦金太尔质疑马克思的"自由人联合体"思想，认为马克思关于"自由人联合体"的设想是空洞的，马克思无法解决"自由的个人在什么基础上进入他与其他人的自由联合之中"。马克思的"自由人联合体"所蕴含的对人性和人的幸福的关怀，最终退回到某种康德主义或功利主义的形式中去。于是，"抽象的道德原则和功利事实上就是马克思主义者所诉诸的'联合'原则"①。进入21世纪，西方学者极力鼓吹"普世价值"，他们把自由主义视为"普世价值"，而把马克思主义和社会主义实践视为现代性自由的歧路。

3. 社会主义自由观意识形态话语权的新确认

在中国近现代史上，自由是中国人格外关注和反复议论的基本理念之一。从严复提出"以自由为体，以民主为用"②，到梁启超强调"自由者，天下之公理，人生之要具"③；从五四运动倡导自由精神，到1940年代毛泽东提出"将中国建设成为一个独立、自由、民主、统一和富强的新中国"；从1950年代毛泽东提出"造成一个又有集中又有民主，又有纪律又有自由，又有统一意志、又有个人心情舒畅、生动活泼，那样一种政治局面"④，到1960年代毛泽东强调"从必然王国到自由王国"。这一进程无不呈现着中国人对自由的崇尚期待和孜孜追求。

在新民主主义革命时期，中国共产党依据马克思主义自由观，创制了中国化马克思主义自由话语体系。在这一话语体系中，自由的主题是解放，解放是自由的代名词。自由与必然、主观能动性与客观规律性、意志自由与决定论、自由王国与必然王国及其关系，成为20世纪上半叶中国马克思主义者探索自由问题的一些核心话语和问题域。但是，在社

---

① [美]麦金太尔：《德性之后》，龚群等译，中国社会科学出版社1995年版，第328页。
② 黄克武编：《中国近代思想家文库·严复卷》，中国人民大学出版社2014年版，第12页。
③ 梁启超：《新民论》，中州古籍出版社1998年版，第98页。
④ 《建国以来毛泽东文稿》第6册，中央文献出版社1992年版，第543页。

会主义革命和建设进程中，我们在关于自由及其与社会主义的关系问题上也一度出现过一些认识误区和实践偏差。新中国成立后的一个时期，作为一种价值理念和政治原则，"自由"总体上成为社会生活的盲区和理论研究的禁区。20世纪80年代中后期，随着改革开放大潮的涌动，许多中国人"崇拜西方的所谓自由，但什么叫自由他们并不懂"①。"一些青年学生也喊要民主、要自由，但他们实际上并不知道要什么样的民主、自由……一些年轻人对民主、自由没有正确的概念"②，从而一度出现了"资产阶级自由化"思潮。作为一个有特定政治含义的概念，"资产阶级自由化"就是崇拜西方资本主义国家的民主、自由，否定社会主义。但是，在批判"资产阶级自由化"的过程中，由于更多侧重于对资产阶级自由以及自由主义的质疑、批判和否定，疏于对马克思主义自由观和社会主义自由观的正面阐释，使得对作为"有特定政治含义"的"资产阶级自由化"的批判，多多少少遮蔽了对自由及其与社会主义关系的深入研究，甚至使自由成为一个敏感话题。曾经有一段时间，人们谈到"自由"时，或疑虑重重，不愿涉之；或讳莫如深，不知所云；或语焉不详，难辨其义。相当长一个时期，"我国理论界比较忽视马克思主义创始人关于人的自由发展的思想，认为谈自由发展容易导致'自由化'和极端自由主义，甚至出现谈'自由色变'的现象"③。

20世纪晚期以来，我们对自由及其与社会主义关系的认识有了新进展，自由理念不断得到主流意识形态的明确认同和肯定。邓小平提出解放思想、落实生产经营自主权、谋求共同富裕、贫穷不是社会主义、没有民主就没有社会主义、反对资产阶级自由化、实行社会主义市场经济等一系列新理念，为中国特色社会主义自由观创制了新的话语体系。1986年9月，中共十二届六中全会通过的《中共中央关于社会主义精神文明建设指导方针的决议》指出："在人类历史上，在新兴资产阶级和劳动人民反对封建专制制度的斗争中，形成民主和自由、平等、博爱的观

---

① 《邓小平文选》第3卷，人民出版社1993年版，第191页。
② 《江泽民文选》第2卷，人民出版社2006年版，第72页。
③ 靳辉明、李崇富：《马克思主义若干重大问题研究》，社会科学文献出版社2011年版，第539页。

念,是人类精神的一次大解放。"1997年9月,中共十五大报告提出:"保证人民依法享有广泛的权利和自由,尊重和保障人权。"2005年9月,胡锦涛在纪念中国人民抗日战争暨世界反法西斯战争胜利六十周年大会上的讲话中指出,中国人民抗日战争和世界反法西斯战争的胜利,"广泛传播了自由、民主、平等、公正、和平的基本价值,促进了各国人民特别是殖民地半殖民地人民精神上的广泛觉醒"①。2007年10月,中共十七大报告把自由确立为社会主义公民意识六大要素之一,强调"加强公民意识教育,树立社会主义民主法治、自由平等、公平正义理念"。2012年11月,党的十八大报告把自由确立为社会主义核心价值观十二大要素之一,指出:"倡导富强、民主、文明、和谐,倡导自由、平等、公正、法治,倡导爱国、敬业、诚信、友善,积极培育和践行社会主义核心价值观。"至此,自由在我国社会主义主流意识形态中获得新的认同和确认。

党的十八大以来,习近平总书记提出中国梦、全面深化改革、创新驱动、五大发展理念等新思想,创制了新时代中国特色社会主义自由观话语体系。他指出:"中国梦是中华民族的梦,也是每个中国人的梦。我们的方向就是让每个人获得发展自我和奉献社会的机会,共同享有人生出彩的机会,共同享有梦想成真的机会,保证人民平等参与、平等发展权利,维护社会公平正义,使发展成果更多更公平惠及全体人民,朝着共同富裕方向稳步前进。"② 这段论述虽只字未提"自由",但其精髓却是"自由"。强调"中国梦"是"每个人的梦",是对自主、自由的个人或个人自由发展的充分肯定;社会主义自由本质上是机会与过程的统一、过程自由与机会自由的结合,使自由与平等不再流于形式,自由是一种实质性自由,平等也是一种实质性平等,而这正是社会主义自由超越资本主义自由的地方;集体主义是社会主义自由观的价值导向。③ 党的十八大报告提出,实施创新驱动发展战略。十九大报告强调,创新是引领发展的第一动力。在"五大发展理念"中,创新处于首位。创新的内核是

---

① 《胡锦涛文选》第2卷,人民出版社2016年版,第338页。
② 《习近平关于全面深化改革论述摘编》,中央文献出版社2014年版,第102页。
③ 袁久红主编:《社会主义核心价值观研究丛书·自由篇》,江苏人民出版社2015年版,第114—118页。

自由，自由是创新之源。因此，习近平总书记指出："要营造鼓励人们干事业、支持人们干成事业的社会氛围，放手让一切劳动、知识、技术、管理和资本的活力竞相迸发，让一切创造社会财富的源泉充分涌流。"①中共十九大报告强调，保证人民依法享有广泛权利和自由，破除妨碍劳动力、人才社会性流动的体制机制弊端，使人人都有通过辛勤劳动实现自身发展的机会。

4. 社会主义自由观意识形态话语权的建构

打造新概念新范畴新表述，总结和凝练当代中国改革开放实践中的自由元素和自由精神，是建构社会主义自由观话语权的立足点。我国改革开放40年的根本成就是开创和发展了中国特色社会主义，主体、解放、自主、创新、市场、人权、民主、法治、善治、参与等，已成为中国特色社会主义实践与理论体系的高频用词，这些词构成当今中国自由元素，标识当今中国自由精神。党的十九大报告在一定程度上建构了新时代中国特色社会主义自由观及其话语体系，美好生活、解放思想、创新、自治、法治、协商民主等是其中的一些主要概念范畴和价值理念。把"美好生活"作为新时代的主题，美即自由，"美好生活"呈现了生活真、善、美的统一，蕴含丰富的"自由"意涵；"美好生活"意味着人们不仅对物质文化生活提出了更高要求，而且在民主、法治、公平、正义、安全、环境等方面的要求日益增长。围绕"美好生活"的实现，报告提出或重申了一系列新理念，譬如，创新是引领发展的第一动力，推进理论创新、实践创新、制度创新、文化创新，保证人民依法享有广泛权利和自由，保护人民人身权、财产权、人格权，实现生产要素自由流动，使人人都有通过辛勤劳动实现自身发展的机会，形成人人渴望成才、人人努力成才、人人皆可成才、人人尽展其才的良好局面，打造共建共治共享的社会治理格局，健全"自治、法治、德治"相结合的乡村治理体系，防止和反对党内存在的个人主义、分散主义、自由主义、本位主义、宗派主义、圈子文化、码头文化等，这些理念内蕴新时代中国人的自由愿景。

---

① 《十八大以来重要文献选编》（上），中央文献出版社2014年版，第137—138页。

依据马克思主义自由观,批判自由主义话语体系,是建构社会主义自由观话语权的着力点。马克思主义与自由主义虽然是两种不同意识形态的自由话语体系,但二者又具有内在的历史关联性。马克思是在与自由主义的交锋、对话和斗争中,创制社会主义自由观的经典话语体系的。马克思充分肯定自由主义的历史进步意义。马克思在批判德国"真正的"社会主义时指出,德国资产阶级反对封建专制的斗争是一场自由主义政治运动,但德国"真正的"社会主义者却"把社会主义的要求同政治运动对立起来,用诅咒异端邪说的传统办法诅咒自由主义,诅咒代议制国家,诅咒资产阶级的竞争、资产阶级的新闻出版自由、资产阶级的法、资产阶级的自由和平等,并且向人民群众大肆宣扬,说什么在这个资产阶级运动中,人民群众非但一无所得,反而会失去一切。德国的社会主义恰好忘记了,法国的批判(德国的社会主义是这种批判的可怜的回声)是以现代的资产阶级社会以及相应的物质生活条件和相当的政治制度为前提的,而这一切前提当时在德国正是尚待争取的"①。列宁指出:"资本主义和封建主义相比,是在'自由'、'平等'、'民主'、'文明'的道路上向前迈进了具有世界历史意义的一步。"② 也是在这个意义上,恩格斯才说科学社会主义就其理论形式来说,起初表现为对启蒙自由主义原则的更彻底的发展。自由主义秉持个体本位的个人主义立场、私有制主宰的利己主义原则、物质财富为本的生产主义逻辑、资本自由竞争的市场主义规则以及抽象演绎的形式主义方法,构筑了自然法、社会契约、主体、权利、人权、财产权、功利、商品、资本、雇佣劳动、剩余价值、宪政、民主、法治、自治、共和、公民社会等自由话语体系。在理论形式和一般语用学意义上,马克思认同启蒙自由主义率先提出的自由、平等、正义、民主、个人自由、个性自由、思想自由等概念范畴和价值目标。但马克思对自由概念和自由价值目标的理解不同于自由主义。自由主义并非关于自由的系统化、理论化的学说,自由主义本质上是一种维护西方资本主义自由的意识形态。马克思立足无产阶级立场,扬弃自由

---

① 《马克思恩格斯文集》第2卷,人民出版社2009年版,第59页。
② 《列宁全集》第37卷,人民出版社2013年版,第111页。

主义自由话语体系,要求消灭私有制和资本统治,实现"每个人的自由"与"一切人的自由"的统一。马克思主义自由观应成为我们建构中国特色社会主义自由观意识形态话语权的根本遵循。

面向现代和未来,创造性发展和创新性转换中国传统自由思想,是建构社会主义自由话语权的生长点。习近平反复强调,培育和践行社会主义核心价值观必须立足中华优秀传统文化,使中华优秀传统文化成为涵养社会主义核心价值观的重要源泉,对传统优秀文化进行创造性转换和创新性发展。中国古代自由思想集中表现为发达的心性自由意识。心性自由包含"自""独""志"等基本元素。"自"即作为生命个体的我、吾、己的存在及其自觉性,表现为人在向善过程中所具有的自觉、自主和自为的力量,如孔子的"为仁由己"、王阳明的"良知论"等;"独"即一种修身养性意义的自由,表现为《中庸》的"君子慎其独"、庄子的"逍遥游"等;"志"即一种具有坚定性、持久性的意志、意向、目的和理想,表现为孔子的"博学而笃志"、孟子的"养浩然之气"等。近现代中国自由思想也是中华传统文化的重要内容。19世纪末20世纪初,以严复、谭嗣同、梁启超等为代表的学人,通过《群己权界论》(严复,1903)、《新民说》(梁启超,1902)等译著或论著,呈现中国人对自由观念的初步理解。辛亥革命前后,孙中山等革命党人从理论和实践两方面,向中国人展现了现代自由观念的基本内涵和价值取向。从五四运动到1940年代,关于自由的研究持续升温。以胡适、傅斯年、萧公权、潘光旦等为代表的学人,出版《人权论集》(胡适等,1930)、《自由之路》(潘光旦,1946)等论著,围绕自由与个性、自由与国家、自由与人权、社会主义与自由主义等问题,在推崇西方自由主义观念的同时,也提出调和政治自由主义与经济社会主义的"自由的社会主义"构想。以熊十力、牟宗三、唐君毅、梁漱溟等为代表的现代新儒家,出版《新事论:中国到自由之路》(冯友兰,1940)、《道德自我之建立》(唐君毅,1944)、《四大自由》(张申府,1945)、《中国文化要义》(梁漱溟,1949)等论著,立足中国本土文化,在"内圣开出新外王"的整体致思中,力图建构中国本体意义的自由学说。陈独秀、李大钊、瞿秋白、恽代英等中国共产党先驱领袖,以及艾思奇、李达等马克思主义理论家,围绕必然与自由、客观规律性与主体能动性、决定论与意志自由等关系问题，对自由观念进行马克思主义解读，推进了马克思主义自由观的中国化。对于建构中国特色社会主义自由观意识形态话语权来说，中国近现代自由思想具有更为重要的借鉴意义，需要特别珍视、挖掘和研究。

第一章 自由的历史哲学视界

自由是一项历史事业，是一种历史行动。在前现代社会，人类就对自由有持久的关注和深切的思考。但只有在现代社会，自由才成为人类的最高价值追求，成为人类思想史中最为恒久的主题。西方近代启蒙运动和资产阶级政治革命，把自由实践化、主题化和理论化了。马克思实现了人类自由思想的伟大变革，建构了科学的自由学说。

一 中国传统思想中的自由概念与心性自由观念

中共十八大报告明确把"自由"视为社会主义核心价值观的基本要素之一，这可说是中国近现代以来自由思想发展的理论结晶和最高成果。但是，什么是自由，如何理解作为社会主义核心价值观的自由，这些问题远远没有澄清。我们迫切需要深入研究和正确阐明社会主义核心价值观语境中自由概念的内涵与外延。而反思和辨正中国传统自由概念及自由思想，是深化这一问题研究的重要环节。

1. 胜或劣：传统自由概念的两面性及其现代流变

在中国古代文献中，"自"与"由"出现较早，而"自由"作为一个词汇，大约最早出现于《史记》："言贫富自由，无予夺。"① 这里的自由即由自己的行为所致。在汉语原初语境中，自由是一个中性词，指一种与社会习俗、礼仪规范或正式制度无关的个人自在自得的存在状态或随情任性的行为方式。严复说："自繇……初义但云不为外物拘牵而已，无胜义

---

① ［汉］司马迁：《史记》卷四，中华书局2011年版，第2821页。

亦无劣义也。"① 具体说，自由的初义主要有：一是自由即自在、自得、自适、自乐等个人的内心感受和心态。如杜甫诗云："出门无所待，徒步觉自由。"白居易诗曰："行止辄自由，甚觉身潇洒。"二是自由即特立独行、不徇流俗等独立人格。严复说："吾观韩退之《伯夷颂》，美其特立独行，虽天下非之不顾。王介甫亦谓圣贤必不徇流俗，此亦可谓自繇之至者矣。"②三是自由即自给自足、悠闲自乐的生活状态。孙中山把"日出而作，日入而息，凿井而饮，耕田而食，帝力于我何有哉"的《日出而作》歌，称作"先民的自由歌"③。总之，在原初语境中，自由体现为一种"游"的态度，如孔子的"游于艺"、庄子的"逍遥游"等等；自由体现为一种"乐"的境界，如孔子的"饭疏食饮水，曲肱而枕之，乐亦在其中矣"（《论语·述而》）、荀子的"心平愉……故无万物之美而可以养乐"（《荀子·正名》）、庄子的"得至美而游乎至乐"（《庄子·田子方》），等等。

但是，就总体而言，在正统思想中，"自由"一词主要被从否定意义上来理解和定位，指称一种与正统思想和正式制度相反的个体态度或行为。《东周列国志》中宣王斥责臣下曰："怠弃朕命，行止自繇，如此不忠之臣，要他何用！"晋武帝司马炎下诏指责王浚"忽弃明制，专擅自由"（《晋书·王浚传》）。在这两个例子中，"自由"（自繇）都具贬义色彩。秦汉以后，"自由"概念的贬义化日益凸显，"劣义"的自由概念逐渐成为一种主导范式。自由常常被视为散漫放纵、为所欲为、扰乱秩序等等。所以，严复说："自繇之义，始不过自主无碍者，乃今为放肆、为淫佚、为不法、为无礼"，"常含放诞、恣睢、无忌惮诸劣义"。④ 也因此，严复把穆勒《On Liberty》翻译为《群己权界论》，并用"自繇"取代"自由"⑤，力图以此克服中

---

① 《严复集》第 1 册，中华书局 1986 年版，第 132 页。
② 同上书，第 134 页。
③ 《孙中山全集》第 9 卷，中华书局 2006 年版，第 280 页。
④ 《严复集》第 1 册，中华书局 1986 年版，第 132 页。
⑤ 从 1850 年代至 1880 年代，国人更喜欢用"自主"一词对译"Freedom/Liberty"，表示人民不受压制之意，或表示一种民族国家的独立自主状态。当时出使国外的一些官员甚至对"Freedom/Liberty"采取音译方法，比如把"Liberty"译为"立布拉拉"或"类布拉尔"等。甲午战争以后，"自由"一词才真正成为一个核心概念得以在士大夫中流传和谈论。（参阅胡其柱《晚清"自由"语词的生成考略：1820—1900 年代》，载郑大华、邹小站主编《中国近代史上的自由主义》，社会科学文献出版社 2008 年版，第 127—145 页。）

国传统语境中自由的"劣义"。

可见，在中国古代传统语境中，自由概念具有双重内涵：在"私"的层面即个体生存层面，自由即个人安然自在、恬静自得、悠闲自乐的内心感受、生活态度、人生理想或日常生存状态（胜义）；在"公"的层面即正统思想与正式制度层面，自由即随情放纵、任意散漫、自私自用等态度或行为（劣义）。

直至晚清社会，在中国汉语语境中，自由一词才具有了个人自主选择与做事的权利等现代自由概念的内涵。严复说："中国理道与西法自由最相似者，曰恕，曰絜矩。然谓之相似则可，谓之真同则大不可也。何则？中国恕与絜矩，专以待人及物而言。而西人自由，则于及物之中，而实寓所以存我者也。"① 这就是说，自由即一种"存我"而又不侵害他人的权利。严复认为，一个人独居世外，不存在限制或禁止，一切皆可自我作主，任意行事。"自繇者，凡所欲为，理无不可。此如有人独居世外，其自繇界域，岂有限制？为善为恶，一切皆自本身起义，谁复禁之？但自入群而后，我自繇者人亦自繇，使无限制约束，便入强权世界，而相冲突。故曰人得自繇，而必以他人之自繇为界。"② 这就是说，自由并不是为所欲为，更不是恣意妄为，而是在"存我"的基础上对人与人及其权利关系的规范。也因此，严复把穆勒的《On Liberty》翻译为《群己权界论》。梁启超非常认同严复的这一观点，他说："人人自由，而以不侵人之自由为界。"梁启超直接用"权利"定义"自由"，他说："自由者，权利之表征也。"③ 自由不是指个人独处时的自在自得，而是指在社会团体生活中对权利的保障和对权力的限制。这种自由概念在辛亥革命后获得了法律意义的确认。1912年《中华民国临时约法》的颁布，标志着一种法律意义的自由概念的产生。《临时约法》提出"人民有保有财产及营业之自由""人民有言论、著作、刊行及集会、结社之自由""人民有书信秘密之自由""人民有居住、迁徙之自由""人民有信教之自由"

---

① 《严复集》第1册，中华书局1986年版，第3页。
② 同上书，第132页。
③ 梁启超：《饮冰室合集·文集》第2册，中华书局2015年版，第429—430页。

等等。

但是，在中国近现代史上，自由概念总体上是令人纠结和困惑的。1900年代初，严复在《群己权界论》自序中写道："十之间，吾国考西政者日益众，于是自繇之说，常闻于士大夫。顾竺旧者既惊怖其言，目为洪水猛兽之邪说。喜新者又恣肆泛滥，荡然不得其义之所归。"① 1920年代初，梁漱溟说，中国人"对于西方人的要求自由，总怀两种态度：一种是淡漠的很，不懂要这个作什么；一种是吃惊得很，以为这岂不乱天下！"② 1920年代，面对阶级革命和民族国家危机，包括孙中山、陈独秀、李大钊等在内的一批革命者对他们自己以前所尊崇的欧美"自由、平等、博爱"等理念产生怀疑，他们甚至借助传统自由概念的"劣义"方面，对自由尤其是个人自由的理念，作出某种误判、批判甚至否定。孙中山把革命屡屡受挫的原因归之于中国人的自由太多。1924年，孙中山指出："中国自古以来，虽无自由之名，而确有自由之实，且极其充分，不必再去多求了。""中国人现在因为自由太多，发生自由的毛病。"③ 1929年，毛泽东在《关于纠正党内的错误思想》中指出了当时党内存在的诸多错误思想，如"极端民主化""非组织观点""个人主义""流寇思想"等，并认为这些错误产生的根源，"在于小资产阶级的自由散漫性"④。1930年代到1940年代，面对日益严峻的民族国家危机，"救亡"成为时代主题。在这种情形下，许多思想家和革命家为了凸显权威、纪律、集中、统一等理念的重要性，便进一步凸显传统自由概念的"劣义"。1937年，在《反对自由主义》中，毛泽东把"自由放任""事不关己、高高挂起""个人意见第一""闹意气、泄私愤、图报复""工作随便、学习松懈"等概括在"自由主义"名下。

新中国成立后的相当一个时期，作为一种价值理念和政治原则，"自由"总体上成为社会生活的盲区和理论研究的禁区。我们仅仅在传统自由概念所肯定的个人自得、自适、自乐、自在的内心感受、心态或日常

---

① 《严复集》第1册，中华书局1986年版，第131页。
② 《梁漱溟全集》第1卷，山东人民出版社2005年版，第364页。
③ 《孙中山全集》第9卷，中华书局2006年版，第281页。
④ 《毛泽东选集》第1卷，人民出版社1991年版，第88—89页。

生活行为等"胜义"层面谈论自由。1956年4月，毛泽东指出："过去是个体经济，就是搞自由主义。现在集体化了，能听命令，一起上工，这就有极大的利益。但是什么都得听命令，这就宽了。命令要正确，范围不要太宽了，要给农民一些自己活动的时间，就是要有一点自由，如同我们每天都要有一点自由一样。我们这些人没有一点自由能活下去吗？我就不信。比如你们回到家里就可以随便谈谈，跟你们的夫人、小孩讲一点笑话。整天要板起一副面孔，那又何必呢？如果每天二十四小时都板起一副面孔，我看只要一个星期，所有的人都要死光的。严肃是同不严肃相对立而存在的，没有不严肃哪有严肃？纪律是对没有纪律而来的，是对自由主义而来的，不搞一点'自由主义'怎么行？总是要有一点'自由主义'的。现在我们反对自由主义，是反对在不应当搞自由的地方也搞了自由的那一部分，不是反对一切自由。如果反对一切自由，那就要在每一个家庭设一个检察长去检查，看看他是不是一天到晚都那么严肃，都不搞一点自由。"① 在这里，所谓自由，就是"给农民一些自己活动的时间"，就是人们"回到家里就可以随便谈谈"和"讲一点笑话"，等等。1958年12月，《在中共八届六中全会上的讲话提纲》中，毛泽东肯定了"大集体、小自由的思想"②。这里的"小自由"既指个人"自己活动的时间"，更指给农民一小块自留地。但这样的自由，难说是真正的现代自由。殷海光说，如果"所谓的'自由'意指'有制度保证的自由及被正式建构化了的诸基本人权'，那么中国人自有史以来根本不曾有过自由。但是在另外两种意义之下，中国人享有不少的自由。第一，因着统治观念尚自然、重风俗习惯、有时尚无为，加之统治技术不发达而官府管不到的空隙颇多，于是小百姓的'自由'颇多。第二，权力结构松弛，甚至解体，在前一统治机构失去控制力而后一统治机构尚未形成之交，出现了统治的空隙。在这种时际，中国人有'自由'。"③ 因此，梁漱溟说："事实上中国人未尚不自由，只是观念不明。或者说：中国人恰

---

① 《毛泽东文集》第7卷，人民出版社1999年版，第55页。
② 《建国以来毛泽东文稿》第7册，中央文献出版社1992年版，第639页。
③ 张一兵、周宪主编：《殷海光哲学与文化思想论集》，南京大学出版社2008年版，第38页。

介于自由不自由之间——他未尝自由，亦未尝不自由。"①"害就害在这'未尝不自由'上，从此便难得有明确之自由。"②

20世纪80年代中后期，随着改革开放大潮的涌动，"许多青年崇拜西方的所谓自由，但什么叫自由他们并不懂"③。"一些青年学生也喊要民主、要自由，但他们实际上并不知道要什么样的民主、自由。……一些年轻人对民主、自由没有正确的概念。"④ 从而一度出现了"资产阶级自由化"思潮。"资产阶级自由化是有特定政治含义的概念。邓小平同志多次指出，资产阶级自由化，就是'崇拜西方资本主义国家的民主、自由，否定社会主义'。"⑤ 但是，在批判"资产阶级自由化"的过程中，由于在"动乱"与"自由化"之间建构起一种刚性的因果关系，加之当时主要侧重于对资产阶级自由及自由主义的质疑、批判和否定，疏于对其合理性的积极阐发和对中国特色社会主义自由观的正面阐释，使得对作为"有特定政治含义"的"资产阶级自由化"的批判，多多少少遮蔽了对自由问题的深入研究，甚至使自由问题成为一个敏感话题。曾经有一段时间，人们谈到"自由"时，或疑虑重重，不愿涉之；或讳莫如深，不知所云；或语焉不详，难辨其义。

20世纪90年代，随着社会主义市场经济的确立和不断推进，随着全球化进程的加快，自由再一次成为人们热议的话题，成为学界关注的课题，并不断被正统意识形态所明确认同和肯定。1997年9月，中共十五大报告提出："保证人民依法享有广泛的权利和自由，尊重和保障人权。" 2007年，中共十七大报告把"自由"视为社会主义公民意识的基本内容之一，提出"加强公民意识教育，树立社会主义民主法治、自由平等、公平正义理念"。中共十八大报告把"自由"确立为社会主义核心价值观的基本要素之一。现在，我们确认了自由理念的崇高地位，但我们对自由概念的正确理解和现代阐释，还处于起步阶段，需要更为自觉的理论

---

① 《梁漱溟全集》第3卷，山东人民出版社2005年版，第245页。
② 同上书，第251页。
③ 《邓小平文选》第3卷，人民出版社1993年版，第191页。
④ 《江泽民文选》第1卷，人民出版社2006年版，第72页。
⑤ 同上书，第131页。

研究。

2. 内或外：凸显心性自由

在古代社会，由于正统思想和正式制度把自由主要视为一种私人任情随意的态度或行为，这便使得在传统社会语境中自由成为一个更具修辞色彩的边缘化词汇，进而导致传统自由思想的内向化发展，即如有学者所认为的，中国传统语境中的自由更多的是一种"无关系的自由"，即一个人在人际之外、规矩之外、制度之外的自在自得①。这种"无关系的自由"与中国传统心性之学相伴生、相融通、相契合，形成中国传统文化中独特的心性自由思想。

在中国古代思想中，"心"表示情感、意志、意识、智慧等人的心灵和精神世界，心的概念蕴含着人之为人的根据和道理。《素问·灵兰秘典论》曰："心者，生之本，神之变也。"《尚书·大禹谟》曰："人心惟危，道心惟微；惟精惟一，允执厥中。"孟子曰："仁义礼智根于心。"（《孟子·告子上》）"大人者，不失其赤子之心者也。"（《孟子·离娄下》）管子曰："心也者，灵之舍也。"（《管子·心术》）"心"既是个体的，与"身"一体；又超越个体，与"天"合一，成为"道之本原"。"性"即生，作为名词，"性"指天生，即自然属性，如《中庸》所言"天命之谓性"、告子所说"食色，性也"等；作为动词，性指后生，即后天造就的属性，如《易》所言"一阴一阳之谓道，继之者善也，成之者性也"（《易·系辞上》）。"心"与"性"合而为一即"心性"，不仅仅指心的构成及本质，而主要指心之理，即人之所以为人的本质和根据。

儒、道、释是中国古代思想的三大主干，它们虽各有特色，但"三教归一"，都把"心"视为自己的内核和精髓。儒有"人心""道心""良心""养心"，道有"心斋""灵台心"，佛有"三界唯心""万法一心"。孔子的"从心所欲不逾矩"，孟子的"尽心知性而事天"，老子的"虚心无为"，庄子的"无听之以耳而听之以心"的"心斋"，禅的"自心即佛"的"心法"，都典型地呈现着一种心性自由理念。

心性自由思想蕴含一种关于人的自我发展辩证法。一方面，人的自

---

① 陈静：《自由的含义：中文背景下的古今差别》，《哲学研究》2013年第12期。

我有善性，趋于一种终极性的真善美相统一的境界；另一方面，人的自我又受欲望、激情、情感等的奴役。与人的善性相比，人自身的欲望以及世间的诱惑是对人的更大考验。白居易诗曰："不得身自由，皆为心所使。"自由就是解脱，解脱各种内心的枷锁。心性之学把"内在超越"作为解脱枷锁的根本之路，通过"内在超越"，人回到自己的"内心"，不断发现、塑造和完善自己的人性，最终成为精神自由的人。心性自由思想主要涉及的是人性的存在、人的个体性与个体自身及其超越性和道德完善等问题，因而，它总体上是德性主义的。

　　心性自由包含"自""独""志"等基本元素。"自"即作为生命个体的我、吾、己的存在及其自觉性。儒家阐明了人在向善过程中所应具有的自觉、自主和自为的力量。孔子提出"由己"的思想，"为仁由己"（《论语·颜渊》）；"我欲仁，斯仁至矣"（《论语·述而》）；"见贤思齐焉，见不贤而内自省也"（《论语·里仁》）。正是这种对"我""吾""己"的坚守，使得颜回虽"一箪食，一瓢饮，在陋巷，人不堪其忧"，但"也不改其乐"。荀子对人的"自由心"更有系统说明："心者，形之君也，而神明之主也，出令而无所受令。自禁也，自使也，自夺也，自取也，自行也，自止也。"（《荀子·解蔽》）王守仁创立"心学"，提出"良知论"："尔那一点良知，是尔自家的准则，尔意念着，他是便知是，非便知非。"（《传习录·下》）陆九渊说："收拾精神，自作主宰，万物皆备于我，有何欠缺？当恻隐时自然恻隐，当羞恶时自然羞恶，当宽裕温柔时自然宽裕温柔，当发强刚毅时自然发强刚毅。""自得，自我，自道，不倚师友载籍。"（《陆九渊集·语录下》）在道家看来，"自由"即"自然"。"自然"就是"自己然也"，即"自己如此"。老子把"虚其心"（《老子·第三章》）视为心性自由的关键。所谓"虚其心"，就是让心回到原始的"虚极""精笃"，清心寡欲，做到"归根"，"复归于婴儿"（《老子·第二十八章》）。李贽对老子的这一思想是这样解释的："夫童心者，绝假纯真，最初一念之本心也。若失去童心，便失却真心；若失却真心，便失却真人。"（《焚书·童心说》）

　　儒家提出一种道德自由意义上的"独"。《中庸》曰："道也者，不可须臾离也，可离非道也。是故君子戒慎乎其所不睹，恐惧乎其所不闻。

莫见乎隐，莫显乎微，故君子慎其独也。"朱熹说："独者，人所不知而己独知之地也。言幽暗之中，细微之事，迹虽未形而几则已动，人虽不知而己独知之，则是天下之事无有著见明显而过于此者。是以君子既常戒惧，而于此尤加谨焉，所以遏人欲于将萌，而不使其滋长于隐微之中，以至离道之远也。"（《四书章句集注》）道家提出一种精神自由意义上的"独"。庄子认为，人的不幸源于"蓬之心"（《庄子·齐物论》），即被各种成见或偏见似蓬草一样遮蔽和阻塞了的心。摆脱人生不幸，关键在于能否去"心之蓬"。庄子说："虚者，心斋也。"（《庄子·人世间》）如何做到这一点呢？庄子把老子所形容的"独立而不改"的"道"从客观自然引向人的主观精神，提出精神的"逍遥"。在庄子那里，精神是对人心的规定，指人的心的本然状态及其所具有的自由属性。庄子以"游"指称"独"。在庄子那里，所谓"独"，就是与"有待"相对的"无待"，即人的精神的绝对自由状态。"出入六合，游乎九州，独来独往，是谓独有"（《庄子·在宥》）；"明乎人，明乎鬼，然后能独行"（《庄子·庚桑楚》）；"朝彻而后能见独"（庄子·大宗师）。庄子提出"乘天地之正，而御六气之辩，以游无穷者"（《庄子·逍遥游》），呈现了一种"乘物以游心"的自由生存境界。

"志"即意志，指一种具有坚定性、持久性的意向、目的和理想。孔子说："三军可夺帅也，匹夫不可夺志也。"（《论语·子罕》）他强调"志于道"（《论语·述而》）、"博学而笃志"（《论语·子张》），这里的"志"即意志，指独立的愿望、目的和理想等。孟子"尚志"，他说："夫志，气之帅也；气，体之充也。夫志至焉，气次焉。故曰：持其志，无暴其气。"（《孟子·公孙丑上》）他强调，没有个体的坚定的意志和自主抉择，先验的"善"就会被遮蔽。他提出"养浩然之气"，意在强调个体基于自由意志的道德信念的养成。荀子说："志意修则骄富贵，道义重则轻王公，内省而外物轻矣。"（《荀子·修身》）朱子说："意者，心之所发也。"（《四书章句集注》）"心"发起一念，又趋向这个念，而且一定要实现心中的想法。王阳明提出"四句教"："无善无恶是心之体，有善有恶是意之动，知善知恶是良知，为善去恶是格物。"（《传习录·下》）在传统语境中，意志即一种持之以恒、坚韧不拔的自由精神。

近现代思想家力图用西方自由主义理念对中国传统自由思想进行重新阐释和赋义,但他们仍秉持一种强烈的心性自由理念。严复说:"夫自由,心德之事也。"① 他把自由总体上归结为教育问题,强调以教育培养爱国、合群的国民。"夫所谓富强云者,质而言之,不外利民云尔。然政欲利民,必自民各能自利始;民各能自利,又必自皆得自由始;欲听其皆得自由,尤必自其各能自治始;反是且乱。顾彼民之能自治而自由者,皆其力、其智、其德诚优者也。是以今日要政,统于三端:一曰鼓民力,二曰开民智,三曰新民德。"② 在严复看来,这"三端"是强国的治本之策。通过"三端"教育,提高国民的自治能力,从而实现自由。梁启超认为,自由的要义在于解除精神的束缚。他指出:"人之奴隶我不足畏也,而莫痛于自奴隶于人;自奴隶于人犹不足畏也,而莫惨于我奴隶于我。庄子曰:'哀莫大于心死,而身死次之。'吾亦曰:辱莫大于心奴,而身奴斯为末矣。"因此,"若有欲求真自由者乎,其必自除心中之奴隶始。"③ 近现代国民性批判思潮中,奴性被视为国民劣根性之首。这种奴性表现为依附性、屈从性、谄媚性等,缺乏独立人格、自主意识、自治能力等。事实上,中国近现代自由主义的发展,经历了一个从早期的关注现实政治转向后来的倾心政治哲学再到最后走向人生态度的发展轨迹,也呈现出一种内向化发展趋势。

现代新儒家认为,心性之学是中国思想的核心,是中国文化的神髓。现代新儒学把重新确立心性之学的意义结构和价值信念作为自己的首要任务,并认为,这是中国文化摆脱危机的前提,也是"开出新外王"的基础。现代新儒家"内圣开出新外王"的实质是,"要使中国人不仅由其心性之学,以自觉其自我之为一'道德实践的主体',同时当求在政治上,能自觉为一'政治的主体',在自然界、知识界成为'认识的主体'及'实用技术的活动之主体'"④。唐君毅把自由划分为八个层次,即满

---

① 《严复集》第 4 册,中华书局 1986 年版,第 986 页。
② 《严复集》第 1 册,中华书局 1986 年版,第 27 页。
③ 梁启超:《新民论》,中州古籍出版社 1998 年版,第 104—105 页。
④ 牟宗三等:《为中国文化敬告世界人士宣言》,载封祖盛编《当代新儒家》,生活·读书·新知三联书店 1989 年版,第 27 页。

足欲望的自由、立异的自由、保持选择的自由、人权的自由、群体的自由、个人从事文化活动以实现其人生理想或文化价值的自由、胸襟度量的自由、仁心呈露的自由等等。但他认为这八个层次的自由，有着价值高低之别。前三种自由是纯粹个人主观的和消极的自由，追求这三种自由并不能对社会文化有真实贡献，因而不值得重视。人权的自由和群体的自由不过是为实现社会性和文化性的生活价值，它们是外在的自由。而最后三种自由是个人人格内部之内在自由，这三种自由的实现，有待于个人的努力。在唐君毅的自由观中，西方近代意义上的个人自由权利只是自由实现的基点、始点，而不是终点，个人的自由权利只在于促进社会性和文化性的活动，以成就人文价值之实现。自由的最高目标乃在于人文精神的实现，这种人文精神是指"对于人性、人伦、人道、人格、人之文化及其在历史之存在与其价值，愿意全幅加以肯定尊重……以免人同于人以外、人以下之自然物。"这种核心自由或最高自由就是唐君毅所说的"仁心呈露之自由"，这是人类追求的最高层次的自由，这种自由"能涵盖一切现实的与可能的人生文化之价值，而加以肯定、赞叹、生发、成就"。这种"仁心呈露之自由"也就是孔子所说的"为仁由己"的自由。唐君毅认为，就孔子首倡为仁由己而言，他可被视为中国自由之父①。

3. 积极或消极：走出"心性自由"

传统心性自由思想彰显了人的道德自觉、道德自主、道德自律等道德自由精神，成就了一大批传统社会所需要的圣贤君子，推动了传统社会道德的发展。其历史积极作用和现实借鉴意义，都是毋庸置疑的。但是，由于缺乏外在制度法规等的保障，传统自由思想尤其是心性自由思想在其现实性上，发生了某些变异，产生了一些负面效应。这种心性自由或者变异为自我作践的"心奴"，或者变异为随波逐流的"任性"，或者变异为玩世不恭的"放纵"。用黑格尔的话说，这种自由"是没有必然性的抽象自由。这种假自由就是任性，因而它就是真自由的反面，是不

---

① 参阅何信全《儒学与现代民主——当代新儒家政治哲学研究》，中国社会科学出版社2001年版，第87—93页。

自觉地被束缚的、主观空想的自由——仅仅是形式的自由"①。

儒家提出"内圣外王",但它更为强调"内圣"。"内圣"即内在的"圣","圣人,人伦之至也"(《孟子·离娄上》)。"内圣"就是一个人通过道德实践努力而成为一个有至善德性的圣人。"内圣"的过程实际上就是一个人塑造自己道德品格、成就道德人格的过程。心性自由思想旨在唤醒人的道德自觉和道德努力,使人达致"内圣"。但是,儒家心性自由思想存在内在悖论,它一方面强调"为仁由己"的德性自由;另一方面又以"五伦"为坐标,要求个体"安分守己",从而产生了德性理想主义与伦理中心主义的矛盾。伦理中心主义的取向,无视个人德性表现的条件性和差异性,消解了个体的自由理念,把个人德性的表现变异为一种对个人生活的严格约束。

何以如此呢?历史地看,由于封建专制社会结构的实际影响,儒家的伦理设计在现实运行中使个体人格依附并统摄于人伦之中,人伦观念取代了独立人格观念,个体行为处于过多的伦理原则和伦理规范的制约之下而失去了应有的自由。同时,由于儒家学说成为专制社会的意识形态,它从整体上走向为专制社会进行辩护的义务论方向。因此,传统儒家虽然也讲人的意志自由,但"注意的是意志的'专一'的品格;而对意志的'自愿'的品格,并没有作深入的考察。孔子哲学的最高原理是'天命',他以为要'知天命'、'顺天命',而后才能'从心所欲不逾矩'。这样讲人的自由,实际上已陷入宿命论了。后代的儒家正统派为了替封建专制主义辩护,更加忽视了自由是意志的自愿选择这一点,更加发展了宿命论"②。这种宿命论催生和推进了一种"精神性奴役",人们抱持一种"不求改变外部世界,只求改善自我心性"的内敛式的自我压抑的人生信条,以至于把"自觉奴性"等同于自由意志,从而忽视、无视甚至纵容社会不合理现象的滋生蔓延。在近现代"新民"思潮中,"奴性"常常被视为国民劣根性之首而受到严厉批判。

---

① [德]黑格尔:《哲学史讲演录》第1卷,贺麟、王太庆译,商务印书馆1959年版,第31页。
② 冯契:《中国古代哲学的逻辑发展》上册,华东师范大学出版社2016年版,第42页。

儒家心性自由思想中有一个关键概念，即"真实的或高级的自我"。这个自我即"圣人"，他体现了作为精神自由的道德自律和自觉。但这个概念常常也包含着某种任意而武断的内容。不管什么人，一旦在社会地位上处于某种优势，就可以把自己所喜欢的价值称作是真实的或高级的，而把与自己秉持的价值不同或相反的价值说成是虚假的或低级的。这种自由概念在现实生活中很容易演变为一种所谓真实的、理性的自我对虚假的、感性的自我的征服。儒家的自由是一种自居的自由、先知的自由，而不是一般人的自由。儒家的"内圣"要求，因其具有极强的道德理想主义和精英主义色彩而在其现实性上走向"道德专制"，这种"道德专制"要求"满街皆圣人，人人尽舜尧"。这种"内圣"要求落实到现实层面，往往导致人格扭曲，虚伪盛行。

在道家那里，自由表现为"游心"与"游世"的统一。一方面，要在精神上达到超脱尘世的绝对自由；另一方面，在现实生活中往往又"身不由己"，因而玩世不恭。它以身心二元分离为逻辑前提，在保身中追求精神的逍遥与超脱，"形随俗而志清高，身处世而心逍遥"。老庄的所谓精神自由无非是要取消人的意志自由乃至任何意志，是一种"无意志的自由"，这种自由只能使人麻木和无所谓，"有人之形，无人之情。有人之形故群于人。无人之情，故是非不得于身"（《庄子·德充符》）。庄子的自由，既包括"精神自由"或"意志自由"，也包括摆脱束缚、不受约束、从正统价值和秩序中获得解放的"社会自由"。有学者总结道："道家伦理精神，以愤世为逻辑起点，由愤世而厌世，由厌世而隐世，由隐世而顺世，最后形成的人生态度就是玩世。愤世—厌世—隐世—顺世—玩世，就是道家伦理精神的生长逻辑。"① 所以，有人认为，庄子的"无君论"开创了中国无政府主义传统。"道家式无政府主义"崇尚无秩序、无规则、无法度，只求自我解脱和自我自在，使人成为老于世故、玩世不恭之徒，形成一种"流氓化"意识，把自由等同于任性或放纵。毛泽东在革命年代所批评的"自由主义"，更多的是中国传统"道家式自由主义"在革命队伍中的具体表现。

---

① 樊浩：《中国伦理精神的现代建构》，江苏人民出版社1997年版，第42页。

依照现代自由理论的分类，心性自由是一种积极自由。积极自由指自我引导与自我主宰，以做自己的主人为要旨的自由，即"可自由地去做……（free to）"的自由，表达的是人自己所期望、所立志要实现的价值目标和权利。就人类终极价值取向而言，积极自由具有根本意义。马克思说："人不是由于具有避免某种事物发生的消极力量，而是由于具有表现本身的真正个性的积极力量才是自由的。"① 但是，从人类社会生活的现实逻辑来看，消极自由较之积极自由具有更大的价值。因为，如上所述，积极自由中预设有一个前提性和关键性的概念，即"真实的或高级的自我"。但这个概念往往包含着非常任意而武断的内容。不管什么人，都可以通过这个概念来表达自己的自由理念，从而使自由概念具有歧异性、模糊性。问题的严重性还在于，对于一些人来说，他一旦处于某种优势，便可以把自己所喜欢的价值称作是真实的或高级的，而把与自己秉持的价值不同或相反的价值说成是虚假的或低级的，从而在现实生活中实行"精神专制"，推行一些在鲁迅看来是"吃人"的礼教。这一点也造成中国传统道德以义务为本位的特征。义务本位一方面消解了"个人"观念。"到处弥漫着义务观念之中国，其个人便几乎没有地位。此时个人没于伦理之中，殆将永不被发现。自由之主体且不立，自由其如何得立？""中国文化最大之偏失，就在个人永不被发现这一点上。一个人简直没有站在自己立场说话机会，多少感情要求被压抑，被抹杀。"②另一方面，义务本位也消解了所谓的主观自由。黑格尔说："当中国人如此重视的义务得到实践时，这种义务的实践只是形式的，不是自由的内心的情感，不是主观的自由。"③

胡适认为，中国古人理解自由的缺陷在于太看重自由中的"自"字，往往轻视外在的束缚力量，只求从内在的束缚中解放出来，达到内心的自我安慰。这种自由思想始终没有抓住政治自由的特殊重要性，从而没有走上建设民主政治的路子。"我们现在讲的'自由'，不是那种内心境

---

① 《马克思恩格斯文集》第1卷，人民出版社2009年版，第335页。
② 《梁漱溟全集》第3卷，山东人民出版社2005年版，第250—251页。
③ ［德］黑格尔：《哲学史讲演录》第1卷，贺麟、王太庆译，商务印书馆1959年版，第125页。

界，我们现在说的'自由'，是不受外力拘束压迫的权利，是在某一方面的生活不受外力限制束缚的权利。"① 这种自由即消极自由。消极自由指一个人能够不受阻碍地做自己想做的事，即"不受限于……（free from）"的自由，表达的是个人为自己保留一个国家或社会力量不允许进入和干涉的"私人领域"。消极自由所要求的，不是追求高限度的价值目标，而是坚守"底线"，以"不受干涉"和"不干涉别人"为界限，从而既保持自己的人性本质，也尊重别人的人性本质。消极自由就是政治自由、社会自由。这是一种对一般人而言都应有的自由。

在其现实性上，自由不仅仅是个体在独处时的自在自得，而是权利、机会与能力的统一。作为一种权利，指个体在社会团体生活中的合理需要与利益的保障和实现。作为一种机会，自由体现为人获得权利的可能性和现实性。作为一种能力，自由体现为人的认识世界与改造世界的能力。只有在这种自由中，人才能真正确证并获得自己的心性自由。我们需要在消极自由与积极自由的统一中，在批判性地承接中国传统自由概念和心性自由思想的基础上，培育和建构作为社会主义核心价值观的自由。

二 启蒙、理性的自由运用与公共理性

在西方，确立理性的权威，张扬理性的价值，阐释理性的意蕴，是近代以来启蒙思潮的主题。这一主题绵延至今，虽取得不少共识，但在一些根本问题尤其是关于启蒙与理性的关系等问题上，仍争论不休、莫衷一是。伴随着现代市场经济、民主政治等的崛起，公共理性问题日益成为现代启蒙的核心内容之一。公共理性问题因其触及启蒙本身所内蕴的一元与多元、同一与差异、普遍与特殊、个体与社会、自我与他者、精英与大众等矛盾性主题而日显重要。在对启蒙与公共理性及其关系问题的解读中，康德、马克思、罗尔斯三位思想家具有理论的创新性和思想的代表性，从思想的传承和创新来说，马克思在整体上既超越了康德，

---

① 《胡适文集》第12卷，北京大学出版社2013年版，第734页。

也先见性地高于罗尔斯。从这个意义上来说，我们可以循着康德－罗尔斯－马克思的逻辑顺序，来探讨他们在启蒙与公共理性问题上的不同观点及其内在联系。

1. 康德的理性启蒙与理性的公开运用

在思想史上，康德最早把启蒙与公共理性勾连起来。康德的启蒙观念是其理性批判理论的一个元素。在康德那里，理性批判与启蒙是一脉相承的。康德在1784年发表的《什么是启蒙运动》一文中对启蒙概念进行了解释。康德指出，启蒙就是"人类脱离自己所加之于自己的不成熟状态"①。人为何陷入不成熟状态呢？康德认为，一方面由于专制、集权等客观原因；另一方面由于人自身的懦弱、怠慢等主观原因，使得许多人未能或未敢真正利用自己的天赋理性能力，从而使自己陷入愚昧、迷信、盲从等不成熟状态。

那么，如何实现启蒙呢？康德认为，人类摆脱不成熟状态而达致启蒙的唯一途径，就是勇敢地运用自己的理性。康德宣示："要有勇气运用你自己的理智！这就是启蒙运动的口号。"② 在康德看来，一个人企图凭借个人理性的独自运用来脱离自己的不成熟状态是不可能的。人的"不成熟状态就是不经别人的引导，就对运用自己的理智无能为力"。但是，"公众要启蒙自己，却是很可能的；只要允许他们自由，这还确实几乎是无可避免的"③。康德把自由视为启蒙的根本条件。只有在自由中，人才能真正勇敢地、公开地运用自己的理性。这样，康德便把启蒙引入到政治领域，使其成为一个政治学问题，成为一个公共领域的问题。康德指出："这一启蒙除了自由而外并不需要任何别的东西，而且还确乎是一切可以称之为自由的东西之中最无害的东西，那就是在一切事情上都有公开运用自己理性的自由。"④ 只有理性的公共运用，才能摆脱个体理性的局限而获得集体理性的力量，进而才能冲破各种妨碍启蒙的阻力，最终真正获得启蒙。

---

① ［德］康德：《历史理性批判文集》，何兆武译，商务印书馆1990年版，第22页。
② 同上书，第22页。
③ 同上书，第22—23页。
④ 同上书，第24页。

为了说明这种自由，康德区分了理性的"私下运用"与"公开运用"。所谓理性的私下运用，就是"一个人在其所受任的一定公职岗位或者职务上所运用自己的理性"，比如，教师在讲台上讲课和牧师在教堂布道，都是被委托的公职行为。在这里，只有服从或顺从，不允许争论或批判。因而，理性的私下运用会妨碍启蒙。所谓理性的公开运用，是指"任何人作为学者在全部听众面前所能做的那种运用"，即相互交流、争辩和批判。理性的公开运用，意味着言论自由、思想批判、公共意志等①。当然，康德并不简单地否定理性的私下运用，因为在他看来，理性的私下运用是维持一个共同体和一种共同利益必不可少的手段。但他认为理性的"私下运用"并不是启蒙，启蒙本质上是摆脱任何羁绊和制约的、并以本人名义来发表看法的个体理性的公开而自由的运用。

康德实际上预设了个体的两种人格：作为公职成员的角色人格和作为非公职成员的社会人格。康德举例说明了这一点：作为一个纳税人，一个人必须纳税，他不能对他所承担的纳税义务擅加指责；但作为一名学者，这个人可以公开发表言论，评论、质疑乃至抗议这种税赋及其制度。就前一种身份而言，作为纳税人，一个人是不自由的，他受法定身份约束而运用的理性即理性的私下运用；就后一种身份而言，他有权利无限自由地运用理性，这即理性的公开运用。康德把"学者"设定为公共理性的主体，学者即能够进行自由而公开的批判与争论的人。实际上，在康德那里，"学者"只是一个隐喻，不管是谁，只要他有公开批判和争论的精神，他就是一个学者。与作为官吏、军官、牧师、商人、市民等"私人"不同，一个人作为学者，他不是盲目的服从者或顺从者，而是一个可以对各种社会问题或权威进行公开质疑和批判的"公共人"，具有强烈的公共精神。康德对学者寄予厚望。"不能期待着国王哲学化或者哲学家成为国王，而且也不能这样希望，因为掌握权力就不可避免地会败坏理性的自由判断。但是无论国王们还是国王般的人民，都不应该使这类哲学家消失或者沉默，而是应该让他们公开讲话；这对于照亮他们双方

---

① ［德］康德：《历史理性批判文集》，何兆武译，商务印书馆1990年版，第24—25页。

的事业都是不可或缺的。"①

康德认为,理性的公开运用,是一个民族发展的必然要求,是社会正义的前提。就民族进步而言,"人民的启蒙就是把人民对于自己所属的国家的义务和权利公开地教导他们。因为这里所涉及的仅只是自然的和出自普通人类悟性的权利,所以它们在人民中间的天然宣告者和阐扬者就不是国家所设置的官吏而是自由的权利的教师,也就是哲学家……禁止公开化,也就妨碍了一个民族朝着改善前进,哪怕是在有关他们的最低要求上,即仅仅有关他们的自然权利上"②。就社会正义而言,公共性是公共权利的本质,是一种体现共同体生存价值的先验的普遍权利。如果"从公共权利的全部质料之中(就国家之内人与人的或者还有各个国家相互之间各种不同的由经验所给定的关系)进行抽象,那么我就只剩下公共性这一形式;这种可能性是每一项权利要求中都包含着的,因为没有它就不会有正义(正义是只能被想象为可以公开宣示的),因而也就不会有权利,权利仅仅是由正义所授与的"③。康德挑明了公共理性与正义、权利等的可能性联系,但他并未全面展开和深化这一思路。20 世纪的罗尔斯把康德的这一思路作为自己理论体系的一个主题。

2. 罗尔斯的正义启蒙与重叠共识

罗尔斯认为,18、19 世纪以来流行的功利主义,用工具理性取代康德的具有深厚人文底蕴的实践理性,并依据功利原则诠释康德"人是目的"的理念,给人类带来了一种新的蒙蔽。在罗尔斯看来,功利主义看似"合理的"效益计算原则、快乐最大化原则(所谓最大多数人的最大幸福)等,使得人的尊严、人的自主、人的平等、个体权利等这些启蒙思潮所关注并力图张扬的"基本善"都遭到了严重侵犯,人被外在的功利性的东西所遮蔽,失去了真正的自由和平等。为此,罗尔斯希望在继承传统契约论和康德"人是目的"等思想的基础上,回击当代流行的各种功利主义学说,在一种新的政治哲学框架中,重构作为启蒙主题的自

---

① [德]康德:《历史理性批判文集》,何兆武译,商务印书馆 1990 年版,第 129 页。
② 同上书,第 157—158 页。
③ 同上书,第 139 页。

由、平等、正义以及公共理性等问题。

与康德一样，罗尔斯也认为，既存在超文化的普遍的科学真理，也存在超文化的普遍的伦理真理，并强调这些真理源于人的理性而非神的启示。这些真理通过特定的传统展示于人们，但在决定它们的本质、可靠性和合理应用时，人们不可能依靠任何特定的传统，而只能依靠普遍的理性。正义论是罗尔斯政治哲学的中心议题。罗尔斯认为，在现实社会中，人们会面临诸多利益冲突，正义原则是社会成员所能认可的化解这些冲突的最重要原则。正义是一个社会最重要的美德，是评价社会基本结构的"阿基米德点"。正义不仅独立于其他价值，而且是评价其他价值的标准。因此，正义是超文化的普遍的真理，也是一个社会最根本的公共理性。那么，正义何以可能？人们何以能够认同正义原则呢？罗尔斯提出了正义的两个基本原则，这两个原则一个涉及的是自由，一个涉及的是平等。罗尔斯在汲取传统契约论思想的基础上，通过提出"无知之幕"构想，推出正义的两个原则。他在坚持自由优先性的前提下，更加关注平等问题。"无知之幕"构想的要旨在于，使每个人在面对各种公共问题时，能够秉持一种不偏不倚的立场，作出公开公正的理性判断。可见，罗尔斯"无知之幕"构想的一个重要目的在于，揭示在一个多元化社会中社会成员公共理性的形成机理。公开性是这一机理的重要原则之一。罗尔斯强调，公开性能够保证处于公共领域的社会成员知道他们相互期望的行为界限在哪里，什么样的行为可以被允许等等。公开性的基础是一种共同的价值观，即对何为正义、何为非正义有一种公共的理解。而持有不同价值观念的人们在交流时所使用的理性即"公共理性"。罗尔斯又提出"重叠共识"概念进一步说明公共理性的形成机理及其本质。罗尔斯认为，在经验世界中，公共理性是通过不同的宗教、道德和哲学学说的"重叠共识"而形成的。通过"重叠共识"概念，罗尔斯从主体间性的角度，对康德的自主概念进行了新的阐释。他认为，人的自主行为的前提在于，人必须服从那些能够为所有相关者接受的价值观或法则，这种接受是建立在理性的共用基础上的。在《作为公平的正义》一书中，罗尔斯阐释了基于"重叠共识"的公共性的三个层次：第一层次是公民对正义原则和公共知识（理性信仰）的相互承认；第二层次是公民在已经接受的正义原则基础上对一般事实的相互承认；第三层次是公民对作为公平的正义基于自身而得到的完全证明的相互承认①。可见，在罗尔斯那里，公共理性是其正义论的构成部分之一。罗尔斯认为，公共理性的公共性表现在三个方面：其一，作为自身的理性，它是公共的理性，因为它是作为自由与平等的公民理性；其二，它的主题是关系到根本政治正义问题的公共善，这些公共善即是宪法根本要旨和正义基本问题；其三，它的本质与内容是公共的，是由公共推理表现出来的，在这个意义上，公共理性即"公民在有关宪法根本和基本正义问题的公共论坛上所使用的推理理性"②，这种推理过程通过一组政治正义的合理性概念进行理智的思考去满足相互性标准。

　　罗尔斯认为，在贵族政体和专制政体中，"公共善"的问题是由统治者来考虑决定的，一般说来是不可能通过公共理性的方式进行的；在民主社会里，公民作为一个"集体性的实体"，在制定以及修正法律时相互发挥着最终的和强制性的权力。因此，公共理性的观念只能存在于一个民主社会，它是民主社会的一种基本特征。公共理性是"公民的理性，是那些共享平等公民身份的人的理性。他们的理性目标是公共善"③。公共理性的适用范围是涉及整个社会共同体的存在与发展、关乎所有公民的公共论题，它所寻求的是社会普遍的公共利益。公共理性关注公共利益的生成及分配。在公共理性视域中，公民必须从公共利益出发，在相互体谅和宽容并承认和尊重相互尊严的基础上，以积极沟通、平等对话和广泛交流等方式，提出自己对各种政治社会问题的见解，并真诚倾听和接受他人的意见，与他人进行有效的公平合作。因而，公共理性既是公民的一种理性能力，也是公民的一种道德能力。罗尔斯指出，公共理性"属于公共探究指南，也使这种探究成为自由的和公共的。在这里，它还包括诸如合乎理性和随时准备尊重公民（道德）义务一类的政治美

---

① ［美］罗尔斯：《作为公平的正义——正义新论》，姚大志译，上海三联书店2002年版，第196—197页。
② ［美］罗尔斯：《政治自由主义》，万俊人译，译林出版社2000年版，第10页。
③ 同上书，第225页。

德，这些公民的美德有助于使有关政治问题的理性的公共讨论成为可能"①。在罗尔斯那里，公共理性主要是一个政治哲学概念，其目标是产生正义观念。但公共理性同时也是一个伦理道德概念，其目标是产生社会公共规范，如权利、自由、平等、正义等，这是一些维系人们社会关系的基本价值观念与规范。可见，在罗尔斯那里，公共理性既是正义观的构成元素和基本属性，又是一种正义观得以形成的前提条件和精神动力。

罗尔斯区分了公共理性与非公共理性。"非公共理性是适合于社会内部的个人和团体的理性：它指导他们在做出个人决定和团体决定时如何做到审慎明智。"② 由于各种社会团体具有不同的目标和目的，因而，会有互不相同的各种非公共理性。在政治正义限度之内，作为特定团体的人们看待各种问题的方式，这种非公共理性是完全正当的。但对于政治社会来说，则是非公共的，也是不正当的。公共理性指各种社会主体（包括公民、各类社团和政府组织等）以公正的理念、自由而平等的身份，在政治社会这样一个持久存在的合作体系中，对公共事务进行充分合作，以产生公共的、可以预期的共治效果的能力。

上述可见，罗尔斯站在新自由主义的立场，承接了西方启蒙传统。他对作为西方启蒙思潮主题的"自由、平等、博爱"及其关系作出了创新性的理性反思，凸显出更为合理、更为人道的思想魅力。就对启蒙与公共理性的论证而言，罗尔斯既不满意康德的先验方法，也不愿意彻底回到经验方法中去，他最终诉诸一种具有实用主义色彩的实验方法。通过引入"原初状态""无知之幕"和"重叠共识"等设想，罗尔斯力图进一步排除所有"他律"因素（比如"社会地位或自然禀赋"），使人作为"一种自由、平等的理性存在物"得以更自主（自律）地形成公共理性，从而实现深度的自我启蒙。

但是，罗尔斯对公共理性的阐释总体上并未真正摆脱康德等近代思

---

① [美]罗尔斯：《政治自由主义》，万俊人译，译林出版社2000年版，第238页。
② [美]罗尔斯：《作为公平的正义——正义新论》，姚大志译，上海三联书店2002年版，第150页。

想家所固有的先验性或抽象性。同时，更为重要的是，罗尔斯并未探究自己所设想的正义论意义上的公共理性得以形成和发展的实践基础与社会制度条件。这两方面的缺陷，在19世纪马克思的思想中早就给予了有效克服。所以，就思想的高度而言，罗尔斯承接并超越了康德，但并未超越马克思。

3. 马克思的实践启蒙与公共理性

马克思认为，康德等近代思想家所言谈的启蒙理性，本质上是人的一种自我意识能力，它凸显了启蒙理性的主观形式，但忽视了其客观内容。在康德等近代启蒙思想家那里，"思维着的知性成了衡量一切的唯一尺度。那时，如黑格尔所说的，是世界用头立地的时代。最初，这句话的意思是：人的头脑以及通过头脑的思维发现的原理，要求成为人类的一切活动和社会结合的基础"①。罗尔斯对公共理性的阐释在很大程度上也存在这样的问题。

马克思提出了一种旨在"改变世界"的实践性启蒙思想。在康德等近代启蒙思想家那里，"世界是受观念支配的，思想和概念是决定性的本原，一定的思想是只有哲学家们才能理解的物质世界的奥秘"②。针对这一点，马克思指出："哲学家们只是用不同的方式解释世界，而问题在于改变世界。"③ 康德提出实践理性，认为实践理性的任务不是决定如何认识，而是决定如何行动。但实际上康德却把实践理性仅仅定位在伦理道德领域，把它仅仅归结为人的一种理性自主活动、一种道德意识活动，从而把实践理性推向了一种绝对"应当"的道德神学领域。在马克思看来，基于这种实践理性的启蒙，"只是用不同的方式解释世界"。马克思认为，真正的启蒙在根本上不是一个抽象的思维或理论问题，而是一个感性的行动或实践问题。由于"意识在任何时候都只能是被意识到了的存在，而人们的存在就是他们的现实生活过程"，人们"在改变自己的这个现实的同时也改变着自己的思维和思维的产物"，④ 所以，就其终极指

---

① 《马克思恩格斯文集》第9卷，人民出版社2009年版，第20页。
② 《马克思恩格斯文集》第1卷，人民出版社2009年版，第510页注释。
③ 同上书，第502页。
④ 同上书，第525页。

向而言，启蒙的"全部问题都在于使现存世界革命化，实际地反对并改变现存的事物"①。

同时，从致力于实现以劳动人民为主体的无产阶级解放的立场出发，马克思认为，西方资本主义文明是一种病态的文明，它需要通过一场新的启蒙运动来拯救。这场新的启蒙运动的理论指向在于，"让受现实压迫的人意识到压迫，从而使现实的压迫更加沉重"②。马克思更为清楚，"批判的武器当然不能代替武器的批判，物质力量只能用物质力量来摧毁；但是理论一经掌握群众，也会变成物质力量"③。所以，马克思所谓的启蒙，是一种实践启蒙，是一种群众性的自我启蒙。这种群众性的实践启蒙集中体现为马克思所言谈的"解放"。"'解放'是一种历史活动，不是思想活动，'解放'是由历史的关系，是由工业状况、商业状况、农业状况、交往状况促成的。"④马克思确信，通过这种具有"解放"意义的实践启蒙，可以使受压迫者即无产阶级从自在走向自为，从而唤醒他们的阶级意识和革命意识，促使他们积极行动起来改变各种不合理的社会建制，通过解放自己，最终解放全人类。

马克思在实践启蒙的意义上，对公共理性问题进行了新的阐释。马克思从人的存在论角度，标明公共性是人的一种本体属性。马克思说："人对自身的关系只有通过他对他人的关系，才成为对他来说对象性的、现实的关系"，因而，人的本质不是单个人所固有的抽象物，在其现实性上，它是一切社会关系的总和。人是一个总体性、整体性的存在。"人是特殊的个体，并且正是人的特殊性使人成为个体，成为现实的、单个的社会存在物，同样，人也是总体，是观念的总体，是被思考和被感知的社会的自为的主体存在，正如人在现实中既作为对社会存在的直观和现实享受而存在，又作为人的生命表现的总体而存在一样。"⑤马克思从实践唯物主义角度，标明公共理性本质上是人们处理公共生活的一种实践

---

① 《马克思恩格斯文集》第1卷，人民出版社2009年版，第527页。
② 同上书，第6页。
③ 同上书，第11页。
④ 同上书，第527页。
⑤ [德]马克思：《1844年经济学哲学手稿》，人民出版社2014年版，第81页。

理性原则，而不是一种限制个人生活的绝对价值准则；是一种基于人们社会交往实践和公共利益的融通性"宽容"，而不是一种基于某种完美理想和绝对真理的强制性"公意"。在马克思看来，公共理性是与人的实践活动密切联系的。实践是人的存在方式，人是在实践中自我生成的。"正是在改造对象世界的过程中，人才真正地证明自己是类存在物。这种生产是人的能动的类生活。"① 公共性与实践内在关联，公共性是实践的社会属性，实践是公共性的根基。因而，作为一种涉及公共利益、公共事务的实践理性，公共理性必然展开于由社会成员共同参与而形成的公共政治、经济、文化等生活领域。公共理性在公共领域中的有效实践，集中表现为公民个体、群体相互间就相关公共利益、公共事务等展开的协商对话、交流与批判。

马克思认为，公共利益的保障和实现，是公共理性形成与发展的客观基础。但是，在以私有制为基础的阶级对立社会，统治阶级"为了达到自己的目的不得不把自己的利益说成是社会全体成员的共同利益，就是说，这在观念上的表达就是：赋予自己的思想以普遍性的形式，把它们描绘成唯一合乎理性的、有普遍意义的思想"。这就是说，公共利益往往"采取国家这种与实际的单个利益和全体利益相脱离的独立形式，同时采取虚幻的共同体的形式"②。这就使得被统治者对国家以及一切同国家有关的事物常常产生一种盲目崇拜："人们从小就习惯于认为，全社会的公共事务和公共利益只能像迄今为止那样，由国家和国家的地位优越的官吏来处理和维护，所以这种崇拜就更容易产生。"③ 这种对国家的盲目崇拜，阻碍了社会成员公共理性的健康发展。马克思和恩格斯提出用"真正的共同体"概念取代"国家"概念。他们用"真正的共同体"概念指涉人们自由、平等、关爱、和睦、民主地治理公共事务的生存和生活样态。马克思和恩格斯指出："只有在共同体中，个人才能获得全面发展其才能的手段，也就是说，只有在共同体中才可能有个人自由……在

---

① ［德］马克思：《1844 年经济学哲学手稿》，人民出版社 2014 年版，第 54 页。
② 《马克思恩格斯全集》第 1 卷，人民出版社 2009 年版，第 552、536 页。
③ 《马克思恩格斯文集》第 3 卷，人民出版社 2009 年版，第 111 页。

真正的共同体的条件下,各个人在自己的联合中并通过这种联合获得自己的自由。"① 在马克思看来,只有在这样的共同体中,公共理性才可能真正形成和持续发展。"我的普遍意识不过是以现实共同体、社会存在物为生动形态的那个东西的理论形态。"② 也是在这个意义上,恩格斯指出:"一到有可能谈自由的时候,国家本身就不再存在了。"③ 当然,恩格斯这里所说的国家,是特指以私有制为基础的剥削者统治的国家,尤其是资产阶级国家。马克思之所以强烈批判资本主义,是因为在资产阶级国家,追求个人私利成为社会通则,人与人的联结是通过利己需要和私人利益建立起来的,社会公共利益和公共价值等被遮蔽,人的公共理性和公共精神缺失,从而导致人的全面异化。

马克思提出了一种以废除私有制为根本的共产主义构想,作为培育和建构人类公共理性和公共精神的实践路径。这一设想具体体现为,除上述的"真正共同体"的建构、公共利益的保障、公共生活的建构等,还有公共教育的开展等。青年马克思曾提出通过"公共教育"来培养和提升社会成员公共理性的构想:"真正的'公共教育'就在于国家的合乎理性的公共的存在。国家本身教育自己成员的办法是:使他们成为国家的成员;把个人的目的变成普遍的目的,把粗野的本能变成合乎道德的意向,把天然的独立性变成精神的自由;使个人以整体的生活为乐事,整体则以个人的信念为乐事。"④

三 马克思早期自由思想变革的五个节点

自由是马克思哲学思想的根本价值取向。从《博士论文》到《神圣家族》,是马克思自由思想急剧变革的时期。进一步梳理和分析这一变革进程中青年马克思自由思想的主题转换和演进历程,有助于全面理解马克思自由思想的本质和全貌。

---

① 《马克思恩格斯文集》第1卷,人民出版社2009年版,第571页。
② [德] 马克思:《1844年经济学哲学手稿》,人民出版社2014年版,第80页。
③ 《马克思恩格斯文集》第3卷,人民出版社2009年版,第414页。
④ 《马克思恩格斯全集》第1卷,人民出版社1995年版,第217页。

1. 自我意识与自由的起点

学生时代的马克思,总体上秉持一种内在主义的自由观念。这种自由观念源于古希腊罗马,对接于康德、费希特以及青年黑格尔派。希腊化和古罗马时期的哲学,坚持"自我意识的普遍立场,亦即通过思维获得自我意识的自由"①。康德以道德良知确立自由的主观形式,强调"自由意志"是一种自由的必然性,即自律。费希特把"自我"设定为自由的主体,这个自我是意志与理性的统一。青年黑格尔派把自我意识以及基于其上的精神自由,视为自由的根本。

中学时代的马克思,坚信人的道德力量和自由选择能力,表达了一种道德理想主义的自由观念。马克思在分析基督与个人结合为一体的必要性和可能性时,基于人性的弱点和不完善,如喜欢作恶的本性、理性的动摇、心灵的堕落等,强调德行是人的"救世主",德行可以使人不断摆脱世俗的东西而具有神性,使人内心变得高尚。这种德行体现在人的职业选择和职业精神中。马克思认为,选择的自由是人与动物的根本区别;人比动物优越的地方在于,人能够进行理性的自由选择,而不是听天由命。自由是一种创造性的活动,这种创造性体现在,人可以通过选择高尚的职业,实现人类幸福与自身完美的统一,这也是人生幸福的标志。马克思把一种道德理想主义的自由,具体化为一种对完美职业的选择,这表明,青年马克思的自由观念,从一开始就具有立足人类的人本主义情怀和面向社会生活的现实主义态度。

大学时代的马克思,总体上告别康德-费希特和德国浪漫派的理想主义,倾向于黑格尔和青年黑格尔派。青年黑格尔派把自我意识从黑格尔哲学体系中解放出来,把自我意识作为黑格尔实体化的绝对精神的对立物,视为社会历史进步的原动力。正是受这种观点的直接影响,马克思在《博士论文》中把自我意识作为主题,力图揭示自我意识及其解放问题。早期斯多葛学派将德谟克利特的必然性思想推向极端,借助自然法宣扬"生死有命、富贵在天"的宿命论。伊壁鸠鲁则强调要重视偶然

---

① [德]黑格尔:《哲学史讲演录》第三卷,贺麟、王太庆译,商务印书馆1959年版,第146页。

性和主体的能动作用，注重个人幸福和快乐，宣扬个人的绝对自由与独立。与德谟克利特只承认必然性的真实存在和把一切都归结为必然性的观点不同，伊壁鸠鲁通过"原子偏斜"和"原子的质"确证偶然性及其意义，试图通过原子的偏斜来解释自由、偶然、独立的生命个体的意义，以此来抗衡必然的命运，反对神秘主义和宗教，把自由还给人的心灵。伊壁鸠鲁认为，没有必要去探讨客体实在的根据，应更为关注如何使进行探讨的主体得到安慰。所谓主体的安慰，就是主体"在自身中感到满足的思维的宁静和从内在原则中汲取自己知识的独立性"①。伊壁鸠鲁把存在的偶然性转化为思维的偶然性，思维的偶然性使意识从物理世界的必然性中挣脱出来，获得自由。马克思把偏离直线运动的原子理解为独立、自由的实体，认为原子不外是抽象的、个别的自我意识的自然形式。原子偏斜打破了"命运的束缚"。伊壁鸠鲁是第一个在人的内在规定性中发现了人的自我意识及其力量的哲学家，确立了"自我意识"解释原则，用自我意识对抗实体世界的必然性，使自由第一次成为人类反思的对象，这是作为现代自由确立之前提的自我意识的第一次觉醒。所以，马克思说，伊壁鸠鲁哲学的原则是"自我意识的绝对性和自由"，称伊壁鸠鲁是"最伟大的希腊启蒙思想家"②。马克思特别推崇伊壁鸠鲁的自我意识自由原则，强调人的自我意识具有最高神性，不应该有任何神同人的自我意识相并列，自我意识是精神的太阳系。

但马克思也注意到伊壁鸠鲁自我意识原则存在的问题。马克思认为，伊壁鸠鲁自我意识的自由只是个别性形式上的自由，由于过度肯定偶然性而忽视必然性，伊壁鸠鲁的自由实际上成了一种幻想的抽象的可能性。这种自由是"脱离定在的自由，而不是在定在中的自由。它不能在定在之光中发亮"。马克思进一步提醒："如果把那只在抽象的普遍性的形式下表现其自身的自我意识提升为绝对的原则，那么这就会为迷信的和不自由的神秘主义大开方便之门。"③马克思强调"定在的自由"，这里的

---

① 《马克思恩格斯全集》第1卷，人民出版社1995年版，第29页。
② 同上书，第63页。
③ 同上书，第50、63页。

"定在"是黑格尔意义的,指有限定的、具有一般规定性的东西,即"现实"的东西。但这里的"现实"是指理念的现实,还不是指社会生活的现实。然而这里已经显现出超越单纯的自我意识自由原则的倾向,表现出马克思自由观念的现实主义趋向。马克思把青年黑格尔派称作哲学上的"自由派",这一派别坚持把哲学的概念和原则作为主要规定,它的活动就是批判,使哲学转向外部,要求使世界哲学化。他认为:"在自身中变得自由的理论精神成为实践力量,作为意志走出阿门塞斯冥国,面向那存在于理论精神之外的尘世的现实。"① 对于哲学,"它的内在的自我满足和完整性被打破了。本来是内在之光的东西,变成转向外部的吞噬一切的火焰。于是,得出这样的结论:世界的哲学化同时也就是哲学的世界化"②。青年马克思把自由的"定在",指向现实的国家、法等,要求它们必须符合自由理性精神。

2. 理性国家与自由的定在

在黑格尔那里,自由不再仅仅停留于一种纯粹的意识层面,而是体现于意识发展的历史进程中。黑格尔认为,自由一方面作为一种能动的精神力量,贯穿于绝对精神运动过程的始终;另一方面,自由作为一种"定在"(即"现实")力量,实现于道德、伦理、法、国家之中。黑格尔把国家视为"绝对自在自为的理性的东西"和"具体自由的实现",认为国家是自由的最高定在,是意识到自身的理性的定在,是"自在自为的道德主体"。可见,黑格尔所表达的最高自由,本质上是一种关于国家的理念,是理性精神的绝对自由。

《莱茵报》时期的马克思崇尚黑格尔理性国家观,认为国家是自由的定在。马克思强调,应该根据自由理性来构想国家,国家是一个合乎伦理和理性的共同体,是一种人与人"相互教育的自由人联合体"③。国家应维护公民的自由,公民则要服从理性国家的法律。国家"必须实现法律的、伦理的、政治的自由,同时,个别公民服从国家的法律也就是服

---

① 《马克思恩格斯全集》第1卷,人民出版社1995年版,第75页。
② 同上书,第75—76页。
③ 同上书,第217页。

从他自己的理性即人类理性的自然规律"①。依据这种理性国家观,青年马克思批评普鲁士书报检查制度、林木盗窃法,批判普鲁士专制制度,推崇新闻出版自由,张扬一种理性主义的"定在的自由"。

在关于新闻出版自由的辩论中,骑士等级认为自由仅仅是某些人物和某些等级的个人特性,普遍理性和普遍自由是有害的,他们斥责人类本性的普遍自由。针对这种观点,马克思强调,自由是人的本质,是全部精神存在的类本质,公民的最高利益即他们的精神。所谓精神,"就是按照事物的本质特征去对待各种事物的那种普遍的思想自由"②。问一个人"自由是否应该存在"这一问题,本身就是对这个人的自尊心的伤害。"没有一个人反对自由,如果有的话,最多也只是反对别人的自由。可见,各种自由向来就是存在的,不过有时表现为特殊的特权,有时表现为普遍的权利而已。"③当自由表现为"特权"时,自由实际上只是少数人的一种专制的自由、特权的自由。比如,诸侯等级要求报刊成为表现他们的观点的报刊,成为上流社会的报刊。马克思把新闻出版自由视为人类自由的实现,是精神最自由的表现,是个人表达其精神存在的最普遍的方式,是人类各种自由形式中最高的自由形式。"自由的每一种形式都制约着另一种形式,正像身体的这一部分制约着另一部分一样。只要某一种自由成了问题,那么,整个自由都成问题。"④在马克思看来,没有新闻出版自由,其他一切自由都会成为泡影。

黑格尔认为,法律是自由的具体实现,自由只有在法律中才能变为现实。国家必须健全法律,如此自由才能真正实现。马克思依据黑格尔的这种自由理性法律思想,进一步批判书报检查制度。马克思说:"法律是肯定的、明确的、普遍的规范,在这些规范中自由获得了一种与个人无关的、理论的、不取决于个别人的任性的存在。法典就是人民自由的圣经。""哪里法律成为实际的法律,即成为自由的存在,哪里法律就成

---

① 《马克思恩格斯全集》第1卷,人民出版社1995年版,第228页。
② 同上书,第112页。
③ 同上书,第167页。
④ 同上书,第201页。

为人的实际的自由存在。"① 作为自由理性的体现，法律只能以人的行为为根据。但是，书报检查制度却要惩罚人的行为以外的所思所想，而"追究思想的法律不是国家为它的公民颁布的法律，而是一个党派用来对付另一个党派的法律。追究倾向的法律取消了公民在法律面前的平等"②。法律应保护公民的最高利益即精神自由。普鲁士书报检查制度从根本上说，是对公民的精神自由与思想自由的侵犯和剥夺。马克思称封建专制制度为"精神的动物王国"，是不自由的世界。"不自由的世界要求不自由的法，因为这种动物的法是不自由的体现，而人类的法是自由的体现。封建制度就其最广泛的意义来说，是精神的动物王国。"③

对穷人自由权利的特别关注，是青年马克思自由思想变革的重要契机之一。在《关于林木盗窃法的辩论》中，马克思从理性国家观出发，抨击普鲁士专制制度下的法律对贫困群众自由权利的践踏，"为穷人要求习惯权利"。第一次公开站在贫苦群众一边，维护社会"最底层的、一无所有的基本群众"的物质利益。马克思认为，林木所有者力图把特权变成法，他们的私人利益充满狭隘小气、愚蠢死板、平庸浅薄、自私自利，他们把自己的私人利益宣布为国家活动的范围和准则。国家和法既然是普遍理性和自由精神的体现，那么从国家和法的角度看人，所看到的就应该是有着共同人性和共同理性的自由的公民。因此，国家必须把它的每一个成员都视为自由公民。

《莱茵报》时期，马克思遭遇"物质利益"问题，意识到物质利益在国家和法的建构中的作用，尤其是私人利益对理性国家和普遍自由的侵蚀。这使马克思产生了"苦恼的疑问"，即一方面依据黑格尔理性国家观，国家和法应该超越特殊的私人利益，把普遍自由作为自己的根本目的；但另一方面，在现实生活中，国家和法又常常被强者的私人利益所支配，成为强者实现自己私人利益和特权自由的工具。对这一矛盾的自觉意识和疑虑，动摇了青年马克思所信奉的黑格尔自由理性国家观，促

---

① 《马克思恩格斯全集》第 1 卷，人民出版社 1995 年版，第 176 页。
② 同上书，第 121 页。
③ 同上书，第 248 页。

使马克思"退回书斋",反思自己所崇信的黑格尔自由观,重构国家和法及其与自由的关系,重新认识英法资产阶级政治革命以及近代启蒙自由主义理念。

3. 政治解放与自由的悖谬

马克思在《克罗伊茨纳赫笔记》中第一次批判了黑格尔自由理性国家观,并在此基础上撰写了《黑格尔法哲学批判》这一笔记体著作,对黑格尔自由理性国家观进行了全面系统批判。对黑格尔法哲学的批判,为马克思批判资产阶级政治革命提供了理论前提和基础。

马克思批判黑格尔把国家作为自由的主体,确证现实的人即家庭成员和市民社会成员才是自由的主体。黑格尔法哲学把国家、法同自由理念相勾连,把国家和法视为自由的实现。黑格尔认为,国家是自由理念的体现和实现,国家先于并决定着作为现实的人的存在形式的家庭和市民社会,而作为家庭成员和市民社会成员的个人,只有成为国家成员才会具有客观性、真理性和现实性。黑格尔实际上用理性国家抹杀了作为主体的现实的人的自由。马克思认为,国家并非是黑格尔所设定的以自身为目的的普遍理性存在物,国家并非先于家庭和市民社会。相反,家庭和市民社会是国家的前提和基础,国家是从作为家庭的成员和市民社会的成员而存在的这种群体中产生的。马克思批判黑格尔把作为自由理性的国家本身视为绝对目的,而把个人视为自由理性实现其目的的工具的观点,强调国家的职能等等只不过是人的社会特质的存在方式和活动方式,国家是抽象的东西,只有人民才是具体的东西;不是国家制度创造人民,而是人民创造国家制度。正是在这个意义上,马克思赞赏民主制度。"民主制是一切形式的国家制度的已经解开的谜。在这里,国家制度不仅自在地,不仅就其本质来说,而且就其存在、就其现实性来说,也在不断地被引回到自己的现实基础、现实的人、现实的人民,并被设定为人民自己的作品。"① 马克思认为,人民有权根据自己的意愿制定国家制度,国家制度一旦不再是人民自由意志的现实表现,它就变成了事实上的幻想,人民就有权变革国家制度。

---

① 《马克思恩格斯全集》第3卷,人民出版社2002年版,第40页。

在自由思想史上，马克思第一个注意到了政治自由与经济自由、形式自由与实质自由等之间的区别。马克思对这一区别的理解，初步表达于他对资产阶级政治革命的批判。对资产阶级政治革命的批判，也使马克思初步超越了黑格尔理性自由观和启蒙自由主义自由观。

自由体现为人的解放，资产阶级政治革命实现了人的一次巨大解放，是人的自由的一大进步。政治解放铲除了封建专制制度，摧毁了封建等级、公会、行帮和特权，消除了人身依附关系，使得社会成员的各种特殊的和个别的因素如宗教信仰、私有财产等，被驱逐出政治国家领域而成为非政治的、社会的差别，进而使社会成员成为"纯粹的、明显的个体性本身"，使个体作为政治统治奴役者的不自由的存在，转变为真正生活于世俗关系中的市民，确立了个体在政治形式或法律形式上的自由，自由被确认为一种人权。马克思肯定法国宪法和1791年《人权宣言》所规定的政治的和法律意义的自由。他强调，自由是可以做和可以从事任何不损害他人的事情的权利。每个人能够不损害他人而进行活动的界限是由法律规定的，正像两块田地之间的界限是由界桩确定的一样。获得这种政治自由，是人的一种历史性的解放。

但是，资产阶级政治革命所带来的政治自由存在内在矛盾，具有悖谬性。这种内在矛盾和悖谬性集中表现为："人没有摆脱宗教，他取得了信仰宗教的自由。他没有摆脱财产，他取得了占有财产的自由。他没有摆脱经营的利己主义，他取得了经营的自由。"① 何以如此？马克思主要从两方面进行了分析。其一，政治革命实现了政教分离，使国家摆脱宗教束缚而成为自由国家，使人从神权政治中解放出来而成为自由公民。政治革命消除了封建的政治等级差别和人身依附关系，使得"每一成员都是人民主权的平等享有者"即公民。但是，就其本质而言，政治革命所建立的"政治制度到目前为止一直是宗教领域，是人民生活的宗教，是同人民生活现实性的尘世存在相对立的人民生活普遍性的天国"。对个体来说，国家"是作为普遍理性、作为彼岸之物而发展起来的"②，"国

---

① 《马克思恩格斯文集》第1卷，人民出版社2009年版，第45页。
② 《马克思恩格斯全集》第3卷，人民出版社2002年版，第42页。

家是人和人的自由之间的中介者……人把自己的全部非神性、自己的全部人的自由寄托在它身上","完成了的政治国家,按其本质来说,是人的同自己物质生活相对立的类生活"。因此,对国家而言,"人是想象的主权中虚构的成员"①。

其二,政治革命实现了政(政治国家)经(市民社会)分离,确立了以物质需要和利己主义为原则的市民社会的自由,确认了私有财产占有和经营的自由。由此在自由问题上引发三个结果:一是从一般伦理意义上说,政治解放虽然把自由的主体归置于"个人",但这里的"个人",实际上不过是市民社会中"自私自利的个人"。由此,政治解放所确认的自由,也不过是"人作为孤立的、自我封闭的单子的自由"。"自由这一人权不是建立在人与人相结合的基础上,而是相反,建立在人与人相分隔的基础上。这一权利就是这种分隔的权利,是狭隘的、局限于自身的个人的权利"。"这种自由使每个人不是把他人看做自由的实现,而是看做自己自由的限制。"② 二是从社会实践意义上说,"自由这一人权的实际应用就是私有财产这一人权","私有财产这一人权是任意地、同他人无关地、不受社会影响地享有和处理自己的财产的权利"。③ 这种自由,对有产者来说是实在的和有意义的,是一种特权自由;对无产者来说,则是虚幻的和无意义的,是一无所有的自由。同时,由于财产占有的不平等,政治解放所主张的自由,虽然在法律上被宣示为一切人的自由,但事实上,这种自由不过是一部分人(而且是一少部分人)的自由,只是资产阶级这个特殊阶级的自由。三是从人学效果上说,政治解放带来了一个致命后果:人成为工具,成为被商业和金钱所奴役的不自由的人。政治解放由于确认了私有财产占有和经营的自由,使得金钱具有了支配一切的力量。"金钱是一切事物的普遍的、独立自在的价值。因此它剥夺了整个世界——人的世界和自然界——固有的价值。金钱是人的劳动和人的存在的同人相异化的本质;这种异己的本质统治了人,而人则向它

---

① 《马克思恩格斯文集》第1卷,人民出版社2009年版,第29—31页。
② 同上书,第41页。
③ 同上。

顶礼膜拜。"① 金钱异化是世俗社会其他一切异化（宗教异化、政治异化等）的基础。

在马克思看来，政治革命只是人从封建社会关系中的解放，它消除了人的政治异化，但确认和保障财产私有制，无法根除人的金钱异化（经济异化），因而，政治解放是人的解放的未完成形式。人在这种解放中所获得的自由只能是形式的和法权意义上的自由，是一种基于私有财产的消极自由，还不是实质的、积极的自由。为此，马克思提出"普遍的人的解放"。所谓"普遍的人的解放"即人类解放，就是"推翻使人成为被侮辱、被奴役、被遗弃和被蔑视的东西的一切关系"，"使人的世界即各种关系回归于人自身"②。这种解放集中表现为人从财产私有制以及财产私有观念中解放出来，表现为每一个人的全面发展和人的自由本性的全面实现。只有"普遍的人的解放"，才可以使人获得普遍的、实质的自由。"普遍的人的解放"何以可能，通过何种方式实现这种解放，成为青年马克思自由思想演进中需要进一步澄清和解决的问题。

4. 异化劳动与自由的本体

通过对黑格尔法哲学和资产阶级政治革命的批判，马克思把消灭私有制视为"普遍的人的解放"的根本途径。这种认识促使马克思转向对以私有制为原则的市民社会进行政治经济学研究，通过研究，马克思进一步明确了实现人的彻底解放和普遍自由的具体实践路径："社会从私有财产等等解放出来、从奴役制解放出来，是通过工人解放这种政治形式来表现的，这并不是因为这里涉及的仅仅是工人的解放，而是因为工人的解放还包含普遍的人的解放；其所以如此，是因为整个的人类奴役制就包含在工人对生产的关系中，而一切奴役关系只不过是这种关系的变形和后果罢了。"③ 在资本主义社会，"工人对生产的关系"表现为一种异化劳动关系。在《1844年经济学哲学手稿》中，通过政治经济学—哲学批判，马克思从对象与主体及其关系层面，深化了对自由问题的认识，

---

① 《马克思恩格斯文集》第1卷，人民出版社2009年版，第52页。
② 同上书，第11、46页。
③ 同上书，第167页。

第一次把自由从观念论和上层建筑领域引向人类物质生活的生产和经济基础领域，揭示了自由与劳动、私有制、共产主义等的关系。

马克思把自由视为人的生命的秉性和特质，把自由理解为人通过劳动而不断展开的自我实现。"一个种的整体特性、种的类特性就在于生命活动的性质，而自由的有意识的活动恰恰就是人的类特性。"① 这种自由体现为人的审美情趣、创造才能等。再进一步，马克思汲取古典政治经济学和黑格尔哲学中劳动概念的主体性和能动性原则，把自主劳动理解为人的自由的本体规定。在劳动本体论意义上，人的自由在于，"通过实践创造对象世界，改造无机界，人证明自己是有意识的类存在物"②。这表现为，人的生产是全面的，人再生产整个自然界，人"懂得按照任何一个种的尺度来进行生产，并且懂得处处都把固有的尺度运用于对象"③。在马克思看来，自由的根本在于，通过实践创造对象世界。这一点集中表现为人的自主劳动。在自主劳动中，"人把自身当做普遍的因而也是自由的存在物来对待"④。人通过这种自主的劳动过程和劳动产品，对象化并意识到和直观到自己的自由禀赋。在《詹姆斯·穆勒〈政治经济学原理〉一书摘要》中，马克思提出"直接谋生的劳动"和作为"自由的生命表现"的劳动两个重要范畴。在"直接谋生的劳动"中，"我的个性同我自己外化到这种程度，以致这种活动为我所痛恨，它对我来说是一种痛苦，更正确地说，只是活动的假象。因此，劳动在这里也仅仅是一种被迫的活动，它加在我身上仅仅是由于外在的、偶然的需要，而不是由于内在的必然的需要"。相反，作为"自由的生命表现"的劳动，则出于人的"内在的必然的需要"，是"生活的乐趣"⑤。这一观点被马克思后来发展为有关"必然王国"与"自由王国"的学说，成为其自由思想的核心内容之一。

---

① ［德］马克思：《1844年经济学哲学手稿》，人民出版社2014年版，第53页。
② 同上。
③ 同上。
④ 同上书，第51页。
⑤ 参阅［德］马克思《詹姆斯·穆勒〈政治经济学原理〉一书摘要》，载［德］马克思《1844年经济学哲学手稿》，人民出版社2000年版，第174—175、183—185页。

在以私有制为基础的现代社会，劳动不再是人的"自主的活动、自由活动"，不再是出于需要的自愿自觉的创造性活动，而是沦为迫于生存压力不得已而为之的谋生活动，是被迫的和强制的，是一种异化劳动。马克思归纳和分析了异化劳动的四个表现，即劳动产品对劳动者的异化、劳动过程本身的异化、个人与类本质的异化、个人与个人的异化。马克思是沿着从现象到本质的现象学方法来描述异化劳动的四个表现的。人与人的异化，是最根本的异化。异化劳动造成的不自由，归根到底，是资本主义社会关系对作为主体的人本身的否定。这种异化表明了人的深度的"不自由"存在状态，它具体体现在人与自然、人与人、人与社会、人与自我等诸多关系中。在劳动异化理论的基础上，马克思呈现了异化与自由的四个矛盾，即存在与本质、对象化与自我确证、自由与必然、个体与类的矛盾。马克思把这四对矛盾视为"历史之谜"，并强调，以扬弃私有财产和异化、真正占有人的自由本质为目的的共产主义，是这个"历史之谜"的解答。

5. 精神—群众与自由的主体

布鲁诺·鲍威尔兄弟及其追随者以"批判的批判者"自居，他们把自由的主体归置于少数具有"精神"批判能力的人，把自身和"批判"等同起来，把自己说成是"精神"，是绝对的、无限的，而把"群众"说成是有限的、粗野的、鲁莽的和僵死的。由此，"批判的批判者"把人的解放和自由归结为一种"精神"活动。布鲁诺·鲍威尔说："犹太人现在在理论领域内有多大程度的进展，他们就获得多大程度的解放；他们在多大程度上想要成为自由的人，他们就在多大程度上是自由的人了。"① 马克思批判道，布鲁诺·鲍威尔们以为"把自由从现实的坚实土地上移到幻想的太空就是尊重自由。这些流于幻想的空谈家、这些伤感的狂热者把他们的理想同日常的现实的任何接触都看成是亵渎神明。对我们德国人说来，自由之所以直到现在仍然只是一种幻想和伤感的愿望，一部分责任是要由他们来负的"②。马克思在《神圣家族》中，批判了这种精

---

① 转引自《马克思恩格斯文集》第1卷，人民出版社2009年版，第297页。
② 《马克思恩格斯全集》第1卷，人民出版社1995年版，第189页。

英主义的自由观念，确认无产者是实现人类彻底解放和全面自由的现实主体。

在《莱茵报》时期，马克思就已特别关注穷人的利益和穷人的自由。在《〈黑格尔法哲学批判〉导言》中，马克思明确把无产阶级视为实现人的彻底解放和普遍自由的主体。无产阶级的存在，"表明人的完全丧失，并因而只有通过人的完全回复才能回复自己本身。社会解体的这个结果，就是无产阶级这个特殊的等级"。也因此，"无产阶级宣告迄今为止的世界制度的解体，只不过是揭示自己本身的存在的秘密，因为它就是这个世界制度的实际解体"①。

马克思之所以能够有这样的发现，与他对自由的深层理解不无关系。青年马克思意识到，不能仅仅从政治或法律层面理解自由，还必须从更为深层的生存论层面理解自由。1842年，马克思洞察到："自由不仅包括我靠什么生活，而且也包括我怎样生活，不仅包括我做自由的事，而且也包括我自由地做这些事。"② 在关于资产阶级政治革命的批判中，马克思强调，资产阶级所追求的仅仅免于被奴役的自由，是形式的和消极的，不能够满足人类精神的持续的和无限的追求。现在，在《神圣家族》中，马克思更是明确指出："人不是由于具有避免某种事物发生的消极力量，而是由于具有表现本身的真正个性的积极力量才是自由的。"③ 这一观点被马克思后来发展为有关人的自由全面发展的"自由个性"学说，成为其自由思想的核心内容之一。马克思更注目于通过彻底的社会变革，不断优化人的生存环境，以便把人性中积极的自由能量激发出来。

只有在生存论层面理解自由，才能发现自由的真正主体及其强大力量。马克思分析道，在私有制为基础的现代社会，"工资的数额起初是通过自由的工人和自由的资本家之间的自由协商来确定的。后来却发现，工人是被迫让资本家去确定工资，而资本家则是被迫把工资压到尽可能低的水平。强制代替了立约双方的自由"④。工人受雇于资本家，从事雇

---

① 《马克思恩格斯文集》第1卷，人民出版社2009年版，第17页。
② 《马克思恩格斯全集》第1卷，人民出版社1995年版，第181页。
③ 《马克思恩格斯文集》第1卷，人民出版社2009年版，第335页。
④ 同上书，第257页。

佣劳动，从法律层面说，是自由的行为。但从生存论层面说，工人的这种行为是由自己的生活条件所迫使的行为，因而是不自由的。同样，资本家的行为从法律层面看也是自由的行为，但从生存论角度看，资本家不过是资本的人格化，受资本驱使，是资本的奴隶，因而他的行为也是不自由的。马克思总结道，在现代社会，"个人把自己的异化的生命要素如财产、工业、宗教等的既不再受普遍纽带束缚也不再受人束缚的不可遏制的运动，当做自己的自由，但是，这样的运动实际上是个人的十足的屈从性和非人性"①。

马克思进一步论证道："有产阶级和无产阶级同样表现了人的自我异化。但是，有产阶级在这种自我异化中感到幸福，感到自己被确证，它认为异化是它自己的力量所在，并在异化中获得人的生存的外观。而无产阶级在异化中则感到自己是被消灭的，并在其中看到自己的无力和非人的生存的现实。"因为，"在已经形成的无产阶级身上，一切属于人的东西实际上已完全被剥夺，甚至连属于人的东西的外观也已被剥夺，由于在无产阶级的生活条件中集中了现代社会的一切生活条件所达到的非人性的顶点，由于在无产阶级身上人失去了自己，而同时不仅在理论上意识到了这种损失，而且还直接被无法再回避的、无法再掩饰的、绝对不可抗拒的贫困——必然性的这种实际表现——所逼迫而产生了对这种非人性的愤慨，所以无产阶级能够而且必须自己解放自己"②。因此，在谋求实现"表现本身的真正个性的积极力量"的自由方面，有产者满足于"统治的自由"，是消极的、保守的一方；无产者处于"非人"状态，是积极的、实践的一方。正是在这个意义上，马克思把人的解放和自由的主体归置于无产阶级，强调通过无产阶级的解放，来实现人类的彻底解放和自由。

对无产者来说，自由不是一种单纯的精神批判和精神自由，而是一种彻底的实践变革和历史活动。按照"批判的批判者"的自由逻辑，对工人来说，"只要他们在思想中消除了雇佣劳动的想法，只要他们在思想

---

① 《马克思恩格斯文集》第1卷，人民出版社2009年版，第316页。
② 同上书，第261—262页。

上不再认为自己是雇佣工人,并且按照这种极其丰富的想象,不再为他们个人而索取报酬,那么他们在现实生活中就不再是雇佣工人了……只要他们在思想上征服了资本这个范畴,他们也就消除了现实的资本;只要他们在意识中改变自己的'抽象的我',并把现实地改变自己的现实存在当作非批判的行为轻蔑地加以拒绝,他们就会现实地发生变化并使自己成为现实的人"①。马克思则针锋相对地指出,无产阶级"并不认为用'纯粹的思维'就能够摆脱自己的企业主和他们自己实际的屈辱地位。他们非常痛苦地感到存在和思维之间、意识和生活之间的差别。他们知道,财产、资本、金钱、雇佣劳动以及诸如此类的东西绝不是想象中的幻影,而是工人自我异化的十分实际、十分具体的产物,因此,也必须用实际的和具体的方式来消灭它们,以便使人不仅能在思维中、在意识中,而且也能在群众的存在中、在生活中真正成其为人"②。这正是马克思终生矢志不移的精神追求和行动目标。

四 两次提升、两个和解与历史进步

1. 两次提升

恩格斯在谈到人类历史的发展时指出:"只有一种有计划地生产和分配的自觉的社会生产组织,才能在社会方面把人从其余的动物中提升出来,正像一般生产曾经在物种方面把人从其余的动物中提升出来一样。历史的发展使这种社会生产组织日益成为必要,也日益成为可能。"③ 人类社会历史必将经历两次提升,即"在物种方面把人从其余的动物中提升出来"(以下简称"物种提升")和"在社会方面把人从其余的动物中提升出来"(以下简称"社会提升")。"物种提升"凸现的是人与自然的关系,标志着人在自然界的地位;"社会提升"凸现的是人与人、人与社会的关系,标志着人在社会中的地位。"两次提升"的根本目的在于优化

---

① 《马克思恩格斯文集》第1卷,人民出版社2009年版,第273—274页。
② 同上书,第273页。
③ 《马克思恩格斯文集》第9卷,人民出版社2009年版,第422页。

人的生存环境，确立人的主体地位，提高人的生命质量，实现人的全面发展。对于社会历史和人类文明的演进来说，"物种提升"是前提和基础，"社会提升"是关键和灵魂，"物种提升"与"社会提升"之高度统一所表现的人"占有自己的全面的本质"是核心和归宿。

"物种提升"是社会历史与人类文明演进的前提和基础。马克思认为，人类社会的发展"不外是人通过人的劳动而诞生的过程，是自然界对人来说的生成过程"①。"物种提升"标志着人对自然界开发、利用和改造的水平，其实质是"自然界对人来说的生成"。马克思、恩格斯把人与自然的关系纳入社会发展的总体框架内，认为处理人与自然的关系是人类文明和社会发展的起点，一般生产劳动或物质经济活动是人和自然之间的物质变换过程，是人类生存的一般条件。在马克思、恩格斯的视野中，发展生产力，谋求经济增长，满足人们的物质生活需求，提高人类开发、利用和改造自然界的能力，实现人对自然必然性的超越，使人类在同自然界的关系上获得自由，这些理应成为社会发展的基本目标。

"社会提升"是社会历史与人类文明演进的关键和灵魂。"社会提升"反映的是个人对社会环境的控制程度和个人在社会中的自由度。由于人与人之间的社会关系在其现实性上表现为各种社会组织、社会制度或社会体制，又由于人与人之间关系的核心是生产关系，是所有制问题，所以恩格斯认为："只有一个有计划地生产和分配的自觉的社会生产组织，才能在社会方面把人从其余的动物中提升出来。"② 这种社会组织就是马克思和恩格斯设想的社会主义和共产主义社会。马克思根据人在社会方面获得的自由度，把人类社会的发展划分为三个阶段，即人的依赖性社会、物的依赖性社会和自由人联合体社会。在自由人联合体社会中，人们在自己的联合中并通过这种联合获得自己的自由。这种划分显现的是人与人、人与社会环境、人与社会制度或社会体制等之间的互动方式，展示的是人类社会关系演进与发展的文明程度。对马克思和恩格斯来说，通过革命性的政治实践活动改造以私有制为基础的各种社会制度或社会

---

① ［德］马克思：《1844年经济学哲学手稿》，人民出版社2014年版，第89页。
② 《马克思恩格斯文集》第9卷，人民出版社2009年版，第422页。

体制，保持对各种压抑人的社会制度或社会体制的持续批判，建构有利于人生存与发展的社会制度或社会体制，使人在与他人及社会的关系上获得自由，这些也应成为社会发展的基本目标。

马克思主义创始人认为，"物种提升"与"社会提升"是内在统一的，人在物种方面的提升是人在社会方面得以提升的基础和必要条件，而人在社会方面的提升又是人在物种方面得以提升的关键和充分条件。实现"两次提升"是一个漫长的历史过程，不可能有时间意义上的终点。"两次提升"的高度统一所指向的终极目标就是人本身的全面发展，人的全面发展是社会发展的归宿和核心，是社会发展目标的最高层次。只有当"两次提升"被规约于人自身的全面发展时，社会的发展才是健康的，从而是可持续的。通过实现"两次提升"，建构"人化自然界""自由人联合体"和"全面发展的个人"，是马克思和恩格斯对社会发展目标的基本预设。这种预设不是乌托邦构想，而是对社会发展方向的科学预测。保持人与自然、人与人、人与社会以及人与自我等之间关系的高度统一，以这种统一作为社会发展的基本目标，由此，社会才可能被不断引导到持续健康发展的轨道之上。

2. 两个和解

"两次提升"的社会历史演进目标，意味着社会发展是以人与自然、人与人、人与社会、人与自我等之间的某种分离为前提的。通过这种分离，人的生命价值和主体地位得以提升。但这种分离是有限度的，它必须以统一为基础，是统一中的分离，是为了更好地统一的分离。没有统一的绝对分离，必然导致社会发展的紊乱和中断。马克思和恩格斯认为，社会发展进程中的"两次提升"是以"两个和解"即"人类与自然的和解以及人类本身的和解"[1] 为基础的。实现"两个和解"，是社会可持续发展的实践原则。

在马克思和恩格斯看来，以私有制为基础的社会，尤其是资本主义社会的发展，在整体上具有异化的性质，这种异化主要表现为人与自然、人与人、人与社会、人与自我等之间关系的分裂、对立乃至对抗。在资

---

[1] 《马克思恩格斯文集》第 1 卷，人民出版社 2009 年版，第 63 页。

本主义制度下，自然界的内在的有机性被完全否定，仅仅成为人的有用对象；人与人之间的社会关系因为建立在交换价值基础之上而表现为物与物的关系，社会仅仅成为个人满足其私欲的工具和手段。马克思说："在我们这个时代，每一种事物好像都包含有自己的反面。我们看到，机器具有减少人类劳动和使劳动更有成效的神奇力量，然而却引起了饥饿和过度的疲劳。财富的新源泉，由于某种奇怪的、不可思议的魔力而变成贫困的源泉。技术的胜利，似乎是以道德的败坏为代价换来的。随着人类愈益控制自然，个人却似乎愈益成为别人的奴隶或自身的卑劣行为的奴隶。甚至科学的纯洁光辉仿佛也只能在愚昧无知的黑暗背景上闪耀。我们的一切发明和进步，似乎结果是使物质力量成为有智慧的生命，而人的生命则化为愚钝的物质力量。"① 马克思和恩格斯认为，资本主义社会较之以往的社会具有巨大的历史进步性，它的生产力发展较之以往的社会具有无比的扩张性。但是，这种扩张在性质上受资本的驱动，在经济上不断被周期性的经济危机所打断，在政治上和社会上不断被两大阶级间的斗争所打断，并且最终在范围和程度上受到"增长的极限"和全球化社会的限制。正是基于这一点，马克思主义创始人提出了"两个和解"的思想，认为实现"两个和解"是保证人类社会历史进步的实践原则。

首先是"人类与自然的和解"。人类与自然界的和解，一方面表现为"自然界向人的生成"，即人通过物质生产活动，"把整个自然界——首先作为人的直接的生活资料，其次作为人的生命活动的对象和工具——变成人的无机的身体"②。在这个过程中，人"不仅使自然物发生形式变化，同时他还在自然物中实现自己的目的，这个目的是他所知道的，是作为规律决定着他的活动的方式和方法的，他必须使他的意志服从这个目的"③。另一方面，表现为"人向自然界的融化"，即人的自然化。人通过实践活动广泛掌握和同化自然力，用各种自然物的属性来丰富和充实

---

① 《马克思恩格斯文集》第 2 卷，人民出版社 2009 年版，第 580 页。
② ［德］马克思：《1844 年经济学哲学手稿》，人民出版社 2014 年版，第 52 页。
③ 《马克思恩格斯文集》第 5 卷，人民出版社 2009 年版，第 208 页。

自己的生命活动，使自己能力的提高和发挥根植于自然系统的演化之中。这是因为，"人在生产中只能像自然本身那样发挥作用，就是说，只能改变物质的形式。不仅如此，它在这种改变形态的劳动本身中还要经常依靠自然力的帮助"①。"人类与自然的和解"的实践基础是物质生产活动。实现这一"和解"，要求人类必须以"最无愧于和最适合于他们的人类本性"的方式来利用、开发和改造自然界，合理调节人类与自然界之间的物质变换。马克思用"物质变换"这一概念来指称人类与自然界之间的相互作用，昭示了社会发展与自然演化的辩证统一。

其次是"人类本身的和解"。在马克思和恩格斯的时代，社会发展总体上弥漫着强烈的民族、国家和阶级对立的色彩，一部分民族、国家和阶级把自己的发展建立在另一部分民族、国家和阶级不发展的基础之上。马克思主义创始人认为，资本主义社会加强了人们之间的相互联系和普遍性交往，促进了经济社会的发展和世界历史的形成。但与此同时，私有制为主体的社会制度也加深了人们之间的相互分裂和对抗，阻碍着经济社会和世界性普遍交往的进一步发展，从而制约着经济社会的健康持续发展。因此，必须变革资本主义生产方式和社会制度，建立有利于人与人、人与社会和谐相处的社会制度或社会体制。"人类本身的和解"昭示的是人与人、人与社会的和谐互动关系，其实践基础是物质交往活动，表现为社会经济、政治、文化等制度或体制的建构与完善过程。马克思和恩格斯认为，不断打碎旧的社会制度或体制，建立能够适应社会发展客观要求的新的社会制度或体制，是一种"革命性实践活动"，是推动社会持续发展的根本条件。

"两次和解"是内在统一的。"人类与自然的和解"是"人类本身的和解"的物质基础，"人类本身的和解"则是"人类与自然的和解"的社会前提。诚如马克思主义创始人所言，在未来的共产主义社会，"人类本身的和解"成为真正的现实，到那个时候，"社会上的一部分人靠牺牲另一部分人来强制和垄断社会发展（包括这种发展的物质方面和精神方面的利益）的现象将会消灭……社会化的人，联合起来的生产者，将合

---

① 《马克思恩格斯文集》第5卷，人民出版社2009年版，第56页。

理地调节他们和自然界之间的物质变换,把它置于他们的共同控制之下,而不让它作为一种盲目的力量来统治自己;靠消耗最小的力量,在最无愧于和最适合于他们的人类本性的条件下来进行这种物质变换"①。这是马克思对资本主义社会的矛盾运动做出的逻辑引申,尽管这个逻辑引申有待人类未来实践的检验,但它是根据以往社会发展的客观规律所做出的一个科学的预测。马克思和恩格斯从来没有脱离人与自然的关系来研究人与人、人与社会的关系,也从来没有脱离人与人、人与社会的关系来研究人与自然的关系。在他们对未来社会的科学构想中,人与自然和人与人、人与社会的关系是相互联系的有机整体。当社会发展被一部分人所"强制和垄断",而另一部分人不得不为此牺牲自己利益的时候,人与自然的关系就不可能是合理的,即人就不可能在最无愧于和最适合自己本性的条件下与自然进行物质变换;而当人与自然的物质变换尚不具备"合理性"的时候,"社会上的一部分人靠牺牲另一部分人来强制和垄断社会发展"②的现象就不可能完全消灭。因此,"两个和解"是相辅相成和互为条件的。

3. 两种尺度

社会发展从可能性向现实性的转变,是以人类正确选择和合理运用社会发展的尺度为条件的。马克思提出了关于衡量社会发展的"两种尺度"的思想。他认为,在社会发展过程中,人不仅"懂得按照任何一个种的尺度来进行生产,并且懂得处处都把内在的尺度运用于对象;因此,人也按照美的规律来构造"③。

马克思主义创始人认为,社会发展是合规律性与合目的性的统一。规律是目的的客观依据,人的目的能否实现,取决于这个目的在何种程度上符合客观规律;目的是规律运行的主体依据,客观规律发挥何种作用,很大程度上取决于主体的价值选择。合规律性是社会发展的客观基础,是衡量社会发展的"物的尺度"或"客体尺度";合目的性是社会发

---

① 《马克思恩格斯文集》第 7 卷,人民出版社 2009 年版,第 928 页。
② 同上。
③ [德] 马克思:《1844 年经济学哲学手稿》,人民出版社 2014 年版,第 53 页。

展的主体之维,是衡量社会发展的"人的尺度"或"主体尺度"。"客体尺度"是社会发展过程中的客体性内容方面,它使社会发展具有不得不面向客体、从"非我"出发、服从于客观规律的内容,显现的是社会发展中的"真理"或"事实"问题;"主体尺度"是社会发展过程中的主体性内容方面,即社会发展所呈现的人本目的性,它关注客体的发展对主体发展的作用和影响,显现的是社会发展中的"理想"或"价值"问题。社会发展所面临的最大困难,在于如何使"物的尺度"与"人的尺度"统一起来,使事实与价值统一起来。

马克思主义创始人认为,直至资本主义社会,人类的发展总体上是在事实与价值的分裂、对立乃至对抗中进行的。资本主义社会的发展使物的世界与人的世界分裂、科学世界与生活世界分裂、自然科学与人文科学分裂、工具理性与价值理性分裂、科学精神与人文精神分裂,等等。在社会发展过程中出现"两种尺度"分裂现象的根源是多方面的,主要有认识根源和社会历史根源。由于认识能力的历史局限性,人们在特定社会发展阶段难以完全正确地认识和把握各种客观事物的属性和规律,难以完全正确地权衡自己的需要和目的,更难以对自己的目的是否符合客观事物的属性和规律做出准确的判断,从而使得人们的预期目的和实际达到的结果之间总是存在着极大的差距,人们无法预见和控制的力量常常显得极为强大。但在马克思和恩格斯看来,造成事实与价值分裂的更为根本的原因是社会的生产方式、政治制度、文化体制等因素。在资本主义市场经济中,商品、资本和货币的无限扩张的本性,使人的世界完全被物化。劳动者成为生产手段,追求物质财富成为生产本身的目的。

在马克思和恩格斯看来,要保证社会的持续发展,必须随时用"两种尺度"来衡量社会的发展方式、发展进程及发展成果,核心是摆正人与物之间的关系,处理好社会发展与自然生态系统演化、人的发展与经济社会发展、人的发展与科技发展等各方面的关系。具体地说,在评价社会发展时,要遵循"物的尺度与人的尺度相统一""科学尺度与价值尺度相统一""历史尺度与道德尺度相统一"等原则。

(1) 物的尺度与人的尺度的统一

在评判社会发展的尺度中,"物的尺度"是基础,"人的尺度"是核心。马克思认为,生产力是社会发展的根本动力,是衡量社会发展的"指示器";社会组织或制度、社会观念或文化是社会发展的上层建筑,是衡量社会发展的重要尺度。生产力和经济发展、社会制度和社会文化发展的根本目的是满足人的需要,并为人的发展创造物质条件和必要的社会条件,因而人的发展应是衡量社会发展的根本尺度,人类必须使"自己成为衡量一切生活关系的尺度,按照自己的本质去评价这些关系,根据人的本性的要求,真正依照人的方式来安排世界"[①]。

历史唯物主义认为,生产力是社会发展的最终决定力量,一种社会形态超越另一种社会形态,其最终的动力和最根本的标志是生产力的发展。生产力的发展是社会进步的最高或根本性的标准,生产力是社会发展水平的"指示器"。人与自然之间的矛盾、社会与自然之间的矛盾是人类永恒的矛盾,人类就是在不断解决这个矛盾中获得发展的。这个矛盾解决的程度,从根本上决定了人的物质生活以及与之相关的精神生活和其他方面的满足程度。而发展生产力是解决人与自然、社会与自然之间矛盾的唯一手段与方法。社会发展是以生产力为基础的经济、政治、思想、文化的全面发展。因此,离开生产力就无从考察社会的发展或进步。生产力标准包括两个层面的含义:在本体论上,它集中反映了生产力的决定作用,直接体现了生产关系必须适合生产力状况的最一般规律;在价值论上,它是衡量社会主体、社会历史现象和社会发展的基本尺度,是检验一个政党的指导思想、方针政策及一切工作得失的最主要标准之一。

人的需要有诸多层次,但我们不能抽象地判定哪一种需要(如生理需要)是低级的,哪一种需要(如精神需要)是高级的,而应该对之作具体分析。发展固然是要满足人们的需要,但对于人们的无限制的需要,对于人们借助于技术的手段和组织的力量来无限制地满足需要的能力,又必须加以限制。没有限制、约束、控制,发展就会走向单纯量的恶性膨胀状态。发展伦理学消解了传统发展观奉行的"越多越好"的"增长无限度"信条,要求对发展的"量"进行适度控制,以免发展的"质"

---

① 《马克思恩格斯全集》第3卷,人民出版社2002年版,第521页。

被遗落；要求对人的需要本身进行理性的规范，以免其走向畸形；要求对人的发展能力进行理性的限制，以免其被滥用。所以，人的合理需要当然必须满足，但那些违背社会历史的、低级的、庸俗的、甚至下流的需要是不能满足的，是社会发展所要不断扬弃的。社会发展的最高原则就是社会运行的机制、方式、节奏、结果等必须符合人类现阶段的最高利益和今后的长远利益，必须有利于每一社会成员的全面发展，社会的经济、政治、文化等诸因素的演进与互动必须更符合人的本性，而不是违背人性的要求；必须以"总体的人"或人的总体性的生成作为衡量社会现代化乃至整个人类社会进步的最根本的发展尺度。

生产力尺度与人的尺度并不矛盾，二者具有内在统一性。这种统一性体现在生产力与人的内在统一中，因为从生产力的结构看，它本质上是人的一种主体能力。很长时间，人们对生产力范畴的理解极为狭窄，往往把生产力仅仅理解为生产的效率，即理解为人的劳动在单位时间内提供产品的数量多少，理解为人类解决生计的生产工具手段的提高和物质资料的增加。事实上，马克思所实现的伟大变革之一就是对古典经济学的生产力范围加以改造，扬弃了其经济学意义而把它上升到历史观的高度来考察。马克思第一次把生产力与人的本质联系起来，认为生产力是人类改造自然利用自然的力量，同时也是人的本质力量的发展，是推动人类历史发展的社会主体力量的发展。"生产力和社会关系——这二者是社会的个人发展的不同方面"，"真正的财富就是所有个人的发达的生产力"。① 由此看来，生产力绝不是外在于人的单纯的物的增长，而是人的生命活动的积极展现，是人的潜能、个体价值的发挥和发展。从形式看，生产力表现为人们驾驭自然和征服自然的能力，是人类不断创造的物质财富；从实质看，生产力则是人类自我创造能力的表现。用生产力来表征社会进步程度不仅没有排斥人、否定人，反而内在地包含人的尺度。

物与人的关系，是手段与目的的关系。人是目的，物仅仅是满足人的需要的手段。因此，对发展的评价，最终只能是以人为尺度的评价，

---

① 《马克思恩格斯文集》第8卷，人民出版社2009年版，第197、200页。

而不是以物为尺度的评价。传统发展模式推崇的只是"技术理性的评价"（如工业生产中的生产效率的高低、经济增长和消费的指标）。这种评价只是对发展程度的评价，丝毫没有涉及作为手段的发展对人的意义问题。这种评价不仅不涉及发展的终极目的问题，而且还排斥和遮蔽了这个问题。其结果是：发展背离了人。社会进步根本的尺度只能是人的尺度，物的尺度是人的尺度的实现手段，物的尺度要以人的尺度为基础。

（2）科学尺度与价值尺度的统一

用"科学尺度"评判社会发展，就是对社会发展进行科学实证分析，揭示社会发展的客观规律及其运行机制，寻求社会发展的客观条件及途径；用"价值尺度"评判社会发展，就是对社会发展进行价值评价，考察社会发展对于人的生存与发展的意义，寻求社会发展的主体条件及途径。衡量发展的标准，离不开对提高劳动生产率、生产力发展水平和解放程度这些反映历史进步内容的客观考察，但也离不开对人类历史进步的价值评判，也就离不开对经济发展目的性和社会发展目标的统一考察。离开"科学尺度"的价值评判，会陷入对社会发展的唯心主义推测；离开"价值尺度"的科学分析，会陷入对社会发展的机械论或宿命论评估。马克思主义创始人以实践原则为基础，要求在科学分析与价值评价的统一中评判社会发展，只有这样，才能找到社会健康持续发展的现实途径。

价值问题是人类社会最为一般的、普遍存在的问题。任何形式的社会关系如经济的、政治的、文化的关系，在本质上都是价值关系；一切形式的目标管理，在本质上都是以特定价值内容为主导方向的价值管理；许多社会指标如经济指标、政治指标和文化指标，实质上都是某种价值指标。人类主体之间所建立的社会关系是多种多样的，但最根本的关系是利益关系或价值关系，因此，价值关系是人类一切社会关系的基础和核心。价值的含义是广义的，从社会领域来说，不仅包含经济学意义的价值，还包含政治与文化意义的价值；从人的需要层次来说，不仅包含温饱类价值，还包含安全与健康类价值、自尊类价值、自我发展与自我实现类价值；从价值存在形式来说，不仅包含物质财富价值，还包含精神财富价值；从价值基本类型来说，不仅包含美的价值，还包含真与善的价值；从价值基本形态来说，不仅包含使用价值，还包含劳动价值。

总之，由于社会需要就是作为社会主体的人的需要，这就内在地规定了评价发展的科学尺度与价值尺度的统一。评价发展的科学尺度与价值尺度的对立统一关系，在社会发展的不同阶段具体表现为发展硬件与发展软件的关系、发展目的与发展手段的关系、经济社会发展与人的全面发展的关系，以及效率与公平的关系等等。

（3）历史尺度与道德尺度的统一

评判社会发展，不能离开具体的历史过程，必须把具体的社会发展进程置于人类历史演变的长河之中进行辩证分析。因为，人类社会发展是一个自然历史过程，"一个社会即使探索到了本身运动的规律……它还是既不能跳过也不能用法令取消自然的发展阶段。但是它能缩短和减轻分娩的痛苦"①。同时，评判社会发展，也需要诉求于人类的伦理道德理想。因为，仅靠历史尺度，人类难以真正消解作为自然历史过程的发展所产生的主观与客观、主体与客体、是与应该等之间的内在对立，无法优化人与自然、人与人以及人自身各方面发展的关系，道德尺度是人类能够超越特定历史局限性的主体根据。离开"道德尺度"的历史主义评判，会流变为对社会发展不加批判的绝对主义认同；离开"历史尺度"的道德主义评判，会演变成对社会发展求全责备的相对主义拒斥。因此，马克思既反对孔德等人的实证主义社会发展观，也反对空想社会主义者的道德主义社会发展观，他所倡导的是社会发展的"历史尺度"与"道德尺度"的有机统一。

马克思主义经典作家在评价社会发展时，将历史尺度和道德尺度统一起来。所谓历史尺度是指把生产力水平的提高、社会形态的演进和社会总体的发展等作为评价历史事实和发展进程的准绳；所谓道德尺度是指把一定的道德原则和道德规范作为评价历史事实和发展进程的准绳。就历史尺度而言，"在它面前，不存在任何最终的、绝对的东西、神圣的东西；它指出所有一切事物的暂时性；在它面前，除了生成和消亡的不断过程、无止境地由低级上升到高级的不断过程，什么都不存在"②。道

---

① 《马克思恩格斯文集》第5卷，人民出版社2009年版，第10页。
② 《马克思恩格斯文集》第4卷，人民出版社2009年版，第270页。

德尺度是在人类的道德生活中形成的,是维护和保障人类生活的重要环节。在现实社会发展进程中,历史尺度与道德尺度不尽一致,有时甚至是冲突的。但就社会发展总的进程和方向来看,历史尺度与道德尺度又是一致的,历史尺度本身就包含着道德尺度,而道德尺度又是历史尺度的内在根据。因此,从历史观角度所作的评价与从伦理角度所作的评价最终会在社会的总体发展中达到统一。马克思主义创始人强调,对于社会的进步和发展,要注意从现实合理性与历史合理性的辩证关系中去评价。因为,"一切依次更替的历史状态都只是人类社会由低级到高级的无穷发展进程中的暂时阶段。每一个阶段都是必然的,因此,对它发生的那个时代和那些条件说来,都有它存在的理由;但是对它自己内部逐渐发展起来的新的、更高的条件来说,它就变成过时的和没有存在的理由了;它不得不让位于更高的阶段,而这个更高的阶段也要走向衰落和灭亡"①。例如,如果从现代的价值尺度看,奴隶制肯定是要受到诅咒的,但是,从历史尺度来看,奴隶制也代表着一种进步。"没有奴隶制,就没有希腊国家,就没有希腊的艺术和科学;没有奴隶制,就没有罗马帝国。没有希腊文化和罗马帝国所奠定的基础,也就没有现代的欧洲。"而且从价值尺度讲,奴隶制也有值得肯定的地方,"对奴隶来说,这也是一种进步;成为大批奴隶来源的战俘以前都被杀掉,在更早的时候甚至被吃掉,现在至少能保全生命了"②。因此,马克思主义认为,在具体分析某一社会的发展时,不是从"应有"出发,而是把它放到特定的历史过程和历史环境中去,以特定的历史条件作为参照系来进行评价。

---

① 《马克思恩格斯文集》第4卷,人民出版社2009年版,第270页。
② 《马克思恩格斯文集》第9卷,人民出版社2009年版,第188—189页。

第二章 自由的道德哲学视界（上）

自律是道德的基础，自觉自愿是道德的根本特质。任何类型的伦理道德理论都秉持特定的自由原则，都旨在倡导一种主体性的道德人格、道德能力和道德理想。古代德性伦理把主体性道德人格和道德理想更多地归结为仁爱、意志、同情、关怀等，现代规范伦理则把主体性道德人格和道德理想更多地归结为自由、平等、权利等。在现代性进程中，人们力图把德性伦理与规范伦理有机统一起来。所以，自由与道德具有内在的关联性，应该正确认识和理解自由与道德及其关系。

一 德性与自由：道德的两个基本构成因子

道德是塑造和完善人性的一种实践－精神活动。德性是人性的升华，是道德的实质规定；没有了德性，道德的人性底蕴将不复存在；我们必须首先有一种亲近德性的道德。自由是人的主体性的确证，是德性的形成根据；没有了自由，德性的自律本质将无从显现；我们必须使德性根基于自由。

1."从主体方面去理解"道德

借用马克思对于旧唯物主义缺陷的批判，可以说，在当代社会，对于道德，不少人更多地"只是从客体的或者直观的形式去理解，而不是把它们当作感性的人的活动，当作实践去理解，不是从主体方面去理解"[①]。"从客体的或直观的形式去理解"道德，就是以主客二分或主客对立的思维方式理解道德，把道德与人的存在或人的生活视为两个不同

---

① 《马克思恩格斯文集》第1卷，人民出版社2009年版，第499页。

的领域，道德被简约为人的生存或生活的一种纯粹工具。在这种理解中，道德不是被视作人类共同体内部的盟约（契约论），就是被归结为服从趋乐避苦本能的原则（古典功利主义），抑或被归结为依凭理性而普遍有效的绝对律令（康德式道义论），等等。这种工具主义道德观的盛行，常常使道德成为一种玄奥的道理、静态的标准、僵死的教条、抽象的法则和外在的规范。"从主体方面去理解"道德，就是按照马克思的实践唯物主义方法来理解道德。具体说，就是要从"现实的个人"出发去理解道德，把道德"当作感性的人的活动，当作实践去理解"。

从"现实的个人"出发，"当作感性的人的活动，当作实践去理解"的道德，是个体的生命活动的一种特殊表现形式。道德的出场，意味着个体的人性状态与生存样式的提升和完善。道德是人的本性的表现，是人的存在所固有的属性。人的存在就是他的实际生活过程，这个过程既是一个认识和改造客观世界的过程，又是一个创造价值世界或意义世界的过程。道德是价值世界或意义世界的生成的标志之一，是人的存在在其生成过程中所形成的一种价值属性或意义维度，它显现的是人的存在的主体精神结构和无限向上的价值趋向。道德是人的一种存在方式，并且为人的整体存在提供了某种价值承诺，它不断提升和完善着人的存在样态。

从"现实的个人"出发，"当作感性的人的活动，当作实践去理解"的道德，是个体体认、践履、发展和完善其人生精神生活价值的一种努力。道德表达了人追求"好生活"的愿望和努力，是人的生活实践固有的一种内在价值属性。"好生活"就是有道德价值的生活。就个体而言，生活价值主要体现为个体对生活方式和生活目的的把握与体认。个体有必要选择有益于自身发展的生活态度，把具有直接功利性和实用性的生活目的调适在一个合理的生活计划之中，并不断提升自己的生活目的和生活境界。这就需要道德价值的引导。个体道德价值表现为个体自由地选择和实践一种诉诸心灵和精神的品性与人格，并对基于生活态度和生活目的之上的自身行为作出善恶评价。与个体生活价值不同，个体道德价值是个体对精神世界的向往和追求，是对终极心性价值的体认和省悟。个体道德价值对个体行为所作的善恶评价，构成了个体生活的道德依据。

同时，个体道德价值重视理想和信仰的终极关怀意义，当个体对某种理想价值或信仰价值产生认同感时，他也就找到了安身立命的精神归宿。重视道德价值的生活就是"好生活"，追求崇高道德价值的生活是个体自由的生活①。

从"现实的个人"出发，"当作感性的人的活动，当作实践去理解"的道德，是人的一种实践理性和实践智慧。实践理性和实践智慧是道德的文化本性，也是道德作为一种文化设计与文化结构的历史必然性与现实合理性的内在根据。道德显现的是人的行为的恰当性、合理性与合宜性，是对特定环境、特定情景、特定关系的一种合情合理的反应。道德既是切己的，是个体认识自我、发展自我、完善自我的一种实践－精神活动方式；道德又是涉他的，是关涉他人与社会的，是人们彼此相处和相互对待的行为方式，是和谐社会人际关系、保持社会稳定和持续发展的一种实践－精神活动方式。人在本质上是"一种道德存在，即我们不得不面对他者的挑战，处于'相依'（being－for）的状态之中"，"远在被权威地告知何为'善'、何为'恶'之前，我们在最初不可避免地与他者相遇时已经面对着善与恶的选择。这也就是说，不论选择与否，依照顺序，我们面对的境况首先是一种道德的问题，面对的生活选择首先是道德的两难选择"②。面对善恶选择的永恒困惑，正是作为一种实践理性和实践智慧的道德的存在意义。

总之，从"现实的个人"出发，"当作感性的人的活动，当作实践去理解"的道德，是个体的一种生活样态、行为规范、品质特性和精神境界。作为个体的一种生活样态，道德意味着个体的合乎德性的生活实践活动，是一种具有内在好的个体德性生活方式；作为个体的一种行为规范，道德意味着个体在道德活动中以自己独特的方式进行道德选择的自主性、自觉性和能动性，以及他对自己行为界限的自我选择和自我框定，是一种具有自律性的个体行为状态；作为个体的一种品质特性，道德意

---

① 参阅廖申白、孙春晨《伦理新视点——转型时期的社会伦理与道德》，中国社会科学出版社1997年版，第25—28、323—392页。

② [英]齐格蒙特·鲍曼：《生活在碎片之中——论后现代道德》，郁建兴等译，学林出版社2002年版，序，第1—2页。

味着个体对道德原理或道德规范的切身体认和高度认同,并在道德行为中显现出来的一种良好的道德品质或品性,是一种塑造自我和完善自我的个体精神修养活动;作为个体的一种精神境界,道德意味着个体对精神自由和自我实现的自主选择和自主承担,是一种具有高尚性的个体意志自由活动。

从"现实的个人"出发去理解道德,昭示了道德的个体本质,道德的个体本质凸现的是道德的人格属性和德性维度;把道德"当作感性的人的活动,当作实践去理解",昭示了道德的实践本性,道德的实践本性凸现的是道德的自由创造性、人际社会性和行为规范性。通过"现实的个人",道德显现为一种德性精神;通过"实践",道德显现为一种自由精神。德性与自由是道德的两个基本构成因子,是道德的本体规定。

2. 我们必须首先有一种亲近德性的道德

一般地说,德性是一个目的论概念,它包含了人的目的性、人的义务、人的自我实现等含义,指称人的一种内在的稳定的品质,一种既有益于自我又有益于他人的品质。如果从"现实的个人"出发,把德性"当作感性的人的活动,当作实践去理解",那么我们便可以获得德性概念的人学—实践论意蕴。

从德性与人性的关系来看,德性指人所拥有的人之为人的卓越的或优秀的功能特性和人性品质,它表现为人对于其自然属性的超越和对于更高层次的生命境界与生活状态的追求。亚里士多德就是从对人的本性和人的功能的理解中推演出德性概念的。他认为,人的德性就是人对其特有的功能和能力的能动性运用;人的幸福就是这种能动性运用的状态和结果。麦金太尔认为,德性是人的一种获得性的品质,人一旦能够从"偶然形成的人"转化为"认识到自身真实目的后可能成为的人",就表明他具有了德性[①]。德性是与实现人的本性相一致的,拥有德性的途径就是人积极运用自己的本质力量。德性显现的是人的一种优秀的人性状态,它确证人自身作为人的存在,以及这种存在的卓越、优秀和完善。正是实现人自身存在的多方面潜能和内在价值,构成了德性的真实内容。

---

① [美]麦金太尔:《德性之后》,龚群等译,中国社会科学出版社1995年版,第70页。

从德性与个人存在的关系来看，德性是指个体出于调整自身内在矛盾以及自身与他人、自身与社会关系的需要，在道德实践中逐步形成的，可以用主体的内在价值尺度来衡量的比较稳定的心理习性、心灵状态、个性特质和精神境界。个体是德性的最基本承担主体，个体道德意义上的德性区别于社会组织或社会制度意义上的德性。今天，人们也常常在组织的或制度的意义上来理解和使用德性概念。这时的德性是指一定的社会道德原则和道德规范在社会集体活动、社会组织及社会制度中的体现，或者说是一定的社会集体活动、社会组织或社会制度所蕴含的道德性，也就是组织德性或制度德性。

从德性与个体人格的关系来看，德性是指个体所具有的提升自己的道德境界和成就自己的理想道德人格的品质与特性，个体具有的向善意愿、知善能力、为善勇气、履善行动等特性，以及获得的一种自觉的道德观念和道德意识。这种道德观念、道德意识和道德品质已经融化到个体的个性、本性中，成为一种真正稳定的属于个体本身的东西，变为一种自然而然的行为习惯和行为方式，即孔子说的"从心所欲不逾矩"。从这个意义上讲，德性是个体自身完善的一种境界，是个性发展的最高层次和个性成熟的标志，它表征的是一个内在的"道德自我"。这种"道德自我"是道德价值理想在个体人格上的具体表现，是一种"人格美"。这种"人格美"并不单纯地指合乎抽象的道德理念或一般的道德规范，它所表明的是，自我作为具体的个人展示了人之为人的存在价值，这种价值不是相对于外在的社会需要而言，而是其自身存在规定的体现，在这里，人格与自我是同一的，它具有内在的性质[①]。

无论是作为人的生命的一种表现形式或人的一种生存样态，还是作为人的一种体认、践履、发展和完善其人生精神生活价值的努力，抑或是作为人的生活实践的一种实践理性或实践智慧，道德面临的问题在根本上是个体性的。这些问题可以最一般地概括为两个方面，即"我应该成就什么？"和"我应该做什么？"。前者以个体自身人格的完善为目的，可归结为"德性生活如何可能？"的问题；后者以个体行为的完善为目

---

① 杨国荣：《伦理与存在——道德哲学研究》，上海人民出版社2002年版，第82页。

的，可归结为"道德秩序如何可能？"的问题。人格完善与行为完善是道德完美的标志，人格完善关涉的主要是德性问题，行为完善关涉的主要是规范问题。因而，德性与规范及其关系成为道德哲学的核心问题之一。围绕对德性与规范及其关系的不同理解，形成了重德性的德性伦理传统和重规范的规范伦理传统。

近代以前，中西方伦理学总体上呈现为一种德性伦理。近现代以来，功利、制度和规范逐步支配社会生活，伦理学转向以功利、原则和规则为中心，人们更多地关注道德原则和规范，注重道德的外在性的方面，至于德性本身在道德中的地位和作用则被忽视了。麦金太尔据此认为，现代社会进入了"德性之后"的时代。"德性之后"的时代就是"道德被外在化"的时代，道德失去了其应有的内在化特质。事实上，道德规范不是技术性的工具，而是负载着人道价值的工具，其目的在于成就人的德性。道德规范中隐含的德性价值才是最重要的和具有终极意义的。在现代社会，由于法律和社会管理规范体系的日益健全，因而道德规范的本质不可能主要是禁止性的或约束性的，而主要是引导性或激励性的，其最终作用体现为对人的心灵的塑造。"德性是在于行善而不是受到善的对待，在于举止高尚［高贵］而不只是避免做卑贱的事情。"① 因而，"我们必须首先有一种亲近德性的道德，一种爱高尚［高贵］的事物和恨卑贱的事物的道德"②。道德的发展与实现的方式在很大程度上是个体的。一个人的人格是他的道德行为的自由因，道德在更深层次上是一个涵养和塑造个体精神情感、性格气质和品质特性的问题，即德性问题。可见，德性体现的是道德的目的论向度。

诚然，在现代社会，德性的追求在现实生活世界中还不是主流，但在人类精神生活上却是方向。道德价值或德性价值常常被视为个体精神生活的终极性价值。现实的道德秩序和现有的道德原则或道德规范对人们复杂而活跃的精神生活追求来说，是难以充分满足的，这正是人类心灵历程的深沉和悲壮，也是转型社会中人们最为深刻和生动的精神感受。

---

① ［古希腊］亚里士多德：《尼各马可伦理学》，廖申白译注，商务印书馆2003年版，第97页。
② 同上书，第313页。

有这种感受的人是幸福的,有这种感受的人才是有道德感的人,有道德感的人才有可能成为道德的人。"如果客观原因要求我们去掉道德情操以便'客观地'认识它们,为了进行这项测验,我们需要召集什么资源呢?为了做到公平,我们必须使用我们的道德敏感性,包括情操。这里没有中立的场所。如果它对我们有一些实践意义的话,那就是道德哲学必须是一项'内部的工作',不论有人怎么希望相反的情况。"①

3. 道德是在自由中被接受的

伽达默尔指出:"道德是在自由中被接受的,但决不是被自由的见解所创造,或者被自身所证明的。"②"道德是在自由中被接受的",是因为道德是在人的意志自由和自觉选择中成为可能的,没有比人类自由意志更加强大的力量来迫使人成为有道德的。道德"决不是被自由的见解所创造"的,是因为自由仅仅是道德存在与发展的形式根据,"一般所谓'自由'这个名词,本身还是一个不确定的、笼统含混的名词。并且它虽然代表至高无上的成就,它可以引起无限的误解、混淆、错误,并且造成一切想象得到的轨外行动"③。道德不是被"自身所证明"的,是因为必须从"现实的个人"出发,把道德"当作实践去理解"。通过"现实的个人",道德表现为一种德性;通过"实践",道德表现为一种自由。道德是在德性与自由的融通中存在和发展的,是在德性与自由的统一中被证明的。

在伦理思想史上,许多思想家致力于解析道德与自由的关系问题。但是,只是在马克思主义创始人提出了实践唯物主义自由概念以后,我们才获得了正确理解道德与自由关系的理论指南。马克思主义创始人认为,自由是作为主体的人在认识活动和实践活动中追求和表现出来的一种自觉、自为、自主的状态。自由是人的一种自觉的存在状态,这种自觉性相对于盲目性,以目的形式表现出来,人的行为的目的性和围绕这

---

① [英]齐格蒙特·鲍曼:《后现代伦理学》,张成岗译,江苏人民出版社2003年版,第41页。
② [德]伽达默尔:《真理与方法》(上卷),洪汉鼎译,上海译文出版社2004年版,第362页。
③ [德]黑格尔:《历史哲学》,王造时译,上海书店出版社2001年版,第19页。

种目的性的自我决定、自我创造和自我实现，就是人的自由的一种确证和表征。自由是人的一种自为的存在状态，这种自为性相对于自在性或自发性，表征的是人的一种行为能力，即人通过认识事物而做出决定的能力。自由是人的一种自主的存在状态，这种自主性相对于强制性或被迫性，表现为人拥有各种活动的权利因而成为活动的真正主人。一句话，"自由作为活动的状态，是主体的能力、权利和目的的统一，是通过认识和利用必然，主体在活动中有目的、有能力、有权利做他应该做、能够做和愿意做的事情，从而达到能动的、自主的、自为的状态"[①]。这就是说，目的（表现为"利益"）、权利、能力（表现为"主体性"）等是构成自由的三个基本因子，这三个基本因子的有机统一构成完整意义的"自由"概念。

围绕自由的三个因子，可以从三个方面理解自由的表现形式。一是从人与自然世界的关系看，自由就是作为"类"的人在认识和改造自然世界的过程中所获得的一种自觉、自为、自主的状态，这种自由主要表现为人在认识自然及其规律的基础上按照自己的愿望和目的改造自然世界的过程，可称之为"类自由"。在现实形态上，这种自由集中表现于社会经济活动过程之中，体现为对某种特定"利益"的追求、确认和保障。二是从人与社会的关系看，自由就是作为"类"的一个成员的个人在谋求或获取社会地位和社会权利的过程中所获得的一种自觉、自为、自主的状态，这种自由主要表现为个人在区分"自我"与"他者"之间权利范围的条件下按照自己的意愿决定自己行为的过程，可称之为"社会自由"。在现实形态上，这种自由集中表现于社会政治参与活动之中，体现为对某种特定"权利"的追求、确认、维护和保障。三是从人与自身的关系看，自由就是作为"类"的一个成员的个体在按照自身所固有的内在本性的要求支配自身的存在与发展的过程中所获得的一种自觉、自为、自主的状态，这种自由主要表现为个体对自己本能的克制、对自己潜能的发挥和对自己个性的塑造，可称之为"个性自由"。在现实形态上，这种自由集中表现于社会文化活动之中，体现为对某种特定"主体性人格"

---

① 袁贵仁：《教育-哲学片论》，北京师范大学出版社2002年版，第255页。

的追求、塑造和提升。恩格斯把人的自由的这三个方面或三种表现形式描述为，人"成为自然界的主人""成为自己的社会结合的主人""成为自身的主人"，并认为，只有这三方面的高度统一，人才能成为"自由的人"。

人先要能过生活，然后才能谈得上过"好生活"。道德是人的生活实践内蕴的一种"价值"属性，人类首先是在谋求对外在自然世界的"类自由"的活动中获取这种属性的。所以，马克思恩格斯认为，人们的道德观念归根到底来自于社会经济关系，而现代社会经济关系首先表现为一种利益关系。利益概念最初（16世纪末和17世纪初）是作为欲望与理性的中介范畴被提出和界定的，它被看成是兼具欲望与理性这两个范畴各自的优良秉性。一方面，利益是"被理性所强加和容纳的'自利'欲望"，是被克制、过滤、驯化和制衡了的人的欲望；另一方面，利益又是"由'自利'的欲望所给予指导和赋予力量的理性"。利益既消除了欲望的破坏性，又克服了理性无效用的缺点。把利益概念置于关于人类行为动机的欲望与理性这两个传统解释范畴之间，为揭示人类行为动机提供了一个新的视角。只是到后来（18世纪初）利益概念的经济含义才成为该词的主导含义，利益被狭义地界定为经济利益或物质利益[①]。但是，利益概念的本质并未改变，即利益是人的欲望、需要和目的的社会表现形式。利益概念昭示的是人的一种自由或自律精神，是人对自身"欲望"的一种自律。利益是人的欲望向德性转换的最重要中介之一，它构成道德的最基本根据之一。

当一个人丧失了"社会自由"的时候，也就意味着他失去了确保和实现自己利益的权利或资格，进而也意味着他失去了自己的一定的道德权利。就现实性而言，权利是个体主体对特定价值（包括利益）的自主要求，是个体作为社会成员所享有的为社会制度所承认的利益、要求、资格和权能等，它具体表现为个人与他人、个人与社会之间的制度性认肯或保障的关系。一般地说，在一个社会中，人们的权利如果得不到有

---

① ［美］赫希曼：《欲望和利益——资本主义走向胜利前的政治争论》，李新华、朱进东译，上海文艺出版社2003年版，第26—42页。

效保障，那么这个社会中的人的道德水平低下的可能性就越大。

个性自由本质上是一种精神自由，人的精神自由体现为人有拓展和提升自己精神空间的能力，这种拓展和提升精神空间的过程，也就是作为一种基本价值的个性自由的实现过程。个性自由或精神自由固然只是整个自由的一部分，但却是至关重要的一部分，它是完整自由得以形成的基点。在外在奴役不可避免的世界里，内在精神世界可以构筑起抵御外在奴役的堡垒，在这个堡垒里，人培植了自己最初的尊严。人对自由的感受和欲求就是在这里形成，并终将冲出堡垒，扩展其领域，上升为人的整个自由。道德的基础在于人的精神的自由本性，在于"人类精神的自律"。这就是说，道德是以人类理性为基础的，是人类精神的"自我立法，自我执法"。对于个体而言，自愿认同和践履社会道德规范，把外在的道德要求变为自己内在的良心自觉，这是作为道德的人的根本标志。如果一切都是必然的，人别无选择，那么人在这种别无选择的情形下，只是必然性的奴隶，他行动的后果就丧失了道德的意义，他也就不必负任何道德责任，社会或他人也就无法对其活动进行道德评价。因此，在人类的道德世界中，这种"自由个性就具有本体论的意义"[①]。

4. 德性与自由的融通：道德存在与发展的内在根据

德性与自由的融通，对于拯救德性、推动道德，具有重要的意义。自由是德性的内在要求，没有了自由，德性就难以在道德中栖身；没有德性的道德只能演变为一种律法主义的规则条文或宗教式的教规。德性是道德规范的活的灵魂。人们一旦在生产和生活实践中自觉意识到某种规范和准则有助于维护社会利益，保证社会秩序，巩固社会组织，调整社会关系，就会将其作为类或群体的经验和智慧以道德规范的形式确定下来。这些道德规范是建立在社会群体利益和需要的基础之上的，它一旦形成就必然带有某种超越个体意志的必然性。只要道德规范是从社会客观存在中，从符合社会需要的社会关系中概括出来的，而非道德家人为地杜撰出来，这种道德规范就具有客观的历史必然性。但是，道德规范的合理性和合法性并非是不证自明的。一般说来，当道德规范只是作

---

① 冯契：《人的自由和真善美》，华东师范大学出版社2016年版，第277页。

为外在于个体的"他律"而起作用，无视个体的自由意志和个性自由时，道德规范的实际效果将大打折扣。同时，道德规范在其演变中往往会成为僵硬的、不合理的东西，不合理的道德规范不仅外在地压抑着人的自由，而且经日积月累的熏陶、教化而内化于人的内心之中，使人的德性本身扭曲变形，从而泯灭人的意志自由和个性自由。这时，道德规范本身就可能是导致道德问题产生的最重要的原因之一。

德性与自由的融通，对于拯救自由、推动道德，具有重要意义。德性是人的本质的内在构成要素，它是个体意志自由和道德自由的重要根据之一。没有了德性，自由就会成为消蚀道德的酸性溶剂，使道德可能走向相对主义和虚无主义。没有德性的自由，很可能演变成一种病理式的"动物性的任意"。随着现代社会的发展，个体从对血缘和地缘关系的依附中逐步独立出来，个人的自由具有了实在性。但是，这并不等于说，个体越"自由"、越独立，他在道德上就越发展。相反，随着个体"自由"的增加和独立性的获得，个体可能陷入孤独、迷茫、无所依靠和无所适从。即使是"法律许可的自由也可能意味着走向恶习、不宽容和极端利己主义的自由"①。这种自由实际上就是黑格尔说的"空洞的自由"，在这种自由中可以装入任何东西。没有美德，个人摆脱限制的自由可能会成为道德上的恶魔。自由只能在这样的地方才能有效地发挥作用：那里有宽容的价值标准，尊重他人的观点，愿意与不同意见磋商与和解，有公民的道德感和责任感，等等。因而，个人的真正自由必须以道德成熟和德性完善为前提，"自由需要伴随着弘扬成熟个性的美德的伦理学"②。

德性与自由的融通，可以使人获得一种道德的自由。道德自由即人们寻求其道德上的完善与发展的自由，它是人的一种社会权利。道德自由表现为人们对一定的道德准则的自觉认同和根据这种道德准则对自己的行为做出合乎意愿的自觉选择。在道德生活中，社会为每一个人的行

---

① [德]赫尔姆特·施密特：《全球化与道德重建》，柴方国译，社会科学文献出版社2001年版，第210页。
② [美]保罗·库尔茨：《保卫世俗人道主义》，余灵灵等译，东方出版社1996年版，第55页。

为提供了一整套道德准则，个人可以根据自己的道德意识在善恶之间进行选择，这种选择体现了个人在道德实践中的自主性，表明个人在道德领域是自由的。在马克思主义创始人看来，人类在道德上的解放是人类解放的最重要形式之一。道德解放一方面意味着消除了个人对社会的屈从，在个人与社会（真实的集体）之间建立起个人自由全面发展的和谐关系；另一方面意味着社会关系的一切外在形式在更高阶段上回归为"纯人类道德生活关系"，人们可以"自由地独立地创造以纯人类道德生活关系为基础的新世界"①。这个新世界是每个人的全部能力和才智获得自由全面发展的真正的自由王国，也是人类真正的道德殿堂。从这个意义上说，德性与自由的完全融通，预示着人类的真正自由王国的来临。

在许多人看来，在现代社会，要么通过宗教，要么通过来自外部的对人的完全控制来确保道德行为。人们总是试图用某种特定的、教条主义的世界观或意识形态来形塑人的道德，或者试图通过对社会制度有针对性地干预而有计划地、强制性地改善人的道德。事实上，"自由社会道德生命力之关键是该社会所确保和促进的自由，自行确定并自负责任地建立合作关系的自由是培养具有'社会性格'的个人及道德完整的个人的关键基础"②。在现代性道德的重建进程中，"惟一确定的是建设者自己坚韧的努力。在这种努力中也许会起作用的是自主的、道德上自立和自治的公民和一个羽翼丰满、自我反思和自我修正的政治社会之间亲密的联系，它们只能一起到来；没有其中一个，另外一个是不可想象的"③。

二 自由、权利与德性

自由是德性的内在要求，没有了自由，德性就难以在道德中栖身；没有德性的道德只能演变为一种律法主义的规则条文或宗教式的教规。

---

① 《马克思恩格斯全集》第3卷，人民出版社2002年版，第520页。
② [德] 米歇尔·鲍曼：《道德的市场》，肖群等译，中国社会科学出版社2003年版，第594页。
③ [英] 齐格蒙特·鲍曼：《生活在碎片之中——论后现代道德》，张成岗译，学林出版社2002年版，第336页。

德性是道德规范的活的灵魂。人们一旦在生产和生活实践中自觉意识到某种规范和准则有助于维护社会利益，保证社会秩序，巩固社会组织，调整社会关系，他们就会将其作为类或群体的经验和智慧以道德规范的形式确定下来。这些道德规范是建立在社会群体利益和需要的基础之上的，它一旦形成就必然带有某种超越个体意志的必然性。只要道德规范是从社会客观存在中，从符合社会需要的社会关系中概括出来的，而非道德家人为地杜撰出来，这种道德规范就具有客观的历史必然性。它与自然规律、社会规律一样也是必然之则，这种必然现象在康德那里以"道德律"来界说，在中国古代思想家那里则以"天道"与"人道"的统一来体现。但是，道德规范的合理性和合法性并非是不证自明的，一般说来，任何道德规范都具有社会性，表达的都是社会对个体的要求。当道德规范只是作为外在于个体的"他律"而起作用，无视个体的自由意志和个性自由时，道德规范的实际效果将大打折扣。同时，道德规范在其演变中往往会成为僵硬的、不合理的东西，不合理的道德规范不仅外在地压抑着人的自由，而且经日积月累的熏陶、教化而内化于人的内心之中，使人的德性本身扭曲变形，从而泯灭人的意志自由和个性自由。这时，道德规范本身就可能是导致道德问题产生的最重要的原因之一。

　　人的自由是人的道德行为选择的形式根据，人的道德行为的价值大小很大程度上取决于人的自由状况。对于现代个体的德性养成、德性维护以及德性践履来说，他的经济的、政治的、社会的、意志的等方面的自由都是不可或缺的。就道德自身而言，它的健康持续发展取决于道德自身功能的正常发挥，而道德自律与道德他律是道德功能得以发挥的两种基本形式。道德自律强调道德主体的意志自由和道德人格在道德活动中的作用，但在道德实践中德性主体往往因自律的要求不得不付出一定的牺牲。由于德性主体力量的有限性，决定了他在履行自律要求时所遭遇的牺牲往往难以自我补偿。在这种情况下，具有普遍有效制约力的社会整体意志的介入就成为必要，这种介入的实质就在于，肯定和维护德性主体的世俗利益和社会权利。这种介入具有"他律"性质，但这种"他律"的介入是为了维护德性主体的利益和权利，进而也是更好地保障德性主体"自律"的基础。在现代自由社会，如果无视德性主体"生存、享受与发展"的利益追求和权利诉求,那么,对其提出的任何道德自律要求最终都会显得苍白无力。

自由是人的类本质,是人的主体性的确证。因而"没有一个人反对自由,如果有的话,最多也只是反对别人的自由。可见各种自由向来就是存在的,不过有时表现为特权,有时表现为普遍权利而已"①。当自由表现为"特权"时,自由实际上是少数人的一种任性,是一种"专制的自由";当自由表现为"普遍权利"时,"自由的存在具有普遍的、理论的、不取决于个别人的任性的性质"②。正是这一点决定了"普遍权利"是自由的真正的现实存在形式之一。对他人权利的承认构成了道德的基础,德性主体以权利主体为逻辑前提。

近代以来,对权利的解释是沿着两条思路展开的。一是形上思路,把权利置于道德的理由或超验的根据来理解,如格劳秀斯、洛克、康德、黑格尔等;一是形下思路,把权利置于现实的利益关系来理解,如功利主义伦理和实证主义法学等。但两种思路提出的权利概念有一致性,二者把权利看作是或者由道德资格,或者由自由意志,或者由利益,或者由法律,赋予人的力量或能力。权利具有丰富的形上道德意蕴,权利意味着一种平等,这种"平等"表现为对所有公民在信仰、良心、表达自由、政治参与等方面的平等的认肯。这种"权利平等"一方面关注人,关注人的精神领域,关注人的人格尊严与平等;另一方面它又是一种评判性尺度,它关注物,关注现实,关注利益,要求条件平等、利益平等。

康德的"道德形而上学"包含着对这种权利平等及其道德意义的阐述。康德的"道德形而上学"实际上分为两部分,一部分是"善德的形而上学",即道德哲学;一部分是"正义的哲学原理",即权利哲学。道德哲学与权利哲学之间有着巨大差异,康德的道德目的王国在一定意义上是一个道德乌托邦,这个目的王国是根据"人是目的"为原则进行逻辑推演的结果,它在人类历史上还不曾存在,但可以看作人类未来可能的前景,因而是一个道德理性事实。就现实来看,人类社会并非是一个

---

① 《马克思恩格斯全集》第1卷,人民出版社1995年版,第167页。
② 同上书,第176页。

以善良意志为行为预设的社会。在文明社会，首要的问题是权利问题，人"通过权利的概念，他应该是他自己的主人"①。正是在这个意义上，康德认为，大自然迫使人类加以解决的最大问题是建立一个普遍法治的公民社会。在这种社会中，自由、平等与独立，是公民的基本权利，同时也是社会正义的准绳。但在康德看来，文明社会对权利的保障，与目的王国把人看作是目的而不仅仅是手段的绝对命令，都同样体现了对于普通个人的普遍尊重。权利的法律保障或社会保障在法理上的最基础性概念就是对每个人以及他的人格的尊重。

伯林也把权利保障视为自由的基础，他指出："除非受两个多少相互关联的原则统治，没有一个社会能是自由的。一个原则是，只有权利，而非权力，才能被视为绝对的，从而使得所有人，不管什么样的权力统治着他们，都有绝对的权利拒绝非人性的举动。第二个原则是，存在着并非人为划定的疆界，在其中人必须是不可侵犯的；这些疆界之划定，依据的是这样一些规则：它们被如此长久与广泛地接受，以至于对它们的遵守，已经进入所谓正常人的概念之中，因此也进入什么样的行动是非人性与不健康的概念之中。"② 在现代社会，权利保障的根据在于，现代社会生活的基本特征是普遍主体或"交互主体性"，它所要求的就是对对方或对象性主体的相互承认、相互尊重。这是现代德性存在与发展的前提条件之一。

就一般意义而言，构成权利的基本要素是利益和行为自由。利益是权利的基础和根本内容，权利实际上是人们为满足一定的需要和获取一定的利益而采取一定行为的资格和可能性；行为自由是权利的存在形式和载体，权利实际上是一定社会中所允许的人们行为自由的方式、程度、范围、界限和标准。因此，权利是人们自觉地意识到自身的正当利益，并采取被社会所允许的积极行动获取正当利益的自由。就现实性而言，权利"实际上是对一定社会经济条件下人们的一定行为及其方式的价值

---

① [德]康德：《法的形而上学原理——权利的科学》，沈叔平等译，商务印书馆1991年版，第50页。

② [英]以赛亚·伯林：《自由论》，胡传胜译，译林出版社2003年版，第238页。

确认，它表现'人在社会中的地位'，体现一定的价值观"①。一个人拥有权利，就意味着他具有以下特征，一是有某种特定的利益，二是能够通过现实途径提出自己的要求，三是具备提出这种要求的法律资格，四是这种利益和要求得到某种现实权威的支持，五是他自己有起码的人身自由和选择自由。一句话，权利是个体作为社会成员所享有的为社会制度所承认的利益、要求、资格、权能和自由等的统一②。权利本身蕴含着对个体或群体行为的道德要求。对个体或群体的行为来说，权利是一种"道德的边际约束"。对于他人权利的认肯和尊重是最低限度的道德要求，任何侵犯个人权利的行为或行为准则都是不正当的、不道德的，他人的权利构成了对个体或群体行动的约束。权利的道德边际约束表明了他人的神圣不可侵犯性。因而，权利概念蕴含着特定的道德性质和道德规定。

  个人道德水平的高低与个人权利的认肯、维护、保障和实现的程度有很大的关系。高度集权是中国传统社会结构和前改革开放社会结构的基本特征，权利与权力不分、国家权力僭越个人权利等现象在社会生活中普遍存在。长此以往，人们往往把个人权利诉求视为"自私自利"和"无法无天"，把个人的道德"越轨"归结为国家权力的"失控"，希望借助于国家权力来"管理"个体，重整道德。结果是，个体很难学会自主地、正确地处理"一个人对一个人"，尤其是"陌生人对陌生人"的关系情景。日常生活中许多道德问题的产生很大程度上与人们对自己权利的误解和误用有关。比如，有的人可以理直气壮地在拥挤的公共汽车上当众亲昵，他们认为这属于自己的"表现权"，但他没有意识到他的行为同时侵犯了周围人的"不看权"。权利是自主的基础，一个人正确地维护和实现自己个人权利的过程，也是他道德地生活的过程。从这个意义上说，对个人权利的认肯、维护和保障，也是一个社会道德生活健康发展的重要条件。

  权利本质上是个体主体对特定价值（包括利益）的自主要求，它在

---

① 袁贵仁：《马克思的人学思想》，北京师范大学出版社1996年版，第190页。
② 参阅夏勇《人权概念起源——权利的历史哲学》，中国政法大学出版社2001年版，第46—55页。

现实性上表现为个人与他人、个人与社会之间的制度性的权利认肯或权利保障的关系。"权利的道德边际约束"体现为对这种制度性认肯或制度性保障的一种正义要求,而社会制度的正义是道德人格平等的体制保障。因为,"一切人,作为人来说,都有某些共同点,在这些共同点所及的范围内,他们是平等的,这样的观念自然是非常古老的。但是现代的平等要求与此完全不同;这种平等要求更应当是从人的这种共同特性中,从人就他们是人而言的这种平等中引申出这样的要求:一切人,或至少是一个国家的一切公民,或一个社会的一切成员,都应当有平等的政治地位和社会地位。要从这种相对平等的原始观念中得出国家和社会中的平等权利的结论,要使这个结论甚至成为某种自然而然的、不言而喻的东西"①。这种现代平等观念孕育的是一种现代人权观念和人权制度。

在现代社会,人的权利表现为一种人权,制度形式的"人权"是人的德性存在与发展的重要社会保障机制之一。从人权的根据上看,人权是一种道德权利,人权是人之作为人应该享有的权利,人权在根本上是由道德而非法律来支持的权利;从人权的主体和内容看,人权是一种普遍权利,是每一个人不因其社会身份和实际能力就应该享有的某些权利;从人权概念产生的社会历史过程来看,人权是一种反抗权利,人权要求反映了人们反抗特权、反抗社会压迫和剥削的愿望,人权概念的诞生是人们反抗人身依附、政治专制和精神压迫的斗争不断取得胜利的结果,它要求平等地认可、保护和促进人之作为人所应有的利益和要求。

但人权应该而且必须通过某种社会制度形式表现为法定权利,离开社会制度谈人权,就会使人权诉求流于空泛的道德理想主义。也正是在这个意义上,马克思主义创始人对近代西方人权观念和人权制度进行了批评,因为这种人权"无非是市民社会的成员的权利,是说,无非是利己的人的权利、同其他人并同共同体分离开来的人的权利"。它"没有超出利己的人,没有超出作为市民社会的成员的人,即作为封闭于自身的私人利益和自己的私人任意行为、脱离共同体的个体"②。

---

① 《马克思恩格斯文集》第9卷,人民出版社2009年版,第109页。
② 《马克思恩格斯文集》第1卷,人民出版社2009年版,第40、42页。

马克思抨击过专制制度轻视人、蔑视人，使人不成为其人的反人性本质。鲁迅先生在《灯下漫笔》一文中指出，在封建专制制度统治下，中国人向来就没有争到过"人"的资格，至多不过是奴隶，总是在"一治一乱"的两个时代循环：一个是想做奴隶而不得的时代，一个是暂时做稳了奴隶的时代。鲁迅向往在中国能够出现"历史上未曾有过的第三样时代"，即每一个中国人都彻底清除了主奴意识、人人平等的自由民主时代。因为，"人"之不存，德性何依？"暴君治下的臣民，大抵比暴君更暴；暴君的暴政，时常还不能餍足暴君治下的臣民的欲望。……暴君的臣民，只愿暴政暴在他人的头上，他却看着高兴，拿'残酷'做娱乐，拿'他人的苦'做赏玩，做安慰。自己的本领只是'幸免'。"①

在马克思主义看来，人权以人的需要为基础，并服务于人的需要。就现实性而言，"人权所反映和要求的是人类最必需的东西"②。对此，英国学者米尔恩也有同感，他认为，作为制度形式的"人权"必须是一种"最低限度的人权"，这种"最低限度的人权"有七项低度权利，即生命权、公平对待的公正权、获得帮助权、在不受干涉这一消极意义上的自由权、诚实对待权、礼貌权和儿童的受照顾权等。这些低度权利在任何时代、任何国家都可以存在，只有它们才是普遍的权利，才称得上人权。这种低度人权体现的是九种"最低限度的道德"原则，即行善、敬重生命、公平对待、互助、社会责任、不受专横干涉、诚实信用、礼貌和抚幼等。米尔恩认为，人权绝不是解决社会问题的根本手段，人权在实质上只能提供某种道德原则，主要用来启发和影响人们的良知③。

三 主体性道德人格、道德能力与道德的"实践教化"

德性的养成不仅仅是个人灵魂在自己生活实践中的自我反省与自我

---

① 鲁迅：《暴君的臣民》，载《鲁迅杂文选集》，人民文学出版社1993年版，第20页。
② 袁贵仁：《马克思的人学思想》，北京师范大学出版社1996年版，第196页。
③ [英]米尔恩：《人的权利与人的多样性——人权哲学》，夏勇等译，中国大百科全书出版社1995年版，第171—173页。

磨炼，更重要的是社会生活实践对于个体灵魂的引导和教化。如何在社会生活实践中形成一种能够真正培育和锻炼个体德性的教化实践，如何引导个体形成对道德生活和道德原理的正确理解与准确判断的能力，如何把一般的德性原则恰当地运用到道德生活的特殊情境中去，这些都是在道德生活实践中个体德性养成与发展所面临的突出问题，也是道德教化的基本任务。

1. 道德教化及其缺憾

"教化"概念常常在多种意义上被理解和使用。黑格尔认为，教化是人的心灵、精神"从个别性向普遍性的提升"；席勒认为，教化就是"人的心灵诸能力的协调"；伽达默尔以"教化"概念抗拒自然科学中的公理和可公度性标准对人文学科的僭越，认为，教化所关注的是那些用科学方法不能加以证实的真理借以显露自身的方式，教化是一个永不停止的过程，它把精神转变的结果描述为转变过程本身；雅斯贝斯认为："教化是生活的一种形式，其支柱乃是精神之修养和思想的能力，其范围乃是一种成系统的认识。"[1]

就一般伦理意义而言，德性教化的宗旨在于，心灵境界的不断升华和道德能力的不断提高。人是一个对自身能够进行理性探询的、具有自我反省属性的存在物，凭借这种向自身进行探询的理性能力，人对自己的灵魂不断进行拷问。通过这种灵魂的拷问，人提升自己灵魂的境界，使自己成为道德的人。人的德性就包含在这种不断反复的理性探询和自我反省之中。柏拉图认为，教化的目的就是使个人的灵魂形成一种内在秩序（即正义），提高个人对灵魂的自我理解、自我治理和自我更新的能力，它最终导向心灵的健康。亚里士多德认为，道德教化的目的就是为了使人在生活中有合理的判断和合理的行动，也就是形成实践智慧和德性相融合的实践品格，"没有接受美德教育恰恰就是还不能对什么于自己是善的或是最善的作出正确判断的真正原因"[2]。在康德看来，德性教化

---

[1] ［德］卡尔·雅斯贝斯：《时代的精神状况》，王德峰译，上海译文出版社1997年版，第106页。
[2] ［美］麦金太尔：《谁之正义？何种合理性？》，万俊人等译，当代中国出版社1996年版，第156页。

以尊重个人的自由和自律为基点，以确立人的自由意志和道德决断能力为目的。教化在本质上是非质料的，不是把一些外在的道德规范灌输给人。强行灌输道德规范违背了实践理性的自由意志的要求，是把人作为道德的容器来填塞，人成为了实现某种伦理目的的工具。教化应该是形式的，它尊重并引导人的意志自由，使人能够善于运用自己的理性，能够自我立法，意识到并勇于承担自己的道德责任。

在现代社会，道德教化中的唯科学主义（技术意识形态化）倾向严重。人们拥有的关于道德的抽象概念和知识体系越来越多，许多人企图把道德教化完全奠基于心理学等具体学科之上，希望借助强大的道德逻辑推理能力，把道德教化等同于道德知识的纯粹灌输。道德教化的总体目标变成了这样的，即寻求道德的本质，建构完美的道德，塑造完美的人性，建构完美的社会。这种道德教化谋求总体性的道德生活，追寻宏大的道德理想，向往至善的社会，希望纯洁的人性。同时，现代道德教化也被不同程度地政治意识形态化。人们企图借助政治权力和思想控制进行教化，这产生了普遍的道德压制现象。教化的意识形态化，实质上是教化与权力的一体化，是权力统摄教化，或者是教化扩张为权力，企图实现一种"无我"的道德教化目的。其结果是，教化演变为"教训"，"无我"演变为道德冷漠。冯契先生指出："有一种流行观点，认为德育就是进行政治思想教育，而政治思想教育要服从于政策，可是政策又是经常在变。这怎么能从道德上培养人？政策老变，思想教育今天这样讲，明天那样讲，结果只能培养随风倒的人。这对道德伦理是破坏。"[1] 由于道德教化领域中技术意识形态化和政治意识形态化的影响，"在今天，教化的表现形式，要么是一种未被理解的、淡而无味的饶舌（在这种饶舌中，你可以随意使用任何词语），要么就是那取代了现实的长篇大论，一种纯粹的演说时髦"[2]。道德教化领域存在的技术化、权力化和意识形态化倾向，无视个体的正当利益和道德权利，否定了个体在道德生活中的

---

[1] 冯契：《人的自由和真善美》，华东师范大学出版社2016年版，第185页。
[2] ［德］卡尔·雅斯贝斯：《时代的精神状况》，王德峰译，上海译文出版社1997年版，第110页。

自主与自由，抑制了个体的道德判断能力和道德选择能力，使道德教化变成了纯粹的、强制性的道德灌输，变成了操纵和控制个体的工具，结果是"教"而不"化"。

包尔生认为，人们接受教育的过程，就是"一个把各种各样的（知识）材料按照内在形式原则来接受和吸收的过程"。如果一个人的内在生命能够与他接受教育的过程一致地、和谐地发展，如果一个人能够"把他在学校和社会获得的任何见解和经验都已经消化并转化为有机的东西和活的力量，那么他就是一个受过良好教育的人"。但是，在现代社会，教育很容易演变成一种"没有内在形式的（知识）质料"的纯粹灌输，这种教育或者表现为一种产生"半文化"的"半教育"，或者表现为一种产生"过度知识"的"过度教育"。"半教育的意思是占有各种各样的知识但是没有把它们消化并转化为一种活的力量"，"半文化"则"意味着尚未完成的文化，在这里材料已被接受，但是还没有被消化和转化为一种有机的力量，因而作为未被消化的东西，作为重压在有机生命之上的外来物存在于记忆之中"。"过度教育"则意味着给人们灌输了"过度知识"，使"很多人学了很多不适合于它们的能力和爱好的知识"，"过度教育不仅使头脑愚笨，而且使心胸狭隘"。"半教育""过度教育"都是"假教育"，都是"灵魂的退化"的标志①。

现代教化本质上是一种在尊重人性的基础上"修身养性"的生活形式。"修身"即调节个人需求结构，提升个人需求层次，修炼个人内在灵魂；"养性"即养育道德理性、道德情感和道德意志。其目的是使人提升自己的精神境界和获得探询现代道德生活和道德原理的能力，获得道德自律和道德自由。道德原则或准则的纯粹灌输、外在的约束或惩罚都是与道德教化相悖的，它们否定了人的理性探询和自我反思的权利，从根本上说是否定了人格自由本身。德性教化实质上是个体主观世界的一种自我改造，这种改造既不能相互代替，也不能相互转让，它始终属于改造者个人所有。现代教化的基本目标是，提升个体的心灵境界和成就个

---

① 参阅［德］包尔生《伦理学体系》，何怀宏、廖申白译，中国社会科学出版社1988年版，第469—477页。

体的完善人格，使个体养成"做人"的德性品质，使他们成为"人"，而不是成为"兽"或者"神"。柏杨先生 1962 年在《君子和小人》一文中指出，道德教化的目标"最好能简化一点，把人培养成一个人，不要培养成一条猪，不要培养成一条狗，也不要培养成一条狼，更不要培养成一个圣人。一旦想当圣人，或是被人希望当圣人，那就非花样百出不可"，其结果只能是"不是君子就是小人"①。

2. 主体性道德人格及其伦理意义

"人格泛指人之为人的规格、人的做人的资格。由于不同的学科对于人是什么有不同的理解，对于做人的资格有不同的要求，因此便有了道德人格、心理人格、法律人格等不同的人格规定。在马克思的哲学中，真正的人是从事现实活动的人，是历史中行动的人，也就是作为活动主体的人。人格也就是人作为活动主体的资格。所谓道德人格、心理人格、法律人格，不过是哲学人格在人的不同活动领域中的具体表现。"②"道德人格"就是个体作为道德活动主体的资格，这种资格是由个体特定的道德认识、道德情感、道德意志、道德信念和道德习惯等因素决定的，这些因素的有机统一构成个体的道德人格；这些因素的性质及它们统一的程度，决定着道德人格的性质和高低；作为人格在道德上的规定，"道德人格"并不包含价值判断，它只是人格的现实存在形式之一。"主体性道德人格"就是具有主体性特征的道德人格，这个概念具有鲜明的价值判断意蕴，与之对立的概念是"依附性道德人格"或"奴性道德人格"等。

从类意义上看，人和主体是一致的，人的形成即主体的形成，从而"人格是人作为主体的资格，也是人作为人的资格。人和人之间在人格上应当是平等的"。但是，"对于人类的每一个体来说，人和主体是不同的。有的人表现了主体性，具有人格，有的人没有主体性，丧失了人格。所以，人和人在人格上是有所不同的"③。作为对道德人格的一种价值规定，"主体性道德人格"是人们希望和追求的一种能够保证人在道德活动中的

---

① 柏杨：《君子和小人》，载何宗思编著《中国人格病态批判》，中国社会出版社 2003 年版，第 90—93 页。
② 袁贵仁：《马克思的人学思想》，北京师范大学出版社 1996 年版，第 126 页。
③ 同上书，第 127—128 页。

主体资格、主体地位和主体作用的道德人格，可以说它是一种理想道德人格，需要人们自觉地培育、塑造和建构。这种"主体性道德人格"具有以下基本特征。

其一，道德人格的完整性。主体性道德人格强调个体必须在道德认识、道德情感、道德意志、道德信念和道德习惯等方面都获得发展，并且能够将这些方面有机地统一起来，内化为自己的人格结构。它一方面否定传统的人身依附关系对个体道德人格的压制，另一方面也否定没有任何社会规定性的纯粹道德自我。主体性道德人格最终成就的是一个完整的、具有社会规定性的"道德自我"。这种"道德自我"是个体德性的实体，它包括三方面规定，一是道德参与、调节、控制下的自我；二是道德性、道德化的自我，或"道德的"自我；三是在自我人格结构中与"本我"相对立的自我，即"道德性的自我"，它是在自我人格中建构的一个道德宇宙。"道德调节下的自我"是就道德的活动方式来说的，强调的是自我的道德性质；"道德化的自我"是就最后结果来说的，是道德调节所达到的完全的程度，或建立的道德人格；"道德的自我"是就过程来说的，是自我人格结构中的一部分。"道德的自我"是体，"道德调节下的自我"是用，"道德化的自我"是体与用的合一，三者的统一构成完整意义的道德自我。① 这种道德自我的完整性不仅在于其内在构成要素的有机凝聚，而且表现为其在时间展开中的绵延同一。道德自我在形成之后，往往具有相对稳定的性质，不会随着时间的转瞬即逝而飘忽不定。

麦金太尔认为，对道德人格的"情感主义"设定是当代道德危机产生的重要根源之一。在麦金太尔看来，当代社会的道德理想或道德价值体现在某些社会规范或社会榜样身上，但道德判断则是由不同的个人作为道德主体做出的。个人作为道德主体，被"情感主义自我"纠缠着，这种"情感主义自我"没有任何内在规定性，不具有任何实质性的道德人格属性；对于这种自我来说，不存在任何合理的评价标准，它也坚决反对这样的标准，任何事情都可以从任何观点加以接受或批评，"这是一种没有任何既定连续性的自我"。按照这种观点，成为一个道德主体，就

---

① 樊浩：《伦理精神的生态价值》，中国社会科学出版社2001年版，第183页。

是能够脱离它存在于其中的任何环境，免除其拥有的任何道德人格属性，从一种纯粹普遍和抽象的观点做出道德判断。由于把道德主体置于空洞的自我之上，因而任何人都可以成为道德主体。麦金太尔称这种道德主体是"民主化的自我"，这种"民主化的自我能够是任何东西，能够扮演任何角色、采纳任何观点，因为它本身什么也不是，什么目的也没有"。麦金太尔指出了一条消解这种"情感主义自我"的途径，那就是强化德性人格的内在化和整体化①。

德性的整体性使人格的内在统一成为可能，是为"一"；而德行是自我德性在不同道德侧面的外在化，表现为"多"。个体具备了整体性的道德人格，就能把不同道德领域中的"多"整合为德性"一"的整体，就会在不同的道德领域，以整体性的"德性"应对万变的道德情景，游刃有余地进行和谐一致的道德判断，选择和实施道德行为，把内在的德性在各个道德领域一致地、整体化地表现出来。

其二，道德人格的自主性。这种自主性有两个尺度，"第一个尺度描述个体的客观状况、生活环境，是指相对于外部强迫和外部控制的独立、自由，自决和自己支配生活的权利与可能。第二个尺度是对主观现实而言，是指能够合理利用自己的选择权利，有明确目标，坚忍不拔和进取心。自主的人能够认识并且善于确定自己的目标，不仅能够成功地控制外部环境，而且能够控制自己的冲动"②。道德自主是个体的道德意志自由与个体的道德行动自由的统一。个体的道德意志自由是主体性道德人格的内在要求和基本特征，但这种自由对主体性道德人格而言，只是形式上的特征。个体将道德抉择付诸道德实践（即行善）过程中的无阻碍状态，才是道德自由的实在内容方面。个体的道德意志自由是主体性道德人格的主观的、内在的特征，个体的道德行动自由是主体性道德人格的客观的、现实的表征。

自律是人格自主性的表现，个体的道德自律是个体从道德意志自由

---

① 参阅［美］麦金太尔《德性之后》，龚群等译，中国社会科学出版社1995年版，第42—43页。

② ［苏］科恩：《自我论》，佟景韩等译，生活·读书·新知三联书店1988年版，第407页。

到道德行动自由的主体性环节。在道德行动领域,由于道德法则与行动规则、个体的道德信念与事物的客观演变过程等之间存在着差异,有时甚至表现为尖锐的矛盾,因而,在其现实性上,个体的道德意志自由并不必然会导致个体的道德行动自由。但是,当这种差异或矛盾是由不合理的或反道德的行动规则或事物的演变过程所引发时,作为"应该"的道德法则,它的存在的必要性、可能性和合理性就显现出来了。"应该"之为"应该"的力量乃在于它是道德主体自己向自己颁发的命令,并且仅当其在上述情形中被道德主体遵守时,方才显示出道德法则的合理性,以及认同和遵从这一法则的道德主体的自律性。就个体具有主体性道德人格而言,道德法则对于个体的约束性和强制性是一种"自我约束性"和"自我强制性"。

如果把道德人格的完整性理解为"体",那么道德人格的自主性就可以理解为是道德人格完整性的作用("用")过程。内蕴于道德人格的各种道德因素的完整统一,赋予道德人格的自律性以自觉、自愿、自然的特点;而道德人格的自主通过在道德实践中展开于个体与社会之间的互动过程及具体境遇,使构成道德人格的各种要素获得了现实的规定。在体与用的统一中,道德人格的完整性和道德人格的自主性不断地得到了具体的确证。

其三,道德人格的自为性。"人格自为性是人格自主性的逻辑延伸。自主是自为的前提,只有自主的人才可能是自为的人;自为是自主的目的,自主是为了达到和实现自为的目的。"[①] 自为性主要体现为两方面,一是自我目的性。对于个体来说,人格与主体是一体两面的关系,"一个人只有作为社会活动主体,才具有人格;一个人只有具备了独立的人格,才能成为真正的主体"[②]。没有完整自主人格的人,就会自认自己是工具,或被别人视为工具。完整自主的人格使人成就自己的主体资格,提升自己的生命质量,驾驭自己的人生方向;使人实现自我价值,获得健全个性,拥有做人尊严。二是自我成全性。完整自主的人格可以使个体不断

[①] 袁贵仁:《教育-哲学片论》,北京师范大学出版社2002年版,第248页。
[②] 同上书,第244页。

超越外在环境的局限性，在道德价值取向、道德行为调节等方面实现自作主宰、自我选择，能够在任何条件下都把自己成全为一个有道德的人，做到"见贤思齐焉，见不贤而内自省也"（《论语·里仁》），"穷则独善其身，达则兼济天下"（《孟子·尽心上》），等等。

现代社会的建构、维系和发展离不开具有现代性精神气质和现代性人格类型的人，同样，现代道德生活的建构、维系与发展也离不开具有现代性道德人格的人。韦伯的《新教伦理与资本主义精神》揭示了特定的道德精神和道德人格对于现代资本主义社会（现代性社会）兴起的前提性意义；"斯密悖论"则展示了资本主义社会发展进程中社会成员所特有的精神气质和道德人格类型的内在矛盾（集中表现为利己与利他的矛盾）及其可能引发的社会实践后果；马克思通过"商品拜物教"分析了物化人格结构在资本主义社会的起源及产生的严重社会后果；尼采高喊"上帝死了"，要求以"主人道德"替代"奴隶道德"，实际上是对西方现代社会侵蚀甚至泯灭个体自由道德人格的境况的抨击，呼唤一种具有主体性道德人格的新型道德主体。

"主体性道德人格"是现代德性主体形塑现代道德人格的内在要求。现代道德生活复杂多变，既有的道德原则或道德规范的合理性与合法性不断被质疑，道德对于现实社会生活的批判功能更加突出，个体面临的道德决疑境遇和道德选择机会越来越多。对于现代人来说，做一个道德的人，并不仅仅意味着服从既定的道德原则或道德规范，也不仅仅意味着拥有一个高尚的灵魂，更为重要的在于拥有一种自主的、理性的道德探究能力、道德判断能力和道德选择能力。为此，现代人必须摆脱传统的权威性人格或依附性人格，形成一种自由人格。

"主体性道德人格"是现代德性主体成就道德善行的前提条件。恩格斯说："一个人只有在他以完全自由的意志去行动时，他才能对他的这些行为负完全的责任，而对于任何强迫人从事不道德行为的做法进行反抗，乃是道德上的义务。"[①] 道德行为必须出于意志的自由选择，是自愿的。如果行为不是出于意志的自愿选择，而是出于外力的强迫，那就谈不上

---

① 《马克思恩格斯文集》第 4 卷，人民出版社 2009 年版，第 93 页。

善或恶。道德行为以自由意志、独立人格为必要前提。主体性道德人格可以使个体的道德行为植根于明智的判断、高尚的灵魂、无畏的毅力、坚定的信念和良好的习惯。具有主体性道德人格的人崇尚主体自由和对价值的自主抉择,具有自主的责任意识和较高的责任能力。他不再是一个纯粹的道德伦理原则或道德行为规范的承担者,而是一个能够独立地"从事道德探究"和选择善行的人。唯有这样,他才能获得一种对道德的真切认同。这种"道德认同"意味着,"个人在行为中不仅要接受一个在一份规范目录意义上的、由各种单一、彼此孤立的规范组成的、补充性的规范集的约束,而且其个人规范也是具有内在联系的规范秩序的组成部分,该规范秩序既包括了具体的和特定的行为规范,也包括了作为'基础规范'的特定的普遍的基本原则"①。

"主体性道德人格"是现代德性主体实现人生道德价值的集中体现。人格的发展与人的自由本性的发展是一体两面的关系,因为"人格作为主体性的体现,早已被认为是同创造、精神修养和克服时间地点的限制分不开的,而无人格则总是同消极被动、不自由、心胸狭隘和没有尊严联系在一起。"② 个体生命的存在方式可以是多种多样的,每个人都有各种各样的要求,这些要求可以是生理意义上的,也可以是精神意义上的。进而一定的财富、权力、地位、健康、技能、学识等各种东西对于人来说都是可贵的和可欲的。但是无论是多么强大的要求或高尚的要求,如果离开了人格的要求,便没有任何价值;只有作为人格要求的一部分或者手段时,它们方可显现出自己的价值。因此,人生价值的最高境界必须以主体性人格的实现本身为目的。

自由个性及其发展对于塑造主体性道德人格具有重要意义。人格作为人的主体资格集中体现了人的主体性,人有主体性就有人格,人没有主体性也就没有人格。但是在现实社会生活中,由于主观和客观方面的原因,每个人的主体性是不同的。这种不同主体性在个体身上的表现,

---

① [德] 米歇尔·鲍曼:《道德的市场》,肖君等译,中国社会科学出版社2003年版,第487页。

② [苏] 科恩:《自我论》,佟景韩等译,生活·读书·新知三联书店1988年版,第47页。

这种体现在个体身上不同的人格特征，就是哲学所讲的个性。因而，主体性、人格和个性是同一层次的概念，都是对活动主体的某一方面的表征，是活动主体在不同参照系中表现出来的某种特性。不同的是主体性、人格，是活动主体的共性、普遍性，而个性则是每一主体的个别性、独特性①。个性是主体性、人格在个体身上的特殊表现，是人格和主体性的个体化。人的个性的发展有利于人的主体性的提高与道德人格的完善。

人的个性的发展主要表现在两个方面，一是人的独特性的发展，二是人的自主性的发展。在马克思主义创始人看来，人的发展过程在一定意义上就是"有个性的个人"逐步代替"偶然的个人"的过程。"所谓'有个性的个人'就是社会关系、交往条件与个人相适应，个人对社会关系有自主性；所谓'偶然的个人'就是社会关系、交往条件与个人不相适应，个人对社会关系没有自主性，处于被奴役的地位。"②"有个性的个人"就是有自由人格的个人。在道德世界，这种"自由个性就具有本体论的意义"③。

中国传统伦理对道德主体人格的设定具有浓厚的理想化色彩，但缺少自主、个人权利、个人自由、个人尊严等关乎主体性道德人格的实质性要素。传统儒家伦理对道德人格的设定，在形式上表现出主体性原则，它以仁要求每一个人，具有明显的"反诸自我"倾向，也就是要求人人都必须从自我内部挖掘潜力以达到仁的境界。"仁远乎哉？我欲仁，斯仁至矣"（《论语·述而》）；"人能弘道，非道弘人"（《论语·卫灵公》）；"为仁由己，而由人乎哉"（《论语·颜渊》）……，都是这种"反诸自我"心态的表现。孟子的"大丈夫"能够做到，"居天下之广居，立天下之正位，行天下之正道，得志与民由之，不得志独行其道；富贵不能淫，贫贱不能移，威武不能屈"（《孟子·滕文公下》）；能够做到"得志，泽加于民；不得志，修身见于世，穷则独善其身，达则兼善天下"（《孟子·尽心上》）。但是，传统儒家伦理对道德主体的设定是以血缘关系和

---

① 袁贵仁：《马克思的人学思想》，北京师范大学出版社1996年版，第130—131页。
② 袁贵仁：《教育-哲学片论》，北京师范大学出版社2002年版，第344—345页。
③ 冯契：《人的自由和真善美》，华东师范大学出版社2016年版，第277页。

宗法观念为基础的，抑制了个体的人身自由和精神自由，以群体本位消泯道德主体的个体性和主体性人格。道家伦理倡导个体本位，但它保全的是人的自然性，是"身体自我"，这种自我"以曲求全""处弱用柔""不谴是非""安时而处顺"等，以与世俗处，往往表现出混世扬波、随波逐流、随遇而安的"混世为主、难得糊涂"的道德虚无主义和道德滑头主义。魏晋玄学把这一点表现得淋漓尽致。所以，道家伦理用个体的自然性把道德主体非道德化了。建立在这种客体性道德人格设定之上的传统道德教化，是一种"无我"的道德教化。儒家以"毋我"为最高境界，道家以"忘我"或"丧我"为最高境界，二者最终都走向了对主体性道德人格的否定，使道德理念缺乏个体意识的内在支持，缺乏自主与自律。这种道德教化造成的是普遍的道德虚饰和道德负担，其结果往往是教化出许多不择手段的无德性的"惟我主义者"。

陈独秀认为，中国封建道德的根本弊端在于它"损坏个人独立自尊之人格"。他在1915年的《敬告青年》一文中，将"自主"列为首要的启蒙课题。鲁迅先生在谈到中国传统道德时说："我们自己是早已布置妥帖了，有贵贱，有大小，有上下。自己被人凌虐，但也可以凌虐别人；自己被人吃，但也可以吃别人。一级一级的制驭着，不能动弹，也不想动弹了。"① 他把树立自由意志、张扬个性人格作为拯救国民性的第一步："其首在立人，人立而后凡事举，若其道术，乃必尊个性而张精神。"针对传统道德人格的过度理想化色彩，冯契先生也指出："我们所要培养的新人是一种平民化的自由人格，并不要求培养全智全能的圣人，也不承认有终极意义的觉悟和绝对意义的自由"，"这样的人格也体现类的本质和历史的联系，但是首先要求成为自由的个性"②。

在现代社会，尤其是在当代中国社会，个体"自由的个性"的确立，需要实现整个社会结构从"身份社会"或"人治社会"向"契约社会"或"法治社会"的转型。社会结构的这种转型意味着，个体身份从"臣民"向"公民"的转换。个体获得"公民"身份，意味着个体之间的关

---

① 鲁迅：《灯下漫笔》，载《鲁迅杂文选集》，人民文学出版社1993年版，第34—35页。
② 冯契：《人的自由和真善美》，华东师范大学出版社2016年版，第245、254页。

系进入一种普遍主义的价值框架之中,即自由、平等、独立。"公民"概念意味着,国家对个体以及个体相互间的经济地位、政治地位、文化地位的确认。因而,"公民身份是平等的表述"①。同时,"公民"概念是由一套权利体系构成的,象征着政治国家对其成员的权利配置。因而,公民身份意味着权利。还有,人们一旦使用"公民"概念,就表明他们已开始对自身的地位、价值、权利等具有了自觉的认肯和追求。国家或法律规定的权利具有个别性、具体性,它只有相对于具体的、独立的公民个体才有实际的价值。离开独立的公民个体,所谓公民权利就毫无意义。公民概念塑造了现代社会中个体的独立人格,使个体获得了自主与独立。因而,公民身份意味着公民个体的独立地位。

3. 道德能力的四个要素

培养能够从事道德探索的人,培育个体理性的、自主性的道德判断能力和道德选择能力,是现代道德教化更为重要的目标。现代生活的价值和意义带有越来越多的"个性化"色彩,价值冲突、道德冲突等更为广泛而复杂;人们对道德原则和道德规范的合理性与合法性本身提出了更高的要求,道德对于现实社会生活的批判功能更加突出;道德教育中的"技术意识形态化"和"政治意识形态化"现象仍不同程度地存在。凡此种种都表明,在现代社会,个体面临的道德决疑境遇和道德选择机会越来越多,一个人仅仅凭依"高尚的灵魂"是不足以应付自己所可能面临的复杂的道德问题的。

道德行为的构成大体上有四个主要环节,即道德认知、道德情感、道德意志和道德行动。道德认知关注行为"应如何"的问题,道德情感关注行为"愿如何"的问题,道德意志关注行为"敢如何"的问题,道德行动关注行为"实如何"的问题。道德认知、道德情感、道德意志涉及的是主观的世界,三者的有机统一构成"德性";道德行动涉及的是客观的世界,它是"德性"的外化和客观化,构成"德行"。构成德性的三要件在孔子那里被表述为"知、仁、勇",孔子曰:"知者不惑,仁者不

---

① [英]爱德华·希尔斯:《市民社会的美德》,载邓正来等主编《国家与市民社会》,中央编译出版社 2002 年版,第 13 页。

忧，勇者不惧"（《论语·子罕》）。"知"是理性原则，"仁"是情感原则，"勇"是意志原则。冯契先生指出："真正自由的道德行为就是出于自觉自愿，具有自觉原则与自愿原则统一、意志和理智统一的特征。一方面，道德行为合乎规范是根据理性认识来的，是自觉的；另一方面，道德行为合乎规范要出于意志的自由选择，是自愿的。"① 自觉来自于道德认知能力的提高，自愿来自于道德情感和道德意志的养成。

（1）道德认知表现为一种"知善"的能力

道德认知是一种理性能力，它是科学认知能力与人文价值判断能力的统一。作为一种科学认知能力，道德认知是一种对象性思维，它旨在揭示道德及其发展的一般规律，包括对道德行为事实的认识，对道德主体、道德目的、道德评判标准等的认识，对道德原则和道德规范的认识，等等。作为一种人文价值判断能力，道德认知是一种切己性思维，它是人们对自己如何处理与周围其他人的关系，采取何种手段或行为，以及关于这一系列行为或手段的意识等进行的价值性思考，旨在解决自我的意识、思想、情感、行为是否应当的问题，以便形成行为"应如何"的价值理念。

道德认知是道德行为的理性—精神驱动力。德性是一种选择性的品质，它以求取适度为目的，体现为一种适度原则。所有德性都表现为对适当的人、以适当的程度、在适当的时间、出于适当的理由、以适当的方式做个好人或做好某事。适度的获得取决于人的正确选择，这种选择是对行为方式的正当、合理、恰当的考虑。这种选择既是一个基于概念分析和判断推理之上的道德认知过程，更是一个蕴含人文价值和实践权衡的道德评判过程。古典德性伦理大都提出过"中道"之说，孔子的"中庸"学说、孟子的"权"变观点、亚里士多德的"中道"理论，等等，都旨在告诉人们，德性落实于具体环境和行为境遇中，往往表现为人们在"过"与"不及"之间能够作出正确的理性判断和公正的实践权衡。孔子说："未知，焉得仁。"（《论语·公冶长》）又说："博学而笃志，切问而近思，仁在其中矣。"（《论语·子张》）柏拉图提出"美德即

---

① 冯契：《人的自由和真善美》，华东师范大学出版社2016年版，第173页。

知识"的观点；康德提出基于"实践理性"之上的"人为自己立法"的道德原理；包尔生认为，冲动构成德性的自然基础，但冲动被理性塑造成德性或美德；哈贝马斯提出基于"交往理性"之上的话语伦理思想；等等。他们都旨在为德性提供一个具有普遍意义的理性基础。

(2) 道德情感表现为一种"向善"的意愿

一个人有了道德认知，知道了什么是道德的和不道德的，但他未必想做、愿做、欲做道德的事情，而不做不道德的事情。当主体面临具体的道德冲突与选择时，其情感反应的状况是决定其选择方式的必要环节。具备了一定道德情感，个体才能从"应如何"走向"愿如何"或"想如何"。德性是一种选择的、可称赞的品质，"选择的也就是出于意愿的，是意愿在人身上的特殊的形式"①。德性是与意愿联系在一起的。在道德领域，如果只问应该不应该，而不问愿意不愿意，那就会产生伪道德和伪君子。因而，道德情感是道德行动的内在情感—精神驱动力，一如孔子所说："知之者不如好之者，好之者不如乐之者"（《论语·雍也》）。

道德情感是一种心理性的情感，但不是自然情感（儒家忽视了理性对自然情感的提升），也不是理性的绝对命令（基督教伦理、康德伦理忽视了自然情感的基础地位），而是对理性价值所产生的情感。道德情感是一种具有普遍意义的精神性情感。道德情感从本质上说是道德的理性内容通过感性形式（即个体行为）体现出来的一种情感形式，它体现的是一种人文精神。情与欲是人的存在的基本感性内容，从一般意义上讲，"情"是标志主客体之间的一种喜爱、思恋等的心理倾向，"欲"则是标志主客体之间的一种需求、占有和满足的心理倾向。道德情感表达和代表的是人文尺度，体现人之高尚的一面，没有情也就不会有道德。道德情感表现的也是一种利他倾向，达尔文在谈到道德情感时指出："可以简单扼要地用'应当（ought）'一词来概括，这个词含有高深的含义。它是人的一切属性中最崇高的属性，它使人可以为了同类的生命，毫不犹豫地去牺牲自己的生命。或经过深思熟虑之后，在纯全受深刻的权力感

---

① [古希腊] 亚里士多德：《尼各马可伦理学》，廖申白译注，商务印书馆2003年版，第58页注②。

或义务感的驱使下，为大义而牺牲生命。"①

在道德心理层面上，道德情感常常表现为一种道德冲动和道德激情；在道德意识层面上，道德情感往往表现为同情、耻感、内疚等形式；在人的道德行为中，道德情感表现为愿望爱好与道德义务的融通。义务和爱好之间存在冲突，在行动之前，义务的感情反对爱好，但并不敌视或取代爱好。自康德以来，德性一直被理解为是经受得住感情趋向影响的能力，是借助于理性抵制和拒绝感情。理性主义规范伦理学企图把道德冲动和道德激情作为非理性的东西排除于伦理学体系之外，这种做法就"相当于说我们只有挪开墙，才能很好地看到是什么东西支持着天花板。正是道德冲动、道德责任和道德隐私最初的、最重要的'善行'提供了人类共同生活的道德赖以形成之材料"②。密尔认为："无论我们的义务标准是什么，义务的内部制裁力只是同一种东西——我们自己心内的一种情感，一种伴随违反义务而起的相当强烈的痛苦……这种情感，假如是无偏私的，与纯粹的义务观念相联而不只牵涉特种义务或任何附属的情景，那么，它就是良心的精髓。"③

按照17世纪剑桥柏拉图学派的说法，道德情感是人性先验的道德本能。可按照苏格兰常识学说的解释，道德情感首先是人类生活经验和习惯的产物，它取决于人类生活的道德环境和在此道德环境下逐渐养成的一种道德直觉型常识。而后的道德情感主义伦理思想家们，如休谟和亚当·斯密，则进一步地用人的内在情感与外在道德环境之相互作用来解释道德情感的产生，并将它称之为人的"第六感觉"，仿佛人的眼、耳、鼻、舌、声五官的感觉一般自然而然。这些说法的共同提示是，道德情感一如人性本身，需要合宜的社会文化环境滋润培养。

（3）道德意志表现为一种"为善"的勇气

由"愿如何"或"想如何"到"能如何"或"敢如何"是需要坚强的意志力量才能完成的。道德意志就是个体的道德行为从观念认同、思

---

① 周辅成编：《西方伦理学名著选辑》下册，商务印书馆1987年版，第271页。
② [英]齐格蒙特·鲍曼：《后现代伦理学》，张成岗译，江苏人民出版社2003年版，第41页。
③ [英]穆勒·密尔：《功用主义》，唐钺译，商务印书馆1957年版，第29页。

想确定到实际实现的整个心理过程,道德意志是道德行为的心理—精神驱动力。一个人有了道德认知和道德情感,想做某种道德的事情,但是,如果他没有相应的道德意志,或者他的道德意志薄弱,那么,他就很难实际地做这件道德的事情,比如,"见义不为"。因为,做道德的事情,就意味着一定的自我牺牲,可能要承受一定的代价,而且,很多时候,可能也会面临诸多真实的或想象的危险,从而需要足够的意志和勇气。一个有德性的人,不仅是有敏锐道德认知能力和丰富道德感情的人,而且更是一个有坚强道德意志的人,是一个善于和敢于做道德的事情的人。

英国学者塞缪尔·斯迈尔斯(Samuel Smiles)在《品格的力量》一书中,将"道德勇气"作为德性的基本构成部分之一,认为"这种道德勇气是一种探求和坚持真理的勇气,是一种坚持正义的勇气,是一种诚实无欺的勇气,是一种抑制诱惑的勇气,还是一种恪尽职守的勇气"。他认为意志力"是任何一种伟大品格的灵魂",并抨击了社会生活中的各种"道德懦弱"现象。这种"道德懦弱"现象在我国社会转型期表现得也较为突出,比如,人们表达的道德态度与实际的道德行为存在一定程度的脱节。很多人能够就某一道德事实表明自己的立场和态度,并作出善恶评价,但也只是仅此而已,没有去实施道德行为的动力,"只说不做";很多人把道德仅仅看作是人生的理想追求,只在心理层面表示认同和赞许,缺乏实实在在的道德努力。个体缺乏道德意志,就会缺乏自我的道德激励,他就不可能自觉地发展和实施道德价值和道德行为。

(4)道德行为表现为一种"行善"的实践

道德行为是道德认识、道德情感、道德意志的综合体现。广义而言,道德认知、道德情感、道德意志都包含在"道德认知"这个范畴中。道德认知与道德行为的统一,是整个道德品质形成的核心。我们通常把道德认知与道德行为的一致即"知行合一"作为良好品德的评价标准和外部表现特征。但是,"认识德是一回事,使意志符合于德又是一回事"[①]。因为,"'应该'总是蕴含一种'未然'或'尚未',即距离。所以道德总是一种向着尚未实现却应该实现的理想的追求,总是一种弥平距离的

---

① [英]休谟:《人性论》下册,关文运译,商务印书馆1980年版,第505页。

过程"①。道德具有极强的实践性,知行合一是道德的内在要求。

实现知与行的统一,是一切道德生活的根本目标之一。所以,我们常常把道德认知与道德行为的一致即"知行合一",作为一个人道德能力的集中表现。当前,道德认知与道德行为脱节、知行不一,是我国道德生活中一个较为普遍和突出的现象。比如,一些人有强烈的爱国情感,却缺乏主人翁责任感和使命感;有真善美的道德认知,却没有良好的道德行为习惯;期待建立良好的社会道德秩序,自身却不愿接受各种规章制度的约束;有成就事业的愿望,却缺乏脚踏实地的实干精神;认同诚信价值理念,却心口不一、弄虚作假;认同爱护公物、勤俭节约、维护公德,但乱扔、乱倒、乱张贴等破坏社会公德现象屡见不鲜;认同"重义轻利"价值取向,但在行动上,重实惠、讲实利,趋同选择功利主义价值取向;等等。

知与行的脱节,有诸多原因。择其要者而言,主要有三:其一,就道德自身而言,往往是知易行难。因为,"人在道德方面,对于善恶,亦尝有所感觉,这是知。如顺其此知之自然发展,则我们当然亦可为善去恶。但稍一转念之间,因计较利害,而即不能为善去恶;这亦是常有底事情。所以古人说:初念是圣贤,转念是禽兽。初念是人人都有底或都可有底,所以我们说知易。但谁能完全不受转念的影响呢?一受转念的影响,初念即能知不能行了。所以我们说行难"②。其二,就现实而言,由于各种社会原因如专制、集权、不公正、制度缺失、政策偏差或失误等,"一个人可以拥有一种美德而从未表现出来。在一个物资丰富的社会,某些人可能具有帮助贫困的人们的品性,但是从未表现出来是因为没有机会这样做。品性有一种范例性的特征。在一个非常压抑的社会里,可能许多人都拥有有美德的品行,但是缺乏机会去展示必要的行为。比如,忠诚在一个压制友谊的社会里就没有什么余地。虽然这些品性在一个特定的情形中可能没有产生现实的好的后果,但是这些人还是具有美德。当然,品性必须是真正在场的,而证明它在场的唯一证据就是行动

---

① 张世英:《境界与文化——成人之道》,北京大学出版社2016年版,第129页。
② 冯友兰:《三松堂全集》第5卷,河南人民出版社2001年版,第378页。

者的行动或行为"①。其三，就历史传统而言，中国传统道德思想中，存在着一种以知消行的倾向。蔡尚思认为，王守仁等心学家所谓的"知行合一"，其要旨是，心外无行。"在表面上，虽处处以知行并举；但就内容观，却侧重内知而不侧重外行，如其所谓'知之真切笃实处便是行'，'只就一个知，已自行在'……他简直只要'内知'而不要'外行'。"②这种以知消行的倾向，导致道德生活中的知行脱节。林语堂认为，"超脱老猾"是道家思想的产物，"它的最大缺点是与理想主义和行动主义相抗衡。它击碎了人们任何改革的欲望，它嘲笑人类的一切努力，认为它徒劳无益，它使中国人失去理想，不去行动。它能神奇地将人们的活动限制到消化道以及其他简单的生活需求的水平上"。这种态度会滋生麻木不仁和实利主义。

知是行的基础，行是知的目的和归宿。道德教化只有在切实的践行中，才能表明自己的真实性。"从来没有人是因为研究美学而成为艺术家的，没有人是因为研究了伦理学而获得高尚品质的。"③道德教化既是一种真理性认识，更是一种实践性要求，是一种基于现实关切的价值追求。道德教化既是一个学习、教育的过程，更是一个见诸行动、付诸实践的过程。坚持知与行的统一，是道德教化的内在要求和基本原则。

4. 道德的"实践教化"

德性教化是一个复杂的过程，其基本环节包括，道德认知能力的提高、道德情感的陶冶、道德意志的锻炼，等等。根据马克思的实践认识论思想，借鉴黑格尔的教化观点，可以一般地把道德教化过程划分为理论的教化过程与实践的教化过程两大阶段。与此对应，教化的基本类型也可以分为两类，即理论教化与实践教化。

理论教化"是在多种多样有兴趣的规定和对象上发展起来的，它不仅在于获得各种各样的观念和知识，而且在于使思想灵活敏捷，能从一个观念过渡到另一个观念，以及把握复杂的和普遍的关系等等。这是一

---

① ［美］朱丽亚·德里弗：《美德和人性》，载应奇等主编《美德伦理与道德要求》，江苏人民出版社2007年版，第335页。
② 蔡尚思：《中国传统思想总批判》，上海古籍出版社2006年版，第121—122页。
③ ［德］叔本华：《作为意志和表象的世界》，石冲白译，商务印书馆2004年版，第81页。

般的理智教育"①。实践教化是"从自我自身开始"的,就是说通过做一件事把自己的心智能力、意志集中在这件事上,并努力把它做成,也就是意志特定化自身。实践教化"首先在于使做事的需要和一般的勤劳习惯自然地产生;其次,在于限制人的活动,即一方面使其活动适应物质的性质,另一方面,而且是主要的,使能适应别人的任性;最后,在于通过这种训练而产生客观活动的习惯和普遍有效的技能的习惯"②。

如果说理论教化侧重于"教",那么,实践教化则可以说是侧重于"化"。"教"即传授道德原理和道德准则,进行道德说教;"化"就是把"教"融化于其中而又不见其踪,心灵起了变化而又无迹可寻。也就是,把一般的道德原理与道德准则融化于道德生活之中,并在这种融化的过程中提升人的道德能力和道德境界。正如冯契先生所说:"一切价值的创造都要出于自然而归于自然。'出于自然'是说一定要根据现实的可能性和人的需要,客观现实提供了现实的可能性,而人根据人的本性有某种需要,二者结合起来,这是自然的要求;'归于自然'是说最后要道德习惯成自然,经过人的创造活动,人的才能、智慧和德性仿佛就是人的天性所固有的。"③"教"而不"化"则不如不"教",应该是"教"中有"化","化"中施"教"。道德教化是一个"教"与"化"互为前提、彼此融通的"潜移默化"过程。

但是,诚如前文所述,在很长一段时期,甚至直到目前,我们把德性教化演绎成了单纯的道德理论教化,进而又把理论教化演绎成道德原理和道德规范的纯粹灌输,使德性教化变成了一种"淡而无味的饶舌"或"纯粹的演说时髦"。这种道德说教虽然也可以帮助人们抵御一定的诱惑,防止一些不道德行为,但它常常达不到教化的根本目的。面对当今这个变化多端的世界,面对个人经常遭遇的新问题和新挑战,这种道德说教往往是无力的并很容易崩溃。导致这种情形的根本原因在于,这种道德说教脱离了个体的现实生活世界,缺乏"实践教化"的环节。

---

① [德]黑格尔:《法哲学原理》,范扬、张企泰译,商务印书馆1961年版,第209页。
② 同上书,第209页。
③ 冯契:《人的自由和真善美》,华东师范大学出版社2016年版,第247页。

德性与实践是一体两面的关系，德性是人的一种实践性的品质，"一个人若不喜欢公正地做事情就没有人称他是公正的人；一个人若不喜欢慷慨的事情就没有人称他慷慨，其他德性亦可类推。""我们通过做公正的事成为公正的人，通过节制成为节制的人，通过做事勇敢成为勇敢的人。"① 亚里士多德针对柏拉图"美德即知识"的观点指出，知识对于美德的形成来说是必要的，但美德与知识不是一回事，有知识的人并不一定去做具有美德的事情。基于这一认识，亚里士多德把德性分为两类，即理智德性和伦理德性。他认为，没有一种伦理德性是自然生成的，而是通过习惯才达到的。一个人要形成美德，不仅要有关于美德的知识，而且必须在实践中反复训练和培育。他特别强调实践活动对于德性的重要性。在亚里士多德看来，人的德性的形成有三种力量在起作用，即天赋、习惯和理性。从实践意义看，德性的形成过程是一个"习惯—德性—习惯"不断循环往复的过程。"习惯"的引入把德性的养成带到了人的现实生活之中，德性由此成为一种获得性品质，其"获得"必须放到人的现实生活中才能准确把握和理解。皮亚杰提出"发生认识论"，米德（Mead）提出"符号互动理论"，哈贝马斯提出"商谈伦理学"，科尔伯格提出道德发展阶段理论，等等，他们都旨在超越"道德灌输说"，企图从主体间的互动和相互作用、个体的角色扮演、公共理性和公共精神的建构、个体道德认知发展的内在机理等实践性角度，阐明道德教化的机制问题。

实践教化体现了德性主体的精神自由，也体现了人与人之间在道德上的人格平等，它更符合现代社会发展对于道德教化的基本要求。纯粹的道德说教是以人们之间的不平等为前提的，它把人分为两部分，一部分是教育者，是道德高尚者；另一部分是被教育者，是道德欠缺者或道德低劣者。这种划分是先验的，其结果也是有目共睹的。面对目前道德教育由于偏重于道德说教而效果欠佳的状况，许多学者指出，解决问题的关键不是先"救救孩子（被教育者）"，而是要先"救救成人（教育

---

① ［古希腊］亚里士多德：《尼各马可伦理学》，廖申白译注，商务印书馆2003年版，第23—24、36页。

者)";不是仅仅"从孩子抓起",也要"从成人抓起"。教育者本人一定是受教育的,真正的道德教育是人们之间的相互教育。道德教育是以人们之间的人格平等和精神自由为前提的,只有当人与人之间的关系表现为一种主体间的关系时,这种关系才称得上是相互关系。因为主体间的关系是双向的和互动的,而主体与客体的关系是一种单向的主动与被动的关系。人们相互间对彼此主体身份的认同,也就是对彼此人格平等和精神自由的相互认同。这种认同只有在自由和平等的实践生活交往过程中才能形成。在实践交往中,人与人在精神上和物质上彼此创造着,交往就是人对人的加工。在这种"加工"中,个体彼此间的相互认同和相互理解得到实现,思想观念、情感等的共同性得到展示,个体的品质和能力得到集中提升和扩展。如果说"宗教源出于人类分享共同悟性的深切需要,它不是'灵魂工程师'所能制造的"[①],那么,道德何尝不是更如此呢?我们不需要宗教教化,但我们需要一种"似宗教式"的实践教化。

实践教化就是人们在实践交往和生活交往过程中的"相互教育",就是人与人之间的"相互教化"。只有通过这种"相互教化",人们才能真正提炼、体悟和改进生活中的道德原理和道德规范,才能把一般的道德原理和道德规范真正"化"为个体自己的道德智慧和道德能力。伽达默尔指出:"我们学习一种技艺——并且也能够忘记这种技艺。但是我们并不学习道德知识,并且也不能忘记道德知识。我们并不是这样地立于道德知识的对面,以致我们能够吸收它或不吸收它,有如我们能够选取或不选取一种实际能力或技艺一样。我们其实总是已经处于那种应当行动的人的情况中,并且因此也总是必须已经具有和能够应用道德知识。"[②]道德知识从根本上说不可能靠道德推理获取和证明,它需要形象,需要感性,需要真实的道德生活经验的见证。道德教化取决于人们对道德生活的亲自体验和切身体认,通过人际的情感交流和心灵感动来提升个人

[①] [美]丹尼尔·贝尔:《资本主义文化矛盾》,赵一凡等译,生活·读书·新知三联书店1989年版,第40页。

[②] [德]伽达默尔:《真理与方法》上卷,洪汉鼎译,上海译文出版社2004年版,第411页。

的道德情感和心灵境界。实践教化的过程也就是冯契先生说的"理论化为德性的过程",这个过程表现为"理论—理想—信念—习惯—德性"。也就是说,一般的道德理论要指导人生,就不能是一种单纯的概念结构,它必须取得理想的形态;同时要进一步使理想成为信念;最后还要乐于从事,习之既久,习惯就可以成为自然,真正形成自己的德性①。从这个意义上说,"化"或实践教化是现代教化的关键环节。

四 自律、利益与道德的演化

马克思恩格斯认为,"人类精神的自律"与"正确理解的利益"是道德的基础;从"阶级的道德"向"真正人的道德"的转换,是道德演进的趋势;"创造建立在纯人类道德生活关系基础上的新世界"是道德的归宿。

1. 道德的基础:"人类精神的自律"与"正确理解的利益"

基督教宣称,上帝是道德的最终根据,是判断善恶的最高标准。基督教把道德变成了外在于人的、禁欲主义的他律性训诫。西方近代思想家反对基督教道德,提出理性主义道德观,强调道德独立于宗教,认为道德以人类理性为根据。在这一思想进程中,康德首次系统阐述了自律概念。康德把自律确立为道德的基础,认为道德是人的意志的自律。在康德看来,自律总是与自由和理性联系在一起的,自律体现的是人的意志自由和理性自觉,表明人不被内在本能和外在必然性所驾驭。自律是道德的基础,道德自律即道德主体通过意志自由在明确的理性意识基础上进行自愿的道德选择。理性主义道德观所倡导的道德自律,凸现了道德的人学根据,高扬了人的道德主体意识,肯定了人作为道德主体的地位。

马克思恩格斯秉承理性主义道德观,肯定了康德的自律概念,认为应该从人本身而不要从神那里寻找道德的基础。马克思指出:"道德的基

---

① 参阅冯契《人的自由和真善美》,华东师范大学出版社2016年版,第255—258页。

础是人类精神的自律。"① 而人类精神的自律又是以人的自由意志为前提的,没有自由意志也就无所谓自律。进一步看,没有自由意志和自律,也就无所谓道德。恩格斯指出:"如果不谈所谓自由意志、人的责任能力、必然和自由的关系等问题,就不能很好地议论道德和法的问题。"② 但是,马克思恩格斯对自由意志和自律的理解,远远超越了理性主义,而进入到实践唯物主义视域。他们对意志自由的理解并不仅仅囿于人性或理性本身,更涉及意志自由的客观的、历史的和现实的内容。在马克思主义创始人看来,自由就是作为主体的人在实践活动和认识活动中追求和表现出来的一种自觉、自为、自主的状态。这种状态体现的是主体与客体之间的一种统一关系,这种统一表现为真善美的统一。马克思从人的生存本体论的高度揭示了意志与自由的内在关联,他认为,人的生命活动与动物的生命活动有着根本性的区别,人能够"使自己的生命活动本身变成自己意志的和自己意识的对象。他具有有意识的生命活动。这不是人与之直接融为一体的那种规定性。有意识的生命活动把人同动物的生命活动直接区别开来。正是由于这一点,人才是类存在物。或者说,正因为人是类存在物,他才是有意识的存在物,就是说,他自己的生活对他来说是对象。仅仅由于这一点,他的活动才是自由的活动"③。人的意志自由就在于人能够通过对事物的认识来做出决定。但是,这种意志自由能力能否得到发展和发挥,在多大程度和什么方向上得到发展和发挥,则要受到特定的历史条件和社会关系的制约。人只有在特定的社会关系中,才有可能发展和发挥他的意志自由能力,实现自己的目的。这就是说,意志自由的客观根据是人们的社会生活实践。这样,马克思恩格斯就把意志自由和道德自律问题引向了现实的社会关系领域。

马克思主义创始人认为,包括道德在内的一切观念和社会意识形式,都是伴随人们的物质生活和社会关系而产生、变化和发展的。现代社会的经济关系首先表现为利益。在现代社会,"利益被升格为普遍原则"

---

① 《马克思恩格斯全集》第1卷,人民出版社1995年版,第119页。
② 《马克思恩格斯文集》第9卷,人民出版社2009年版,第119页。
③ [德] 马克思:《1844年经济学哲学手稿》,人民出版社2014年版,第53页。

"被升格为人类的纽带",甚至"被升格为对人的统治"①。利益关系成为一切社会关系的内核和本质,因而,利益也必然成为道德观念的现实基础。但是,在现代社会,人们的利益出现了分化,彼此间存在着矛盾甚至冲突。调控和化解利益矛盾和利益冲突,是道德存在的内在根据和基本功能之一。正是在这个意义上,马克思恩格斯指出:"正确理解的个人利益,是全部道德的基础","正确理解的利益是全部道德的原则"。② 马克思恩格斯在批判青年黑格尔派成员施蒂纳的思想时指出:"共产主义者既不拿利己主义来反对自我牺牲,也不拿自我牺牲来反对利己主义;在理论上,共产主义者既不是根据那情感的形式,也不是根据那夸张的意识形态去领会这个对立,而是揭示这个对立的物质根源,并指出这种对立随着物质根源的消失而自行消失。共产主义者根本不进行道德说教,而施蒂纳却大张旗鼓地进行道德说教。共产主义者不向人们提出道德要求,例如你们应该彼此互爱呀,不要做利己主义者呀等等;相反,他们清楚地知道,无论利己主义还是自我牺牲,都是一定条件下个人自我实现的一种必然形式。"③ 马克思恩格斯借用施蒂纳的概念,如利己主义(通常理解的利己主义指个人利益)、自我牺牲(通常理解的自我牺牲指普遍利益)等,表述了自己的一些重要思想。在马克思恩格斯看来,个人利益与普遍利益是有矛盾的,但这种矛盾根源于物质生产方式。随着社会的发展,特别是到了共产主义社会(包括社会主义社会),造成这种矛盾的物质生产方式将自然消亡。那时个人利益和普遍利益之间的对立也就不存在了。同时,不管是个人利益,还是普遍利益,都与具体的人相联系。个人总是也不可能不从自己本身出发,追求个人利益是个人自我实现的途径之一。但个人满足其需要的现实物质活动、方式和手段,以及个人之间的相互交往也产生了某些共同的需要。所以,"共同利益不是仅仅作为一种'普遍的东西'存在于观念中,而首先是作为彼此有了

---

① 《马克思恩格斯文集》第 1 卷,人民出版社 2009 年版,第 94、105 页。
② 同上书,第 333、335 页。
③ [德] 马克思、[德] 恩格斯:《德意志意识形态》(节选本),人民出版社 2018 年版,第 98 页。

分工的个人之间的相互依存关系存在于现实之中"①。这就表明,个人利益和共同利益,一道构成了现实的、历史的活动的个人发展的两个方面。还有,"共产主义者不向人们提出道德上的要求",不是说共产主义者没有自己的道德要求和理想,而是指共产主义者不提施蒂纳所谓的"自我牺牲""利己主义"等脱离现实的道德要求。共产主义的道德要求根基于现实的社会关系,以现实的利益关系为根据。

一般地说,道德包含着客观和主观两个方面的内容。道德的主观方面是指道德主体的道德意识、道德判断、道德信念、道德情感、道德意志、道德修养和道德品质等,它体现于道德主体的言行之中。道德的客观方面是指一定的社会关系对社会成员的客观要求,包括道德标准、道德原则、道德规范和道德命令等,它贯彻于社会生活的各个领域。"人类精神的自律"和"正确理解的利益",作为道德的基础,分别体现了道德的主观方面与客观方面。在马克思主义创始人看来,基于人的意志自由的自律是道德的主观基础,基于物质生活的利益关系是道德的客观基础。道德的客观方面决定道德的主观方面。因而,"人类精神的自律"必须根基于"正确理解的利益"。只有这样,人类的自律精神才能真正得以确立和实现,道德也才能成为现实的道德。

事实上,"正确理解的利益"与"人类精神的自律"是内在一致的。美国学者赫希曼(Albert Hirschman)认为,在前现代社会,利益追求被视为一种贪婪的罪恶,不含有任何道德价值。但近代以来,对利益的追求则被看作是借以控制人类难以驾驭的破坏性欲望的一种有效手段。利益追求被认为包含有深厚的道德底蕴。因为,从一般意义上说,人的欲望的约束方式在性质上可以分为两种,即自我克制与自我实现。前现代社会主要采用自我克制型的道德说教和宗教律令等方式来约束人的欲望,规范人的行为。古希腊理性主义教导人们沉思冥想,封建专制主义强制人们克制欲望,宗教禁欲主义消灭人的情欲,它们都企图通过抑制或压制人的欲望来成就人的德性。到17世纪时,人们普遍感觉到必须寻找约束人的欲望的新方法,探寻一种比道德说教和宗教律令更有效的方式来

---

① 《马克思恩格斯文集》第1卷,人民出版社2009年版,第536页。

成就人的德性和规范人的行为。这时提出的约束欲望的方式总体上是自我实现型的,这种自我实现型约束方式的核心理念是"利益"。在西方思想史上,利益概念最初(16世纪末和17世纪初)是作为欲望与理性的中介范畴被提出和界定的,它被看成是兼具欲望与理性这两个范畴各自的优良秉性。一方面,利益是"被理性所强加和容纳的'自利'欲望",是被克制、过滤、驯化和制衡了的人的欲望;另一方面,利益又是"由'自利'的欲望所给予指导和赋予力量的理性"。这样,利益既消除了欲望的破坏性,又克服了理性无效用的缺点。把利益概念置于关于人类行为动机的欲望与理性这两个传统解释范畴之间,为揭示人类行为动机提供了一个新的视角。只是到后来(18世纪初)利益概念的经济含义才成为该词的主导含义,利益被狭义地界定为经济利益或物质利益①。但是,利益概念的本质并未改变,即利益是人的欲望、需要和目的的社会表现形式,是人对自身"欲望"的一种约束和校正,因而它在本质上昭示的是人的一种自律精神。这就是说,利益对人的驱动,表明人是一种"受动"的存在物。这种受动性是一切生命存在的共性,也是人类存在的内在属性之一。对人来说,这种受动性既表现为自然条件及肉体组织的制约性,也表现为社会历史条件及发展规律的制约性。但是,只有人才能认识到自己的受动性。正确认识自己的受动性,恰恰是人的能动性的表现。道德是人对自身的一种积极"约束",这种"约束"正是人的自律精神的重要体现。

2. 道德的演进:从"阶级的道德"到"真正人的道德"

恩格斯指出:由于私有制的存在,"社会直到现在还是在阶级对立中运动的,所以道德始终是阶级的道德;它或者为统治阶级的统治和利益辩护,或者当被压迫阶级变得足够强大时,代表被压迫者对这个统治的反抗和他们的未来利益……我们还没有越出阶级的道德。只有在不仅消灭了阶级对立,而且在实际生活中也忘却了这种对立的社会发展阶段上,

---

① 参阅[美]赫希曼《欲望与利益——资本主义走向胜利前的政治争论》,李新华、朱进东译,上海文艺出版社2003年版,第26—51页。

超越阶级对立和超越对这种对立的回忆的、真正人的道德才成为可能"①。

马克思恩格斯认为，阶级不仅仅是一个经济范畴和政治范畴，也是一个思想范畴。阶级之间的关系不仅表现在经济和政治上，而且也表现在思想上。任何一种阶级统治，既是经济上和政治上的统治，又是思想上的统治。一般地说，统治阶级作为社会上占统治地位的物质力量，同时也是社会中占统治地位的精神力量。他们在支配物质生产资料的同时，也支配着精神生产资料，调节着自己时代的思想的生产和分配，他们的思想是一个时代占统治地位的思想。但是，在思想史上，一切剥削阶级总是否认包括道德在内的思想观念的阶级性，往往把道德说成是超阶级的。其目的在于标榜，剥削阶级的道德是普世的和永恒的。恩格斯一针见血地指出，这种道德"是为一切时代、一切民族、一切情况而设计出来的；正因为如此，它在任何时候和任何地方都是不适用的，而在现实世界面前，是和康德的绝对命令一样软弱无力的。实际上，每一个阶级，甚至每一个行业，都各有各的道德"②。

在马克思主义创始人看来，在阶级社会，由于各个阶级在社会结构中所处的地位不同，具有不同的利益，使得不同阶级不可避免地形成不同的，甚至完全对立的道德观念、道德原则和道德规范，各种道德都是为特定的阶级利益服务的，因而具有特定的阶级特征。不同阶级的道德之间的斗争是整个阶级斗争的一个重要方面。认识包括道德在内的各种思想观念的阶级性非常重要。列宁指出，在存在阶级对立的社会，"只要人们还没有学会透过任何有关道德、宗教、政治和社会的言论、声明、诺言，揭示出这些或那些阶级的利益，那他们始终是而且会永远是政治上受人欺骗和自己欺骗自己的愚蠢的牺牲品"③。

"阶级的道德"的产生有其历史必然性和历史合理性，但也有其历史局限性。在《反杜林论》中，恩格斯指出，当时的欧洲各国同时并存着三种道德，即基督教道德、资产阶级道德和无产阶级道德。在这三种道

---

① 《马克思恩格斯文集》第9卷，人民出版社2009年版，第100页。
② 《马克思恩格斯文集》第4卷，人民出版社2009年版，第294页。
③ 《列宁选集》第2卷，人民出版社2012年版，第314页。

德中,"哪一种是合乎真理的呢?如果就绝对的终极性来说,哪一种也不是;但是,现在代表着现状的变革、代表着未来的那种道德,即无产阶级道德,肯定拥有最多的能够长久保持的因素"①。马克思指出,基督教道德"颂扬怯懦、自卑、自甘屈辱、顺从驯服,总之,颂扬愚民的各种特点";它"对被压迫阶级只有一个虔诚的愿望,希望他们能得到统治阶级的恩典";它"认为压迫者对待被压迫者的各种卑鄙龌龊的行为,不是对生就的罪恶和其他罪恶的公正惩罚,就是无限英明的上帝对人们赎罪的考验";它把"对一切已使人受害的弊端的补偿搬到天上,从而为这些弊端的继续在地上存在进行辩护"。因此,基督教道德"带有狡猾和假仁假义的烙印"②。马克思恩格斯更为深刻地揭示了资产阶级道德的历史局限性。他们认为,私人利益和金钱至上是资产阶级道德的基础和核心。资产阶级使人与人之间除了赤裸裸的利害关系和冷酷无情的现金交易,就再也没有别的联系了。资产阶级利己主义道德将赚钱作为一切行为的根本宗旨。

马克思指出:"财产的任何一种社会形式都有各自的'道德'与之相适应,而那种使财产成为劳动之属性的社会财产形式,决不会制造个人的'道德限制',而会将个人的'道德'从阶级束缚下解放出来。"③但是,历史地看,当生产力的发展还处于较低水平时,"受这种生产力所制约的、不能满足整个社会的生产,使得人们的发展只能具有这样的形式:一些人靠另一些人来满足自己的需要,因而一些人(少数)得到了发展的垄断权;而另一些人(多数)经常地为满足最迫切的需要而进行斗争,因而暂时(即在新的革命的生产力产生以前)失去了任何发展的可能性"④。只有当生产力有了高度发展,"才有可能把劳动无例外地分配于一切社会成员,从而把每个人的劳动时间大大缩短,使一切人都有足够的自由时间来参加社会的公共事务——理论的和实际的公共事务。因此,只是在现在,任何统治阶级和剥削阶级才成为多余的,而且成为社会发

---

① 《马克思恩格斯文集》第9卷,人民出版社2009年版,第98—99页。
② 《马克思恩格斯全集》第4卷,人民出版社1958年版,第218页。
③ 《马克思恩格斯文集》第3卷,人民出版社2009年版,第215页。
④ 《马克思恩格斯全集》第3卷,人民出版社1958年版,第507页。

展的障碍"①。

可见，要实现从"阶级的道德"向"真正人的道德"的转变，就要消灭阶级对立，建立"使财产成为劳动之属性的社会财产形式"。马克思恩格斯认为，要实现这个目标，就必须进行无产阶级革命，建立无产阶级政治统治，无产阶级以社会的名义占有全部生产资料。而"一旦社会占有了生产资料，商品生产就将被消除，而产品对生产者的统治也将随之消除。社会生产内部的无政府状态将为有计划的自觉的组织所代替。个体生存斗争停止了。于是，人在一定意义上才最终地脱离了动物界，从动物的生存条件进入真正人的生存条件。人们周围的、至今统治着人们的生活条件，现在受人们的支配和控制，人们第一次成为自然界的自觉的和真正的主人，因为他们已经成为自身的社会结合的主人了"②。马克思主义创始人认为，无产阶级的立足点是"人类社会或社会化的人类"，无产阶级的政治统治，意味着人类"史前史"的结束和真正人类历史的开始。经过无产阶级的政治统治，道德将会从阶级的束缚下解放出来，成为"真正人的道德"。

马克思恩格斯将道德与人类解放和人的自由全面发展相联系，把从"阶级的道德"到"真正人的道德"的转变，理解为一个人的解放和人的自由全面发展不断实现的社会历史进程。在《〈黑格尔法哲学批判〉导言》中，马克思提出了一个影响深远的命题即"人是人的最高本质"，发布了一条"绝对命令"即"必须推翻那些使人成为被侮辱、被奴役、被遗弃和被蔑视的东西的一切关系"，并倡导进行一次"人的高度的革命"③。消灭阶级本身，是"人的高度的革命"的本质。马克思恩格斯认为，资产阶级只是要求消灭阶级特权，而无产阶级则要求"消灭阶级本身"。马克思恩格斯的"无产阶级"范畴，不仅仅是对一个现实政治客体（即现实中的工人群体）的实证性描述，更是对一种道德理想（即解放全人类）的价值性建构。他们对"无产阶级"的论述，总是基于现实而又

---

① 《马克思恩格斯文集》第9卷，人民出版社2009年版，第189—190页。
② 同上书，第300页。
③ 《马克思恩格斯文集》第1卷，人民出版社2009年版，第11页。

超越既定现实,总是从社会历史的总体发展来展开的。恩格斯指出,只有"意识到自己的利益和全人类的利益相一致的人",才是"真正符合'人'这个字的含义的人"①。无产阶级体现了"人"这个字的真正含义。因为,无产阶级虽然"比有产阶级更迫切地需要钱,但他们并不贪财,因为对他们来说,金钱的价值只在于能用它来买东西,而对资产者来说,金钱却具有一种固有的特殊的价值,即神的价值,它就使资产者变成了卑鄙龌龊的'拜金者'。对金钱没有这种敬畏感的工人,不像资产者那样贪婪,资产者为了多赚钱不惜采取任何手段,认为自己生活的目的就是装满钱袋。所以工人比资产者偏见少得多,对事实看得清楚得多,不是戴着自私的眼镜来看一切"②。在无产阶级道德中,"从人就他们是人而言的这种平等中引出这样的要求:一切人,或至少是一个国家的一切公民,或一个社会的一切成员,都应当有平等的政治地位和社会地位"③。在无产阶级的道德生活中,"交往、联合以及仍然以交往为目的的叙谈,对他们来说是充分的;人与人之间的兄弟情谊在他们那里不是空话,而是真情,并且他们那由于劳动而变得坚实的形象向我们放射出人类崇高精神之光。"④ 无产阶级必须"使现存世界革命化",无产阶级的历史处境和历史使命决定了它必须消灭现代社会中一切违反人性的生活条件,决定了它"在自己的发展进程中要同传统的观念实行最彻底的决裂"。因而,无产阶级道德代表着人类的未来,"拥有最多的能够长久保持的因素"。

无产阶级上升为统治阶级以后,要有一个对经济、社会和人的思想观念进行社会主义改造的过程。因为,社会主义社会"不是在它自身基础上已经发展了的,恰好相反,是刚刚从资本主义社会中产生出来的,因此它在各方面,在经济、道德和精神方面都还带着它脱胎出来的那个旧社会的痕迹"⑤。加强社会主义道德建设,是社会主义社会的重要任务之一。社会主义道德是无产阶级道德在社会主义条件下的合乎规律的发

---

① 《马克思恩格斯文集》第1卷,人民出版社2009年版,第384页。
② 同上书,第438—439页。
③ 《马克思恩格斯文集》第9卷,人民出版社2009年版,第109页。
④ [德] 马克思:《1844年经济学哲学手稿》,人民出版社2014年版,第126页。
⑤ 《马克思恩格斯文集》第3卷,人民出版社2009年版,第434页。

展。社会主义道德虽然仍是无产阶级的阶级道德，但是，由于社会主义公有制的主体地位使得财产成为劳动的附属品，因而，与之相适应的社会主义道德就不会制造道德的阶级限制，而是将道德从阶级束缚下解放出来，使道德突破阶级界限，成为促进最大多数社会成员充分运用自己能力和尽可能自由全面发展的精神—实践活动。从这个意义上说，社会主义道德是社会最大多数人的共同道德，它必将为共产主义的"社会化的人类"道德即"真正人的道德"提供更多的合理因素。

马克思主义创始人心目中的"真正人的道德"，实质上就是共产主义道德。马克思指出：共产主义是"通过人并且为了人而对人的本质的真正占有；因此，它是人向自身、向社会的即合乎人性的人的复归"。共产主义将使"人以一种全面的方式，就是说，作为一个完整的人，占有自己的全面的本质"[①]。可见，共产主义道德是一种面向人自身的终极关怀的道德。但是，"共产主义对我们来说不是应当确立的状况，不是现实应当与之相适应的理想。我们所称为共产主义的是那种消灭现存状况的现实的运动"[②]。这就是说，在马克思恩格斯看来，共产主义道德不是一种纯粹的乌托邦构想，而是一种孕育于无产阶级运动全过程，并反映无产阶级利益和要求的思想意识。一般地说，在无产阶级夺取政权的过程中，共产主义道德具有鲜明的无产阶级性，具体表现在无产阶级先进分子身上；在无产阶级取得政治统治地位和建立了社会主义社会后，共产主义道德获得巨大发展，成为占统治地位的道德；到了共产主义作为一种社会形式得以确立时，共产主义道德将成为"社会化的人类"的道德即"真正人的道德"。可见，只有通过无产阶级革命实践活动，这种共产主义道德才能真正确立和实现。马克思恩格斯强调指出："为了使这种共产主义意识普遍地发生……使人们普遍地发生变化是必需的，这种变化只有在实际运动中，在革命中才有可能实现；因为，革命之所以必需，不仅因为没有任何其他的办法能够推翻统治阶级，而且还因为推翻统治阶级的那个阶级，只有在革命中才能抛掉自己身上的一切陈旧的肮脏东西，

---

① ［德］马克思：《1844年经济学哲学手稿》，人民出版社2014年版，第78、81页。
② 《马克思恩格斯文集》第1卷，人民出版社2009年版，第539页。

才能成为社会的新基础。"①

在马克思主义创始人看来,"真正人的道德"意味着,"在每一个人的意识或情感中都存在着某些原理,这些原理是颠扑不破的原则,是整个历史发展的结果,是无须加以论证的"。这些原理就是:"每个人都追求幸福。个人的幸福和大家的幸福是不可分割的。"② 因而,"真正人的道德"的要求就是,人们彼此之间"只能用爱来交换爱,只能用信任来交换信任,等等。如果你想得到艺术的享受,那你就必须是一个有艺术修养的人。如果你想感化别人,那你就必须是一个实际上能鼓舞和推动别人前进的人。你同人和自然界的一切关系,都必须是你的现实的个人生活的、与你的意志的对象相符合的特定表现"③。恩格斯在谈到两性及婚姻问题时曾指出,在阶级社会,婚姻仍然是阶级的婚姻,真正自由缔结的婚姻只是例外。而"结婚的充分自由,只有在消灭了资本主义生产和它所造成的财产关系,从而把今日对选择配偶还有巨大影响的一切附加的经济考虑消除以后,才能普遍实现。到那时,除了相互爱慕以外,就再也不会有别的动机了"④。这就是说,在"真正人的道德"中,"性爱是以所爱者的对应的爱为前提的;……,性爱常常达到这样强烈和持久的程度,如果不能彼此结合和彼此分离,对双方来说即使不是一个最大的不幸,也是一个大不幸;……,对于性关系的评价,产生了一种新的道德标准,人们不仅要问:它是婚姻的还是私通的,而且要问:是不是由于爱和对应的爱而发生的?"⑤ 这就是说,"当事人双方的相互爱慕应当高于其他一切而成为婚姻的基础"⑥。这是"真正人的道德"的具体体现。

3. 道德的归宿:"创造建立在纯人类道德生活关系基础上的新世界"

马克思恩格斯毕生致力于一种"使现存世界革命化"的事业,这就决定了他们对道德问题的态度不可能是学院式的,而是"直接实践意义"

---

① 《马克思恩格斯文集》第1卷,人民出版社2009年版,第543页。
② [德]恩格斯:《共产主义信条草案》,载[德]马克思、恩格斯《共产党宣言》,人民出版社2018年版,第69—70页。
③ [德]马克思:《1844年经济学哲学手稿》,人民出版社2014年版,第142页。
④ 《马克思恩格斯文集》第4卷,人民出版社2009年版,第95页。
⑤ 同上书,第90—91页。
⑥ 同上书,第93页。

的。他们把道德问题与人类的解放,与新世界、新社会的创造,紧密地勾连在一起。

在马克思主义创始人那里,人的解放有三个维度:"首先,解放出现在人与自然的关系上:这里的自由,是人类理性在外部世界中的完全实现,是对人类潜能的理解以及对自然需要的限制,也是对人类事务的和谐安排。其次,解放发生在人类社会范围内。这当然是马克思最为显眼的一面……社会的解放——在马克思思想中,这也表示人类个体解放于社会并解放社会——尤其意味着消除特定社会团体或当代'阶级'之间的冲突,以及终结部分团体对另外一些团体的压迫、剥削……人类解放的第三个维度是精神解放。这一点也许最难理解,或者最容易被低估,但对马克思而言,它却是整个解放的关键,是另外两个维度及其宏伟巅峰的知识基础和前提。它的本质是对人这一物种的道德自由和自足的全面理解——而且是有意识的经验——即懂得理性的人类在自然及社会关系中是如此这般的自由、自创和自决,同时认识到整个宇宙没有一个外来的超越者。"① 这就是说,人类精神解放的实质是道德解放。而任何一种解放都是把人的世界和人的关系还给人自己。因而,道德解放一方面意味着消除了个人对社会的屈从,在个人与社会(真实的集体)之间建立起个人自由全面发展的和谐关系;另一方面意味着社会关系的一切外在形式在更高阶段上回归为"纯人类道德生活关系",人们可以"自由地独立地创造以纯人类道德生活关系为基础的新世界"②。这个新世界是每个人的全部能力和才智获得自由全面发展的真正的自由王国,也是"真正人的道德"王国。

建立一个"使人成为人"的理想社会,是马克思恩格斯的价值追求。他们认为,在资本主义社会,工人"不会感到幸福的;处于这种境况,无论是个人还是整个阶级都不可能像人一样地思想、感觉和生活。因此,工人必须设法摆脱这种非人的状况,必须争取良好的比较合乎人的身份

---

① [英]伯尔基:《马克思主义的起源》,伍庆等译,华东师范大学出版社 2007 年版,第 7—8 页。
② 《马克思恩格斯全集》第 3 卷,人民出版社 2002 年版,第 520 页。

的地位"①。在以阶级对立为基础的社会,"那些不感到自己是人的人,就像饲养的奴隶或马匹一样,都归他们主人所有"。所以,"必须重新唤醒这些人的自信心,即自由。这种自信心已经和希腊人一同离开了世界,并同基督教一起消失在天国的苍茫云雾之中。只有这种自信心才能使社会重新成为一个人们为了达到自己的崇高目的而结成的共同体"②。这种同盟也就是马克思恩格斯所说的"新世界",这种"新世界"即"真正的共同体"。只有在这种真正的共同体中,个人的存在与活动才秉有对人的真正道德关怀。马克思在《哥达纲领批判》中,全面考察了新社会发展的阶段性问题,第一次明确地把新社会划分为共产主义的第一阶段和高级阶段。他认为,共产主义社会的第一阶段,是刚刚从资本主义社会中产生出来的,它在各方面还带有旧社会的痕迹。而共产主义高级阶段,在自身基础上得到了充分的发展,进入了一种美好的状态。这是一个从低级阶段向高级阶段发展的过程。在这个发展过程中,生产力不断发展,社会财富不断积累,社会关系不断完善,人的精神境界也不断提高。在共产主义高级阶段的新社会中,道德才真正成了促进每个人自由全面发展的一种精神—实践活动。仅仅由于这一点,道德也成了"真正人的道德"。

---

① 《马克思恩格斯文集》第1卷,人民出版社2009年版,第448页。
② 《马克思恩格斯全集》第47卷,人民出版社2004年版,第57页。

第三章 自由的道德哲学视界（下）

在现代道德哲学史上，自由一直是思想家们理解道德的一个切入点和基本原则。康德、叔本华、罗尔斯和利奥塔等思想家，集中阐述了自由与道德的关系。康德视自由为道德的形式根据，叔本华凸显道德的意志基础，罗尔斯坚持自由的优先性原则，后现代谋求道德从伦理中解放出来。

一 德性与自由的融通：康德伦理思想的一个旨意

康德时代的伦理学家们面临的道德问题是，人的意志自由的失落，以及由此产生的人格危机。这一问题产生的根源在于，一方面，功利主义把功利视为德性和自由的根基，使自由演变为一种感性主义的"动物性的任意"（康德），使人成为一个"体验快乐的机器"（诺齐克）；另一方面，启蒙运动以来的许多思想家，尤其是唯理主义伦理学家，把理性从根本上理解为一种"科学理性"，以科学的机械世界观推出"人是机器"的结论，否定了人的自由意志。而如果人的一切行为都是被决定的，道德问题也就被取消了。意志自由是如何可能的？道德是如何可能的？这是康德面临的基本问题之一。从人学的角度看，这个问题表现为，人除了（功利主义和科学理性所注重的）自然属性和工具理性之外，还有没有能够真正体现人之为人的价值与尊严的"德性人格"问题？

康德继承了霍布斯、洛克、卢梭等人的伦理思想，尤其是卢梭的道德自由思想，它对康德具有直接的启迪意义。卢梭认为，"人生来是自由的，但却无处不在枷锁中"。人在自然状态中，是自然人，是最自由的，是最具道德和富有同情心的。但进入社会状态后，人被迫成为社会的人，人失去了在自然状态中的自由和本性，不平等的社会摧残了人性中的自然的同情心，使人变恶。人在社会状态中失去自由，成为社会的附属品，这是不道德产生的真正根源。"取消了自己意志的一切自由，也就取消了自己行为的一切道德性。"① 通过社会契约论，卢梭把道德归结为个体相互妥协所形成的一种"公意"，强调个体必须用这种"公意"来取代自己得之于自然界的生理意义上的自由和生命，使自己获得道德意义上的自由和生命。"唯有道德的自由才使人类真正成为自己的主人；因为仅有嗜欲的冲动便是奴隶状态，而唯有服从人们自己为自己所规定的法律，才是自由。"②

为了解决人的自由与人的人格尊严问题，康德首先通过划分现象与物自体的界限，把必然和自由划归现象与本体两个不同的世界，解决了自由与必然之间的二律背反，确立了先验自由的可能性，进而在此基础上解决了道德自由的根据问题。其次，他又通过把人理解为一种双重性格的存在物，把人的人格作为融通德性与自由的中介，解决了人格尊严与德性的本体问题。

通过划分现象与物自体，康德在理论理性层面上解决了必然与自由之间的二律背反。对这一悖论的解决，限制了科学知识的范围，摈弃了独断的传统形而上学，为理性的实践运用留下了地盘，理性的实践运用是人类道德的基础。同时，对科学知识的限制也意味着，自然的因果关系并不是因果关系的唯一形式，自由的因果关系也是可以思维的。从这个意义上讲，康德"哥白尼革命"本质上是伦理学的革命。它的真正意义并不是为科学作论证而是为道德自由作论证，它以不可知论而限制知识为道德自由留地盘，为伦理学提供了根本前提；它把理性从科学理性扩展到道德理性，用"德性就是力量"取代了"知识就是力量"的口号，在科学理性之上确定道德理性作为最高价值和人类理性的方向与主宰，建立了一种新的形而上学的"道德世界观"③。

---

① ［法］卢梭：《社会契约论》，何兆武译，商务印书馆1980年版，第16页。
② 同上书，第30页。
③ 参阅张志扬《康德的道德世界观》，中国人民大学出版社1995版，第25—39页。

康德确立先验自由其实就是把自由从经验的束缚中拯救出来，把它还给人的纯粹理性，使人获得先验的自由，使自由成为不以任何经验条件为转移的主体的道德意志，成为先验的实践理性的能力，也使道德成为一种内在命令。康德指出："倘若人们还想拯救自由的话，那么只余下一种方法：将只有在时间中才能决定的事物，从而也把依照自然必然性法则的因果性单单赋予现象，却把自由赋予作为物自身的同一个存在者。"① 确立了思辨的、宇宙论意义上的先验自由的可能性，并不等于就建立起了自由概念的实在性。只有证明自由是一类经验的先天的必要条件，它的实在性才能得到确立。在康德看来，这类经验就是人的道德经验。

人的道德活动是人的实践理性的领域，实践理性就是纯粹理性的意志功能，它是按照对于规律的观念、按照理性自身的法则而自己决定自己的行动的理性能力。如果人类理性只有理论理性的功能，那么它仍然不过是自然存在物，因为它不可能超越自然的限制而具有自由的品格。人类理性的实践运用真正体现了人之为人，人不同于一切自然存在物的价值和尊严。实践理性涉及的是"我应该做什么"的问题。人之所以为人，人的尊严、价值和人格，不取决于我们知道什么，而取决于我们应该做什么以及怎样去做，取决于我们的意志自由和道德完善的程度。在康德看来，人为自然立法（知识），是人类理性的基本目的；人为自由立法（道德），则是人类理性的最高目的。人不同于动物，只知服从规律；人也不同于神，只知颁布规律。人是自己服从自己颁布的规律。道德的自律，使人获得了自由，也获得了做人的尊严和价值，并具有了真正的人格。

康德通过道德确立了自由概念的实在性，实际上也就挑明了道德与自由的内在联系。康德认为，自由是道德的存在理由，道德则是自由的认识理由。自由是道德的存在理由，因为，就存在次序而言，自由"逻辑上"先于道德法则，唯有在自由的基础上，道德法则才能成立。当且仅当人不仅仅是一种自然的存在，而且是一种自由的存在之时，人才有

---

① ［德］康德：《实践理性批判》，韩水法译，商务印书馆1999年版，第103—104页。

可能是道德的存在。道德的存在是"理性的一个事实",它的普遍性和必然性来源于实践理性本身,自由意志把道德法则强加于自身,"道德法则无非表达了纯粹实践理性的自律,亦即自由的自律"①。道德是自由的认识理由,因为,在康德看来,自由概念是个否定性的概念,没有任何肯定的内容,自由概念本身是不能被直接意识到的,但道德可以揭示出这种自由。道德的存在表明,人不仅是感性世界的成员,而且也是理智世界的成员。这意味着,我们必须逻辑地从我们心中有一个绝对命令的事实推断出一个承担道德法则的自由意志。

从普遍道义论出发,康德认为,德性就是体现了抽象的道德法则的行为和意志,就是对道德法则的绝对命令的服从,也就是克尽自己的"义务"。康德指出:"德性的唯一原则就在于它对于法则的一切质料(亦即欲求的客体)的独立性,同时还在于通过一个准则必定具有的单纯的普遍立法形式来决定意愿。但是,前一种独立性是消极意义上的自由,而纯粹的并且本身实践的理性的自己立法,则是积极意义上的自由。"②道德法则体现了人类理性之超验的自由本性,体现了人类理性作为自身原因性(自因)的本体属性。"有限的实践理性能够成就的极限,就是确信他们的准则朝着这个法则的无穷前进,以及他们向着持续不断的进步的坚定不移:这就是德行。"③对道德法则的服从,即德性的拥有,是人的自由本性的自我确证。

为了保证德性的自由本质,康德拒斥任何感性经验对于德性的侵蚀。他认为,德性是与功利或幸福无涉的。因为,幸福是经验的和感性的,德性则是超感性的和理性的;幸福归根到底是个人性的、个别性的和不确定的,对它不可能形成一条普遍的法则;幸福所追求的对象与意志的关系乃是对象决定意志,意志服从对象,这只能产生他律性。没有自由,就不会有道德法则,更不会有德性。幸福的获得靠知识、能力和机遇,而作为对道德法则的服从的德性,却是人自己的人格就能决定的,既用

---

① [德]康德:《实践理性批判》,韩水法译,商务印书馆1999年版,第32、34—35页。
② 同上书,第34页。
③ 同上。

不着训练,也不靠机会,它是绝对的,来自于理性的绝对命令。如果允许感性经验混杂到道德法则中来,那就会败坏德性,就会把德性降低为一种牟取幸福的手段。在康德那里,德性并不向人们承诺幸福,德性与幸福之间没有必然的联系,德性只是人们配享幸福的价值,实际上有无幸福,则是另一回事。但康德并不否认人们有追求幸福的权利,而只是要求人们必须放弃把感性经验或幸福作为道德动机的权利,对道德法则怀一种"敬仰和敬畏"的态度,使人们在做出德性的抉择时能够保持纯粹意志自由。所以,他说:"幸福原则与德性原则的这种区别并不因此立即就成了两者的对立,而且纯粹实践理性并不希望人们应当放弃对于幸福的要求,而只是希望一旦谈到职责,人们应当完全不瞻顾幸福。"① 德性不是要脱离各种各样的感性动机,而是要超越它,从而升华到"纯粹"的道德领域。

当然,康德也清醒地意识到,人是一种感性和理性的双重性格的存在物。人生活在现象界,也生活在本体世界。人作为现象存在是不能自我创造的,他受制于外在的必然性,人脱离不了感性的世界,人类的理性无时无刻不受到其经验的品格的限制。在实际生活中,受感性决定的自我,往往"仍然仿佛造就了我们整个的自我,而试图首先提出它的要求并且使它们成为首要的和始源的要求"。因而理性自身确证的道德法则就不是必然会被遵守的法则,而是"应该"被遵守的法则。但是,人作为本体存在是能够自我创造的,因为在本体世界,一切存在都是尚未发生的,先验的自由是可能的。人有权认为自己是自由的。一旦人把自己当作本体的存在,认为自己是自由的同时,他也就必须承认自由的后果即道德,承认作为本体的理性的人应该对作为现象的感性的人进行束缚,自由的行为必然要对行为的后果承担责任。

为了"拯救自由",进而真正实现人的人格尊严和价值,人们不论愿意与否,都必须戴上道德法则的"束轭"②。负荷道德法则的"束轭"就是尽责,于是,康德提出了职责概念。职责乃是来自理性的呼声,具有

---

① [德]康德:《实践理性批判》,韩水法译,商务印书馆1999年版,第101页。
② 同上书,第80页。

客观必然性，对人具有强制性，是一种义务。但这种职责是人的天职，是人应该并且也能够承担得起的，"因为这束轭是理性本身给我们套上的，所以依然是柔软的"①。这种职责的尊贵渊源于人的"人格"，这种人格就是"超越了整个自然的机械作用的自由和独立性，而这种自由与独立性同时还被看作是存在者委身于特殊的、即由他自己的理性所给予的纯粹实践法则的能力"②。这种人格实质上就是理性自我对感性自我的超越，对于每个理性存在者来说，具有"人格"就意味着，他们必须遵从这样的法则，即"不论是谁在任何时候都不应把自己和他人仅仅当作工具，而应该永远看作自身就是目的"③。也就是说，"我们始终那样的活动着，以至把构成我们的人性的力量，决不单纯地看做是一个手段，而且同时看做是一个目的，即作为自在的善的实现和检验的力量，并且在善良意志的道德力量那里，在所有世界里自在地绝对善的东西"④。如果人人都遵从这一法则，那么就会产生一个由这一法则约束起来的目的王国。在这个王国，人只受那些他自己制定的法则的约束，因而这是一个自由的王国。"人是目的"的道德命令，为自由提供了最为确定的道德内容，它表明了，人是绝对不许受人随意摆布、受到奴役的，而是必须受到尊重的对象。如果一个人希望自己是自由的，他就应当把自己和别人都当作绝对的目的。

义务论伦理学强调理性在道德领域的能动性，强调意志自由与道德的内在关联性，强调道德法则的至上性和神圣性，强调人凭借自己的道德力量和道德感受力能够成为拥有善良意志能力的主体，强调人的责任和义务的崇高性和绝对性，等等。义务论伦理学的这些观点对人们的行为构成了比功利论伦理学更为严格的限制，表现出对道德更为有力和纯正的弘扬。它强调道德的崇高性、绝对性和纯洁性，在一定意义上，校正了功利主义的经验主义倾向，有助于抑制道德生活中个人主义、享乐主义、情欲主义的泛滥。

---

① ［德］康德：《实践理性批判》，韩水法译，商务印书馆1999年版，第92页。
② 同上书，第94页。
③ ［德］康德：《道德形而上学原理》，苗力田译，上海人民出版社2002年版，第86页。
④ ［美］约翰·罗尔斯：《道德哲学史讲义》，张国清译，上海三联书店2003年版，第257页。

但义务论伦理学走过了头,走向了极端理性主义,表现出强烈的道德规则主义、道德形式主义和道德独断主义倾向,有可能彻底割断道德与生活、道德与人生之间的内在联系,使道德成为完全枯燥、空洞和生硬的东西,成为吃人的教条。康德认为,自由意志动机是纯形式的,与一切经验冲动无关,强调只有理性的实践(道德)法则决定意志动机,强调理性的自由律令是一切道德法则的形式条件,它是普遍有效的。他排斥任何感性经验对于道德法则的侵袭,他说的道德自由也只在于超出感性经验的范围,获得一种形式上的普遍性。对此,黑格尔提出批评:"什么是这个道德律的内容呢?这里我们所看到的又是空无内容。因为所谓道德律除了只是同一性、自我一致性、普遍性之外不是任何别的东西。形式的立法原则在这种孤立的境地里不能获得任何内容、任何规定。这个原则所具有的惟一形式就是自己与自己同一。"① 这样一来,康德就使伦理学这门本来很富有实际意义的学科变为冷冰冰的道德形式。他没有看到,任何形式化准则的普遍意义只能在实践经验领域中体现出来,并受到实践经验的检验。康德义务论是作为对所有道德的解释被提出的,但在生活的很多场合并不出现义务论问题。如果一切通过"绝对命令"的事情都是义务,而人又必须为义务而义务,那么必然会使生活清教化,也会使义务平庸化。

康德把人的人格作为融通自由与德性的中介。但康德的人格概念是分裂的,他把人的自我分为两个部分,即经验性的或动物性的自我与理性的或真实的自我,并认为,自由的实质在于理性的自我引导,只有用真实的自我压抑和超越感性的自我时,人才能获得自由,达到自我主宰的道德自由境界。但这种人格分裂的人,只"是一个纯粹概念,它不但纯粹掉社会关系,也纯粹掉血肉机体,甚至连人这个词都嫌太重浊了,而泛泛称之为'有理性的东西'。先天论的德性论,宛如一束断了线的气球,高入云端,五彩斑斓,熠煌耀眼,但永远落不到实处"②。以这种人

---

① [德]黑格尔:《哲学史讲演录》第4卷,贺麟、王太庆译,商务印书馆1978年版,第290页。
② 苗力田:《德性就是力量》,载[德]康德《道德形而上学原理》,苗力田译,上海人民出版社2002年版,代序,第37页。

性概念为基础的德性原理,只能是一个"应该",实际上并不是人人必定遵守的,对现实世界来说,它的实际力量并不是很大的,它只是在理论上为理性所要求的一种理想。这种德性原则具有浓厚的道德理想主义色彩,它虽然十分威严,但又是十分抽象的,毫无具体内容。对此,黑格尔提出了批评意见:"惯于运用理智的人特别喜欢把理念与现实分离开,他们把理智的抽象作用所产生的梦想当成真实可靠,以命令式的'应当'自夸,并且尤其喜欢在政治领域中去规定'应当'",而"如果这个世界已经达到了'应当如此'的程度,哪里还有他们表现其老成深虑的余地呢?"①

二 同情与意志形而上学:叔本华关于道德基础的思想

关于道德的基础问题,叔本华在1819年撰写的《作为意志和表象的世界》中就有所论述。但对这一问题全面系统的阐述,则集中于他1840年撰写的《道德的基础》一文中。1837年,哥本哈根丹麦皇家科学院提出一个有奖征文题目:"道德的来源和基础可否在直接蕴含于意识(或良心)之中的德行的理念中和在对其他由此生发的道德基本概念的分析中探得,抑或可否在另一个认识根据中探得?"叔本华应征写作了《道德的基础》。

1. 康德的道德"软垫"

叔本华自称,他的哲学是从康德哲学出发的,是以康德哲学为前提的。他认为,康德关于道德基础的思想具有重大的理论贡献。康德把实践理性的自律视为道德的基础,认为一切美德、一切高尚情操以及可以达到任何一种程度上的神圣性,都来自人们关于实践理性的认识。"康德把实践理性当作一切美德的直接源泉,把它说成是一个绝对应为的宝座。"② 由此,康德说明了道德的基础不在人之外,而在人之中,从而摧

---

① [德]黑格尔:《小逻辑》,贺麟译,商务印书馆1981年版,第44—45页。
② [德]叔本华:《作为意志和表象的世界》,石冲白译,商务印书馆2004年版,第132页。

毁了道德的神学基础。同时，康德认为道德的基础是"不依赖于现象的那些法则的，也不是按这些法则可以说明的，而是一种直接触及自在之物的东西"①。这样，康德便挑明了道德与形而上学的内在关联，展示了道德的形上之维。

但是，叔本华认为，康德关于道德基础的思想总体上是一种缺乏经验根据的空洞假设，康德提供的实践理性及道德命令不是一个"宝座"，而仅仅是一个"软垫"②。因为，康德认为道德基础及道德命令是理所当然的、不证自明的存在，是先天的和纯粹形式的，不包含任何经验内容。叔本华针锋相对地指出："事实上他在断言，他没有根据、不依推演或任何证明而设定存在的道德法则，还是一个先天可知的、不依任何内在或外在的经验为转移的法则。"在康德那里，"纯粹的先天概念，即迄今不包括任何得自于内在或外部的经验之诸概念，因而纯粹是没有内核的空壳——则被用来构成道德的基础。让我们仔细考虑一下这种见解的全部意义。人的意识和整个外部世界，以及它们所构成的一切经验与一切事实，都完全从我们脚下扫除干净。我们无物可站于其上。并且我有什么可依附或坚持之物？什么也没有，只不过几个完全抽象、完全非实体的概念，和我们自己完全一样地在空中游荡"③。叔本华认为，就此而言，康德所提出的道德基础是完全没有保证、没有根据和虚构的假设，他对道德基础的论证犯了以假定为根据的错误。

在康德的道德哲学中，"实践理性及其定言命令，似乎越来越像一个超自然的事实，像一座人的灵魂中的特尔斐神庙，虽然由它的幽暗神殿所发出的神谕，可惜！未宣告将要发生的事，但却确实宣告应当发生的事"。叔本华追问道："谁告诉你，存在着我们行为应该遵守的法则？谁告诉你，那应当发生但事实上从未发生的事情？你有什么理由一开始就提出这一假设，并且以后把一个用立法命令词语表述的，作为唯一可能

---

① [德] 叔本华：《作为意志和表象的世界》，石冲白译，商务印书馆2004年版，第575页。
② [德] 叔本华：《伦理学的两个基本问题》，任立、孟庆时译，商务印书馆1999年版，第137页。
③ 同上书，第151—152页。

的道德学体系,强加给我们?"① 同时,叔本华批判了康德以理性为基础的绝对义务论思想。康德把无条件的责任概念作为其道德学的根基,这种责任概念以"按照你能同时意愿也能成为一切有理性者的普遍法则的那项律令去行动"为绝对命令。在叔本华看来,这一责任概念所包含的律令对于每一个人来说根本上具有不可能性,而就其实质而言,这一责任概念则是建立在一个"心照不宣的假设上,即我只能意愿那对我最为有利之物"。因为,在这一律令中,"我所能意愿之物是已给的指示赖以旋转的枢纽"。可见,康德所谓的"道德责任是纯粹而且完全地建立在预先假定的互换利益上的;因此它是完全自私的,只能以利己主义解释,这种利己主义在互利互惠条件下,作出一种妥协"②。康德无视现实社会中私有制、阶级、国家存在的事实,试图在这样的社会来证实和推行他的道德原则。"不公正的定则,有强权无公理的统治,这在康德看来甚至无法想象为一自然法则,但实际上,事实上,这不仅是动物界,而且在人类中,也是占统治地位的状况。……谁都知道,关于公正的常见口号不过是外交官方的辞令;实际主宰者是野蛮暴力"。只要存在着阶级、存在着国家,所谓公正的法律条文、所谓美妙的道德修辞便都是相对的。在叔本华看来,康德的道德学对于一些心怀鬼胎的人来说是有益的和值得肯认的。这些人常常借助康德的道德命令,"把他的内心怪念头,散播为'绝对'之物,即由官方发布的对这个理性的判决与启示"③。

叔本华认为,就其本质而言,康德的道德学体系是建立在隐蔽的神学假设之上的,康德从神学道德尤其是摩西十诫中借来道德学的命令形式,明确地把它表述为实践理性的公设。康德"从神学道德学中借来这个道德学的命令形式,……康德的操作步骤抽象地加以描述是这样:他使那应该是他的第一原则式假定的东西(即神学)成为结论,而把那应该推演为结论的东西(即定言命令)当做他的假定"。康德的道德命令只不过是上帝意志的别名。从这个意义上说,"康德的道德学,同一切先前

---

① [德]叔本华:《伦理学的两个基本问题》,任立、孟庆时译,商务印书馆1999年版,第168、142页。
② 同上书,第177—179页。
③ 同上书,第181、169页。

的体系一样,是没有任何确实可靠的基础的。……从根本上说,不过是一种神学道德的倒置",是一种"伪装的神学道德"。①

2. 同情:一种经验性的道德基础

叔本华认为,除了经验的方法以外,不可能找到发现道德基础的其他方法。"因为道德学研究的是实际的人的行为,不是研究先天的纸糊楼阁。"② 在叔本华看来,人的任何行为没有一个充分动机便不可能发生。动机是人的一切行为的真正始源,也是道德行为的终极根据。对道德基础的探究,可以归结为对人的行为动机的研究。"这些动机,连带对它们的反应敏感性,将构成道德的终极根据,而关于它们的知识将是道德学的基础。这就是我指给道德科学研究应循的微不足道的途径。它不包括任何先天的构建,不包括对抽象的一切有理性者的绝对立法。"③

叔本华认为,人的行为有三个基本动机:一是利己主义,即意欲自己的福利,而且是无限的;二是邪恶,即意欲别人的灾祸,而且可能发展成极度残忍;三是同情,即意欲别人的福利,而且可能提高到高尚与宽宏大量的程度。叔本华认为,利己主义和邪恶是两种主要的反道德力量,真正的道德行为纯粹是为了另一个人的利益。那么,另一个人的利益何以能够成为我的行为的动机呢?换句话说,人既然有利己主义和邪恶的反道德的动机和倾向,那么,他何以会讲道德?真正的道德动机来源于哪里?叔本华认为,这根源于人的同情。"同情是唯一的非利己主义的刺激,因而是唯一真正的道德动机。"④

叔本华认为,同情是可以由经验证实的,是可以通过普遍的人类感情这个经验证据来证实的。"同情是不可否认的人类意识的事实,是人类意识的本质部分,并且不依假设、概念、宗教、神话、训练与教育为转移。与此相反,它是原初的与直觉的,存在于人性自身。"⑤ 在叔本

---

① [德]叔本华:《伦理学的两个基本问题》,任立、孟庆时译,商务印书馆1999年版,第146—147、190页。
② 同上书,第165页。
③ 同上书,第219页。
④ 同上书,第260页。
⑤ 同上书,第239页。

华看来,同情直接由他人的痛苦不幸所唤起。因为,"痛苦或苦难,其中包括一切匮乏、贫困、需要,确实,一切意欲,都是实在的,积极的,并且直接作用于意识。而满足的、享受的、幸福的等等本质,只在于消除了困苦,减轻了痛苦:它们由这里产生的效果是消极的。……痛苦是积极的,痛苦本身就能使人识别或体验;满足或享乐是消极的——仅仅是前者,即痛苦的排除。这一原则可以解释这一事实,只有另一个人的痛苦、匮乏、危险、无助,才能唤起我们的同情,并且确实唤起的是同情。幸运或心满意足的人本身,使我们漠然视之,不予考虑。"所以,叔本华指出:"不以一切隐秘不明的考虑为转移,直接分担另一个人的患难痛苦,遂为努力阻止或排除这些痛苦而给予同情支持;这是一切满足和一切幸福与快乐所依赖的最后手段。只有这种同情才是一切自发的公正和一切真诚的仁爱之真正基础。"从这个意义上说,同情是"伦理学的真正神秘性所在",是"道德的终极基础"。① 叔本华提出了同情作为道德基础的几个经验证据,主要有:残酷是一切道德感中最为令人厌恶的现象,而残酷无情正是同情的对立物;宗教的恐惧或国家的强制,以及对名誉的关注,都不足以构成真正的道德刺激,只有同情,才构成原初的、真正的道德刺激;在人们的日常观念中,同情是纯粹道德行为最确实、最可靠的保证,无同情就等于无道德;缺乏同情感,足以把一个人降低到极度邪恶的地步;同情是公正和仁爱的渊源,是一切德性的根源;不少宗教和法律都提出对动物的关爱和保护,把残忍对待动物的人视为不道德的人;同情是人的一种直觉,人人都可自感到,不需要理性的唤起或调解;卢梭、中国儒家等都视同情为道德的基础,等等②。

叔本华认为,用以检验道德行为的一般规则是:不要损害任何人,相反,要就你能力所及,帮助所有的人。这也是伦理学的主导原则。这个原则具体表现为两种德性,一是公正,一是仁爱。这是两种元德性,

---

① [德]叔本华:《伦理学的两个基本问题》,任立、孟庆时译,商务印书馆1999年版,第236、234、235页。
② 同上书,第260—177页。

所有其他德性或美德都是从公正与仁爱萌发出来的。因而,揭示这两种元德性的起源,也就"铺设了道德哲学的基石"①。在叔本华看来,公正与仁爱这两种元德性都根源于同情。从初级的、消极的同情产生了"不要损害任何人"这一行为规则,这是公正德性的基本原则;从高级的、积极的同情产生了"尽你力之所能帮助一切人"的行为规则,这是仁爱德性的基本原则。

3. 道德需要形而上学

叔本华认为,与其他科学相比,道德科学更迫切需要一个形而上学的基础。他指出:"不管伦理学的基础是什么,它本身必须附属于这一或那一形而上学体系,并从中谋求支持,也就是说,在一种事先假定的关于世界以及关于一般实存的解释中寻求支持。"何以如此?叔本华给出了三个基本理由:其一,就人类行为的价值特征而言,"人的行为不但有伦理道德的,而且也有形而上学的意义,这一意义远远超过事物的纯粹显现,超出所有经验的可能性,因而具有和人类命运以及整个宇宙过程最密切的关系"②。其二,就道德自身的特点而言,"在任何情况下,那被表述为道德基础之物,如果它不纯粹是一个高浮云中脱离现实世界的抽象公式的话,它必须是在客观宇宙中,或在人的意识中,可以被发现的某一事实;但是,就这点而论,它自身只能是一种现象,因此,像一切其他现象一样,它需要进一步的一种解释,而这种解释是由形而上学提供的"。同时,人类行为的道德意义是一种形而上学的意义,这种意义超越现象世界的实存而达到永恒。这是一个事实。但是,用命令与服从、法则与义务等措辞来陈述这个事实,不可能触及它的本质部分。这些概念,若脱离它们的渊源,脱离形而上的价值基础,便会在现实中失去一切意义③。其三,就世界与人的存在的关联性而言,"世界和我们自己的生存对于我们必然是一个谜",对"世界之谜的解答必须来自我们对这个世界

---

① [德]叔本华:《伦理学的两个基本问题》,任立、孟庆时译,商务印书馆1999年版,第258页。
② 同上书,第130—290页。
③ 同上书,第131、144页。

本身的理解"①，而"对宇宙本质的最终而真实的结论，必然与涉及人类活动的伦理学意义的结论密切相关"②。

　　康德认为，道德形而上学的来源绝不可能是经验的，它的基本命题和基本概念既不能取自内在经验，也不能取自外在经验。对此，叔本华批评道，世界和我们自己的生存对于我们必然是一个谜。如果认为形而上学与先验的认识是同一的，那么，人们就必须事先证明解决世界之谜的材料不可能包含在世界之内，而只能求之于世界之外，求之于人们只能按照那些我们已先验的认识着的形式那根线索而达到的什么。叔本华通过康德关于现象与自在之物的思想认识到，经验的世界的完全经验实在性与其先验观念性是相互联结的，人的行动的严格的经验必然性与其先验自由也是相互联结的。"世界中每一事物是根据它之所是或本质运作的，根据它的内在本质运作的，因此，它的所有表现形式都已潜在地包含在其本质中了；而当由外在原因诱发时，它们才实际表现出来。"③ 叔本华把意志作为联接内在经验与外在经验的中介，并以身体为基础，建构了一种意志形而上学体系，用这种意志形而上学诠释同情的可能性基础。

　　叔本华宣称，他所提出的道德形而上学不是先验的，而是经验的，是以身体为出发点的。他说："我们是走的一条方向相反的路，即是从我们直接的，认识得最完整的，绝对熟悉的，最接近的东西出发，以求了解那离我们较远的，片面地间接地知道的东西；我们要从最强烈、最显著、最清晰的现象出发，以求了解那些较不完备的，较微弱的现象。除了我自己的身体以外，我对一切事物所知道的只是一面，表象的一面；而其内在的本质，即令我认识其变化所从出的一切原因，对于我依然是不得其门而入的，是一个深藏的秘密。"④ 在这一秘密未被解答之前，我们不应该堵塞一切认识来源中最丰富的来源，即内在经验和外在经验。

---

　　① ［德］叔本华：《作为意志和表象的世界》，石冲白译，商务印书馆2004年版，第582—583页。
　　② ［德］叔本华：《伦理学的两个基本问题》，任立、孟庆时译，商务印书馆1999年版，第131页。
　　③ 同上书，第200页。
　　④ ［德］叔本华：《作为意志和表象的世界》，石冲白译，商务印书馆2004年版，第185页。

世界之谜的解答必须来自我们对这个世界本身的理解。因此，形而上学的任务就不是跳过或飞越经验，而是彻底理解这些经验，因为这些经验是一切认识的主要来源。但是，"只有将外在经验联接到内在经验上，由于在适当的那一点上作成的这种应有的联接以及由此而达成的，两种这么不同的认识来源的结合，世界之谜的解答才有可能"①。

4. 意志形而上学：同情的形上根据

在叔本华看来，同情就是"一种认为自我和非我一样的感觉能力"，有这种能力的人，"便直接在另一个人内认出他本人，他的真实的存在就在那里"。那么，这种能力何以可能？叔本华指出，同情作为一个"过程是神秘的。因为这一过程理性不能给以直接解释，而且它的起因在经验范围以外。可是这却是每天都在发生的事情。每个人均感到他内心的这种作用或过程"。叔本华认为，解释同情这一现象的"钥匙只能由形而上学提供"②。但叔本华所说的形而上学，是一种生命形而上学。他认为，只有通过"生命之形而上学的统一性"，才能够发现同情的可能性根据。

叔本华认为，生命意志是形而上学唯一的东西。世界之谜的"谜底叫做意志"，但只有作为个体而出现的人，才能够解答这个作为谜底的意志的存在及其本质。因为，这个谜底是以一个身体为媒介而获得的，"我的身体乃是唯一的客体，即我不但认识其一面，表象的一面，而且还认识其第二面，叫做意志的那一面的客体"③。在叔本华看来，人们一直只是局限于人的行为的表象来探寻道德的基础，而没有更为深入探究人的行为表象的深层本质，即意志，结果导致把道德的基础或归结为感性的欲望，或归结为抽象的理性。事实上，人的任何行为本质上都是一种意志活动。对意志的认识，一方面是对作为意志客体化显现的活动的认识，另一方面是对生命意志本身的认识。康德把自律作为道德的基础，并认为自律是一个不能进一步往后追溯的意识事实。但在叔本华看来，自律必须有一个人类学的、经验的基础，方可确立。叔本华说："人的意志是他真正的

---

① [德]叔本华：《作为意志和表象的世界》，石冲白译，商务印书馆2004年版，第583页。
② [德]叔本华：《伦理学的两个基本问题》，任立、孟庆时译，商务印书馆1999年版，第299、257、237页。
③ [德]叔本华：《作为意志和表象的世界》，石冲白译，商务印书馆2004年版，第185页。

自我，是他的本质的真正核心，因此就是这个意志构成了他的意识基础，这是一个绝对既定的东西和现存的东西。他并不能越出这个范围。"①"意志这概念是唯一的一个不在现象中，不在单纯直观表象中而有其根源的概念，它来自内心，出自每人最直接的意识。"② 因此，"人之中的意志才是他的真正自我，是他的唯一的属于形而上学、因而是不可毁灭的部分"③。

叔本华进一步把意志设定为整个世界的本质，宣称整个世界就是意志的客体化表现。但意志客体化有不同的级别，在无机界，意志的客体化表现最简单、最微弱；在植物界和动物界，意志的表现更进一步，人则是意志客体化的最高级别。他指出，应该"把表出于自然界一切物体中那些不可根究的力，在种类上认作与那在我里面作为意志的东西是同一的，不过在程度上与此有别而已……在石头，它只有程度最低微的可见性、客体性，而在人，它却有程度最强的可见性、客体性"④。也就是说，意志客体化最低一级表现为最普遍的自然力，最高一级表现为人的意志。人是意志认识自己的"明晰和完整程度最高"⑤ 的中介。人的全部本质就是意志，人自己就只是这意志所显现的现象。在叔本华那里，人以及万物都是"表象"与"意志"的统一。"表象"无非是"意志"外化出来的杂多，而意志自身在本质上是没有一切目的、一切止境的，它是一个无尽的追求。

叔本华从上述意志本体论出发，建构了自己的道德形而上学体系。他认为，善是"指一客体对意志的某一固定要求的相适应性。因此，一切一切，只要是迎合意志的，就不管意志是在他自己的哪一种表现中，只要满足意志的目的，也不管这些东西在其他方面是如何的不同，就都用善这一概念来思维"。恶"则是指不迎合意志每次要求的一切"⑥。叔

---

① ［德］叔本华：《伦理学的两个基本问题》，任立、孟庆时译，商务印书馆1999年版，第51页。
② ［德］叔本华：《作为意志和表象的世界》，石冲白译，商务印书馆2004年版，第167页。
③ ［德］叔本华：《伦理学的两个基本问题》，任立、孟庆时译，商务印书馆1999年版，第154页。
④ ［德］叔本华：《作为意志和表象的世界》，石冲白译，商务印书馆2004年版，第186页。
⑤ 同上书，第376页。
⑥ 同上书，第494页。

本华认为，利己主义产生的客观根源在于，就整个宇宙和人类而言，意志客体化的每一级都在和另一级别争夺着物质、空间、时间，生命意志始终一贯是自己在啃着自己，在不同形态中自己为自己争夺食品，一直到了人类为止。人把那种斗争，那种意志的自我分裂暴露到最可怕的明显程度，以至于人对人都成了狼。利己主义产生的主观根源在于个体化原理，即自我与非我的二元对峙，把自我设定为中心，把自我之外的一切都设定为非我，并视为自我的纯粹的手段和工具。每个个体均想使他自己成为世界的中心，他是完全从那一立足点看世界的。信奉个体化原理的人，把自己本人看作绝对不同于其他任何一人，中间是由一条鸿沟分开来的。"对他自己说来，他是一切的一切；并且既然他感到，他把一切实在之物全包括在他的自我之内，那末对他来说，什么东西都不比他自己的自我更为重要了。"①

叔本华认为，同情源于看穿个体化原理。当一个人"在一切事物中都看到自己最内在的，真实的自我，就会自然而然把一切有生之物的无穷痛苦看作自己的痛苦，也必然要把全世界的创痛作为自己所有的创痛。对于他，已再没有一个痛苦是不相干的了。别人的一切痛苦和烦恼，尽管是他看到而不是常常能使之减轻的；一切痛苦，尽管是他间接得到消息的，甚至只是他认为可能的，都和他自己的痛苦一样的影响他的精神。……因为看穿了个体化原理，对待所有的一切都同等程度的关切"。看穿个体化原理的人，"在肯定自己的意志时绝不走向否定在另一个体中显现的意志，……他在别人的，对于他只是表象的现象里认出了他自己的本质"②。看穿个体化原理的人，是崇高的人。这种人没有人我之分，他想在人我之间建立平衡的均势，他体会到在他和别人之间的区别只是属于无常的、变幻的现象的东西。他认识到自己这现象的本体就是别人那现象的本体，这本体也就是构成一切事物本质，是存在于一切事物中的那生命意志。"他在任何生物中，从而也在受苦的生物中，看到的都是

---

① ［德］叔本华：《伦理学的两个基本问题》，任立、孟庆时译，商务印书馆1999年版，第222页。
② ［德］叔本华：《作为意志和表象的世界》，石冲白译，商务印书馆2004年版，第519、508页。

他自己，他本身，他的意志。"① 在叔本华看来，在较低程度上看穿个体化原理，就会产生公道德性；在较高程度上看穿个体化原理，就会产生真正的善。真正的善即纯粹的爱，而纯粹的爱，按其性质说就是同情。

总之，叔本华把同情视为道德的基础，以生命意志为本体，建构了自己的道德形而上学体系。这种道德形而上学体系旨在表明，道德的基础在人性本身之中，它根基于人们最普通的日常经验，这种经验就是基于意志形而上学的人与人之间的同情。

三 自由优先于德性：罗尔斯伦理思想的一个原则

以罗尔斯为代表的新自由主义对近代古典自由主义进行了全面的修正②，这种修正在伦理学上的总体表现就是，新自由主义者试图用一种社会正义规范伦理学替代古典功利主义伦理学和康德式义务论伦理学。新自由主义伦理学把社会基本结构或社会制度的正义性问题作为其理论研究的主题，试图为社会制度的公正安排提供伦理根据，它实质上是一种制度伦理学。但是，新自由主义伦理学的最终目标与古典自由主义伦理学是一致的，即为个人自由和权利进行伦理辩护，为自由理念寻找更为坚实的伦理根据。在对这一最终目标的理论求解过程中，新自由主义伦理学修正了古典自由主义伦理学关于德性与自由及其关系问题的观点，表达了新自由主义在这个问题上的新思考、新看法和新观点。

以密尔等为代表的古典功利主义和以康德为代表的义务论伦理学，无论其具体道德立场和伦理观点如何，它们在德性与自由及其关系问题上，有一个共同的缺陷。它们总是依赖于某种先定的道德预设或德性原则来解释自由理念及其根据，这种道德预设或德性原则根本上是个体主义的，在功利主义那里是"自然的个人"，在义务论那里是"理性的个

---

① ［德］叔本华：《作为意志和表象的世界》，石冲白译，商务印书馆2004年版，第511页。
② 廖申白先生就罗尔斯《正义论》对古典自由主义的修正，作了很精当的阐述，从中可见新自由主义伦理的创新之处。参阅廖申白《〈正义论〉对古典自由主义的修正》，《中国社会科学》2003年第5期。

人"。而且，这种预设往往服从于思想家们预先判定的某种理论结论。其结果，正如前述，古典自由主义伦理学既没有为个体自由建构起具有现实合理性的伦理根基（功利主义从个体利益原则扩展出社会公益合成原则进而得出为了社会功利总额的最大化可以损害个体自由与权利的结论，康德从个体意志自由扩展出道德法则的绝对命令进而得出只有完全无视人的感性需要或幸福才能保持义务的纯粹性和绝对性的结论），又因它们的道德预设内蕴着人格的功利化（纯粹实利化）或理性化（纯粹理想化）倾向，从而损伤了德性存在的主体根据。

无论是从何种道德预设或德性原则出发，古典自由主义伦理学家都会面临一个理论难题，即根据这种先定的具有明显价值倾向的道德预设或德性原则，如何推出具有客观普遍性和正当合理性的伦理学结论？事实证明，任何从某一先定的道德价值立场出发对道德所作的解释，都只能是特殊主义的。如果仅仅停留于这种特殊主义的道德立场，就会导致道德相对主义和道德虚无主义，古典功利主义的发展具有这样的倾向；如果企图把这种特殊主义的结论普遍化，则会走向道德独断论和道德专制主义，康德义务论的发展具有这样的倾向。这两种结果恰恰与自由主义伦理学所追求的自由和公正的社会伦理理想相悖。

新自由主义伦理强调个人自由（权利）压倒一切的优先性，认为个人自由（权利）不依赖于个人的道德价值或德性观念，每个人都有各自的目的、利益和对道德的感知，人们都在寻求一种正义的权利框架，它能使我们实现自己作为自由的道德人的能力。在罗尔斯看来，将自由（权利）置于道德之上就是将善置于权利之前，这会产生无视人的价值与尊严的后果；对于诺齐克来说，将权利与道德价值相联，将会削弱人们所选择的自由。

总体上看，新自由主义伦理是一种权利论的道义论伦理。它与义务论的道义论伦理有共同点，但也有区别。"以权利和义务为基础的理论都把个人放在中心地位，并且把个人的决定或者行为看作具有根本重要性的东西。但是，这两种类型将个人置于不同的角度。以义务为基础的理论关心个人行为的道德质量，因为这样的理论认为，个人未能使自己的行为符合某种行为标准，如果不是更严重，也是错误的……相反，以权利为基础的理论关心个人的独立,而不是关心个人行为的服从性。它们预先假设并且保护个人思想和选择的价值。这两种类型的理论在个人问题上,都运用遵守道德规则、行为准则的观念,并且不考虑个人利益。以义务为基础的理论把这种行为准则看作是基本的,不管他们是由社会对个人的规定,还是个人给自己的规定。在这种理论的中心的个人,是必须与这样的行为准则保持一致的个人,如果他未能做到这一点,他就会受到惩罚或者就是败坏。然而,以权利为基础的理论把行为准则看作是工具性的,可能它对于保护他人的权利是重要的,但是它们自身并不具有基本的价值。在权利理论的中心的个人是从他人的服从行为中受益的个人,而不是通过自己的服从而过道德生活的个人。"①

新自由主义关于德性与自由之间关系的观点可以概括为一个命题,即"自由(权利)优先于德性"②。"自由(权利)优先于德性"以"自我优先于目的"为形式根据,以"正义(权利)优先于德性"为质料内容。

可以从两个意义上理解"自我优先于目的"的含义③,一是道德意义上的"必须",即它体现的是康德的"人是目的"的要求,"反映出应当珍视个体的自律,应当把人类个体看作是超出他所扮演的角色和他所追求的目的之外的有尊严者",反映了对个人自主性和个人尊严的尊重。二是知识论意义上的"需要",即伦理学有必要区分伦理主体与其环境。自我的优先性将"什么是我的"与"什么是我"区别开来,将作为主体的"自我"与其"目的"区别开来,主体不同于目的,但目的是主体的目的。这就使伦理学获得一个独立于偶然需求和偶然目的的道德主体观念。在新自由主义看来,每个个体都是自由而独立的,对于他来说,首要的

---

① [美] 罗纳德·德沃金:《认真对待权利》,信春鹰、吴玉章译,中国大百科全书出版社1998年版,第228—229页。

② 新自由主义在反对功利主义的意义上提出"自由(正义、权利)优先于善"等命题,其中的"善"与一般意义的"好"相通,包括了广泛的含义,既包括社会善如功利、平等等,也包括个人善如德性等。这里只从个体德性角度解读这些命题,所以,把"善"限定于或转换为"德性"。

③ [美] 迈克尔·J. 桑德尔:《自由主义与正义的局限》,万俊人等译,译林出版社2001年版,第25页。

问题不是他所选择的目的,而是他选择这些目的的能力,这种能力存在于主体自身,先于主体的任何特殊的目的,个体的目的、价值以及善的观念都是有待他去选择的。"自我优先于目的"的实质是以康德式义务论主体反对和超越古典功利主义的目的论主体。功利主义主张为了达到功利最大化,可以牺牲个别人的利益,这种观点实际上是把人本身当作手段而不是目的。新自由主义的"自我优先于目的"是要确立人在任何时候都是目的的理念,这个命题类似于存在主义所说的"人的存在先于人的本质"。它凸现出个体自由与权利的优先性,其实质在于为个人自由和权利的至上性进行辩护。

"正义(权利)优先于德性"① 也可以从两个方面理解。一是道德意义,即道德上的优先性。这意味着,正义原则限制了个人可能选择追求的德性观念,当个人的德性观念与正义发生冲突时,正义占支配地位。在这个意义上它反对功利主义的效果论。二是知识论意义,即逻辑证明的优先性。这意味着,正义的优先性是一种证明的特权形式,正义(权利)的优先性,"不仅是指其要求在先,而且在于其原则是独立推导出来的。这就意味着,与其它实践诫律不同,正义的原则是以一种不依赖于任何特殊善观点的方式而得到辩护的。相反,权利还因其独立的特性约束着善并设定着善的界限"②。正义不仅独立于其他价值,而且是评价其他价值的标准,正义原则是评价社会基本结构的"阿基米德点"。在这个意义上它反对功利主义目的论。

在权利伦理看来,正义(权利)对于德性的优先性是对下述事实的一种回应,即在现代民主社会中,人们对德性的看法分歧颇大。自由主义的一个关键假设是,人格平等的公民都有着各自不同的因而也的确是无公度的和不可调和的善观念。自由主义既力图表明德性观念的多元性是可欲的,也力图表明一种现代自由社会如何适应这种多元性,以实现

---

① 按照新自由主义的理解,正义原则是用以规范个人平等选择的权利的,它属于权利的范畴;同时,新自由主义讲的正义是社会政治意义上的正义、制度等的正义等。因而,从个体意义看,正义优先于德性,也就是个人的(社会)权利优先于德性。
② [美]迈克尔·J. 桑德尔:《自由主义与正义的局限》,万俊人等译,译林出版社2001年版,第3页。

人类多样性的多方面的发展。"正义（权利）优先于德性"是人类本质多样性和构成人类个人完整性的要求，它为个人的自由平等找到了一个比基于目的论假设更为坚实的基础，表现出了新自由主义伦理学的道义论倾向。

　　罗尔斯认为，功利主义的错误之一就是将社会伦理看成是个人道德的合理延伸，把适用于个人的原则扩展为适用于社会的原则，它没有看到个人之善（德性）与社会整体之善的差异性。就罗尔斯整个理论逻辑进程而言，首先是（两个）正义原则的确立，其次是依照两个正义原则来确定社会的基本结构及制度，由此再在体现正义原则的社会制度条件下培养个人的正义道德感（德性）。因而，这种优先性，是对决定根本制度的原则的选择，要把正义作为制度选择的首要伦理原则，这个原则比任何其他社会道德价值和个人道德价值都更重要。罗尔斯社会正义伦理学的根基在于对个人自由与权利的保护，社会伦理的优先性实质上是维护个人自由和权利的正义原则的优先性。它强调社会制度对于个人自由与权利的保护，并在这种制度背景下形成和实践相应的个人道德。

　　罗尔斯主要是从政治自由主义角度阐述德性与自由之间的内在联系。一方面，罗尔斯明确强调政治正义观念不能以任何完备性道德学说为理论基础，相反，它是建立在多种完备性学说的重叠共识基础上的，是超越任何一种特殊完备性学说的。但是，另一方面，他又有限制地承认其政治自由主义的核心理念"公平的正义"是一种政治的道德观念，反复强调道德美德与政治正义的某种相容性和互补性，认为政治自由主义"仍然可以认肯某种道德品格的优越性并鼓励某些道德美德"，如宽容美德、理性与公平感的美德等[①]。从这个意义上说，正义的优先性是针对政治社会的，而不是针对美德的。正义优先，是因为社会需要正义的秩序，这样每个人可以在价值选择和道德判断问题上自由地行事而不受公共权力的干扰。只有这样的社会结构或秩序才能给所有社会成员追求善、幸福或美德提供平等的机会和可能性。自由主义没有自己关于善和美德的具体主张，但它相信只有在自由的环境中，善和美德才能够生长。关于这一点，密尔也早有先见，他认为不能把自由主义的伦理原则理解为是

---

① ［美］约翰·罗尔斯：《政治自由主义》，万俊人译，译林出版社2000年版，第206页。

"各人自扫门前雪,不管他人瓦上霜",并指出"若说有谁低估个人道德,我是倒数第一名;个人道德在重要性上仅仅次于,假如还能说是次于,社会道德"。自由主义伦理原则仅仅在于指出:"无私的慈善尽能够找到其它工具劝使人们得到好处,而不必使用鞭子或板子。"①

权利伦理是在"自由(权利)优先于德性"的框架中来理解德性的。罗尔斯认为,德性是指"那些按照基本的正当原则去行为的强烈的通常有效的欲望","德性是一些引导我们按照一定的正当原则行为的情感和习惯态度","德性是由一种较高层次的欲望调节的情感,这些情感亦即相互联系着的一组组气质和性格","德性是人的美德和特性,这些美德与特性因其自身原因就值得赞赏或在活动中表现得令人赏心悦目,因而是人们可以合理地要求于自己并相互要求的"。②在罗尔斯看来,个人的自我统一是道德人格的统一,而道德人格的统一即德性,它以人的两种道德能力(即获得善的观念的能力和获得正义感的能力)为基础。这种道德人格的统一在实践上表现为一个人的合理生活计划的统一。获得善的观念的能力使人有能力选择适合于他的合理生活计划,获得正义感的能力使人有能力用正义原则调整生活计划,以便他在选择自己的合理生活计划时,不违反正义原则。合理生活计划的实质是把个人追求的各种目标(善)统一起来,从而实现人格的统一。

但罗尔斯认为,构成正义原则基础的个体德性不应是理想主义的(即"善的强理论"),而应是基本的个体德性(即"善的弱理论")。为此,他提出了"相互冷淡的理性"的道德预设。"相互冷淡的理性",即人既不是自私自利的,也不是无私利他的,而是"既不想赠送利益也不想损害他人,既不嫉妒也不虚荣。借用比赛的术语我们可以说:他们在努力为自己寻求一种尽可能高的绝对的分,而不去希望他们的对手的一个高或低的分,也不寻求最大限度地增加或减少自己的成功与别人的成功之间的差别"③。罗尔斯认为,这种相互冷淡是一种有限的利他主义。

---

① [英]约翰·密尔:《论自由》,程崇华译,商务印书馆1996年版,第82页。
② [美]约翰·罗尔斯:《正义论》,何怀宏等译,中国社会科学出版社2001年版,第438、439、190、531页。
③ 同上书,第143—144页。

相对于"仁爱"原则,这种"相互冷淡"的道德预设更为符合现代市场经济的实际。因为,仁爱的最低限度的要求是关怀他人,最高层次的要求是为他人利益或社会利益牺牲自己的一切利益。相互冷淡的道德预设并不要求付出,而是在不关心但又不伤害他人利益的前提下,坚持自我利益的正当合理性。只有这样,才能保护个人的自由与权利。仁爱德性恰恰在于号召人们牺牲自己的利益,它往往成为专制主义的辩词。

罗尔斯不像霍布斯那样,把人设想为都是自私贪婪并总想伤害他人;也不像洛克和卢梭那样,认为人们在自然状态下是充满仁爱之心的,有着天然的利他美德。罗尔斯将其德性论的基点从一种"最优化的"价值理想层面,下移到最起码要求、最基本正义的社会道义层面。这一由上而下的转移,更符合现代多元化民主社会的道德现实,比功利主义目的论伦理和康德理想主义的义务论伦理更能解释民主多元社会条件下的社会道德问题。"相互冷淡的理性"是形成正义环境的主观条件,它将正义原则与人的愿望联系起来,为合理选择提供了最低程度的道德根据,以避免康德义务论的武断性。

在新自由主义者看来,某种形式的道德理论或德性完善论虽然不可能成为自由(权利)观念的充分条件,但它是自由(权利)观念存在的必要条件之一。"无知之幕"是罗尔斯建立其正义论的一种理论预设,"无知之幕"是以社会契约论为根据的。但对罗尔斯来说,处在"无知之幕"的人,不是抽象的"自然个人",而是作为民主社会参与者的自由平等的个人。罗尔斯从一开始便给予"个人"概念以严格的"社会公民"规定,赋予个人特定的社会属性。同时,罗尔斯从揭示人的社会合作行为开始,而非从"理性化个人"预设开始,使其个人概念比康德的"理性人"概念更为具体和明确。罗尔斯认为:"如果原初状态要产生正义的契约,各方必须是地位公平的,被作为道德的人同等地对待。"[①] 这种道德的人产生于将人和动物区别开来的道德人格。

这种道德人格是能够给予正义的人所具有的,而且,只有这样的人才能够签订社会契约。这种"道德的人"有两种基本的道德能力,一是

[①] [美]约翰·罗尔斯:《正义论》,何怀宏等译,中国社会科学出版社2001年,第140页。

具有获得正义感的能力,这种道德能力与理性相配,即"在假定别人也会如此的情况下,提出社会合作的公平项目,并按此项目而行动的能力";二是具有获得善的观念的能力,这种道德能力与合理性相配,就形成了一种具有在那些公平项目的界限内来追求合理而连贯的善观念的能力。当然,这两种道德能力并没有穷尽个人道德能力的全部,因为个人还有一种决定性的善观念,即一种对诸终极目的和利益、对个人和联合体的种种依附和忠诚。实际上,罗尔斯本人也强调,他的"原初状态"预设体现了专属于道德理论的特征,它"除了试图解释我们的道德判断和帮助说明我们拥有的正义感之外,并不打算解释我们的行为"①。他提出"契约"的目的"只是要接受某些道德原则"②。

权利伦理认为,自由是个体德性形成和践履的必要条件。对于发展和发挥个人的道德能力来说,个人的独立和自尊都是根本性的。正义感的道德能力关乎正义原则在社会基本结构及其社会政策中的应用,对于正义感的形成和实践来说,政治自由和政治言论与思想的自由,乃是根本性的;追求善的观念的能力关乎道德理性在指导一个人终身行为过程中的应用,对于追求善观念的能力的形成与实践来说,良心自由和思想自由要比结社自由更为普遍,平等的政治自由和思想自由将确保公民们自由而明智地并且充分有效地实践其正义感,将正义原则应用到社会的基本结构之中,而良心自由和结社自由是为了确保公民终身都能充分地、明智地和有效地运用它们形成、修正并合理追求善观念的慎思理性能力③。

罗尔斯认为,公民拥有诸如政治权利、言论自由、思想自由、良心自由等基本自由,这些基本自由构成一个体系。对于这个基本自由体系,罗尔斯集中讨论了两种自由,一是良心的自由,一是政治的自由。在罗尔斯看来,公民的基本自由是环绕着两个方向展开的。良心自由涉及个人的道德信仰问题,涉及个人的内在意志问题。罗尔斯从个人自由不可

---

① [美]约翰·罗尔斯:《正义论》,何怀宏等译,中国社会科学出版社2001年,第120页。
② 同上书,第16页。
③ 参阅[美]约翰·罗尔斯:《政治自由主义》,万俊人译,译林出版社2000年版,第316、444、354页。

侵犯的意义上看待良心自由，这种自由的不可侵犯性决定了人们持有的内心自由的正当合理性。在这个意义上，罗尔斯所捍卫的良心自由就是一种多元主义的自由。这种多元主义的自由不允许由于多数人或一些人的偏爱，而将自己的兴趣和爱好强加在别人身上，因此，自由意味着宽容，不宽容实际上是对自由的侵犯。自由孕育着宽容美德。

权利伦理存在的问题也是明显的。权利伦理为坚持个人主义而削弱了人们的共同体归属感，为坚持权利优先立场而淡化了人们对德性的追求，为坚持中立性原则而抑制甚至否定道德教化的功能。自由主义把个人的自主选择权置于至高无上的地位，认为这种自主选择权高于善价值；即使一个人选择平庸的生活，只要这种生活不侵害他人，人们也应予以尊重；这种信念必然造成自由选择权与德性要求的内在紧张，可能带来道德衰微的结果。自由主义的权利优先立场力图保护个人的生活空间，给个人完全的自由，只要他不伤害他人；至于人们用这种自由去干什么，别人管不着；这种信念会使自由理念变为一种封闭的自私思想，人们可能最大限度地发展个人自由，却不考虑或不顾及对他人承担的义务；这种信念也可能带来"正当的恶"的问题。自由主义的中立原则，强调对国家道德作用的限制，把限制国家权力以保护个人权利作为首要考虑，这种信念会放纵强者对弱者的侵犯，富者对贫者的伤害。基于自由主义中立原则的宽容在实际生活中很容易演变为"无原则宽容"，成为一种过度宽容，人们在诸如法律之类的"游戏规则"中，把对行为"正确与错误"的价值性判断完全置换为对行为"合法与非法"的技术性判断，大大降低了人的道德自律水平，使对包括德性在内的各种优秀价值的追求成为一种"孤军奋战"①。具体地说，权利伦理存在以下主要问题：

其一，权利伦理试图通过使自我摆脱世界来假定自我的自律，这类似于罗尔斯决心避免的康德式的超验的或抽象的主体，"它通过使个体成为无形的东西而使它成为一个不可侵犯的个体，并且使自由主义首先要

---

① 参阅周枫《自由主义的道德处境》，《人文杂志》2004年第1期。

努力确保的尊严和自律成为问题"①。原因在于新自由主义把自我仅仅理解为个人的一种纯粹的选择能力，对自我的这种看法实际上延续了自笛卡尔以来近现代西方哲学对自我的看法，即自我是一个可以独立于外在世界而存在的实体，是"无负累的自我"或"为选择而选择的自我"（桑德尔）、"自我定义的自我"（泰勒），是一个"孤独的权利持有人"（福山）。这是一些天生不喜欢交际的人，一切以是否违反了自己的权利为最高衡量标准，他们虽然联合起来进行一些合作，但只是把这种合作仅仅当作一种达到个人目的的手段。既然新自由主义的自我只是一种纯粹的选择能力，而选择的价值和目标又不是自我的一部分；同时，按照新自由主义的观点，外在世界不存在一种客观的选择标准，那么，个人的选择也就变成了个人的随意性了。

其二，自我与目的的分离，人的选择目标可以随时改变而又不会影响到自我内部结构及其性质。如果这样，那么任何一种自我选择的目标对于自我而言就只具有附属的或偶然的意义，这样，生命的意义、人生的目的等安身立命的问题便在这种自我概念中被消解了。这种自我的自由选择，就像马一样，把人从它的背上摔下来以后，径直向前跑去。这种自由主义的自我概念最后变成了一种对自我的剥夺，导致对公共自由的摧毁。

其三，"权利伦理"只适用于社会基本制度，而不适用于个人，或者只在这个意义上适用于个人：一个人如果是有理性的，他便会同意这样的原则，这意味着，他将支持以这样的原则来调节社会的基本制度。这样，对实践理性的正当原则的说明被局限到基本制度的方面。这个方面是重要的，但是假定个人的选择同正当没有太大关系，却是与人们的道德直觉相悖的。事实上，正义是一种德性，它首先关乎个人的选择，同时也关乎制度②。

其四，"权利伦理"具有非历史的直觉主义倾向。罗尔斯认为，道德

---

① [美]迈克尔·J.桑德尔：《自由主义与正义的局限》，万俊人等译，译林出版社2001年版，第118页。

② 廖申白：《〈正义论〉对古典自由主义的修正》，《中国社会科学》2003年第5期。

原则是以人们的直觉为基础的,"任何伦理学观点都必然在许多点上和某种程度上依赖直觉","任何正义观无疑都要在某种程度上依赖直觉","在正义论的基础部分,有一种对直觉的诉诸"。① 这种非历史的直觉主义方法导致权利伦理的内容中主观设定强于客观运思,逻辑推演强于经验论证,从而使其结论的实践可信性与可行性大打折扣。

四 "伦理的终结"与"道德的解放": 后现代伦理的宗旨

要理解后现代伦理的含义,首先必须理解"后现代"的含义。大多数后现代主义者为"后现代"一词提供的定义和理解经常互相冲突,有些人描述性地使用这个词,用它来指称新实践、新生活、新现象;有些人则规范性地使用这个词,用它来指称新理论、新文化、新政治等。我认为,法国思想家利奥塔对"后现代"含义的解释是有建设性意义的。利奥塔认为,"后现代"中的"后"字并不是指时间意义上的"后",也不是指"返回"和"重复",而是指"分解""回忆""变形"。因而,"后现代"意味着对"现代"的分解、回忆和变形,这种分解、回忆和变形意味着一种接替和转向。这就表明,"后现代"是对"现代"的怀疑和批判,但它并不完全弃绝"现代"。

"后现代"实际上体现了人们对待现代性的两种不同态度,一是指非现代,在肯定的意义上可理解为,积极主动地与先前的东西决裂,从旧的压迫和限制中解放出来,走进新的领域;在否定的意义上可理解为,传统价值、确定性和稳定性的丧失。二是指高度现代即依赖现代,是对现代的继续和强化,是现代的新发展。"后现代"一词实际上更多涉及的是人们对现代性的态度以及超越现代性的方式,我们必须"把后现代性看成'现代性开始理解其自身',而不是对其本身的超越"②。因为,"我

---

① [美]约翰·罗尔斯:《正义论》,何怀宏等译,中国社会科学出版社2001年,第39、41、124页。

② [英]吉登斯:《现代性的后果》,田禾译,译林出版社2000年版,第42页。

们实际上并没有迈进一个所谓的后现代性时期,而是正在进入这样一个阶段,在其中现代性的后果比从前任何一个时期都更加剧烈化更加普遍化了"①。

后现代伦理是在应对现代伦理危机的挑战中形成的,是一种对待现代伦理的态度,以及力图超越现代伦理的一种努力。后现代伦理学既反对规范伦理学,也反对德性伦理学。因为,在后现代伦理学家看来,其一,人不应受制于各种"权力"的支配,人应该从各种社会"规范"中解放出来,因而,规范伦理学不具有合理性和合法性;其二,人不具有先天成善的本质,人不是"理性的主体"、他不具有理性主义者所言谈的所谓"主体性",因而,德性伦理不具有现实可能性。后现代伦理认为,所有道德都将被审美的快感取代,即将出现的是一种无道德的道德。这是一种鼓励异调与杂音、追求相对与变幻、强调当下体验与情绪解放的游戏化和审美化的道德。后现代道德实质上是适应当代西方市场经济或消费生活方式的快感享乐文化的要求而产生的。

后现代伦理学明确针对现代伦理学的"规范暴政"。在后现代伦理学看来,现代规范伦理存有一种信念,"这种信念就是相信一种无矛盾的、非先验的伦理学法典(存在)的可能性",对这样一种可能性的怀疑构成后现代伦理学的主题②。后现代伦理认为,现代伦理试图发现人性的内在真理,把人造就成规范化的主体。现代道德意识是一种立法意识,现代伦理沉迷于自我立法,现代性的时代必然是伦理的时代,即"为道德立法的时代"。现代伦理的"规范暴政"具有总体性特征,它使个体的道德自由空间逐渐缩小。

后现代伦理学在"伦理世界"与"道德世界"相区别的意义上,批判现代规范伦理学的规则主义倾向。在后现代伦理学看来,伦理是对道德与非道德的区别所作的法律般的表述,它是一个有"言明的要求"的世界。言明的要求就是表达出来的要求、言语化的要求。它具有规则的

---

① [英]吉登斯:《现代性的后果》,田禾译,译林出版社2000年版,第3页。
② [英]齐格蒙特·鲍曼:《后现代伦理学》,张成岗译,江苏人民出版社2003年版,第11—12页。

特点，它像法规一样，表明了什么是应该做的或可以做的，什么是不该做的或不能做的。在有规则控制的行为中，行为者不是面对另一个人，而是面对一个"言明的要求"。真正的联系不是发生于人与人之间，而是发生于行为者与规则之间，另一个人仅仅是在权利和义务的棋盘上活动的棋子。规则控制的行为，要求的是人与人之间的伦理性"礼貌"。在这种礼貌中，"他者"变得贫乏而黯淡，礼貌成为一种与他者隔离、使自己孤立的手段。人们由于畏惧（伦理规则等的惩罚）而进入伦理世界。

相反，道德世界则是一个"没有言明的要求"的世界，这种"没有言明的要求"，是说人们突破了所有强制性的伦理规则或形式，剥掉所有社会角色意义上的面具，以面孔来面对他者。"没有言明的要求"是一种对爱的要求、一种对他者的关怀的要求；人们由于承诺（爱、同情、关怀等）而进入道德的世界。道德不是伦理工作的成品，道德并不随着有效地按伦理原则制定的法则的死亡而消失，相反，道德找回了它自己。在道德的世界中，人们的注意力将不再投向对伦理立法的关注，而可能会自由地直截了当地面对他们的"道德自治"这一现实。"如果客观原因要求我们去掉道德情操以便'客观地'认识它们，为了进行这项测验，我们需要召集什么资源呢？为了做到公平，我们必须使用我们的道德敏感性，包括情操。这里没有中立的场所。如果它对我们有一些实践意义的话，那就是道德哲学必须是一项'内部的工作'，不论有人怎么希望相反的情况。"[①]

后现代伦理认为，后现代将是"道德的时代"。后现代伦理仅仅在这样一种意义上称后现代是一个道德的时代，即"由于'解除禁锢'——紧紧地包裹并模糊了道德自身和道德责任的现实的伦理的乌云的消散——现在，当道德问题从人类的生活经历中出现时，当它们在一切不可挽救并且无法更改的矛盾情绪中面对道德本身时，我们有可能而且必须在它们裸露的真相中直接面对道德问题"[②]。

[①] ［英］齐格蒙特·鲍曼：《后现代伦理学》，张成岗译，江苏人民出版社 2003 年版，第 41 页。
[②] ［英］齐格蒙特·鲍曼：《生活在碎片之中——论后现代道德》，郁建兴等译，学林出版社 2002 年版，第 41 页。

后现代伦理认为，人类正在进入"后义务论时代"。在这个时代里，人们的行为已经从强制性的"无限责任""戒律"和"绝对义务"中解放出来。"后义务论时代"所需要的是"没有伦理规范的道德"，将道德从人为创设的伦理规范的坚硬盔甲中释放出来，或者是放弃将其保留在伦理规范中的雄心，意味着将道德重新个人化。福柯认为，现代伦理学关注人与其他人的关系，特别是人对其他人的责任和义务，强调人对道德法则的服从，以及人对责任和义务的履行。福柯试图恢复古希腊式的自我伦理，这种伦理关注个人与其自身的关系，关注个人的道德实践，以及存在于这种实践中的自由、自主和自我控制。道德成为一种个人自己改造自己的活动。

在后现代伦理看来，道德是地方性的，并且不可避免地是非理性的，即是不可计算的和不可进行逻辑推理的①。道德不能被表达为遵从非个人的规则，也不能被描述为遵从在原则上可以普遍化的规则。道德呼吁是完全个人化的。道德是个人化的行为实践，是因人而异的多元样态的自我生活实践。道德与其说是社会调整和个人教育的结果，不如说是它建构了社会调整和个人教育的原始场景。因为，每个人不可避免地要与他者相遇，这种相遇必然使个体面临着善与恶的选择。不管人们愿意选择与否，他面对的境况首先是一种道德的选择，是一种道德的境况。所以，道德是先于任何基于利益计算、契约支持的某种具体责任要求的。福柯认为，自由是道德的先决性条件，道德则是自由所采取的一种自我创造的形式。人应当摒弃那些以禁律和规训为定向的伦理体系，把自己当作一件艺术品来创造。但是，伦理立法的长期统治和伦理立法者的长期说教，已经产生了按照伦理形象来解释道德的全面影响，道德成为官方对伦理的描述。"伦理就是已经被先占的、集体化的、神化的道德。"② 道德的本相被遮蔽。

后现代伦理认为，权力支持下的伦理规则遍布于现代社会道德生活

---

① 参阅［英］齐格蒙特·鲍曼《后现代伦理学》，张成岗译，江苏人民出版社2003年版，第69页。
② ［英］齐格蒙特·鲍曼：《生活在碎片之中——论后现代道德》，郁建兴等译，学林出版社2002年版，第76页。

的各个领域，它不仅铸就了个体的道德知识和道德体验，而且还对人的身体进行"殖民统治"，使其臣服于整个社会权力的控制。伦理规则成为道德的"坚硬的牢笼"，向本真道德的回归，意味着伦理危机的来临，意味着"伦理时代"的终结。但是，在后现代伦理看来，伦理的危机并不必然预兆着道德的危机，"伦理时代"的终结也并不就明显地意味着道德的终结。相反，伦理的危机或"伦理时代"的终结恰恰是道德的解放或道德的大发展。英国学者鲍曼认为，必须唤起人们对道德的纯正理解，使人们更加清楚地洞悉道德的本相。人们在远被告诫遵从一定的行为准则之前，就已经处于一种道德选择的状态中。因为，人始终处于与他者相互依存的状态，不得不面对他者的挑战。道德不是一部分人统治、剥削和压迫另一部分人的工具，它应该是人人都享有的一种权利。道德将保证每个人都能够处于一种良好的生存状态，都有权去享受合情合理的幸福。道德的本质就是要使个体都能在道德世界中自由和充分地成长，成为具有主宰能力的自我，过上真正德性的生活。

　　后现代伦理提出，要用一种自我伦理学替代现代规范伦理学。这种自我伦理学是一种非规范性的伦理学，它以自由原则为基础，拒绝任何人性假设。它要把理性的道德主体变成欲望的主体，把"听话的身体"变成"享用的身体"，把禁令式的伦理要求变成创造性的道德实践。这种自我伦理把关切自我作为第一要求，强调使人成为无拘无束的自由的生命存在，反对建构一种普适性的、人人必须服从的伦理准则。在后现代伦理看来，"所有道德之道德，都将是'审美的'快感"①。这种自我伦理学拒绝规范，拒绝服从，拒绝一致，追求一种审美化的道德自由境界。它相信，一个人只要达到了这种审美化的道德自由境界，无论他是处于马尔库塞的"单向度社会"，还是海德格尔所说的"技术座架"，抑或是哈贝马斯的殖民化的生活世界，他都能保持自己"作为人"而存在。

　　围绕使道德真正摆脱理性构织的伦理罗网这一主题，后现代伦理提出了一些具体的道德主张。后现代道德要求彻底改变"邪恶"概念，认为传统道德中的所谓"邪恶"主要是"杰出人物"、理性思维、有闲贵族

---

① ［法］利奥塔：《后现代道德》，莫伟民译，学林出版社2000年版，引言。

和国家权力的规定，是当权者出于维护自己权力和利益的专门规定，是一种纯粹主观的阐释，是人们日常生活的约定俗成；这种规定缺乏科学性，使得邪恶的性质本末倒置；邪恶是一个社会历史概念，在后现代需要重新规范它。后现代道德要求瓦解"自我完善"，认为传统道德中的所谓"完善"只是一种玩弄老百姓的把戏，是理性的自我造作和自我欣赏；要求瓦解"自我完善"，就是要求瓦解人的自我膨胀欲，要求人顺其自然，无为而治。后现代道德要求建构表面人格与深层人格的妥协，让人性的"阴暗面"分享人间的自由生活；传统道德所建构和追求的表面人格往往是概念化的、形式化的和理想化的，它常常与人的内在人格相对立、相冲突；应该重新发现人性中的原始成分，使其与理性所塑造的表面人格和谐相处，成为人格的构成因子之一。后现代道德要求关心弱者，关心病人、残疾人、心理变态者和精神病患者等，这些人的道德权利是不可剥夺的；对心理变态者和精神病患者，不单单要进行医学治疗，同时也要进行道德治疗①。后现代伦理关注个人与自我的关系，强调道德的个体基础和个体维度，要求把道德视作个体的一种自我改造的艺术活动，具有浓厚的德性主义倾向。

---

① 参阅张之沧《"后现代"道德》，《人文杂志》2001年第3期。

第四章　自由的政治哲学视界

自由是现代政治哲学的主题。从思想谱系看，自由问题是马克思在创建其思想体系时与近代西方思想交锋的焦点所在，也是马克思思想在其传播和发展过程中遭遇的最为争论不休、莫衷一是甚至误解曲解丛生的论题。今天，马克思主义与自由主义的界分已经成为一种政治实践，正确理解马克思主义与自由主义及其关系，对于培育和践行社会主义自由观价值观具有非常重要的意义。

一　青年马克思对"政治解放"境遇的自由及其悖谬的辩驳

1843年，是青年马克思思想急剧变革的一年。恩格斯指出，现代社会主义"就其理论形式来说，它起初表现为18世纪法国伟大的启蒙学者们所提出的各种原则的进一步的、据称是更彻底的发展"①。1843年正是这里所说的"起初"，"启蒙学者们提出的各种原则"可归结为自由主义。面对英法资产阶级政治革命的历史成就和德国封建专制统治的严酷现实，马克思既依据英法自由主义原则，批判德国封建专制制度，又立足"人的高度的革命"，揭示资产阶级政治革命的局限性，要求在政治解放的基础上进一步实现普遍的人的解放。有学者认为，马克思1843年在激进民主主义上作了一次着意的逗留，这次逗留的意义在于，一方面使马克思能够在其思想演进中进一步清理保守主义思潮，遏制德国启蒙运动走向自身的反面；另一方面使马克思能够积聚思想力量，为随后形成的科学

---

① 《马克思恩格斯文集》第3卷，人民出版社2009年版，第523页。

社会主义思想提供更为稳健的基础①。在这一时期，马克思在很大程度上既"嵌入"英法自由主义，又开始"出离"英法自由主义。这种"嵌入"与"出离"，呈现了马克思对资产阶级政治解放所确立的"自由"及其内在悖谬的辨正和驳难。

1. "自由国家"及其唯灵主义

在近代西方，启蒙思想家反对神学国家观，要求用人的眼光观察国家，从理性和经验出发阐明国家的本质，主张把国家从宗教中解放出来，建构了理性自由主义国家学说，黑格尔是这种国家学说的集大成者。黑格尔把基于个人利益和权利的契约式国家称为"外部国家"，而把基于普遍理性和公共利益的国家称为"内部国家"。前者是由人的自然欲望和主观意志支配的"任性国家"，后者则是由人们的公共意志形塑的"理性国家"。黑格尔强调，国家是绝对自在自为的理性的东西，是"自由概念的组织化"，是"具体自由的现实性"。②在黑格尔那里，家庭和市民社会是"黑暗的自然基础"，需要"国家之光"的照耀，家庭和市民社会把国家作为自己的"内在目的"来对待③。黑格尔的国家观包括经验和观念两个层次，在经验层次，黑格尔把家庭和市民社会看作是构成国家的"材料"，是国家的基础；但他更注重把经验层次的东西上升到理论高度，在他看来，经验层次的国家只是理念的假象，从本质来看，国家是理念的发展环节。正是基于这一认识，黑格尔认为，国家决定家庭和市民社会④。可见，黑格尔的国家观呈现了现代国家的理想主义维度。黑格尔以自由原则为最高标准，力图把握和阐述现代国家的理念或原理。黑格尔建构了一个关于现代"自由国家"的"逻辑学"。

《莱茵报》时期，马克思信奉黑格尔理性自由主义国家观，强调国家是一个"自由人的联合体"，国家"必须实现法律的、伦理的、政治的自

---

① 邹诗鹏：《激进政治的兴起：马克思早期政治与法哲学批判手稿的当代解读》，复旦大学出版社 2012 年版，第 13 页。
② ［德］黑格尔：《法哲学原理》，邓安庆译，人民出版社 2016 年版，第 392、389 页。
③ 《马克思恩格斯全集》第 3 卷，人民出版社 2002 年版，第 8—9 页。
④ 卜祥记：《青年黑格尔派与马克思》，商务印书馆 2015 年版，第 391—392 页。

由"①。马克思依据这种"自由国家"理念，批评普鲁士书报检查制度、林木盗窃法，批判普鲁士专制制度。同时，马克思赋予理性以人民性内涵，强调理性自由国家即人民主权国家。马克思后来因"物质利益"困惑而质疑黑格尔的理性国家观，主要是质疑黑格尔通过神秘主义的逻辑演绎，把理想主义"自由国家"幻化为现实的政治国家，"把作为人民的整体存在的国家同政治国家混为一谈"②，从而使其国家观陷入非批判的保守立场。

克罗伊茨纳赫和《德法年鉴》时期，马克思从"自由国家"的生成切入政治解放问题。在当时的世界，英法美等国家均已完成政治解放。其中，美国的政治解放最为彻底，属于典型的现代资产阶级"自由国家"。当时的德国却是一个基督教国家和封建专制国家。马克思认为，德国是一个由庸人统治的"政治动物世界"，是一个"奴仆国家""奴隶国家""庸人国家"。这个国家充斥着等级和特权，自由也表现为一种特权。

所谓资产阶级政治解放，首先就是消灭宗教神权体制和封建专制制度，瓦解传统社会政教合一的政治生态，建立现代资产阶级政治国家。政治解放表现为，一方面，"国家从犹太教、基督教和一般宗教中解放出来。当国家从国教中解放出来，就是说，当国家作为一个国家，不信奉任何宗教，确切地说，信奉作为国家的自身时，国家才以自己的形式，以自己本质所固有的方式，作为一个国家，从宗教中解放出来……成为自由国家"③。通过政治解放，宗教从公领域被驱逐到私领域，国家不再把宗教作为自己的基础，宗教不再是国家的精神；另一方面，政治革命摧毁一切封建的等级、同业公会、行帮和特权，宣布出身、等级、文化程度、职业等为非政治差别，"把国家事务提升为人民事务，把政治国家组成为普遍事务"④。政治国家生活是人的政治共同体的生活，是人的类生活。"国家是人和人的自由之间的中介者……人把自己的全部非神性、

---

① 《马克思恩格斯全集》第1卷，人民出版社1995年版，第217、228页。
② 《马克思恩格斯全集》第3卷，人民出版社2002年版，第98页。
③ 《马克思恩格斯文集》第1卷，人民出版社2009年版，第28页。
④ 同上书，第44页。

自己的全部人的自由寄托在它身上。"① 随着政治国家作为普遍性领域从市民社会中分离出来,人便在政治国家中"作为类存在物而共同活动"。在政治共同体生活中,人把自己看作社会存在物,看作自由存在物。资产阶级"自由国家"取代神权国家和封建专制国家,这是人类政治制度史发展中的一个巨大进步。

但是,马克思从市民社会决定政治国家的现实逻辑中发现,资产阶级政治国家"处处陷入它的理想使命同它的现实前提的矛盾中"②。就理想使命而言,政治国家标榜和承诺实现自由、平等和博爱的理性王国,但就现实前提而言,政治国家是以私有财产为基础的,这就等于默认了人们在现实王国中的不平等状态,由此决定了政治国家不可能是人的真正的共同体生活或类生活。正像在宗教领域中人以虚幻的方式过天国的生活一样,人在政治国家中也是以空想的、虚幻的方式过类生活,这种生活只是人们自己想象的彼岸的理想生活。因此,资产阶级政治革命所建构的"自由国家",对于人的自由的现实性及其实现来说,其广度和深度都是极其有限的。政治国家"是作为普遍理性、作为彼岸之物而发展起来的",它"到目前为止一直是宗教领域,是人民生活的宗教,是同人民生活现实性的尘世存在相对立的人民生活普遍性的天国"。因此,"现代意义上的政治生活就是人民生活的经院哲学"③。马克思把资产阶级政治国家描述为"抽象",以此表明政治国家的神秘、深奥和虚幻。政治国家对社会所起的作用,就像宗教中天国对尘世所起的作用一样。"正如基督徒在天国是平等的,而在尘世则不平等一样,人民的单个成员在他们的政治世界的天国是平等的,而在社会的尘世存在中却不平等。"④ 所以,马克思讽刺道,资产阶级所宣示的"自由国家",是一种新的宗教,是唯灵论的最后阵地。

更为严重的是,由于政治国家是以市民社会为前提和基础的,这就使得政治国家在其现实性上沦为市民社会的工具。就其本质而言,政治

---

① 《马克思恩格斯文集》第1卷,人民出版社2009年版,第29页。
② 《马克思恩格斯全集》第47卷,人民出版社2004年版,第65页。
③ 《马克思恩格斯全集》第3卷,人民出版社2002年版,第42页。
④ 同上书,第100页。

国家的权力实际上是"私有财产本身的权力,是私有财产的已经得到实现的本质。"① 马克思以犹太人为例解释道,犹太人通过掌握金钱而解放了自己,并影响世俗政治国家。"犹太人的实际政治权力同他的政治权利之间的矛盾,就是政治同金钱势力之间的矛盾。虽然在观念上,政治凌驾于金钱势力之上,其实前者是后者的奴隶。"② 如此一来,在现实的政治实践中,政治国家的理想主义即"唯灵论变成了粗陋的唯物主义,变成了消极服从的唯物主义,变成了信仰权威的唯物主义,变成某种例行公事、成规、成见和传统的机械论的唯物主义。就单个的官僚来说,国家的目的变成了他的私人目的,变成了追逐高位、谋求发迹"③。马克思后来从政治经济学批判角度,更为深刻地揭示了资产阶级政治国家的阶级统治本质,并在《哥达纲领批判》中着力批判了拉萨尔主义的"自由国家"理念。

2. "自由社会"及其利己主义

资产阶级政治革命在实现政教分离从而使神权国家变为"自由国家"的同时,也实现了市民社会与政治国家的分离,使经济要素从政治领域中分割出来,经济在现代社会获得了越来越重要的地位,市场在社会生活中发挥着越来越大的作用。现代社会最终成为一个由需要、劳动、财产、分工等要素及其自由流动和自由竞争构成的"自由的市民社会"④。

资产阶级政治革命是市民社会的革命,"政治革命消灭了市民社会的政治性质。它把市民社会分割为简单的组成部分:一方面是个体,另一方面是构成这些个体的生活内容和市民地位的物质要素和精神要素"⑤。在封建社会,家庭、生产者、财产、所有制、劳动等市民社会的各种要素,都以领主权、等级和同业工会等方式存在,被规制为政治生活的要素。资产阶级政治革命消灭了传统市民社会人与人之间的等级差别,凸显了人与人之间的社会差别,完成了从政治等级到社会等级的转变。于

---

① 《马克思恩格斯全集》第3卷,人民出版社2002年版,第124页。
② 《马克思恩格斯文集》第1卷,人民出版社2009年版,第51页。
③ 《马克思恩格斯全集》第3卷,人民出版社2002年版,第60—61页。
④ 《马克思恩格斯文集》第1卷,人民出版社2009年版,第313页。
⑤ 同上书,第44—45页。

是，市民社会成员从一切封建桎梏下获得解放，从作为政治统治奴役者的不自由的存在，转变为真正生活于世俗关系中的、追求自己利益的独立主体。同时，对于市民生活要素来说，"只有当国家宣布它们是非政治的因而让它们自行其是的时候，它们才开始获得充分的存在。取消这些要素的政治存在，比如说，通过废除选举资格限制来取消财产的政治存在，通过废除国教来取消宗教的政治存在，正是这种宣告这些要素对国家的隶属关系已经消亡的做法，才能使这些要素保持最强有力的生命，这个生命从此便顺利无阻地服从于自身的规律，并且充分扩展其生存的空间"①。

资产阶级政治革命使传统市民社会中的政治要素从经济社会生活中独立出来，作为普遍性的领域或人们的"普遍事务"集中于国家，市民社会则成为基于劳动和分工而满足市民社会成员的"需要的体系"。1843年，马克思更多地在黑格尔意义上把"市民社会"理解为人类物质生活、私人生活等，即"需要、劳动、私人利益和私人权利等领域"②，这些也都是黑格尔所肯定的市民社会中自由（经济自由）的相关要素。西方近代自由问题的核心内容也集中于黑格尔所说的市民社会要素，如需要、劳动、财产、所有权等，特别是财产权问题。于是，人的自由便表现为"构成他的生活内容的那些精神要素和物质要素的不可阻挡的运动"③，精神要素即宗教信仰自由、致富欲、自利利己等，物质要素即自由占有财产、自由经营、自由活动、自由居留、自由旅行等。

但是，马克思认为，通过政治革命，市民社会仅仅"是从一种普遍内容的假象中得到解放"④。所谓假象，就是市民社会把承认和实现人的利己主义的信仰自由和对于私有财产的自由占有，看作是人的生活中精神要素和物质要素的全部。马克思分析了《人权与公民权利宣言》中规定的"自由、平等、财产、安全"等内容。"自由这一人权的实际应用就是私有财产这一人权……私有财产这一人权是任意地、同他人无关地、不受社会影响地享用和处理自己的财产的权利；这一权利是自私自利的

---

① 《马克思恩格斯文集》第1卷，人民出版社2009年版，第317页。
② 同上书，第46页。
③ 《马克思恩格斯全集》第3卷，人民出版社2002年版，第188页。
④ 《马克思恩格斯文集》第1卷，人民出版社2009年版，第45页。

权利。这种个人自由和对这种自由的应用构成市民社会的基础。这种自由使每个人不是把他人看做自己自由的实现,而是看做自己自由的限制。"① 自由集中表现为个人根据自己的意愿任意处置自己财产的权利,平等则意味着这种自由权利的进一步扩大,保障私有财产的安全是安全权的最主要内容。私有制是对自由的否定,因为私有制只是促使人们在对象和关系中抽象虚伪地将自我对象化。在市民社会中,"个人把自己的异化的生命要素如财产、工业、宗教等的既不再受普遍纽带束缚也不再受人束缚的不可遏止的运动,当做自己的自由,但是,这样的运动实际上是个人的十足的屈从性和非人性"②。

通过资产阶级政治革命解放出来的个人受物质需要和私人利益的支配,人与人之间是通过需要和个人利益等自然必然性这个唯一的纽带连接起来的,个人借助于生产者之间的交换在社会中获得独立性和主体性。实际需要、利己主义是市民社会的原则,金钱则成为实际需要和自私自利的神,成为市民社会中"人的自我异化的最高实际表现"。市民社会是"做生意"的社会、"金钱"的社会,是"利己主义"的社会。马克思说:"'自由的市民社会'具有纯粹商业的犹太人的本质。"③ 市民社会从自己的内部不断产生犹太人和犹太精神,"犹太精神"即唯利是图、追逐金钱的思想和习气。犹太精神随着市民社会的完成而达到自己的顶点。所以,在回答"犹太人问题"时,马克思扭转了鲍威尔对该问题的纯粹宗教提法,而把"犹太人问题"变成了"必须克服什么样的特殊社会要素才能废除犹太教的问题"④。这里所谓"特殊社会要素",是指私有财产等物质要素和利己主义等精神要素。犹太人问题的解决之道在于,通过人的彻底解放克服这些"特殊社会要素"。

1844 年后,马克思把市民社会归结为社会的生产关系、交往关系,理解为物质生活关系的总和,其典型代表是现代资本主义社会。马克思在《关于费尔巴哈的提纲》中要求用"人类社会"取代"市民社会"。

---

① 《马克思恩格斯文集》第 1 卷,人民出版社 2009 年版,第 41 页。
② 同上书,第 316 页。
③ 同上书,第 313 页。
④ 同上书,第 49 页。

在马克思看来,"人类社会"是对"市民社会"的扬弃。也因此,马克思后来必然要进一步从政治革命批判转向强调社会革命,把社会革命看作更为根本的方面。马克思后来将政治解放与人类解放统一于社会解放,并进而将社会主义与共产主义统一起来。

3. "自由公民"及其形式主义

在资产阶级政治革命中,人是通过政治国家这个中介得到解放的。人的解放集中体现为每个社会成员获得国家通过法律所赋予的公民身份。"政治解放一方面把人归结为市民社会的成员,归结为利己的、独立的个体,另一方面把人归结为公民,归结为法人。"① 在青年马克思看来,市民以"私"为本,追求私人利益,体现人的自私自利的"私人"特质;公民以"公"为本,关心公共利益,参与公共事务,体现人的社会性、类本质等"公人"特质。市民呈现了人的当下性、现实性和既定性,是"现实的人";公民则呈现了人的未来性、理想性和超越性,是"真正的人"。马克思称政治解放为"公民的解放",是人"作为公民得到解放",资产阶级政治革命的重要指向就是塑造"自由公民"②。

政治解放消除了宗教人神依附关系和封建人身依附关系,使社会成员的各种特殊的和个别的因素如自然出身、宗教信仰、私有财产等,被驱逐出政治国家领域而成为非政治的、社会的差别,确立了个体在政治和法律上的自由、平等。在资产阶级政治革命中,"当国家宣布出身、等级、文化程度、职业为非政治的差别,当它不考虑这些差别而宣告人民的每一成员都是人民主权的平等享有者,当它从国家的观点来观察人民现实生活的一切要素的时候,国家是以自己的方式废除了出身、等级、文化程度、职业的差别"③。当时的美国取消了选举权和被选举权的财产资格限制,马克思认为这是从法权意义上宣布私有财产的无效,是通过政治方式宣布废除私有财产。由于消除了政治等级差别,使得社会的"每一成员都是人民主权的平等享有者"即公民。公民身份是国家法律赋

---

① 《马克思恩格斯文集》第1卷,人民出版社2009年版,第46页。
② 同上书,第21、25、27页。
③ 同上书,第29—30页。

予社会成员的一种现代社会身份，凸显了人们的普遍性的自由与平等的关系。这是人的社会身份的一次历史性跃迁。1843 年 3 月，马克思在致卢格的信中对资产阶级革命后荷兰人的公民身份大加赞赏，认为一个最底层的荷兰人与一个最有权势的德国人相比，仍然是一个公民。

马克思揭示了公民身份的自由底蕴。其一，公民身份意味着个体在政治意义上获得人格独立和主体地位。对市民社会的每一个体来说，"他要成为现实的国家公民，要获得政治意义和政治效能，就应该走出自己的市民现实性的范围，摆脱这种现实性，离开这整个组织而进入自己的个体性，因为他那纯粹的、明显的个体性本身是他为自己的国家公民身份找到的惟一的存在"①。其二，公民身份意味着人与人之间在政治上的身份平等。法国《1791 年宪法》规定，所有出生在法国、生活在法国而且拥有固定居住地的人都是法国的公民。法国犹太人由此获得与法国其他公民同等的公民地位，这是现代欧洲历史上犹太人第一次正式被承认是他们出生国的平等公民。与马克思同时代的托克维尔在《论美国的民主》一书中强调，身份平等是显示当时美国自由民主制度的最重要的独特事实，对身份平等的追求，是鼓励美国人前进的主要激情。青年马克思对此也是赞赏和认同的。"市民社会的成员在自己的政治意义上脱离了自己的等级，脱离了自己真正的私人地位。只有在这里，这个成员才获得人的意义，或者说，只有在这里，他作为国家成员、作为社会存在物的规定，才表现为他的人的规定。"② 其三，公民身份意味着人与人之间在政治上的平等权利，"这种权利的内容就是参加共同体，确切地说，就是参加政治共同体，参加国家。这些权利属于政治自由的范畴"③。早在《莱茵报》时期，马克思就在黑格尔理性自由主义国家观的意义上，强调公民的言论自由、思想自由、表达自由、写作自由等权利。在关于林木盗窃法的辩论中，马克思特别关注穷人的公民权利，呼吁国家必须把每一个社会成员都视为自己的公民。在《德法年鉴》时期，马克思借助公

---

① 《马克思恩格斯全集》第 3 卷，人民出版社 2002 年版，第 97 页。
② 同上书，第 101 页。
③ 《马克思恩格斯文集》第 1 卷，人民出版社 2009 年版，第 39 页。

民身份和公民权利来反对古典自由主义人权概念的个人主义本质,认为人权本质上是脱离了社会、在绝对私有财产基础上建立的自私的个人权利。所谓人权,就是作为市民社会成员的人的权利,因而是"利己的人的权利、同其他人并同共同体分离开来的人的权利"①。可见,人权本质上是私权,这种权利具有利己主义、自我封闭、相互分离等特征。

由于公民身份蕴含人的社会性、普遍性、公共性、类本质等"公人"特质,所以,马克思强调,"只有当现实的个人把抽象的公民复归于自身,并且作为个人,在自己的经验生活、自己的个体劳动、自己的个体关系中间,成为类存在物的时候"②,人的解放才能完成。

但马克思也质疑和批判英法自由主义公民观。由于以私有制为基础的市民社会决定和支配着政治国家,因而在现实性上,对于个体来说,"'成为国家的成员'这一规定是他们的'抽象的规定',是并未在他们的活生生的现实中实现的规定"③。在市民社会中,个体因私有财产的存在而处于经济的、社会的不平等的等级状态。资产阶级政治革命通过建构公民身份,仅仅是把同现实生活分离的"抽象普遍性"赋予了个人。"在国家中,即在人被看做是类存在物的地方,人是想象的主权中虚构的成员;在这里,他被剥夺了自己现实的个人生活,却充满了非现实的普遍性"④。在马克思看来,在资产阶级政治国家中,由于公民身份并不包含个体具体的、有差别的真实内容,因而,个体作为公民,"只是抽象的、人为的人,寓意的人,法人"⑤。对于生活在市民社会中的现实的人来说,"公民"只是人的一种形式存在,更多地呈现的是人的一种理想主义愿景。公民身份和公民权利反映了资本主义社会中人们在政治上幻想出来的作为类生活的幸福⑥。同时,在现实社会生活中,公民身份和公民权利常常被贬低为维护市民利己主义的一种手段,"citoyen[公民]被宣

---

① 《马克思恩格斯文集》第1卷,人民出版社2009年版,第40页。
② 同上书,第46页。
③ 《马克思恩格斯全集》第3卷,人民出版社2002年版,第148页。
④ 《马克思恩格斯文集》第1卷,人民出版社2009年版,第31页。
⑤ 同上书,第46页。
⑥ 郭忠华:《公民身份的核心问题》,中央编译出版社2016年版,第187页。

布为利己的 hornme［人］的奴仆；人作为社会存在物所处的领域被降到人作为单个存在物所处的领域之下；最后，不是身为 citoyen［公民］的人，而是身为 bourgeois［市民社会的成员］的人，被视为本来意义上的人，真正的人"①。

早在柏林大学求学期间马克思就读过托克维尔的《论美国的民主》，托克维尔在这本书中极力推崇资产阶级的公民身份平等和政治自由理念。与托克维尔的立场不同，马克思注意到了形式自由与实际自由之间的差别。他认为，历史地看，个人获得公民身份和政治自由固然是一个巨大的历史进步，但如果仅仅止步于此则是远远不够的。因为，虽然政治革命通过政治和法律形式宣示了公民的政治自由，但以私有制为基础的市民社会生活却从根本上妨碍和阻隔了大多数人真正享有这些自由的机会和条件，从而导致公民的政治自由最终成为一种仅具法权意义的形式自由。这种自由虽然在法律上被宣示为一切人的自由，但事实上只不过是一部分人（而且是一少部分人）的自由，只是有产者的自由。这种自由对无产者来说则是虚幻的和无意义的。因此，马克思认为，政治解放没有也不可能从根本上改变社会成员的实际社会差别，必须进一步通过经济的、社会的革命，通过无产者的解放，谋求普遍的人的解放，实现人作为人的真正自由。

4."自由精神"及其虚无主义

英法资产阶级政治革命把启蒙自由主义的理性自由原则，转化为社会行动逻辑和政治法律制度，要求实施各种政治自由、经济自由和思想自由。但是，在17—19世纪的德国，由于政治、经济上的落后，对于德国启蒙思想家来说，"他们的自由主义的革命倾向，在当时还很软弱并且具有保守情绪的德国资产阶级那里，未能得到18世纪法国百科全书派曾在法国资产阶级那里得到的支持。因此，他们也像德国思想家过去所做的那样，把政治问题和社会问题的解决转移到精神领域内"②。于是，德

---

① 《马克思恩格斯文集》第1卷，人民出版社2009年版，第43页。
② ［法］奥古斯特·科尔纽：《马克思恩格斯传》第1卷，刘丕坤等译，生活·读书·新知三联书店1963年版，第152页。

国启蒙思想家把英法资产阶级政治革命的自由要求最终变为一般"实践理性"或"自由意志"的要求。在这种情况下,理性自由、意志自由、道德自由、精神自由、自我意识的自由等,就成为自康德经费希特到黑格尔以至以鲍威尔为代表的青年黑格尔派思想家们追求的主导性的、最高的自由形态。以鲍威尔为代表的青年黑格尔派"自我意识"哲学,集中反映了19世纪初德国自由主义的基本特点。

"自我意识"哲学强调,自由是一种独立于客观世界的精神规定,世界上唯一有价值的东西就是人的内在的精神性自我的生成和发展。"自我意识"确立自身普遍性的方法就是"批判",即质疑和否定一切现存的不符合理性的事物。"自我意识"是意识哲学的前提和出发点,"异化"是自我意识的必经阶段;通过"批判"扬弃自我意识的"异化",便可获得"自由"。"自由"就是自我意识返回自身,并开始其新的辩证发展过程。自我意识—异化—批判—自由,这就是自我意识哲学的逻辑结构和基本内容①。自我意识哲学成为鲍威尔等青年黑格尔派开展宗教批判的最重要理论武器。鲍威尔把自我意识作为最高批判原则,对基督教进行全面批判,说明宗教是人的自我意识的异化。同时,鲍威尔也依据自我意识概念,批判德国国家的基督教性质和专制主义本性。马克思赞扬鲍威尔对基督教德国进行了"大胆、尖锐、机智、透彻,而且文笔贴切、洗练和雄健有力"的批判。

青年马克思一度也赞赏和认同以鲍威尔为核心的青年黑格尔派的自我意识哲学,通过这一中介,马克思表达了他对英法自由主义及其启蒙精神的接受和追求。马克思的博士论文以自我意识为主题,强调自我意识是精神的太阳系,人的自我意识及其自由具有最高的神性。在《莱茵报》时期,马克思以自我意识的自由原则为根据,批判普鲁士的新闻出版条例和法律制度等,强调自由是精神的本质,倡导思想自由、写作自由、表达自由等。

1843年,对黑格尔法哲学的质疑和批判,尤其是围绕犹太人问题所

---

① 孙伯鍨:《探索者道路的探索——青年马克思恩格斯哲学思想研究》,北京师范大学出版社2017年版,第43页。

展开的论战，促使马克思开始自觉地清理并出离青年黑格尔派的自我意识哲学。因为，鲍威尔以自我意识的自由为根据，把犹太人的解放归结为一种精神自由、理论自由。鲍威尔说："犹太人现在在理论领域内有多大程度的进展，他们就获得多大程度的解放；他们在多大程度上想要成为自由的人，他们就在多大程度上是自由的人了。"① 马克思认为，鲍威尔把犹太人获得自由的能力"仅仅局限于他们理解并亲自从事神学'批判'的能力"，如此一来，犹太人的解放在鲍威尔那里就变成了一种"哲学兼神学的行动"②。后来，鲍威尔把以宗教信仰为主要批判对象的"自我意识"哲学更激进地发展成为以"群众"为主要批判对象的"纯粹批判"哲学，把自由的主体归置于少数具有"精神"批判能力的人，把自身和"批判"等同起来，把自己说成是"精神"，是绝对的、无限的，把群众说成是有限的、粗野的、鲁莽的、僵死的和无机的。由此，鲍威尔把一切政治运动和社会运动都看成是自我意识的个别的、不完全的表现，把自由理解为个人在思想和行动上不受制约和无拘无束，强调批判应该作为独立的、绝对的、自主的自我意识，摆脱限制它的自由的一切东西。

马克思早在博士论文中就已对自我意识哲学的虚无主义倾向有所觉察，他指出："如果把那只在抽象的普遍性的形式下表现其自身的自我意识提升为绝对的原则，那么这就会为迷信的和不自由的神秘主义打开方便之门，关于这种情况的历史证明，可以在斯多亚学派哲学中找到。抽象的普遍的自我意识本身具有一种在事物自身中肯定自己的欲望，而这种自我意识要在事物中得到肯定，就只有同时否定事物。"③ 在《莱茵报》时期，马克思批评"自由人"的政治浪漫主义、自命天才和狂妄的自我吹嘘等倾向，认为他们把自由从现实的坚实土地上移到幻想的太空，把自由变成了完全抽象的、封闭在纯粹主观世界中的"抽象个别的自我意识"。自由人"不是从自由的、也就是独立的和深刻的内容上看待自由，而是从无拘无束的、长裤汉式的、且又随意的形式上看待自由"④。

---

① 转引自《马克思恩格斯文集》第 1 卷，人民出版社 2009 年版，第 297 页。
② 《马克思恩格斯文集》第 1 卷，人民出版社 2009 年版，第 309、48 页。
③ 《马克思恩格斯全集》第 1 卷，人民出版社 1995 年版，第 63 页。
④ 《马克思恩格斯全集》第 47 卷，人民出版社 2004 年版，第 42 页。

马克思与卢格创办《德法年鉴》的一个很重要的意图,就是力图通过"德法精神联盟"即德国的理性自由精神与法国的政治自由精神的联盟,矫正和遏制德国自由主义传统中的观念论色彩和虚无主义倾向。1843年以后,"自由人"日益脱离政治运动和社会运动,把自我意识哲学变成了纯粹的主观主义,更加倾向于个人主义,否定一切与个人的绝对自由相对立的东西,批判与自我意识相违背的一切社会形式,如宗教、国家、群众等等,把政治斗争变成政治虚无主义、无政府主义的任性行为,最终与施蒂纳一道走向虚无主义。在《神圣家族》中,马克思挑明了自我意识哲学的虚无主义本质。他指出,鲍威尔等的自我意识哲学"不承认任何有别于思维的存在、任何有别于精神自发性的自然力、任何有别于理智的人的本质力量、任何有别于能动的受动、任何有别于自身作用的别人的影响、任何有别于知识的感觉和愿望、任何有别于头脑的心灵、任何有别于主体的客体、任何有别于理论的实践、任何有别于批判家的人、任何有别于抽象的普遍性的现实的共同性、任何有别于我的你"[①]。马克思则强调,必须在改变世界的革命实践中,不断确证人的现实的自由,谋求人的彻底解放。

二 马克思"人的解放"视域中的国家治理现代化与个人自由

正确认识和处理个人与国家、个人权利与国家权力、自由与秩序的关系,是实现国家治理现代化的一个前提性和基础性问题。马克思关于"人的解放"的学说为理解个人与国家的关系以及国家治理现代化提供了一个独特的理论视角与理论框架。马克思认为,历史地看,人的解放必须经历两个阶段,即政治解放与普遍的人的解放。政治解放即近代资产阶级政治革命所追求和实现的解放,表现为现代国家的建构和个体公民身份的确认,个体获得了法律的、形式的自由。"普遍的人的解放"即人类解放,是在政治解放的基础上进一步追求和实现的人的经济的、社会

[①] 《马克思恩格斯文集》第1卷,人民出版社2009年版,第345页。

的解放，使人从私有制中解放出来，在"自由人联合体"中获得实质的、真正的自由。

1. "自由国家"与个体公民身份

马克思认为，政治解放实现政教分离，国家从宗教和宗法中分离出来，摆脱宗教和宗法的束缚，从而使国家获得自由，成为"自由国家"。马克思认为，政治解放是通过国家这个中介来实现的。"当国家宣布出身、等级、文化程度、职业为非政治的差别，当它不考虑这些差别而宣告人民的每一成员都是人民主权的平等享有者，当它从国家的观点来观察人民现实生活的一切要素的时候，国家是以自己的方式废除了出身、等级、文化程度、职业的差别。"因此，"国家是人和人的自由之间的中介者"，人把"自己的全部人的自由寄托在它身上"①。进一步看，政治解放通过宣布出身、等级、文化程度、职业为非政治的差别，使个人摆脱宗教和宗法的等级束缚，从人神依附和人身依附中解放出来，变成了国家的公民，获得了公民权，"这种权利的内容就是参加共同体，确切地说，就是参加政治共同体，参加国家。这些权利属于政治自由的范畴"②。正是在这个意义上，马克思说政治解放即"公民的解放"③。可见，现代国家的建构与个人公民身份的确认，是政治解放的两大基本成果。

赋予每个社会成员公民身份，是现代国家区别于传统国家的根本点之一，也是国家治理现代化的重要标志之一。公民身份概念虽然早在古希腊罗马时代就已出现，但在那时公民是一个极具差别性、排斥性或不平等性的概念，它意味着阶层本身的特权和阶层之间的排斥，为富裕的精英所拥有。在古希腊城邦社会，公民身份并不赋予全体居民，妇女、奴隶、农奴、边区居民、外邦人等都不具有公民身份。在那时，人的身份是由血缘关系或共同血统决定的，身份是等级的标志和不平等的尺度，不存在对所有人来说都一样的、由其作为国家成员所拥有的社会身份。只是随着资产阶级政治革命的兴起，随着现代国家的出现，随着市场化、

---

① 《马克思恩格斯文集》第 1 卷，人民出版社 2009 年版，第 29—30 页。
② 同上书，第 39 页。
③ 同上书，第 21 页。

民主化、法治化、城市化进程的推进，公民身份才日益成为一切社会成员所拥有的社会身份。对于现代个人来说，公民身份也成为最重要的社会身份。在现代社会，公民概念是一个具有普适性意义的主体概念，凸显了个体的自主与独立。"公民"呈现的是人的政治属性，是现代政治赋予人的社会身份特性。公民身份就是个体在现代政治共同体中所承担或扮演的角色，是个体在政治共同体中的成员地位。公民身份由国家而且只能由国家赋予个体，是个体在国家的正式成员身份。"公民身份"意味着，国家对个体以及个体相互间的经济地位、政治地位、文化地位的平等性确认，意味着个体获得了平等的权利。"公民身份是一种地位，一种共同体的所有成员都享有的地位，所有拥有这种地位的人，在这一地位所赋予的权利和义务上都是平等的。"[1] 在我国，农民、工人、市民、公民、国民、人民、老百姓等，是国人用以识别和确认自己社会身份的一些不同符号。但是，这些不同符号所内蕴的旨意，存在着交叉、重叠甚至冲突，这导致国人在面对这些不同符号时，常常产生身份焦虑。

公民身份涉及的是个体—公民—国家的关系，是个体与国家之间的联系纽带，反映个体在政治共同体中的成员地位，呈现的是一种社会行为规范和价值体系，富有深刻的制度意蕴。近现代思想家从不同角度概括和阐述了现代社会转型的"制度化"特质，以及由此塑造的现代人的作为公民的"制度化存在"。梅因的"从身份到契约"，马克思的从"人的依赖关系"到"物的依赖关系"，藤尼斯的从"共同体"到"社会"，涂尔干的从"机械团结"到"有机团结"，西美尔的从"自然经济社会"到"货币经济社会"，马克斯·韦伯的从"神魅化社会"到"合理化社会"，等等，都凸显了现代社会转型的"制度化"特征和现代人的"制度化存在"。英国社会学家T. H. 马歇尔认为，公民身份本质上是人的一种制度化规定，体现为一种基于公民的要素、政治的要素和社会的要素的公民权利制度[2]。通过制度文明建设，更好地确认和保障个体的公民身

---

[1] [英] T. H. 马歇尔：《公民身份与社会阶级》，载郭忠华、刘训练编《公民身份与社会阶级》，江苏人民出版社2007年版，第15页。

[2] 同上书，第7—8页。

份，是国家治理现代化的重要人学目标。

2. "国家消亡"与"自由人"联合治理

在近代欧洲，面对"国家"这个强大的"利维坦"，个人如何保持自己的自主和自由，成为近现代思想家关注和探讨的根本问题之一。从笛卡尔到康德，思想家们肯定文艺复兴关于人的独立性和自主性的思想，把这些思想进一步扩展为关于人的自我治理的思想。这种自我治理的立论根据是人的理性，以及基于理性的自然权利和社会契约，进而形成近代的公民概念和公民自治理论。这种自治包括理性独立、自我判断、权利维护、责任自负等。

马克思认为，政治解放所赋予个体的公民身份是抽象的和虚幻的。因为，政治解放只是一种建立在私有制基础上的解放，是资产阶级摆脱封建社会关系控制的解放。政治解放使人二重化，即分裂为利己的、现实的个体与抽象的、虚幻的公民，一方面使人成为被金钱等所奴役的自私自利的市民；另一方面使人成为被政治国家所奴役的虚幻的、抽象的公民。公民因其并不包含个体的具体的、有差别的真实内容而成为关于个人的虚幻存在的纯粹概念。作为政治国家的成员，公民是脱离了个体的一切规定性的，抽象的、普遍的、平等的"人"。资产阶级政治革命宣称所有人作为公民是平等的，但又使人在经济生活和社会地位中形成不同等级。因而，马克思强调，政治解放是人的解放的未完成形式，政治解放本身并不就是人的解放。为此，马克思进一步提出从"政治解放"到"普遍的人的解放"的任务。所谓"普遍的人的解放"即人类解放，就是"推翻使人成为被侮辱、被奴役、被遗弃和被蔑视的东西的一切关系"，这样，就会"使人的世界即各种关系回归于人自身"①。

在社会组织形式上，"人的解放"表现为以"自由人联合体"替代"国家"。马克思恩格斯认为，政治解放所建构的国家是以私有制为基础的，本质上是一种"统治"，是"阶级统治的工具"。现代国家最初"是新兴资产阶级社会当作自己争取摆脱封建制度的解放手段而开始缔造的；而成熟了的资产阶级社会最后却把它变成了资本奴役劳动的工具"，国家

---

① 《马克思恩格斯文集》第1卷，人民出版社2009年版，第11、46页。

在性质上"越来越变成了资本借以压迫劳动的全国政权,变成了为进行社会奴役而组织起来的社会力量,变成了阶级压制的机器"①。在马克思看来,公民身份实际上是统治阶级进行政治统治的"策略"。从这个意义上说,近代思想家所言谈的公民自治实际上是非现实的和虚幻的。同时,在现代资产阶级国家,个体自由在作为一项抽象的权利获得法律的(形式上的)肯定的同时,也陷入一种自由的悖谬。因为,资产阶级意义的政治解放所带来的自由,不过是"人作为孤立的、自我封闭的单子的自由","自由这一人权不是建立在人与人相结合的基础上,而是相反,建立在人与人相分隔的基础上。这一权利就是这种分隔的权利,是狭隘的、局限于自身的个人的权利";"这种自由使每个人不是把他人看做自由的实现,而是看做自己自由的限制";"自由这一人权的实际应用就是私有财产这一人权"②。这种自由,对有产者来说是实在的和有意义的,是一种特权自由;对无产者来说则是虚幻的和无意义的,是一无所有的自由。同时,由于财产占有的不平等,政治解放所主张的自由,虽然在法律上被宣示为一切人的自由,但事实上,这种自由不过是一部分人(而且是一少部分人)的自由,只是资产阶级这个特殊阶级的自由。所谓的公民自由不过是"对那些在统治阶级范围内发展的个人来说是存在的,他们之所以有个人自由,只是因为他们是这一阶级的个人"③。为此,马克思批判拉萨尔主义关于建立"自由国家"的错误主张,主张通过无产阶级解放,促使"国家消亡",建构"自由人联合体",最终实现人类解放。

1844年7月,马克思在对市民社会的初步分析中认识到,私有制是现代国家的基础,要克服现代社会中公共利益与私人利益之间的矛盾,"国家必须消灭自身"④。在《德意志意识形态》中,马克思恩格斯强调,现代国家是与私有制相适应的,无产阶级只有"推翻国家",才能使自己的个性获得解放。恩格斯1875年3月给奥·倍倍尔的信中在谈到无产阶级专政的性质时指出:"一到有可能谈自由的时候,国家本身就不再存在

---

① 《马克思恩格斯文集》第3卷,人民出版社2009年版,第153—154页。
② 《马克思恩格斯文集》第1卷,人民出版社2009年版,第40—41页。
③ 同上书,第571页。
④ 《马克思恩格斯全集》第2卷,人民出版社2002年版,第387页。

了。因此，我们建议把'国家'一词全部改成'共同体'，这是一个很好的古德文词，相当于法文的'公社'。"① 在《反杜林论》中，恩格斯指出，在未来理想社会，"国家政权对社会关系的干预在各个领域中将先后成为多余的事情而自行停止下来。那时，对人的统治将由对物的管理和对生产过程的领导所代替。国家不是'被废除'，它是自行消亡的"②。作为"自由人联合体"的共产主义，代表着马克思所说的人类解放的最终实现，同时也是最彻底的实质性自由的实现。从社会制度建构层面来看，马克思关于"自由人联合体"的构想是一个超政治的社会理想，在其中，阶级消灭，国家消亡，每个人实现了自由全面发展。但如果从制度文明的精神层面来看，马克思"自由人联合体"的构想则蕴含深刻的思想和丰富的内涵。在"自由人联合体"中，"对人的统治将由对物的管理和对生产过程的领导所代替"③。与此相应，一方面把"每一个个人的全面而自由的发展"作为基本原则；另一方面强调"每个人的自由发展是一切人的自由发展的条件"④。"每个人的自由发展"在主体方面实际上是侧重于"每一个个人"的自由发展，而当谈论的是"每一个人"的时候，实际上就触及个人与个人、个人与社会、个人与国家之间的关系。每个人的自由发展是一切人的自由发展的"条件"，重在说明，每个人的自由和自由发展，不仅不能阻碍他人的自由和自由发展，而且要同时保障和推进他人的自由和自由发展。

3. 保障个人自由：国家治理现代化的人学目标

在马克思那里，政治解放属于资产阶级政治革命的范畴。马克思分析了政治解放的历史意义及其内在局限性，并提出了超越资产阶级政治解放而谋求人类解放的任务。历史地看，资本主义国家与公民身份有着内在的矛盾。资本主义生产方式最终导致的是社会不平等，而资本主义国家本质上是资产阶级利益的代言人和保护者，这就使得所谓平等主义的公民身份难以真正实现，形成了资本主义市场不平等与公民身份平等

---

① 《马克思恩格斯文集》第3卷，人民出版社2009年版，第414页。
② 《马克思恩格斯文集》第9卷，人民出版社2009年版，第297页。
③ 同上。
④ 《马克思恩格斯文集》第2卷，人民出版社2009年版，第53页。

要求之间的冲突，即"当公民身份的平等原则从 17 世纪晚期开始以公民权利的面目发展时，资本主义社会不平等恰巧也发展于同一时期"①。18 世纪的公民权利以及 19 世纪发展起来的公民政治权利要求，虽然突破了传统的把平等仅仅理解为"平等的自然权利"的观念，而提出"平等的社会财富"的观念，还有 20 世纪发展起来的公民社会权利要求，进一步提出"平等的社会地位"的观念，但由于根本性的制度缺陷，以及阶级偏见和教育等的影响②，这些平等实际上是一种原则的、形式的平等，而不是实质的、内容的平等。在资本主义社会，"个人的社会经济地位是进入公民身份地位的入场，而不是获得公民身份之后的一系列权利"③。这表明，资本主义社会中，"在身份体系与契约体系之间，在社会正义与市场价格之间，存在着内在的冲突"④。如何协调政治民主的正式框架与作为经济体系的资本主义所带来的社会结果之间的关系，即形式平等与社会阶级持续分化之间的关系，是当代资本主义国家公民身份遭遇的核心问题之一。

从历史发展的客观逻辑来看，马克思所阐述的政治解放主题仍然是今天全人类所面临的一个重大社会议题。我们应看到，"马克思是把政治解放和人类解放看成是前后相继的两个历史阶段，他所言说和追求的人类解放是在完成了政治解放的基础上发生的，而 20 世纪以苏联和中国为代表的那些旨在实现人类解放的社会主义国家，却无一经历了完整意义上的政治解放，就如同它们无一经历了完整意义上的市场经济发展阶段一样，并且，在这些国家中所发生的所谓人类解放均没有真正结束专制权力和专制制度的历史，而是以权力高度集中的经济政治体制的形式重

---

① [英]德里克·希特：《何谓公民身份》，郭忠华译，吉林出版集团责任有限公司 2007 年版，第 11 页。
② 现代公民权利体系之间确实也存在着矛盾，比如，公民政治权利要求平等地对待所有个体，但经济自由权的行使会导致不平等；公民社会权利具有模糊性，它倾向于给予而无须考虑道德义务，而政治权利则必须具有法律精确性，它在授予的同时还期望被授予者能够履行义务；等等。
③ [英]德里克·希特：《何谓公民身份》，郭忠华译，吉林出版集团责任有限公司 2007 年版，第 162 页。
④ 同上书，第 14 页。

新复活了专制制度和专制权力的统治,甚至将其发展到极端"①。在社会主义条件下,推进并完成马克思所阐述的"政治解放",并在此基础上不断推进"普遍的人的解放",是我国社会主义政治文明建设的重要任务。从这个意义上说,个体公民身份的确认和确立,是我国社会主义初级阶段国家治理现代化的重要任务。

在国家治理意义上,公民身份体现为治人与治于人的统一。亚里士多德说:"公民通常的含义是参与统治和被统治的人。不同的政体有不同的公民,但在最优良的政体中,公民指的是为了依照德性的生活,有能力并愿意进行统治和被人统治的人"②。公民既是一种资格(能参与国事、有选举权的自由民),更是一种能力(参政、捍卫城邦)。卢梭指出,就一个特定政治体的结合者而言,"他们集体地就称为人民;个别地,作为主权权威的参与者,就叫做公民,作为国家法律的服从者,就叫做臣民"③。可见,公民是立法者与守法者的统一,是主权者和人民、臣民的统一。公民处于人民与臣民之间,每个公民都发现自己身处于法律和国家的双重关系中:在享有主权的范围内,他是立法者;但作为必须服从法律的个人,他又是法律的臣民。

1920年代,梁漱溟指出,在中国传统国家治理中,"拿主意"与"听话"是分离的。"一个人拿主意,并要拿无限制的主意;大家伙都听他的,并要绝对的听话。"于是,在中国,"第一层便是有权、无权打成两截;第二层便是有权的无限有权,无权的无限无权"。梁漱溟认为,合理的国家治理结构在治理主体层面,应体现"拿主意"与"听话"的统一,即"大家伙同拿主意,只拿有限制的主意,大家伙同要听话,只听这有限制的话"④。在国家治理中,"拿主意"与"听话"的统一集中体现为公民的有序政治参与。参与性是一种公民资格。一个人的公民资格,是同他积极参与公共事务密不可分的。卢梭把公民定义为"作为主权的参与者"。在现代政治中,所谓公民,根本上是指有资格和有能力参与公

---

① 阎孟伟:《在马克思实践哲学的视野中》,武汉大学出版社2011年版,第567页。
② [古希腊]亚里士多德:《政治学》,吴寿彭译,商务印书馆1965年版,第99—100页。
③ [法]卢梭:《社会契约论》,何兆武译,商务印书馆1980年版,第26页。
④ 《梁漱溟全集》第1卷,山东人民出版社2005年版,第362—364页。

共事务的人。参与性是公民的一种生活方式,是公民的一种公共生活。"公民这个角色代表了民主参与的最高形式。"① 所谓参与,就是公民通过合作协商、伙伴关系、确立认同和共同目标等方式,实施公共事务管理的上下互动的过程,其实质是建立在市场原则、公共利益和价值认同之上的社会合作。公民参与有许多不同形式,如投票、竞选、公决、结社、请愿、集会、抗议、游行、示威、反抗、宣传、动员、串联、检举、对话、辩论、协商、游说、听证等等。参与性能够强化一个人的公民特质。

公民参与本质上是人们的"现实生活过程",是一种生活实践和行动。马克思认为,作为政治权利的公民权利,"这种权利的内容就是参加共同体,确切地说,就是参加政治共同体,参加国家"②。在国家治理中,公民的个人自由,集中体现为他能够自觉行使公民权利,依法表达自己的愿望和要求,行使自己对于国家公共事务的知情权、参与权、表达权、监督权。公民履行公民义务、行使公民权利的过程,就是他切实感受"当家作主"的过程,也是确证和实现个人自由的过程。

在社会意义上,个人自由表现为权利、机会和能力的统一。作为一种权利,自由表现为个人是自己的主人,有自己独立人格,能够遵循法律法规管理国家事务和社会事务。自由观念在人类社会历史和思想史中的正式确立,源于因公共权力与个人权利之间的张力而产生的从个人权利角度对公共权力的限制和反抗。康德认为,在现代社会,首要的问题是权利问题,人"通过权利的概念,他应该是他自己的主人"③。伯林把权利视为自由的核心要素。严复把穆勒的 On Liberty 翻译为《群己权界论》,意指群体权力与个人权利的界限。梁启超在《十种德性相反相成》一文中,直接用"权利"定义"自由",他说:"自由者,权利之表征也。"④ 马克思说:"自由向来就是存在的,不过有时表现为特权,有时表

---

① [美]加布里埃尔·A. 阿尔蒙德等:《公民文化》,张明澍译,商务印书馆2014年版,第174页。
② 《马克思恩格斯文集》第1卷,人民出版社2009年版,第39页。
③ [德]康德:《法的形而上学原理——权利的科学》,沈叔平译,商务印书馆1991年版,第50页。
④ 梁启超:《饮冰室合集·文集》第2册,中华书局2015年版,第429页。

现为普遍权利而已。"当自由表现为"特权"时,自由实际上表现为少数人的一种任性,是一种不文明制度中的"专制的自由";当自由表现为"普遍权利"时,"自由的存在具有普遍的、理论的、不取决于个别人的任性的性质"①。使自由成为一种"普遍权利",是制度文明的重要标志,也是国家治理的重要目标。作为一种机会,自由体现为人获得权利和实现自己目的的可能性和现实性。伯林认为,"自由是行动的机会"②,是行动的"可能性"。作为一种能力,自由体现为人认识和改造世界的能力。阿马蒂亚·森把自由与能力联系起来,把自由定义为"享有人们有理由珍视的那种生活的可行能力"③。他强调,一个人可以实现的功能性活动的范围,构成他的"实质"意义的自由。制度文明可以扩展个人的机会空间,增强个体之间的良性互动、交往与合作。

苏联、东欧及中国等现实社会主义国家曾长期实行以高度集权为特征的政治经济管理体制,国家治理充满较强的国家主义色彩。在国家主义治理模式中,国家在经济、政治、社会生活中处于支配地位,其职能不断膨胀。国家对社会的过度干涉和代庖,国家对私人生活领域的不必要介入和干扰,加剧了国家与社会、国家与个人之间的冲突和矛盾,影响了国家治理的效能和效果。改革开放以来,有关市民社会与国家、个人权利与国家权力、民主与权威主义、民进国退与国进民退等的争论一直持续不断。虽然我们在这些问题上已经做出了诸多创新性的实践探索和成果,但如何赋予社会、企业和个人更多的自主和自由,可以说仍然是国家治理现代化面临的重要课题之一。马克思关于"国家消亡"和"自由人联合体"的思想对于推进社会主义国家治理现代化的启示意义在于,必须正确认识和处理国家与社会的关系,在国家治理与社会自治、个人自由之间保持必要的张力,建构国家与社会良性互动的有机统一的机制。作为国家治理现代化的价值目标,"自由就在于把国家由一个高踞

---

① 《马克思恩格斯全集》第1卷,人民出版社1995年版,第167、176页。
② [英]以赛亚·伯林:《自由论》,胡传胜译,译林出版社2003年版,第39页。
③ [印]阿马蒂亚·森:《以自由看待发展》,任赜、于真译,中国人民大学出版社2002年版,第62页。

社会之上的机关变成完全服从这个社会的机关"①。

如上所述,资产阶级政治革命所建构的公民身份,对于大多数社会成员来说,是抽象的、形式的和虚幻的。资产阶级政治革命所谓"人人自由平等、共同治理社会"的承诺,不过是口头上的、空泛的。"自由人联合体"将实现自由人的自治。马克思"自由人联合体"以及自由人联合自治的构想启示意义在于,作为从"阶级国家"走向"自由人联合体"的过渡形式,无产阶级专政必须体现自由人联合自治的精神,要把自由人联合自治精神作为现实社会主义国家制度文明的精神质地和根本标志。事实上,在我国,无产阶级专政的本质就是人民民主专政,这种人民民主专政本身就是自由人联合自治的一种特定的历史表现形式。增强公民自治意识,是实现人民民主的主体要件。

在国家治理意义上,自由体现为自治,这种自治能够充分保障个人的权利、机会和能力的统一。自治被中外思想家视为现代政治的重要环节,自治意识被看作公民积极参与的精神动力。密尔在《代议制政府》中对古希腊陪审员制度和公民大会的实践给予高度赞扬,认为雅典公民对公共事务的直接参与使他们获得了知识和美德方面的良好熏陶,对公民的自治形式给予极高赞赏。他认为,英国人的民主精神和丰富的政治知识是与英国历史悠久的乡镇自治和人民陪审制度,以及英国人长期以来对地方公共事务的自治参与密切相关的。托克维尔认为,乡镇自治是美国民主得以发展的根本原因。在自主治理乡镇公共事务的过程中,乡镇居民从实践经验中获得了比单纯的文化教育、思想启蒙更多的有关公共事务的管理知识。

我国长期的封建专制统治,使人们"产生了对国家以及一切同国家有关的事物的盲目崇拜。尤其是人们从小就习惯于认为,全社会的公共事务和公共利益只能像迄今为止那样,由国家和国家的地位优越的官吏来处理和维护,所以这种崇拜就更容易产生"②。1902 年,康有为在《公民自治篇》一文中,把自治作为良好政治制度的基础。他指出:"为人代

---

① 《马克思恩格斯文集》第 3 卷,人民出版社 2009 年版,第 444 页。
② 同上书,第 111 页。

谋者之不如自为谋也，人治之者之不如自为治也，此天下之公理矣。"
"今吾中国地方之大，病在于官代民治，而不听民自治也。"① 1919 年 10
月，陶行知认为，共同自治是共和国立国的根本。他说："一国当中，人
民情愿被治，尚可以苟安；人民能够自治，就可以太平；那最危险的国
家，就是人民既不愿被治，又不能自治。""共和国民最需要的操练，就
是自治。在自治上，他们可以养成几种主要习惯：一是对于公共幸福，
可以养成主动的兴味；对于公共事业，可以养成担负的能力；对于公共
是非，可以养成明了的判断。简单些说：自治可以养成我们对于公共事
情上的愿力、智力、才力。"②

新兴的治理理论强调，只有通过社会多主体的积极参与、沟通、协
调、激励、规范和约束，才能真正形成一种遵循共同价值取向、实现共
同目标的良好政治和社会秩序。不同于传统的少数人对多数人的自上而
下的"统治"和"管理"，"治理"就是官民协同管理公共事务。治理意
味着政治不是少数人的事，而是众人之事；政治不是单纯的"行政政
治"，而是"参与政治"。公民积极参与，是实现"善治"的根本保障。
但是，"公民参与带来的最根本的问题是，它可能对社会控制产生一定的
威胁"③。由于公民的利益诉求存在差异、冲突甚至对立，许多利益诉求
难以达成共识，在这种情况下，公民参与过程就可能产生各种社会矛盾
和冲突，也可能出现"多数人的暴政"，进而导致社会秩序的混乱甚至崩
溃，一定程度上降低政府管理效率，增加社会治理成本。

所以，真正的自治是一种"自我立法的治理"，是一种"法治"。
1919 年，梁启超在《欧游心影录》中指出，有无组织能力，根源于有无
"法治精神"。他认为，中国人最大的缺点是没有组织能力，没有法治精
神。"从前国家和家族，都是由命令服从两种关系结构而成。命令的人，
权力无上，不容有公认规则来束缚他，服从的人，只随时等着命令下来

---

① 张荣华编：《中国近代思想家文库·康有为卷》，中国人民大学出版社 2015 年版，第
353、355 页。
② 胡晓风等编：《陶行知教育文集》，四川教育出版社 2007 年版，第 55—56 页。
③ [美] 约翰·伊斯顿·托马斯：《公共决策中的公民参与》，孙柏瑛译，中国人民大学出
版社 2005 年版，第 11 页。

就去照办也用不着公认规则。因此之故，法治两字，在从前社会，可谓全无意义。"① 自治是在"公认规则"下的自我治理，法治是自治的"公认规则"，法治是自治的基础和保障。法治是制度文明的内在规定和精神标识。

三 劳动·自由·公正："一体两翼"社会主义核心价值观

劳动、自由和公正，是社会主义核心价值观的三个核心要素。其中，"劳动"是社会主义主导价值原则，是社会主义核心价值观的"体"；自由是社会主义根本价值目标，公正是社会主义核心价值取向，自由与公正构成社会主义核心价值观的"两翼"。社会主义核心价值观以劳动为"体"，以自由与公正为"两翼"，是劳动、自由、公正三者有机统一的结构体系。

1. 劳动、自由、平等：马克思主义价值观的三个基本因子

在西方资产阶级思想启蒙与政治革命进程中，劳动、自由与平等作为一些进步的价值观念，一度成为资产阶级用以颠覆宗教教义、批判封建专制制度、鼓动政治解放的思想武器，表达了资产阶级的价值追求。诸如劳动是人的天职、劳动创造财富、人在劳动中自我生成、人人生而自由、人人自然平等之类的观念，成为那个时代人们的崇高信仰和坚定信念。韦伯认为，"以劳动自身为目的和视劳动为天职的观念"，是早期资本主义价值体系的核心内容。然而，当资产阶级确立自己的统治地位以后，它并没有也不可能真正兑现自己在"革命时代"的承诺。它把劳动变成雇佣劳动和异化劳动，把劳动者变成被剥削者，使"获者不劳、劳者不获"的现象一如既往；它把自由和平等落实为资本、财产等的自由和平等，使自由和平等成为有产者的特权。

在人类思想史上，社会主义最初是作为一种价值理想而出现的。就其基本价值取向而言，社会主义源于对资本主义异化劳动、阶级统治、

---

① 梁启超：《欧游心影录》，商务印书馆2014年版，第42页。

社会不公等现象的批判和反抗，是对一个人人自食其力、自由、平等的新社会的向往和追求。所以，在社会主义思想史上，劳动、自由、平等等价值观念，也合乎必然地成为一切进步思想家用以批判资本主义社会的思想武器。科学社会主义是社会主义价值观的理论自觉和科学表达。马克思主义创始人并不一般地谈论劳动，而是在扬弃古典政治经济学劳动价值理论和黑格尔劳动思想的基础上，坚定地立足劳动者的立场，凸显劳动的历史本体论意义，他们"在劳动发展史中找到了理解全部社会史的锁钥"[①]，并通过剩余价值论揭示了资本主义劳动剥削的秘密。劳动观点以及基于其上的群众观点，是历史唯物主义首要的和基本的观点。哈贝马斯认为，马克思对传统哲学的批判集中表现为，以"生产"概念取代传统的"反思"概念，以"劳动"概念取代传统的"自我意识"概念[②]。同时，马克思主义创始人也并不一般地否定自由和平等，而是坚决地反对和批判资产阶级所谓的自由和平等，并在历史唯物主义视域中，以劳动历史观和劳动价值论为根据，对自由与平等作出科学阐释，把自由与平等视为包括社会主义在内的未来社会的两个最基本的价值指向，并指明了实现真正的自由与平等的现实道路，即通过无产阶级革命，废除私有制，消灭异化劳动，实现劳动解放和人类解放。因此，劳动、自由、平等是马克思主义价值观的三个基本因子，其中，劳动是基础和核心，自由和平等是以劳动为基础并围绕劳动这个轴心而得以确证和展开的。

党的十八大以前，关于社会主义核心价值观的具体表述达数十种。在这些表述中，"自由、平等、正义、民主、富强、和谐、发展、仁爱、人本、互助、共享、文明"等，成为被高频率使用的词汇。需要强调的是，在提炼和概括社会主义核心价值观的要素时，不能停留于简单的罗列，而应充分揭示各种要素之间的内在关联性和层次性。更为重要的是，应充分认识到，社会主义核心价值观中的"社会主义"，不是抽象的社会主义，而是理想与现实、应然与实然、普遍性与特殊性、最高纲领与最

---

① 《马克思恩格斯文集》第 4 卷，人民出版社 2009 年版，第 313 页。
② ［德］哈贝马斯：《现代性的哲学话语》，曹卫东等译，译林出版社 2004 年版，第 68 页。

低纲领相统一的社会主义,是中国特色社会主义。在这种"社会主义"语境中的核心价值观,应以马克思主义价值观为指导,汲取中外价值观的优秀成果,体现共产主义理想信念与中国特色社会主义实践要求。社会主义核心价值观有众多构成要素,提炼和概括社会主义核心价值观不能停留于对诸要素的简单罗列和排序,而应把握其中的核心要素及其结构。

2. 劳动:社会主义主导价值原则

劳动是社会主义的主导价值理念。恩格斯指出:"资本和劳动的关系,是我们全部现代社会体系所围绕旋转的轴心。"① 在资本主义社会,资本统治和剥削劳动,"劳者不获,获者不劳"是一种普遍现象。消除资本对劳动的统治和剥削,解放劳动,确立劳动的主导地位,维护和实现最广大劳动者的利益,是马克思主义的根本政治立场。阿伦特说:"马克思是19世纪唯一的使用哲学用语真挚地叙说了19世纪的重要事件——劳动的解放的思想家。今天马克思的思想影响极大,也是因为这个事实。"② 马克思称巴黎公社为"劳动共和国"。恩格斯指出,在社会主义社会,"一方面,任何个人都不能把自己在生产劳动这个人类生存的必要条件中所应承担的部分推给别人;另一方面,生产劳动给每一个人提供全面发展和表现自己的全部能力即体能和智能的机会,这样,生产劳动就不再是奴役人的手段,而成了解放人的手段,因此,生产劳动就从一种负担变成一种快乐"③。列宁强调:"'不劳动者不得食',——这就是社会主义实践的训条。"④ 劳动是社会主义社会的主导原则和统治力量,社会主义社会是劳动者当家作主的社会,是人人自食其力的社会。

劳动是中国特色社会主义事业发展的主导性动力。劳动是人类最基本和最重要的实践活动,是人类生存和社会发展的根本前提。劳动创造了世界,劳动创造了人本身。我国将长期处于社会主义初级阶段,社会

---

① 《马克思恩格斯文集》第3卷,人民出版社2009年版,第79页。
② [美]汉娜·阿伦特:《马克思与西方政治思想传统》,孙传钊译,江苏人民出版社2007年版,第12页。
③ 《马克思恩格斯文集》第9卷,人民出版社2009年版,第310—311页。
④ 《列宁专题文集·论社会主义》,人民出版社2009年版,第61页。

主义市场经济的推进,使得资本在经济社会发展中仍发挥着巨大的作用。但是,作为社会主义国家,资本不能也不应该成为社会的主导力量。中国特色社会主义事业的主导力量,是最广大劳动者的辛勤劳动和艰苦奋斗。邓小平指出:"在我们的时代里,一切光荣都是劳动的产物,不劳动而剥削他人的劳动,对于人民群众说来,乃是最大的耻辱。"① 现在,随着市场经济的发展,随着虚拟经济的崛起,随着物质生活水平的提高,随着消费主义的兴盛,再加上因体制和政策等缺陷而产生的"勤劳不致富"、普通劳动者收入滞后等现象的不良影响,一些人滋生了好逸恶劳的倾向,梦想一夜暴富,一夕成名。在这些人眼里,劳动成了"没本事""愚蠢",甚至"下贱"的代名词,而不劳而获,坐享其成,甘当"啃老族",投机取巧,甚至巧取豪夺,反被视为"有能耐""聪明"。确立劳动的主导地位,树立正确的劳动观,是当下中国价值观建设的最重要议题之一。

劳动是社会主义新人的主导性品格。劳动是人的生命活动的展开过程,是人的生命意义的生成过程。马克思指出:"劳动是劳动者的直接的生活来源,但同时也是他的个人存在的积极实现。"② 但是,在以私有制为基础的社会,生产资料占有者靠剥削他人的劳动为生,是不劳而获者,是社会的寄生虫。对无产者来说,劳动仅仅以谋生活动的形式存在,成为异化劳动。马克思提出劳动解放,其根本宗旨是要通过劳动和劳动者的解放,最终实现人类的解放。所谓劳动解放,就是"人人自食其力",就是使每一个人都"把劳动当做他自己体力和智力的活动来享受"③,从而让劳动"成为吸引人的劳动,成为个人的自我实现"④。所以,马克思认为,在共产主义社会的高级阶段,劳动将从作为人的谋生手段转向作为人的生活第一需要,能力本身的发展将成为人的劳动的根本目的。在社会主义社会,对于个人而言,劳动的谋生性仍是主导性的,但其中孕

---

① 《邓小平文选》第 1 卷,人民出版社 1994 年版,第 242 页。
② [德] 马克思:《詹姆斯·穆勒〈政治经济学原理〉一书摘要》,载 [德] 马克思《1844 年经济学哲学手稿》,人民出版社 2000 年版,第 174 页。
③ 《马克思恩格斯文集》第 5 卷,人民出版社 2009 年版,第 208 页。
④ 《马克思恩格斯文集》第 8 卷,人民出版社 2009 年版,第 174 页。

育着"作为生活第一需要"的意义。而且，随着社会主义社会的不断发展和完善，劳动"作为生活第一需要"的意义将会不断地从可能性变为现实性。劳动创造人的物质生命，劳动塑造人的精神世界。一个人只有通过劳动，才能真正自立于社会，实现自己的自我价值和社会价值。新中国成立初始，在《共同纲领》中就把"爱劳动"作为"五爱"的内容之一，把"爱劳动"教育视为反对剥削阶级不劳而获人生观和培养热爱劳动人民思想情感的基本途径。1982 年修改的《中华人民共和国宪法》更是把"爱劳动"提升到国家根本法的高度。从 1986 年《中共中央关于社会主义精神文明建设指导方针的决议》，到 1996 年《中共中央关于加强社会主义精神文明建设若干重要问题的决议》，再到 2001 年《公民道德建设实施纲要》，都把"爱劳动"视为社会主义新人的主导性品格。

劳动在社会主义价值观中居于主导地位，发挥统领作用。社会主义价值观的构成要素是多种多样的。如前所述，民主、自由、公正、富强、和谐、发展、仁爱、人本、共享等，都是被人们屡屡提及的社会主义核心价值观的基本要素。历史地看，这些要素大多在不同社会历史时期都曾被反复谈论，并且不同阶级对这些要素都作出了各自的解释。现实地看，这些要素也可以成为社会主义价值观的基本内容。但是，本质地看，这些要素只有以劳动为根据，并只有根基于劳动，才能给予正确阐释，获得社会主义性质的规定。比如，社会主义民主的实质是劳动者当家作主、社会主义自由和公正根本上是以劳动者为主体的全体社会成员的自由全面发展、社会主义富裕最终体现为劳动者的共同富裕等等。劳动价值观孕育以人为本、人民本位、为人民服务、集体主义等社会主义价值观念。自主创新的自由理念和人人平等的公正理念，分别体现了社会主义劳动的"质料"和"形式"，是社会主义劳动价值观的两个最基本维度。

3. 自由：社会主义根本价值目标

自由是社会主义社会的根本价值规定。自由是马克思主义创始人对包括社会主义社会在内的未来社会的一种根本性的价值规定，这种价值规定在《共产党宣言》中被表述为"每个人的自由发展是一切人的自由发展的条件"①,在《1857—1858 年经济学手稿》中被表述为"建立在个人全面发展和他们的共同的生产力成为他们的社会财富这一基础上的自由个性"②,在《资本论》中被表述为"每一个个人的全面而自由的发展"③,在《社会主义从空想到科学的发展》中被表述为"人终于成为自己的社会结合的主人,从而也就成为自然界的主人,成为自身的主人——自由的人"④。自由是人类获得解放的真正标志,马克思恩格斯因此把未来新社会称为"自由人联合体"。在社会主义语境中,自由集中表现为以劳动自由为根基的人的自由全面发展。

自由劳动是社会主义自由的根基。在资本主义社会,自由在其观念形态上表现为一种超时空的、抽象的理性自由,在其现实性上表现为财产自由、资本自由、贸易自由、竞争自由等等。这种自由,对有产者来说是实在的和有用的,是一种特权;但对劳动者来说则是虚幻的和有害的,是一种压迫。劳动者的自由,就是除了自己的劳动力以外一无所有的自由,就是在市场中貌似自由(实为被迫)地出卖自己的劳动力。马克思揭露了资本主义自由的真面目:"这是谁的自由呢?这不是一个人在另一个人面前享有的自由。这是资本所享有的压榨工人的自由。"⑤资本主义自由及其局限性根源于以私有制为基础的资本主义雇佣劳动。雇佣劳动是一种被迫的、强制性的劳动。在这种劳动中,劳动者不被当作人看待,而是被视为一种商品、一种资本。雇佣劳动"不仅把人当做商品、当做商品人、当做具有商品的规定的人生产出来;它依照这个规定把人当做既在精神上又在肉体上非人化的存在物生产出来"⑥。在雇佣劳动中,劳动者不是自己活动的主体,而是被动的客体。他在自己的劳动中不是肯定自己,而是否定自己。对劳动者来说,雇佣劳动是一种自我牺牲、自我折磨的劳动。所以,马克思指出:"以劳动为原则的国民经济学表面

---

① 《马克思恩格斯文集》第 2 卷,人民出版社 2009 年版,第 53 页。
② 《马克思恩格斯文集》第 8 卷,人民出版社 2009 年版,第 52 页。
③ 《马克思恩格斯文集》第 5 卷,人民出版社 2009 年版,第 683 页。
④ 《马克思恩格斯文集》第 3 卷,人民出版社 2009 年版,第 566 页。
⑤ 《马克思恩格斯文集》第 1 卷,人民出版社 2009 年版,第 757 页。
⑥ [德] 马克思:《1844 年经济学哲学手稿》,人民出版社 2014 年版,第 62 页。

上承认人，其实是彻底实现对人的否定。"① 国民经济学把人的劳动仅仅理解为一种创造财富、满足需要的活动，忽视了劳动广泛而丰富的社会内容和人文意义。资本主义雇佣劳动是这种学说的实践表现。资本主义雇佣劳动使得"劳动"由人的"自由自觉的本质"转变成了仅仅是"维持生存的手段"，从而遏制了人的自由的真正实现。马克思在谈到巴黎公社的意义时指出，巴黎公社"是终于发现的可以使劳动在经济上获得解放的政治形式""是想消灭那种将多数人的劳动变为少数人的财富的阶级所有制"②。在马克思看来，通过废除私有制而实现的劳动解放，将会使劳动由"谋生手段"变成"生活第一需要"，由"奴役"变成"享受"，成为一种自由自觉的活动。只有在这种自由劳动中，并以这种自由劳动为基础，人才会获得各种经济的、政治的和社会的自由，进而确立人之为人的尊严。没有劳动自由，其他一切形式的自由，就会成为无源之水、无本之木。也是在这个意义上，近年来，党和政府既强调"就业是民生之本"，又提出"让广大劳动群众实现体面劳动"。体面劳动即有尊严的劳动，即一个人作为人并为了人而去劳动。自由劳动是体面劳动的核心内涵和本质规定。

人的自由全面发展是社会主义自由的根本。恩格斯指出，包括社会主义社会在内的未来新社会应该"使每一个社会成员都能够完全自由地发展和发挥他的全部力量和才能"③。人的自由全面发展包括人的自觉发展和自为发展。具体说，就是人在自觉和自为的发展中，实现自由个性，获得普遍幸福。自由是人的一种自觉的存在状态，这种自觉性相对于盲目性和自发性，以目的形式表现出来。自觉是人的一种内在的精神力量，是人的自由发展的意识基础和先决条件。人的行为的自觉性以及在这种自觉性基础上不断实现的个性塑造和个性完善，是人的自由发展的一种确证和表征。同时，自由是人的一种自为的存在状态，这种自为性相对于自在性或自发性，表征的是人的一种为我性特征。人的自为发展意味

---

① ［德］马克思：《1844年经济学哲学手稿》，人民出版社2014年版，第71页。
② 《马克思恩格斯文集》第3卷，人民出版社2009年版，第158页。
③ 《马克思恩格斯文集》第1卷，人民出版社2009年版，第683页。

着，人是发展的主体、核心和目的，发展是人的愿望和需要不断对象化、现实化的过程。人的发展的自为性，就是亚里士多德所说的人的自足性。自足即自身完备。在希腊语中，自足常常与幸福联系在一起。幸福就是因其自身而不是因某种其他事物而值得欲求的实现活动，人的幸福就是人对自身特有功能和能力的积极运用的状态和结果。在马克思主义创始人那里，自由最终体现为，每个人作为完全独立的自由个体，拥有和享受自由支配的闲暇时间，从而获得"人的一切感觉和特性的彻底解放"，即"人以一种全面的方式，就是说，作为一个完整的人，占有自己的全面的本质"①。形象地说，个体自由表现为，"我有可能随自己的兴趣今天干这事，明天干那事，上午打猎，下午捕鱼，傍晚从事畜牧，晚饭后从事批判，这样就不会使我老是一个猎人、渔夫、牧人或批判者"②。当然，这并不是说，一个人可以做、能够做或应该做所有的事情。而是意味着，一个人可以把自己能力的自由发展"作为目的本身"，不受阻碍地按照自己的兴趣和愿望，自由地发展和发挥他的全部潜力和才能，实现"各尽所能"。按照自己的兴趣和心愿从事各种活动，充分发挥自己的潜力和才能，实现自我价值，体现了人的发展的自为性和自足性，这是人的幸福的内核。保障和实现人的这种幸福，是社会主义自由原则的根本体现。

4. 公正：社会主义核心价值取向

公正是社会主义社会的基本规定。公平、正义等是人类持续关注和追求的价值理想，但在以私有制为基础的阶级对立社会，公正原则既不可能真正成为"核心"价值，也不可能获得真正实现。公正作为核心价值取向，只有在社会主义社会才有可能。废除私有制，消灭阶级和阶级剥削，实现人人平等，是马克思主义创始人关于社会主义社会的基本规定。恩格斯表述了包括社会主义社会在内的未来社会的总体特征："把生产发展到足够满足所有人的需要的规模；结束牺牲一些人的利益来满足另一些人的需要的状况；彻底消灭阶级和阶级对立；通过消除旧的分工，通过产业教育、变换工种、所有人共同享受大家创造出来的福利，通过

---

① ［德］马克思：《1844年经济学哲学手稿》，人民出版社2014年版，第81页。
② 《马克思恩格斯文集》第1卷，人民出版社2009年版，第537页。

城乡融合，使社会全体成员的才能得到全面发展。"① 就其现实性而言，社会主义公正集中表现为以按劳分配为基础的社会诸领域、各层面的全面公正。

按劳分配是社会主义公正原则的基本要求。追逐剩余价值，是资本主义生产的根本目的。在这种生产中，劳动者的劳动成为一种"无酬劳动"。这是一种最大的社会不公正。这种不公正根源于生产资料私有制以及以此为基础的资本主义社会结构。因此，马克思提出，"我们的伟大目标应当是消灭那些使某些人生前具有攫取许多人的劳动果实的经济权力的制度"②，建立"各尽所能、各取所需"的共产主义社会。在《哥达纲领批判》中，马克思划分了共产主义社会的"第一阶段"和"高级阶段"。他强调，在共产主义社会第一阶段（即社会主义社会），由于生产力发展的有限性，只能按照同一尺度即劳动来分配劳动者的个人收入，即实行按劳分配。我国处于社会主义初级阶段，实行按劳分配原则，体现了社会主义公有制主体地位的要求，体现了有限生产力发展条件下劳动的谋生性特点，体现了劳动者在才能、劳动数量和质量等方面的差别，体现了不发达或欠发达社会的公正原则，有利于调动全体劳动者的劳动积极性。按劳分配所体现的公正原则就是，"在人人都必须劳动的条件下，人人也都将同等地、愈益丰富地得到生活资料、享受资料、发展和表现一切体力和智力所需的资料"③。

公正是社会主义制度的本质要求，是社会主义和谐社会的基本特征。邓小平指出，共同富裕"是体现社会主义本质的一个东西"。民主法治、公平正义、诚信友爱、充满活力、安定有序、人与自然和谐相处，是社会主义和谐社会的六大特征，也是社会主义和谐社会的基本价值观。其中，公平正义具有统领性的意义。公正是社会安定有序的前提，公正的程度制约着社会安定的程度；只有不断维护和实现公正，才能充分调动劳动者的积极性和创造性，使社会充满活力；社会成员之间的诚信友爱

---

① 《马克思恩格斯文集》第1卷，人民出版社2009年版，第689页。
② 《马克思恩格斯文集》第3卷，人民出版社2009年版，第88页。
③ 《马克思恩格斯文集》第1卷，人民出版社2009年版，第710页。

只有建立在公正的基础上,才可能更加牢固;法治是公正的保障,但就根本而言,法律只是保障公正的一种手段和工具,它必须不断适应公正的发展及要求;人与自然能否和谐相处,取决于人与人能否和谐相处,公正是人与人和谐相处的基本条件。当代中国正处于经济社会转型期,公正是执政党和广大人民普遍关心的问题。公正即公平正义。就内涵而言,公正包括权利公正、机会公正、规则公正、分配公正等;就外延而言,公正包括政治、经济、文化、生态等全方位的公正。我们强调,在发展进程中必须遵循"共同建设、共同享有"的原则。"共建共享"发展原则,充分体现了发展为了人民、发展依靠人民、发展成果由人民共享的社会主义公正理念。

四 社会主义核心价值观研究的方法论自觉

高度的方法论自觉,是推进社会主义核心价值观研究的内在要求。目前,在社会主义核心价值观研究中,存在着一些较为明显的方法论偏颇,这些偏颇影响着相关研究的深入开展。因此,有必要在马克思主义方法论的高度自觉中,对这些方法论偏颇予以澄清和校正。

1. 从原则出发还是从现实出发

社会主义核心价值观研究中的第一个方法论偏颇是,存在着"从原则出发"的现象。"从原则出发",就是把现实生活中的价值问题最终归结为一般观念或原则问题,使这些观念或原则脱离现实生活,获得超时空的自我规定性;进而把这些观念或原则作为批判现实、建构现实的出发点,视为价值世界形成与发展的源泉和动力。

从方法论意义上说,"从原则出发"是一种本质主义研究方法。这种方法旨在从研究对象的众多属性中选取某个或某些属性作为研究对象的本质,将这种本质看作对对象的存在和发展具有决定意义的因素,并据此建构一种关于对象的解释体系和理论观念。这种本质主义方法,在关于社会主义核心价值观的研究中,有不同程度、不同形式的表现。有人把我国社会主义现代化建设的目标即"富强、民主、文明、和谐",确认为社会主义核心价值观。有人把关于社会主义和谐社会的本质规定即

"民主法治、公平正义、诚信友爱、充满活力、安定有序、人与自然和谐相处",视为社会主义核心价值观。有人从社会主义核心价值体系构成要素的本质规定中推演社会主义核心价值观,他们认为,"公平"是马克思主义的精髓,"富裕"是中国特色社会主义共同理想的主题,"爱国"是中华民族精神的核心,"自由"是当今时代精神的根本,因而,公平、富裕、爱国、自由等是社会主义核心价值观。有人力图在"马中西"三者本质的融通中推演社会主义核心价值观,他们认为,"公平"是马克思主义的内核,"仁爱"是传统儒家思想的内核,"自由"是西方自由主义的内核,因而,公平、仁爱、自由是社会主义核心价值观。有人从与资本主义核心价值观(早期资本主义时代以法国大革命为标志的资本主义核心价值观是"自由、平等、博爱",晚期资本主义时代以美国为主要代表的资本主义核心价值观是"民主、自由、人权")本质的一般逻辑比较中,推演出社会主义核心价值观是"民主、公平、和谐"。有人认为,可以通过现代转换,把传统儒学所倡导的"仁、义、礼、智、信"等,确立为社会主义核心价值观。

相当一部分人秉持"我注经典"或"经典注我"的研究思路,从马克思主义经典作家有关社会主义及其价值观的一般原则出发,力图通过对这些一般原则中蕴含的某种既定范畴或概念的逻辑证成,来推演社会主义核心价值观。这种研究方法囿于"本本的社会主义",忽视对不断发展的"现实的社会主义"实践的深入研究。持这种研究方法的人所犯的错误,一如马克思恩格斯在批评德国"真正的社会主义"者时所指出的那样,这些人"认为外国的共产主义文献并不是现实运动的表现和产物,而是纯理论的著作,这些著作像他们想象中的德国哲学体系一样,完全是从'纯粹的思想'中产生的。他们并没有考虑到,这些著作即使在宣传某些体系,也是以实际的需要为基础的,是以一定国家的一定阶级的整个生活条件为基础的"[①]。在社会主义思想史上,空想社会主义者"从原则出发",致力于从启蒙思想体系本身中演绎社会主义及其价值观。他们把社会主义的实现建立在"理性"和"正义"必然胜利的假设之上。

[①] 《马克思恩格斯文集》第1卷,人民出版社2009年版,第588页。

在他们看来，社会主义只不过是理性、自由、平等、正义等原则在资本主义社会破灭后的重建。马克思认为，这是一种"空论的社会主义"，因为它从原则出发，在头脑中用理性去演绎历史，具有先验性和非历史性，"它自然就把未来的历史进程想象为正在或已经由社会思想家协力或单独设计的种种体系的实现"，"这种空论的社会主义实质上只是把现代社会理想化，描绘出一幅没有阴暗面的现代社会的图画，并且不顾这个社会的现实而力求实现自己的理想"。① 恩格斯也指出："把社会主义社会看做平等的王国，这是以'自由、平等、博爱'这一旧口号为根据的片面的法国人的看法，这种看法作为当时当地一定的发展阶段的东西曾经是正确的，但是，像以前的各个社会主义学派的一切片面性一样，它现在也应当被克服，因为它只能引起思想混乱，而且因为这一问题已经有了更精确的叙述方法。"② 这种方法就是辩证唯物主义和历史唯物主义。这种方法的基本要义是，社会存在决定社会意识，人的意识在任何时候都只能是被意识到了的存在，而人的存在就是他的现实生活过程。一般地说，人们在创造自己的物质的社会关系的基础上创造了相应的原理、观念和范畴。所以，人们的观念、范畴也同它们所表现的关系一样，不是永恒的，而是历史的产物。

任何价值观都不是先验的，而是生成于人们的现实生活过程，展开于社会历史进程，反映特定社会主体对价值问题的能动看法和根本观点。马克思恩格斯在对资本主义"自由、平等、博爱"等价值观进行的辩证分析和批判中，在同各种社会主义流派的论争中，在总结无产阶级革命运动及其经验教训中，都论及社会主义价值观问题，提出了有关社会主义价值观的一些基本原则。但是，这些原则是探索性的和开放的，它为我们进一步研究社会主义核心价值观提供了科学的方法。

社会主义核心价值观不是一个抽象的理论原则，而是一种能动的具有建构意义的实践理性。社会主义核心价值观形成于、根基于社会主义实践的不断展开、有效推进和丰富发展。1890 年 8 月，恩格斯在致伯尼

---

① 《马克思恩格斯文集》第 2 卷，人民出版社 2009 年版，第 166 页。
② 《马克思恩格斯文集》第 3 卷，人民出版社 2009 年版，第 415 页。

克的信中指出:"所谓'社会主义社会'不是一种一成不变的东西,而应当和任何其他社会制度一样,把它看成是经常变化和改革的社会。"[①] 1918年7月,列宁强调:"根据书本争论社会主义纲领的时代也已经过去了,我深信已经一去不复返了。今天只能根据经验来谈论社会主义。"[②] 当前,社会主义实践正经历着深刻复杂的变革。只有深入分析和研究这些变革,才能有效开展社会主义核心价值观研究。对于理论研究者来说,"在考察这些变革时,必须时刻把下面两者区别开来:一种是生产的经济条件方面所发生的物质的、可以用自然科学的精确性指明的变革,一种是人们借以意识到这个冲突并力求把它克服的那些法律的、政治的、宗教的、艺术的或哲学的,简言之,意识形态的形式。我们判断一个人不能以他对自己的看法为根据,同样,我们判断这样一个变革时代也不能以它的意识为根据;相反,这个意识必须从物质生活的矛盾中,从社会生产力和生产关系之间的现存冲突中去解释"[③]。我们不能用"本本的社会主义"原则来限制活生生的实践,而应根据生动的实践去不断完善和发展社会主义原则。今天,当我们研究社会主义核心价值观时,应谨记马克思主义经典作家的告诫,摆脱本质主义思维方式,坚持"从现实出发",从中国特色社会主义建设实践出发探索社会主义核心价值观。

2. 纯粹的思辨还是科学的抽象

社会主义核心价值观研究中的第二个方法论偏颇是,存在一定程度的"纯粹思辨"现象。这一方法论偏颇是上述第一个方法论偏颇的伴生物,这种"纯粹思辨"是以"观念崇拜"为支撑的。"观念崇拜"者认为,既然一切研究都是一种理论思维过程,那么,"它的内容和形式都是他从纯粹的思维中——不是从他自己的思维中,就是从他的先辈的思维中得出的。他和纯粹的思维材料打交道,他直率地认为这种材料是由思维产生的,而不去研究任何其他的、比较疏远的、不从属于思维的根源。而且这在他看来是不言而喻的,因为在他看来,任何人的行动既然都是

---

① 《马克思恩格斯文集》第10卷,人民出版社2009年版,第588页。
② 《列宁专题文集·论社会主义》,人民出版社2009年版,第399页。
③ 《马克思恩格斯文集》第2卷,人民出版社2009年版,第592页。

通过思维进行的，最终似乎都是以思维为基础的了"①。由此，在"观念崇拜"者看来，"一切问题，要能够给以回答，就必须把它们从正常的人类理智的形式变为思辨理性的形式，并把现实的问题变为思辨的问题"②。

目前，关于社会主义核心价值观的具体表述达 20 余种。在这些表述中，"自由、平等、正义、民主、富强、和谐、发展、仁爱、人本、互助、共享、文明"等，成为被高频率使用的词汇。这些词汇在人类思想史（尤其是近现代思想史）上都或多或少被作为主题加以阐述和倡导。今天，在研究社会主义核心价值观时，我们必然会面对诸如此类的各种"思维材料"，面对思想史中形成的各种既定的价值范畴和概念。如何在历史与逻辑、理论与实践的统一中，理解、阐释和发展这些范畴和概念，是社会主义核心价值观研究的重要内容。现在，一些人总喜欢在超时空超民族超阶级的意义上谈论民主、自由、平等、公正、人权等理念，把这些理念称之为"普世价值"，并力图从这些所谓"普世价值"中推演社会主义核心价值观。在一些人看来，唯有如此，才能凸显社会主义核心价值观的学术深度、历史厚度和普遍主义向度。这种研究就其方法论而言，正是列宁当年所批判的主观社会学方法。列宁指出，俄国自由主义民粹派在研究问题时，"谈论的是一般社会，他们同斯宾塞争论的是一般社会是什么，一般社会的目的和实质是什么等等"。他们的论证逻辑是："社会的目的是为全体成员谋利益，因此，正义要求有一种组织，凡不合乎这种理想的组织的制度都是不正常的，应该取消的"③。他们提出的理论"都是一些关于什么是社会、什么是进步等等纯粹先验的、独断的、抽象的议论"。列宁总结道："从什么是社会，什么是进步等问题开始，就等于从末尾开始。既然你连任何一个社会形态都没有研究过，甚至还未能确定这个概念，甚至还未能对任何一种社会关系进行认真的、实际的研究，进行客观的分析，那你怎么能得出关于一般社会和一般进步的概念呢？过去任何一门科学都从形而上学开始，其最明显的标志就是：

---

① 《马克思恩格斯文集》第 10 卷，人民出版社 2009 年版，第 657—658 页。
② 《马克思恩格斯全集》第 2 卷，人民出版社 1957 年版，第 115 页。
③ 《列宁专题文集·论辩证唯物主义与历史唯物主义》，人民出版社 2009 年版，第 158 页。

还不善于研究事实时,总是先验地臆造一些永远没有结果的一般理论。"①就现实性而言,对社会主义核心价值观的纯粹思辨式的研究,其结论最终难逃西方资产阶级意识形态陷阱。

马克思指出:"分析经济形式,既不能用显微镜,也不能用化学试剂。二者都必须用抽象力来代替。"② 抽象是人类认识世界的一种主体能力,也是人类认识世界的一种基本方法。但抽象有科学的与非科学的之分。科学的抽象体现为,从感性具体即事实出发,经过分析上升到理性抽象,然后在理性抽象的基础上,经过综合,形成理性具体。科学的抽象"决不是处于直观和表象之外或驾于其上而思维的、自我产生着的概念的产物,而是把直观和表象加工成概念这一过程的产物"③。用概念运动的方式掌握世界,是理性抽象的最鲜明特征。在思想史上,黑格尔较为系统地阐述了概念运动的主体性,但他是在把概念看成绝对精神自我运动的意义上谈论概念运动的,把概念运动的主体性看成是超验的,是客观世界的决定力量。在黑格尔那里,概念运动的许多环节并没有充分的经验材料作为依据。后来的青年黑格尔派、蒲鲁东等,都犯了黑格尔式概念运动的错误,陷入非科学的抽象即纯粹思辨。它表现为,"在最后的抽象中,一切事物都成为逻辑范畴……世界上的事物是逻辑范畴这块底布上绣成的花卉;他们在进行这些抽象时,自以为在进行分析,他们越来越远离物体,而自以为越来越接近,以至于深入物体……既然如此,那么一切存在物,一切生活在地上和水中的东西经过抽象都可以归结为逻辑范畴,因而整个现实世界都淹没在抽象世界之中,即淹没在逻辑范畴的世界之中"④。马克思称这种纯粹思辨的非科学抽象是一种神秘主义的方法。针对蒲鲁东把现实的经济矛盾说成是逻辑中的范畴或概念之间矛盾的表现的错误观点,马克思指出:"经济范畴只不过是生产的社会关系的理论表现,即其抽象。真正的蒲鲁东先生把事物颠倒了,他认为现实关系只是一些原理和范畴的化身。这位哲学家蒲鲁东先生还告诉我们,

---

① 《列宁专题文集·论辩证唯物主义与历史唯物主义》,人民出版社2009年版,第164页。
② 《马克思恩格斯文集》第5卷,人民出版社2009年版,第8页。
③ 《马克思恩格斯文集》第8卷,人民出版社2009年版,第25页。
④ 《马克思恩格斯文集》第1卷,人民出版社2009年版,第599—600页。

这些原理和范畴过去曾睡在'无人身的人类理性'的怀抱里。"① 比如，蒲鲁东认为，权威原理出现在11世纪，个人主义原理出现在18世纪。因而，不是原理属于世纪，而是世纪属于原理；不是历史创造了原理，而是原理创造了历史。马克思质问道："为了顾全原理和历史我们再进一步自问一下，为什么该原理出现在11世纪或者18世纪，而不是出现在其他某一世纪，我们就必然要仔细研究一下：11世纪的人们是怎样的，18世纪的人们是怎样的，它们各自的需要、他们的生产力、生产方式以及生产中使用的原料是怎样的；最后，由这一切生产条件所产生的人与人之间的关系是怎样的。"② 这就是说，范畴和概念是现实的反映，是对特定社会历史发展状况的抽象，随着生产力、生产方式和人们社会关系的不断改变，各种范畴和概念也必然要改变。同时，范畴和概念只是揭示了社会历史和人们现实生活过程的一些"个别侧面"。如果把范畴和概念先验化和绝对化，就会把丰富的现实生活纳入呆板的逻辑框架之中，使生动的社会实践适合于逻辑思维的单一性或片面性。

恩格斯指出："历史从哪里开始，思想进程也应当从哪里开始，而思想进程的进一步发展不过是历史过程在抽象的、理论上前后一贯的形式上的反映；这种反映是经过修正的，然而是按照现实的历史过程本身的规律修正的，这时，每一个要素可以在它完全成熟而具有典型性的发展点上加以考察。"③ 这里的"历史"是广义的，包括人们的现实生活。马克思常常使用"现实的历史"这一术语。逻辑与历史的关系内在地包含着概念与现实的关系。思想史上既有的各种范畴和概念，都是特定历史时期社会生活中各种矛盾的反映。在社会主义核心价值观研究中，我们必须从这些既有的范畴和概念中发现它们所反映的社会事实，分析和挖掘其中的积极因素与合理成分，而不是对这些范畴和概念进行"纯粹的思辨"，甚至希望通过这种"纯粹的思辨"来演绎社会主义核心价值观。在社会主义核心价值观研究中，科学的抽象不是纯粹的逻辑思辨，而是

---

① 《马克思恩格斯文集》第1卷，人民出版社2009年版，第602页。
② 同上书，第607—608页。
③ 《马克思恩格斯文集》第2卷，人民出版社2009年版，第603页。

从纷繁复杂的客观社会事实中概括出具有本质性与规律性的那些事实。

马克思认为,科学的抽象只是思维反映客观事物的一种形式,它绝不可能支配它所反映的客观对象的运动。"从抽象上升到具体的方法,只是思维用来掌握具体、把它当做一个精神上的具体再现出来的方式。但决不是具体本身的产生过程"。因为,"最一般的抽象总是产生在最丰富的具体发展的场合,在那里,一种东西为许多东西所共有,为一切所共有。这样一来,它就不再只是在特殊形式上才能加以思考了"①。马克思由此得出一个方法论结论:"对人类生活形式的思索,从而对这些形式的科学分析,总是采取同实际发展相反的道路。这种思索是从事后开始的,就是说,是从发展过程的完成的结果开始的。"② 现实是过去和未来的连接点,只有对当下的现实社会进行科学的、整体性的解剖,才能正确理解过去,合理建构未来。可见,真正领悟我们置身其中的历史时代和现实生活世界的本质,不断推进和丰富中国特色社会主义实践,深刻理解中国特色社会主义建设规律,是有效开展社会主义核心价值观研究的根本路径。只有面向中国特色社会主义实践,我们才能更好理解"本本的社会主义"的一般原则,才能在不断揭示当代社会主义实践及其规律的过程中,对社会主义核心价值观及其表述作出科学的抽象。

3. 立足"哲学家的世界"还是立足"群众的世界"

社会主义核心价值观研究中的第三个方法论偏颇是,存在着忽视"群众的世界"的现象。这种倾向主要表现在两个方面,一是把"抽象的人"设定为社会主义核心价值观的主体,忽视社会主义核心价值观的人民主体性立场;二是理论研究游离于实践之外,热衷于建构"哲学家的世界",忽视"群众的利益"和"群众的世界"。

任何价值观都有其主体定位和立场倾向,这种主体定位和立场倾向的实质是"为什么人的问题"。在社会主义核心价值观研究中,一些学者或明或暗、自觉或不自觉地把"抽象的人"视为价值观的主体,喜欢在一般的人、抽象的人、人本身等意义上探讨价值观问题,忽视社会主义

---

① 《马克思恩格斯文集》第8卷,人民出版社2009年版,第25、28页。
② 《马克思恩格斯文集》第5卷,人民出版社2009年版,第93页。

核心价值观的人民主体性立场。马克思恩格斯在批判青年黑格尔派从"人的概念""模范人""一般人""想象中的人"等出发研究问题的错误时，曾提出两条不同的理论研究方法，即"从天国降到人间"与"从人间升到天国"。"前一种考察方法从意识出发，把意识看做是有生命的个人。后一种符合现实生活的考察方法则从现实的、有生命的个人本身出发，把意识仅仅看做是他们的意识"①。前一种考察方法即黑格尔和青年黑格尔派的方法，是一种把观念、概念等视为支配和决定现实世界的唯心主义方法，它从抽象的人出发，把"一定的个人间的关系变为'人'的关系"，把"一定的个人关于它们自身关系的思想解释成好像这些思想是关于'人'的思想"②。由此，坚持这种研究方法的人，"总是为自己造出关于自己本身、关于自己是何物或应当成为何物的种种虚假观念。他们按照自己关于神、关于标准人等等观念来建立自己的关系"③。后一种考察方法即马克思恩格斯所主张的方法，"它从现实的前提出发，而且一刻也不离开这种前提。它的前提是人，但不是处在某种虚幻的离群索居和固定不变状态中的人，而是处在现实的、可以通过经验观察到的、在一定条件下进行的发展过程中的人"④。从现实的人出发，通过分析现实的人及其物质生活条件，探究和解答各种社会历史问题，是马克思主义方法论的鲜明特点。

立足以劳动人民为主体的最广大人民的根本利益，是马克思主义价值观的根本立场。正是从这样的立场出发，马克思主义创始人反对那种单纯立足"哲学家的世界"建构观念体系的理论研究方法。立足"哲学家的世界"的学者所犯的错误，一如马克思恩格斯所批评的青年黑格尔派关于"精神"与"群众"的对立的错误，这些学者"以为他是在通过思想的运动建设世界；其实，他只是根据绝对方法把所有人们头脑中的思想加以系统的改组和排列而已"。这样的研究总体上是一种"超越一切

---

① 《马克思恩格斯文集》第1卷，人民出版社2009年版，第525页。
② 同上书，第589页。
③ 同上书，第509页。
④ 同上书，第525页。

群众利益的自己体内的循环,因此,群众对它已丝毫不感兴趣了"①。

"群众的世界"是由群众的需要、利益和要求等所构成的现实世界、世俗世界,是马克思恩格斯所说的"人间"。在马克思看来,"群众的世界"是"哲学家的世界"的基础和根基。社会主义核心价值观生成于、丰富于"群众的世界"及其实践活动。因为,一方面,群众是历史的主体,历史活动是群众的活动,群众的活动决定着历史的发展方向;另一方面,"思想本身根本不能实现什么东西。思想要得到实现,就要有使用实践力量的人"②。群众就是这种"使用实践力量的人",群众既是物质生产的主体,也是精神生产的主体。人民群众是社会主义核心价值观的主体,社会主义核心价值观必须反映最广大人民的根本利益,表达最广大人民群众的共同愿望和要求。目前,随着改革开放的深入,我国社会各个阶层出于自身的现实利益和未来利益,提出了更多经济的、政治的和文化的要求。社会主义核心价值观要体现其合理性和科学性,就必须与"群众的利益"俱进,更好地反映社会各个阶层、各个群体的愿望和要求,表达最广大人民群众正当合理的利益诉求。

立足"群众的世界",面向"群众的问题",为"群众的利益"服务,是社会主义核心价值观的根本指向,是保障社会主义核心价值观人民主体性的根本条件,也是社会主义核心价值观研究应坚持的根本方法论原则。

---

① 《马克思恩格斯文集》第1卷,人民出版社2009年版,第602、347页。
② 同上书,第320页。

第五章 自由的人学哲学视界

人是自由的主体。但是，依据马克思唯物史观，这里的人是"现实的个人"，即在特定社会历史条件下进行活动的人。作为自由主体的人，既是生活的主体，更是生产的主体。所以，马克思并不抽象地谈自由的主体，而是具体地关心和关注劳动者的自由。在马克思那里，人类通过共产主义运动，最终要实现每一个人的自由与一切人的自由的有机统一。作为共产主义的低级阶段，社会主义社会的自由体现为人的劳动自主性和人的发展全面性的不断提高。

一 马克思恩格斯"个人的自由发展"思想的三个面相

个人的全面而自由的发展，是马克思恩格斯提出的有关人的发展的最为明确的命题。在马克思恩格斯那里，个人的自由发展更具本体地位和终极意义。个人的自由发展体现为个人在自觉发展中实现自己的独立个性、在自主发展中确立自己的人格尊严、在自为发展中追求自己的现实幸福。

1. 被忽视或遮蔽了的"个人的自由发展"

马克思恩格斯语境中，"人的发展"中的"人"始终是指"现实的个人"，它包括两个向度，即个人的全面发展与个人的自由发展。马克思恩格斯有关个人的发展有各种表述，如"每一个人的自由发展""个人的全面发展""全面发展的个人""一切人的自由发展"等，但最为明确的表述是"个人的全面而自由的发展"。在马克思恩格斯看来，个人的全面发展与个人的自由发展是一体两面的关系。全面发展的个人是从异化状态中解放出来获得自由的个人，是非异化的个人、个性自由的个人。

在马克思恩格斯那里，个人的自由发展更具本体地位和终极意义。马克思恩格斯把个人的自由发展视为未来理想社会的最根本规定，如"每个人的自由发展是一切人的自由发展的条件""每一个个人的全面而自由的发展"等；马克思把"自由个性"作为他关于社会发展三大阶段中第三阶段的根本特征。但是，我们在研究、阐释和传播马克思恩格斯关于人的发展思想的过程中，把他们所提出的"个人的全面而自由的发展"的说法转换成"人的全面发展"。这里出现了两个关键概念的置换或抽离，一是把"个人"置换为"人"，二是"自由"的抽离。这种置换或抽离，既源于中国传统文化的影响，也源于特定社会实践的需要。梁漱溟认为，"个人"与"自由"是内在关联的。"个人"观念是自由的前提和基础，"自由"是个人存在的根基和表征。"自由之著见于近代西洋人之间，乃是由于近代人一个个都强起来，使你不得不承认他。"① 但是，"个人"和"自由"都为中国传统正统思想和正式制度所贬低、排斥甚至否定。因为，中国传统社会是基于血缘宗法的伦理本位社会，伦理本位突出义务观念。"到处弥漫着义务观念之中国，其个人便几乎没有地位。此时个人失没于伦理之中，殆将永不被发现。自由之主体且不立，自由其如何得立？""中国文化最大之偏失，就在个人永不被发现这一点上。"② 在中国传统社会，尤其是秦汉以后，在正统思想中，"自由"一词主要被从否定意义上来理解和定位，自由常常被视为是一种与正统思想和正式制度相互反对的个体态度或行为，主要指一种私人任情随意的态度或行为，更具否定性和修辞化色彩，是一个多出现于文学作品和日常生活中的边缘化词汇。严复说："自繇之义，始不过自主无碍者，乃今为放肆、为淫佚、为不法、为无礼……常含放诞、恣、无忌惮诸劣义。"③ 正因为如此，"夫自由一言，真中国历古圣贤之所深畏，而从未尝立以为教者也"④。近现代中国，面对民族国家危机，为了适应民族革命和阶级革命的需要，"人民""阶级""纪律""集中"等成为话语中的主导概

---

① 《梁漱溟全集》第3卷，山东人民出版社2005年版，第245页。
② 同上书，第250—251页。
③ 《严复集》第1卷，中华书局1986年版，第132页。
④ 同上书，第3页。

念,"个人"更多用来指称杰出历史人物或领袖,普通个人往往被忽视和遮蔽;"自由"的主体更多定位于民族、国家和阶级,"个人"自由则被边缘化甚至妖魔化。这样一种"革命话语系统"一直延续到新中国成立到改革开放前。

改革开放以来,尤其是20世纪90年代以来,随着社会主义市场经济的确立和不断推进,"个人"和"自由"观念不断被人们所认同和热议,也日益被正统意识形态所明确接纳和肯定。1997年9月,党的十五大报告提出:"保证人民依法享有广泛的权利和自由,尊重和保障人权。"2007年,党的十七大报告把"自由"视为社会主义公民意识的基本内容之一;党的十八大报告把"自由"确立为社会主义核心价值观的核心要素之一。作为科学发展观核心的以人为本,更进一步凸显了个人、每一个人、人人等理念,凸显了个人全面发展的价值指向。

就总体而言,学术界对于马克思恩格斯关于人的发展思想的研究,基本上囿于"人的全面发展"的语境,更多注目于"人的全面发展"问题,不同程度忽视或遮蔽了马克思恩格斯人的发展思想的内核和精髓。因此,我们有必要也应该回到马克思恩格斯所谓"个人的自由而全面的发展"的语境中,深刻理解"个人的自由发展"的基本内涵、本质规定和价值指向。

2. 个人的自觉发展与独立个性

自由是人的一种自觉的存在状态,这种自觉性相对于盲目性和自发性,以意识、意志和目的的形式表现出来。自觉是一种内在的精神力量,是人的自由发展的意识基础和先决条件。人的行为的自觉性以及在这种自觉性基础上不断实现的个性塑造和个性完善,是人的自由发展的一种确证和表征。

确认"有生命的个人"的真实存在,是马克思恩格斯关于人的发展的思想的逻辑起点,也是他们新世界观的出发点、核心点和归宿点。马克思恩格斯"人的自由发展"语境中的"人",既不是思辨哲学所言谈的"抽象的人""一般的人""想象的人",也不是经验论者所热衷的"自然的人""肉体的人""作为类的人",而是"现实的个人",即"有生命的个人""从事实际活动的人""在一定条件下进行的发展过程中的人"等等。现实的个人是真实存在的个人，人的自由发展根本上指现实的个人的自由发展。现实的人是一个合目的性的社会存在物，人的自由发展是人的生命活动的自觉的有目的的展开过程，有明确目的性和自为性。人的欲望、目的、激情和意志，使人能够通过自己的意识把自己的内在本性的需要自觉地呈现出来，不断超越现实，追求高于现实的理想，并通过实践活动不断实现这个理想，生产和创造属于自己的对象世界。人通过创造性的实践活动而获得自由，这正体现了人的生命活动的自由自觉的性质，体现了人的自由个性。人的自觉发展，意味着一个人的"自我意识"的觉悟和觉醒，包括对自我的地位与目的的深刻认识，对自我发展规律的正确把握。

马克思恩格斯认为，人的个性及其发展，是在一定社会历史条件下不断拓展和深化的。就其历史进程而言，个人的发展会经历一个从"作为阶级成员的个人""偶然的个人""无个性的个人""局部的个人"到"作为个人的个人""完全的个人""有个性的个人""全面发展的个人"的演进历程。在《1857—1858年经济学手稿》中，马克思概括了人的发展的三大形式，即"人的依赖关系"形式、"以物的依赖为基础的人的独立性"形式、"建立在个人全面发展和他们的共同的生产力成为他们的社会财富这一基础上的自由个性"形式[①]。在马克思恩格斯看来，"有个性的个人与偶然的个人之间的差别，不仅是逻辑的差别，而且是历史的事实"，人的发展的终极指向在于，"个人向完整的个人的发展以及一切自发性的消除"[②]。"完整的个人"即"有个性的个人"，是人类社会发展和人本身发展的终极指向和最高成果。

关注并谋求无产者个性的自由发展，是马克思恩格斯人的发展思想的政治立场。在资本主义社会，无产者总体上是"偶然的个人""无个性的个人"。因为，"对于无产者来说，他们自身的生活条件，即劳动，以及当代社会的全部生存条件都已变成偶然的东西，单个无产者是无法加以控制的，而且也没有任何社会组织能够使他们加以控制"[③]。马克

[①] 《马克思恩格斯文集》第8卷，人民出版社2009年版，第52页。
[②] 《马克思恩格斯文集》第1卷，人民出版社2009年版，第582页。
[③] 同上书，第572页。

思恩格斯认为，"个人在精神上的现实丰富性完全取决于他的现实关系的丰富性"①。资本主义社会关系及其物化，是无产者丧失自由个性的根源。因此，"无产者，为了实现自己的个性，就应当消灭他们迄今面临的生存条件，消灭这个同时也是整个迄今为止的社会的生存条件，即消灭劳动。因此，他们也就同社会的各个人迄今借以表现为一个整体的那种形式即同国家处于直接的对立中，他们应当推翻国家，使自己的个性得以实现"②。消灭资本主义雇佣劳动和资产阶级国家，是无产者自由个性发展的根本条件。

3. 个人的自主发展与人格尊严

自由是人的一种自主的存在状态，这种自主性相对于强制性或被迫性，表现为人作为主体拥有从事各种活动的权利，并始终是自己活动的主人。就其客观向度而言，人的自主发展表现为人相对于外部强迫和外部控制的独立、自由、自决和支配自己生活和活动的权利与可能；就其主观向度而言，人的自主发展表现为人能够认识并且自主确定自己的目标，合理利用自己的选择权利，成功控制外部环境以及自己的盲目冲动。

活动是人存在和发展的方式，人是在活动中并通过活动来获得发展的。人的自由发展就其现实性而言集中体现为人在一切活动中的自由，即能自主选择和支配自己的活动，成为活动的主体。马克思恩格斯正是从人的实践活动出发，在人与生产劳动的同构中，理解和诠释人的发展。他们指出："个人怎样表现自己的生命，他们自己就是怎样的。因此，他们是什么样的，这同他们的生产是一致的——既和他们生产什么一致，又和他们怎样生产一致。因而，个人是什么样的，这取决于他们进行生产的物质条件。"③ 在马克思恩格斯那里，作为对人的活动的总体性描述概念的"生产"，包括物质生活的生产、人口自身的生产、社会关系的生产、精神生产等。其中，物质生活的生产具有基础性和决定性作用。在不同的物质条件下，"生产"活动具有不同的性质和特点。就总体性质而言，生产活动可以分为两类，即被迫的、强制性的与自愿的、自主性的。

---

① 《马克思恩格斯文集》第 1 卷，人民出版社 2009 年版，第 541 页。
② 同上书，第 573 页。
③ 同上书，第 520 页。

与此相对应，人的存在状态也有两种，即被奴役的奴隶状态和有尊严的主体状态。恩格斯指出："如果说自愿的生产活动是我们所知道的最高的享受，那么强制劳动就是一种最残酷最带侮辱性的折磨。"①

在人类历史上，奴隶社会的奴隶劳动、封建社会的徭役劳动、资本主义社会的雇佣劳动等，都是被迫的、强制性的劳动。在这些劳动中，劳动者不被当作人看待，而是或者被视为一种会说话的"工具"、一种"牲畜"，或者被视为一种"商品"、一种"资本"。在这种剥削阶级统治的社会，"人的通过自身的存在，对人民意识来说是不能理解的，因为这种存在是同实际生活的一切明显的事实相矛盾的"②。一个人的尊严，首先在于能够意识到"人的通过自身的存在"，即意识到自己的主体地位。马克思深刻分析了资本主义雇佣劳动及其对人（尤其是劳动者）的尊严的蔑视。资本主义雇佣劳动"不仅把人当做商品、当做商品人、当做具有商品的规定的人生产出来；它依照这个规定把人当做既在精神上又在肉体上非人化的存在物生产出来"③。在这种强制性雇佣劳动中，"物的世界的增值同人的世界的贬值成正比"④。这是一种异化劳动，在这种劳动中，劳动者不是自己活动的主体，而是被动的客体。对劳动者来说，他"首先是作为工人，其次是作为肉体的主体，才能存在。这种奴隶状态的顶点就是：他只有作为工人才能维持自己作为肉体的主体，并且只有作为肉体的主体才能是工人"⑤。他在自己的劳动中不是肯定自己，而是否定自己。这种强制性雇佣劳动对劳动者来说"是一种自我牺牲、自我折磨的劳动"⑥。"工人在这种状况下是不会感到幸福的；处于这种境况，无论是个人还是整个阶级都不可能像人一样地思想、感觉和生活。因此，工人必须设法摆脱这种非人的状况，应该争取良好的比较合乎人的身份的地位"，"工人只有仇恨和反抗资产阶级，才能挽救自己的人的尊严"，

---

① 《马克思恩格斯文集》第 1 卷，人民出版社 2009 年版，第 432 页。
② ［德］马克思：《1844 年经济学哲学手稿》，人民出版社 2014 年版，第 88 页。
③ 同上书，第 62 页。
④ 同上书，第 47 页。
⑤ 同上书，第 49 页。
⑥ 同上书，第 50 页。

才能"表现自己的人的尊严"①。

作为一种自主活动,"劳动不是作为用一定方式刻板训练出来的自然力的人的紧张活动,而是作为一个主体的人的紧张活动,这个主体不是以单纯自然的、自然形成的形式出现在生产过程中,而是作为支配一切自然力的活动出现在生产过程中",因而这种自主劳动是"个人的自我实现"②。这种"生产劳动给每一个人提供全面发展和表现自己的全部能力即体能和智能的机会,这样,生产劳动就不再是奴役人的手段,而成了解放人的手段,因此,生产劳动就从一种负担变成一种快乐"③。只有在这种快乐的自主活动中,人才能真正获得并感受到自己作为人的尊严。马克思指出:"尊严是最能使人高尚、使他的活动和他的一切努力具有更加崇高品质的东西,是使他无可非议、受到众人钦佩并高出于众人之上的东西。""能给人以尊严的只有这样的职业,在从事这种职业时我们不是作为奴隶般的工具,而是在自己的领域内独立地进行创造;这种职业不需要有不体面的行为(哪怕只是表面上的不体面的行为),甚至最优秀的人物也会怀着崇高的自豪感去从事它。"④

恩格斯认为,人的自主活动的确立和实现取决于人的两次提升,即"在物种方面把人从其余的动物中提升出来"(以下简称"物种提升")和"在社会方面把人从其余的动物中提升出来"(以下简称"社会提升")⑤。"物种提升"集中表现为生产力的发展,"社会提升"集中表现为"自由人联合体"的建构。在"物种提升"的意义上,人的自主发展就是人能够实现自己的充分的、不再受限制的自主活动,既拥有丰裕的物质生活,又有充分的闲暇时间发挥和提高自己的才能。在"社会提升"的意义上,人的自主发展就是人们在自由联合中既能够实现与自然的物质变换,又能够控制个人的自由发展和运动的条件。总之,通过"两次提升"而实现的生产力的高度发展和社会关系的合理建构,能够为个人

---

① 《马克思恩格斯文集》第1卷,人民出版社2009年版,第448—449页。
② 《马克思恩格斯文集》第8卷,人民出版社2009年版,第174页。
③ 《马克思恩格斯文集》第9卷,人民出版社2009年版,第311页。
④ 《马克思恩格斯全集》第1卷,人民出版社1995年版,第458页。
⑤ 《马克思恩格斯文集》第9卷,人民出版社2009年版,第422页。

的自由发展创造物质条件和制度支撑。

4. 个人的自为发展与现实幸福

自由是人的一种自为的存在状态,这种自为性相对于自在性或自发性,表征的是人的一种自反性和为我性的特征。马克思指出:"人的根本就是人本身。"人的存在具有自反性和为我性。就终极意义而言,人必须、应该而且也能够在他的一切生存活动所止的地方返回"人本身"。自觉和自主是自为的前提,只有自觉和自主的人,才可能是自为的人。自为是自觉和自主的目的,自觉和自主是为了达到和实现自为的目的。

人的自为发展意味着,人是发展的主体、核心和目的,发展是人的愿望和需要不断现实化、对象化的过程。人的发展的自为性,就是亚里士多德所说的人的自足性。亚里士多德认为,自足是指一事物自身便使得生活值得欲求且无所缺乏,自足即自身完备。在希腊语中,自足常常与幸福概念联系在一起。幸福就是因其自身而不是因某种其他事物而值得欲求的实现活动,幸福是不缺乏任何东西的、自足的。人的幸福就是人对其特有功能和能力的自我积极运用的状态和结果。

在资本主义社会,私有制使得目的与手段相颠倒,劳动与享受相分离。针对资本主义社会中人人不幸福的状况,马克思恩格斯致力于人的彻底解放,力图通过无产阶级革命,谋求以劳动者为主体的"人民的现实幸福"①。在马克思看来,人的彻底解放在于"使人的世界即各种关系回归于人本身",人的"唯一实际可能的解放是以宣布人是人的最高本质这个理论为立足点的解放"②。人的解放是以废除私有制为根本内容的。"对私有财产的扬弃,是人的一切感觉和特性的彻底解放;但这种扬弃之所以是这种解放,正是因为这些感觉和特性无论在主体上还是在客体上都成为人的。眼睛成为人的眼睛,正像眼睛的对象成为社会的、人的、由人并为了人创造出来的对象一样。"③ 通过废除私有制,使劳动由"谋生的手段"变成"生活的第一需要",由"奴役"变成"享受",成为人

---

① 《马克思恩格斯文集》第 1 卷,人民出版社 2009 年版,第 4 页。
② 同上书,第 46、18 页。
③ [德] 马克思:《1844 年经济学哲学手稿》,人民出版社 2014 年版,第 82 页。

的幸福的源泉和表征。在私有制条件下,"劳动尺度本身在这里是由外面提供的,是由必须达到的目的和为达到这个目的而必然由劳动来克服的那些障碍所提供的。但是克服这种障碍本身,就是自由的实现,而且进一步说,外在目的失掉了单纯外在自然必然性的外观,被看做个人自己提出的目的,因而被看做自我实现,主体的对象化,也就是实在的自由——而这种自由见之于活动恰恰就是劳动"①。只有在这种自为的劳动中,人才能够自由地发挥自己的能力,从而肯定自己,并感到幸福。

  人是一个对象性存在物,"人有现实的、感性的对象作为自己本质的即自己生命表现的对象;或者说,人只有凭借现实的、感性的对象才能表现自己的生命"②。在其现实性上,人的发展是人的本质力量的对象化过程。但在强制性的异化活动中,人丧失了自己支配对象的能力和主动性,成为对象的奴隶。而在自为活动中,"我的对象只能是我的一种本质力量的确证,就是说,它只能像我的本质力量作为一种主体能力自为地存在着那样才对我而存在"。同时,"随着对象性的现实在社会中对人来说到处成为人的本质力量的现实,成为人的现实,因而成为人自己本质力量的现实,一切对象对他来说也就成为他自身的对象化,成为确证和实现他的个性的对象,成为它的对象,这就是说,对象成为他自身"③。在自为活动中,"我有可能随自己的兴趣今天干这事,明天干那事,上午打猎,下午捕鱼,傍晚从事畜牧,晚饭后从事批判,这样就不会使我老是一个猎人、渔夫、牧人或批判者"④。当然,这并不是说,一个人可以做、能够做或应该做所有的事情,而是意味着,一个人可以把自己能力的自由发展"作为目的本身",不受阻碍地按照自己的兴趣和愿望,自由地发展和发挥他的全部才能和力量,实现"各尽所能"。按照自己的兴趣和心愿从事各种活动,充分发挥自己的潜力和才能,实现自我价值,体现了人的发展的自为性和自足性。这恰恰是人的幸福的根本所在。

---

① 《马克思恩格斯文集》第 8 卷,人民出版社 2009 年版,第 174 页。
② [德] 马克思:《1844 年经济学哲学手稿》,人民出版社 2014 年版,第 103 页。
③ 同上书,第 83—84 页。
④ 《马克思恩格斯文集》第 1 卷,人民出版社 2009 年版,第 537 页。

二 马克思早期思想中的"市民—公民"
观念及其批判意蕴

历史地看,"市民—公民"是西方近代社会变革中由于市民社会与政治国家的分离而赋予个体的双重身份,呈现了现代人的存在及其本质的二重化。"市民—公民"是西方近代思想家分析现代社会的重要理论范式。批判地汲取西方近代"市民—公民"观念,并据此提出和阐明政治解放与人的解放及其关系问题,是马克思早期思想革命性变革的重要内容。

1. 西方近代思想中"市民—公民"范式的产生

在汉语世界中,"市民"和"公民"这两个词对译的是同一个英文词"citizen"。在汉语语境中,把"citizen"译为"市民"还是"公民",往往基于不同的理论和实践考量,承载着不同的精神诉求和价值指向。citizen一词源自拉丁语"civis",指城邦共同体的成员。亚里士多德认为,civis体现了人的"政治动物"本性,兼有治人与治于人的特性,civis禀赋内在美德、参与共同治理、追求良善生活。在古希腊,免予从事经济活动,是civis存在的前提和基础。但在罗马法中,civis获得初步的经济含义,civis不仅享有法律赋予的政治参与和管理等公共权利,而且享有法律赋予的经营商业、私有财产不可侵犯等私人权利。

西方近代社会的变革是双重的,一方面,政治(国家)从伦理(宗教)中分离出来,政治国家逐步确立,使政治由原来专属社会精英独享的一种权力博弈转变为一种(形式上)大众(平等)共享的世俗活动;另一方面,经济(市场)从政治(国家)中分离出来,市场获得举足轻重的地位,发挥越来越大的作用,使社会最终成为一个由利益支配的市场社会。正是在这种历史变革中,civis逐渐衍生和扩展为两个含义,一是更具经济特性的、作为原子化个体的"市民";一是更具政治或国家特性的、作为公共人的"公民"。"市民"与"公民"表征了西方近代社会变革中由于市民社会与政治国家的分离而赋予个体的双重身份,即作为经济(私人)领域主体的市民与作为政治(公共)领域主体的公民。

市民概念的产生，与城市这个特定地理空间以及城市化、商业化、市场化密切关联。11世纪，欧洲出现了源于法语的名词"bourgeois"（市民），指以独立的商人和手工业者为核心的群体，是骑士、教士和农奴等词的反义词。① 市民是商业贸易和市场的主体，其最重要的自由是从事经济活动的自由，是拥有财产的自由。霍布斯、洛克、曼德维尔等思想家，提出人性恶、财产权至上、私人恶德即公利等观点，奠定了市民概念的人性论和伦理学基础。斯密、边沁、李嘉图等古典经济学家则从人的自利或利己本性出发，证成商业社会或市场社会的天然合理性，凸显经济活动的自足性和独立化，建构了"经济人"理论。"经济人"原型是18世纪英国市民社会形成过程中产生的"市民形象"，是对"市民"的理论抽象。弗格森1767年出版《市民社会史论》一书，最早全面论述市民社会，揭示市民社会的矛盾性或两面性，即一方面个体在市民社会范围内不受国家干预，获得消极意义的自由，追求财富的积累；另一方面，财富的积累刺激了市民的物欲和致富欲，侵蚀了传统公民美德，使市民陷于自利性生活方式，导致人的工具化，妨碍个体作为公民的普遍生活。弗格森关于市民社会两面性的思想，直接影响了黑格尔的市民社会观念。

从17世纪末起，civis一词在与政治国家的勾连中，生成现代意义的公民概念。卢梭等法国启蒙思想家力图复活和重构古典公民概念，赋予公民概念新的内涵和价值意蕴。在卢梭看来，"公民"（citoyen）是一个神圣而强有力的术语，公民不同于市民。市民被卢梭称为"布尔乔亚"（Bourgeoisie）即资产者。卢梭认为，在他那个时代，真正意义的公民已随着城邦的消失而消失，但大多数人并没有真正理解公民一词的真实含义，而把城市看作城邦，把市民看作公民。在卢梭看来，市民从事商业等营利性活动，视私人利益为根本，是个人主义分子，市民具有异化本质；公民则是"主权权威的参与者"，充满对祖国、自由以及法律的热爱，禀赋公共人格即"公我"和"公意"。② 市民和公民分别代表着财富

---

① ［法］马克·布洛赫：《封建社会》下卷，李增洪等译，商务印书馆2004年版，第575—576页。

② ［法］卢梭：《社会契约论》，何兆武译，商务印书馆1980年版，第25—26页。

与美德、私人与公共、奴役与自由。公民概念凝结着启蒙运动和法国大革命的核心理念,如自由、平等、博爱等,是推翻王权和建构新社会的合法性话语,具有强大的号召力。公民概念通过诸如爱国主义、公共精神、美德、幸福等相关术语而得到规定,标志人的普遍特性,意味着增进社会公共福祉和社会利益;公民概念将古罗马的美德观、个人利益对公共利益的服从、奉献祖国的精神等德性结合并体现出来;公民是个体的倡导者、平等的捍卫者,超越了所有空间、职业和社会条件,是权利与自由的来源①。卢梭等启蒙思想家及法国大革命的公民观对德国"市民—公民"观念的形成有直接影响。

在德语中,"市民"和"公民"最初是同一个词"Bürger"。在词源上,Bürger 来自 Burg(城堡),指生活在城市或城镇的商人、自由民等。这些人大多是从封建庄园逃亡出来的农奴,他们是独立的个人。受法国大革命的影响,德国思想家通过对"Bürger"加以限定来区别市民与公民。在"Bürger"前加上"国家(Staat)"一词,构成具有政治意味的"国家公民"(Staatsbürger),以此对译法语的"citoyen"(公民);在"Bürger"前加上"Privat(私人)"一词,构成"私人市民"(Privatbürger),与偏重经济内涵的"bourgeois"(市民)相对应。德语的这一变化源于法语"bourgeois/citoyen"的分化。bourgeois/citoyen 在词源学上都指城市居民,但通过法国大革命,bourgeois/citoyen 发生了分化。Bourgeois 趋向经济意义,指通过从事工商活动而获得的社会身份,一般译为"市民";citoyen 则趋向政治意义,指通过政治参与和法律赋权而获得的社会身份,一般译为"公民"②。

"市民—公民"范式是德国古典哲学家阐释启蒙或批判市场社会的重要理论工具之一。在康德看来,人既是感性存在物又是理性存在物。作为感性存在物,人是感性经验世界的成员,受制于外在必然性;作为理性存在物,人是理性王国的成员,摈除感性束缚,拥有意志自由。康德

---

① 郭台辉、余慧元:《历史中的公民概念》,天津人民出版社 2013 年版,第 59—81 页。
② 余慧元:《从特权到权利——公民观念发展的德国道路》,《马克思主义与现实》2011 年第 6 期。

据此区分市民与公民。他认为，市民更具感性特质，禀赋经济和社会属性；公民更具理性特质，是人在政治结构中的一种存在方式。在康德那里，市民单独的经济或社会性质，甚至单独的法的性质，都不足以使其成为公民，只有政治的行动才使其成为公民①。因此，在康德后期思想中，财产权被视为公民身份中最不重要的一个条件②。黑格尔把市民和公民概念改造为人的两种不同的人性状态和生存方式的代名词，建构了完整的"市民—公民"理论。黑格尔区分自然社会（家庭）、市民社会、政治社会（国家），并在汲取斯密"商业社会"观念的基础上，指明市民社会是一个"非政治社会"，是一个交织着利己主义个人欲望的商品交换社会，从而把古典自由主义者作为解释原则的"市民社会"改造为一个批判性概念。黑格尔明确区分了现代社会"人"的双重身份，即市民（bourgeois）与公民（citoyen）。在《精神哲学手稿》中，黑格尔指出："同一个人，一方面要为自己和家人考虑，付出劳动。另一方面，要随着契约等的签署，以普遍事物为目的，为普遍性事物付出劳动。从前者而论，他是布尔乔亚（bourgeois）；从后者来看，他是公民（citoyen）。"③市民是单个的个人或"私人"，是需求实体，追求个人利益最大化，以他人为手段。"个别的人，作为这种国家的市民来说，就是私人，他们都把本身利益作为自己的目的"；"在市民社会中，每个人都以自身为目的，其他一切在他看来都是虚无。但是，如果他不同别人发生关系，他就不能达到他的全部目的，因此，其他人便成为特殊的人达到目的的手段"。④黑格尔用"市侩""小市民"等词嘲讽市民。在黑格尔看来，市民即自私自利的私民、私人，是市场交易主体；公民则以普遍性为目的，追求公共利益，是参与国家普遍事务的伦理主体。黑格尔的"市民—公民"观念成为青年马克思最初开展政治批判的最重要理论资源之一。

---

① 韩水法：《康德法哲学中的公民概念》，《中国社会科学》2008年第2期。
② 余慧元：《从特权到权利——公民观念发展的德国道路》，《马克思主义与现实》2011年第6期。
③ ［日］植村邦彦：《何谓"市民社会"——基本概念的变迁史》，赵平等译，南京大学出版社2014年版，第81—82页。
④ ［德］黑格尔：《法哲学原理》，范扬、张企泰译，商务印书馆1961年版，第201、197页。

2. 马克思"市民—公民"观念

政治批判是马克思克在克罗茨纳赫和《德法年鉴》时期思想的主题。1843 年，马克思在《黑格尔法哲学批判》中对黑格尔政治哲学尤其是国家观进行了批判性考察。1844 年 2 月，马克思在《德法年鉴》发表《论犹太人问题》和《〈黑格尔法哲学批判〉导言》两篇文章，集中批判资产阶级政治革命及其局限性。通过对黑格尔国家观和资产阶级政治革命的批判，马克思初步澄清了现代国家的本质及其与市民社会的关系，阐明了政治解放与人的解放的关系问题。

在黑格尔看来，市民社会与政治国家的分离导致个体身份的二重化，即作为公民的"人"与作为市民的私人。市民和公民是人的个体性与普遍性的不同体现，作为公民的"人"被看作是人的普遍性的实现，作为市民的私人被看作是人的普遍性实现自身的一个中介，即个别性的实现。黑格尔把国家视为伦理的化身，强调，只有当个人参与普遍的政治生活而成为国家成员即公民时，他才可能作为真正的人存在。青年马克思认同黑格尔的这些观点，但是，马克思又接受和肯定费尔巴哈人本学观点，立足人的感性存在，重新理解市民、公民及其关系。马克思把市民和公民不是看作黑格尔所谓的理性自身的发展形式，而是视为现实的人的双重规定，即人的个体特性与普遍本质。市民与公民是一种矛盾关系，反映了人的个体特性与人的社会本质、私人生活与公共生活之间的矛盾和对立。因此，市民与公民都不可能是个人之为个人的真正存在方式。[①]

马克思认为，人二重化为市民和公民，是资产阶级政治革命的结果。"政治革命消灭了市民社会的政治性质。它把市民社会分割为简单的组成部分：一方面是个体，另一方面是构成这些个体的生活内容和市民地位的物质要素和精神要素。"[②] 在前现代社会，政治权力统治市民社会，市民社会具有直接的政治意义和政治效能，个人依附政治共同体，缺乏独立性和自主性。资产阶级政治革命摧毁封建等级和特权，消除人身依附关系，使社会成员的各种特殊的和个别的因素，如宗教信仰、私有财产

[①] 李志：《马克思早期政治思想中的个人概念》，《武汉大学学报》2006 年第 6 期。
[②] 《马克思恩格斯文集》第 1 卷，人民出版社 2009 年版，第 44—45 页。

等,被剥离出政治国家领域而成为非政治的、社会的差别,使个体由专制统治奴役的不自由的存在者,转变为生活于世俗社会关系中的市民,确立了个体政治或法律意义的自由、平等。这是人的一种历史性解放。

市民社会与政治国家的分离,使个体的生活分化为双重生活,即市民社会生活和政治共同体生活,形塑了个体的两种不同身份:作为个体存在者的"市民"身份和作为普遍存在者的"公民"身份。"政治解放一方面把人归结为市民社会的成员,归结为利己的、独立的个体,另一方面把人归结为公民,归结为法人"。就市民身份而言,由于"实际需要、利己主义是市民社会的原则",因而,"作为市民社会成员的人,即没有超出封闭于自身、封闭于自己的私人利益和自己的私人任意行为、脱离共同体的个体。"① "'市民',即具有同普遍东西对立的特殊利益的人"②。市民失去社会本质规定,成为只注目自我欲望的利己的、自私的、独立的个体。就公民身份而言,"当国家宣布出身、等级、文化程度、职业为非政治的差别,当它不考虑这些差别而宣告人民的每一成员都是人民主权的平等享有者,当它从国家的观点来观察人民现实生活的一切要素的时候,国家是以自己的方式废除了出身、等级、文化程度、职业的差别"③。政治国家从人的类的共通性或一般人格意义上平等对待每个社会成员,使"每一成员都是人民主权的平等享有者"即公民。作为政治国家的成员,公民是脱离了个体的一切规定性的,抽象的、普遍的、平等的"人"。"市民社会和政治国家的分离必然表现为政治市民即国家公民脱离市民社会,脱离自己固有的、真正的、经验的现实性,因为国家公民作为国家的理想主义者,是完全另外一种存在物,一种与他的现实性不同的、有差别的、相对立的存在物"。通过政治国家,"市民社会的成员在自己的政治意义上脱离了自己的等级,脱离了自己真正的私人地位。只有在这里,这个成员才获得人的意义,或者说,只有在这里,他作为国家成员、作为社会存在物的规定,才表现为他的人的规定。"④

---

① 《马克思恩格斯文集》第1卷,人民出版社2009年版,第46、52、42页。
② 《马克思恩格斯全集》第3卷,人民出版社2002年版,第54页。
③ 《马克思恩格斯文集》第1卷,人民出版社2009年版,第29—30页。
④ 《马克思恩格斯全集》第1卷,人民出版社2002年版,第97、101页。

政治革命所导致的人的"市民—公民"二重化存在,使人的权利也相应地二重化。马克思认为,在人权的"发现者"北美人和法国人那里,所谓"人权",实际上分为两部分,其中"一部分是政治权利,只是与别人共同行使的权利。这种权利的内容就是参加共同体,确切地说,就是参加政治共同体,参加国家。这些权利属于政治自由的范畴,属于公民权利的范畴"①。公民权利是个体作为国家成员的权利,是普遍的、公共性的权利,代表普遍利益,它通过个体禀赋国家的普遍性质而表现出来。马克思虽然把公民权看作人权的一部分,但在严格意义下,他把公民权与人权区别开来。马克思说,除了包括公民权的那部分人权,还有"另一部分人权,即与 droits du citoyen［公民权］不同的 droits de l'homme［人权］"②。这部分人权是什么呢?马克思依据法国 1789 年《人权和公民权利宣言》和 1791 年、1793 年、1795 年宪法等,列举了这种人权的基本内容:平等、自由、安全、财产。马克思认为,这部分人权的本质"有待研究"。政治解放同时也是市民社会从政治统治中解放出来,通过市民社会,人把异化给神或国王的一切复归于自己,使人的利己需要、物质利益和私有财产等得到承认和维护。通过资产阶级政治革命,"封建社会已经瓦解,只剩下了自己的基础——人,但这是作为它的真正基础的人,即利己的人","是国家通过人权予以承认的人"③。因此,马克思强调,《人权和公民权宣言》中"人权"的"人","不是别人,就是市民社会的成员"。"所谓的人权,不同于 droits du citoyen［公民权］的 droits de l'homme［人权］,无非是市民社会的成员的权利,就是说,无非是利己的人的权利、同其他人并同共同体分离出来的人的权利。"④因此,马克思认为,在其现实性上,北美人和法国人所谓的人权,有其内在限度和局限性。自由"是狭隘的、局限于自身的个人的权利。自由这一人权的实际应用就是私有财产这一人权";平等"无非是上述自由的平等,就是说,每个人都同样被看成那种独立自在的单子";由于"整个社会的

---

① 《马克思恩格斯文集》第 1 卷,人民出版社 2009 年版,第 39 页。
② 同上书,第 39 页。
③ 同上书,第 45 页。
④ 同上书,第 40 页。

存在只是为了保证维护自己每个成员的人身、权利和财产",因而,安全只不过是市民的"利己主义的保障";"私有财产这一人权是任意地、同他人无关地、不受社会影响地享用和处理自己的财产的权利;这一权利是自私自利的权利"①。

可见,就其本质而言,人权是个体作为市民社会成员的权利,是私人性的权利,代表私人利益,具有利己主义特性。这样的人权实际上只是"市民权",但这样的人权往往被启蒙思想家称为具有永恒性的"自然权利"。"人,作为市民社会的成员,即非政治的人,必然表现为自然人。Droits de l'homme［人权］表现为 droits naturels［自然权利］,因为有自我意识的活动集中于政治行为。利己的人是已经解体的社会的消极的、现成的结果,是有直接确定性的对象,因而也是自然的对象。"②马克思则认为,人权只是反映了资本主义社会的现实的真实状况,人权就是人在资本主义社会自由做生意、赚钱和占有财产;公民权则呈现了人在资本主义社会中幻想出来的作为类生活的幸福愿景③。人权和公民权并不是启蒙思想家所说的"自然的"或"天赋的",个体的"市民—公民"二重化以特定的社会和国家作为基础,是以近代资产阶级革命和政治国家的确立为前提的,是现代社会的产物。个体的"市民—公民"二重化呈现了资本主义社会中"商人和公民、短工和公民、土地占有者和公民、活生生的个人和公民之间的差别",反映了资本主义社会中"个人生活和类生活之间、市民社会生活和政治生活之间的二元性"④,凸显了资本主义社会中人的个体性与普遍性、人的存在与人的本质、个体与共同体、私权与公权等之间的矛盾。

3. 马克思"市民—公民"观念的批判意蕴

"市民—公民"是青年马克思展开政治批判的最重要理论范式之一。马克思据此对资产阶级政治革命及其局限性进行深度批判,揭示资产阶

---

① 《马克思恩格斯文集》第 1 卷,人民出版社 2009 年版,第 41—42 页。
② 同上书,第 45—46 页。
③ 郭忠华:《人权、公民权及其终结:理解马克思的现代史观》,《马克思主义研究》2013 年第 6 期。
④ 《马克思恩格斯全集》第 3 卷,人民出版社 2002 年版,第 173、179 页。

级政治革命所建构的公民身份的虚幻性,要求通过消解个体的"市民—公民"二重化,实现人的普遍的、彻底的解放。

马克思认为,政治国家中的人是以共同体方式存在的,市民社会中的人则是相互分离的个体。"在政治国家真正形成的地方,人不仅在思想中,在意识中,而且在现实中,在生活中,都过着双重的生活——天国的生活和尘世的生活。前一种是政治共同体中的生活,在这个共同体中,人把自己看做社会存在物;后一种是市民社会中的生活,在这个社会中,人作为私人进行活动,把他人看做工具,把自己也降为工具,并成为异己力量的玩物。"① 在市民社会中,人不是作为社会存在物而存在,而是仅仅作为私人而存在;在不承认人的一切私人差别的政治共同体中,人才作为社会存在物而存在,"人把处于自己的现实个性彼岸的国家生活当做他的真实生活"②。但是,在其现实性上,这种政治国家又剥夺了人的现实生活,充满了非现实的普遍性。人的这种二重性,即"现实的人只有以利己的个体形式出现才可予以承认,真正的人只有以抽象的 citoyen[公民]形式出现才可予以承认"③,正是资产阶级政治革命的限度所在。

资产阶级政治革命的实践后果具有悖谬性:它宣称所有人作为公民是平等的,但又使人在经济生活和社会地位中形成不同等级。这种政治或形式的平等与社会地位或事实的不平等之间的矛盾,是马克思政治批判的出发点。马克思认为,资产阶级政治革命使人分裂为利己的、现实的个体(即私人)与抽象的、虚幻的公民(即公人),它一方面使人成为被金钱等所奴役的自私自利的市民;另一方面使人成为被政治国家所奴役的虚幻的、抽象的公民。"市民社会和国家是彼此分离的。因此,国家公民也是同作为市民社会成员的市民彼此分离的。这样,他就不得不与自己在本质上分离。"④ 政治革命虽然通过政治和法律形式确认了人的自由、平等、安全和财产等公民权,但在现实中,经济上占支配地位的强者往往主宰着市民社会,并使国家和法反映他们的特殊利益,使政治共

---

① 《马克思恩格斯文集》第1卷,人民出版社2009年版,第30页。
② 同上书,第36—37页。
③ 同上书,第46页。
④ 《马克思恩格斯全集》第3卷,人民出版社2002年版,第96页。

同体沦为维护强者私利的工具。在资产阶级政治国家,"公民权"从根本上说是虚幻的。因为,"现代国家的自然基础是市民社会及市民社会中的人,即仅仅通过私人利益和无意识的自然必然性这一纽带同别人发生联系的独立的人,即为挣钱而干活的奴隶,自己的利己需要和别人的利己需要的奴隶"①。所谓人权,不过是一种私权,这种私权具有利己主义、自我封闭、相互分离等特征。从这个意义上说,犹太人问题的实质在于,犹太人没有从政治解放中获得真正的公民权,没有成为政治国家的主人,他们只能在"满足需要的体系"中以"私人"的形式,过着与类生活相分离的异化生活。在马克思看来,政治解放没有也不可能从实质上改变社会成员的经济的、社会的差别。相反,人的存在与本质、目的与手段等在政治解放中被颠倒和异化了。作为市民社会成员的人,"绝对不是类存在物,相反,类生活本身,即社会,显现为诸个体的外部框架,显现为他们原有的独立性的限制。把他们联结起来的唯一纽带是自然的必然性,是需要和私人利益,是对他们的财产和他们的利己的人身的保护"②。

现象地看,公民权被赋予所有社会成员,但本质地看,公民权却服务于人权,成为维护人权的工具和手段。"自由这一人权一旦同政治生活发生冲突,就不再是权利,而在理论上,政治生活只是人权、个人权利的保证,因此,它一旦同自己的目的即同这些人权发生矛盾,就必定被抛弃。"③ 公民权以公法形式代表国家,人权以私法形式代表"人"。由于"现代国家的自然基础是市民社会以及市民社会中的人"④,因而,在资本主义社会,"公民权"从属于"人权"。通过政治革命,"citoyen[公民]被宣布为利己的 homme[人]的奴仆;人作为社会存在物所处的领域被降低到人作为单个存在物所处的领域之下;最后,不是身为 citoyen[公民]的人,而是身为 bourgeois[市民社会的成员]的人,被视为本来意义上的人,真正的人"⑤。市民成为公民的目的性存在,政治生活成为

---

① 《马克思恩格斯文集》第1卷,人民出版社2009年版,第312—313页。
② 同上书,第42页。
③ 《马克思恩格斯全集》第3卷,人民出版社2002年版,第186页。
④ 《马克思恩格斯文集》第1卷,人民出版社2009年版,第312页。
⑤ 同上书,第43页。

市民生活的手段，人的真正本质即社会本质成为人谋取私利的工具。人"把他人看做工具，把自己也降为工具，并成为异己力量的玩物"①。

在马克思看来，市民和公民都不是个人的真实存在方式。市民因其撇开个人的社会本质而成为一个利己的、纯粹的个体，市民是"丧失了自身的人、外化了的人，是受非人的关系和自然力控制的人"②；公民因其并不包含个体的具体的、有差别的真实内容而成为关于个人的虚幻存在的纯粹概念，公民是"抽象的、人为的人，寓意的人，法人"③。作为市民和公民的人，没有达到人的普遍性与特殊性的统一。"人在其最直接的现实中，在市民社会中，是尘世存在物。在这里，即在人把自己并把别人看做是现实的个人的地方，人是一种不真实的现象。相反，在国家中，即在人被看做是类存在物的地方，人是想象的主权中虚构的成员；在这里，他被剥夺了自己现实的个人生活，却充满了非现实的普遍性。"④对每一个市民来说，"他要成为现实的国家公民，要获得政治意义和政治效能，就应该走出自己的市民现实性的范围，摆脱这种现实性，离开这整个组织而进入自己的个体性，因为他那纯粹的、明显的个体性本身是他为自己的国家公民身份找到的惟一的存在"⑤。因而，作为市民和公民的人，还不是完整的人，不是人的真正存在形式。政治解放使人的存在和本质分裂，它不可能解决作为市民社会成员的个人与作为国家公民的个人之间的矛盾。因而，马克思强调，政治解放是人的解放的未完成形式，政治解放本身并不就是人的解放。为此，马克思进一步提出"从政治解放到人类解放"的任务，并对人类解放及其主体力量进行深入探索。

在马克思看来，政治解放所导致的人的"市民—公民"二重性矛盾，只有通过"普遍的人的解放"才能得到真正解决。所谓"普遍的人的解放"即人类解放，就是"推翻使人成为被侮辱、被奴役、被遗弃和被蔑

---

① 《马克思恩格斯文集》第1卷，人民出版社2009年版，第30页。
② 同上书，第37页。
③ 同上书，第46页。
④ 《马克思恩格斯文集》第1卷，人民出版社2009年版，第31页。
⑤ 《马克思恩格斯全集》第3卷，人民出版社2002年版，第97页。

视的东西的一切关系","使人的世界即各种关系回归于人自身"①。马克思强调:"只有当现实的个人把抽象的公民复归于自身,并且作为个人,在自己的经验生活、自己的个体劳动、自己的个体关系中间,成为类存在物的时候,只有当人认识到自身'固有的力量'是社会力量,并把这种力量组织起来因而不再把社会力量以政治力量的形式同自身分离的时候,只有到了那个时候,人的解放才能完成。"② 只有当"现实的个人"即追逐个人利益、沉溺"私域"的利己个体,真正意识到自己的"固有力量"即人的社会本质(这种社会本质在形式上呈现于"抽象的公民"),并把人的社会本质融化到"自己的经验生活、自己的个体劳动、自己的个体关系中间"时,人才会成为真正的人,即类存在物。同时,个体将在自己的生活、劳动和社会关系中以"类"的方式存在,从而公民将复归于个体。这时,人权与公民权将趋于一致,公民权所隐含和承诺的理想也将成为现实。公民权体现人的类存在和类自由,人的真正自由和解放呈现在公民权中。这是马克思早期思想中的社会理想。

马克思认为,市民生活是政治生活的基础,资产阶级政治革命所建构的政治国家和国家公民是以市民社会和市民社会成员为前提和基础的。"市民社会的成员,是政治国家的基础、前提。他就是国家通过人权予以承认的人。"③ 因而,超越政治解放和实现人类解放,在客体意义上可归结为克服和超越市民社会,在主体意义上可归结为发现和培育作为"并非市民社会阶级的市民社会阶级"④。黑格尔认为,市民作为"私人",不过是精神展开过程中的一个"具体的观念",是精神发展的低级阶段,市民不是现实的存在。马克思则认为,尽管作为市民社会成员的人有许多缺陷,但是,这样的人才是现实的人。因而,与黑格尔迷

---

① 《马克思恩格斯文集》第1卷,人民出版社2009年版,第11、46页。
② 同上书,第46页。
③ 同上书,第45页。
④ 思想成熟期的马克思认为,从现代国家的角度看,资产者与无产者都是政治意义上自由平等的公民,但从资本主义私有制和生产方式的角度看,资产者与无产者是剥削者与被剥削者的关系,因而,资产者与无产者的所谓公民身份,掩盖了二者之间不平等的阶级关系。这一指认是马克思在《资本论》创作过程中最终得以确立的。但在早期思想中,马克思已认识到资产者和无产者的公民身份掩盖了二者各自的本性。

恋官僚政治并寄希望于伦理国家来克服市民社会的方案不同，马克思认为，只有依靠市民社会中的现实的人及其感性活动，才能克服和超越市民社会。马克思认为，无产者是市民社会"现实的个人"中最有可能觉醒和觉悟的部分。马克思把克服市民社会与超越政治解放紧密联系起来，发现了作为"非市民"①的无产者在克服人的"市民—公民"二重性矛盾中的主体作用。为此，马克思走向对市民社会的政治经济学研究，并通过这一研究，超越了近代自由主义"市民—公民"观念的抽象人性论基础，凸显了作为"非市民"的无产者在克服人的"市民—公民"二重化中的历史主体作用，建构了关于无产阶级和人类解放的新学说。

三　人与物关系的科学阐释与价值定向

从哲学层面看，构成发展的一切要素最终都可规约为"人"的因素与"物"的因素。"人"与"物"及其关系，是近现代发展实践遭遇的根本问题，因而也是近现代发展观首要的和根本的问题。

1."人"与"物"关系的三种价值取向：抽象人本、单纯物本、科学人本

在近现代社会，由于对发展中"人"与"物"及其关系的不同理解，形成了三种基本的社会发展观：抽象人本主义发展观、单纯物本主义发展观、科学人本主义发展观。

抽象人本主义发展观集中表现为黑格尔的绝对精神发展观、费尔巴哈的人本学发展观等。黑格尔把人理解为自我和精神，认为发展的真正主体是超现实的绝对精神，现实的发展是按照绝对精神预设的隐蔽目的

---

① 思想成熟期的马克思把"市民社会"与"人类社会"区别开来，他认为，与作为市民阶级精神武器的"旧唯物主义的立脚点是市民社会"不同，作为无产阶级精神武器的"新唯物主义的立脚点则是人类社会或社会的人类"（《马克思恩格斯文集》第 1 卷，人民出版社 2009 年版，第 502 页）。市民社会与人类社会的区别，也就是政治解放与人类解放的区别。对于无产阶级来说，"全部问题都在于使现存世界革命化，实际地反对并改变现存的事物"（同上，第 527 页）。所以，无产阶级是市民社会的否定性因素，是市民社会的"掘墓人"。

和方向进行的。在费尔巴哈那里,人仅仅是生物学意义上的自然人,是没有差别的"类"意义上的人,这种人只是在感性意义上表现为现实的、单个的、肉体的人,本质上仍是抽象的人。因而,费尔巴哈的人本学发展观只是反映了重视人的意向,实际上并未摆脱唯自然主义的倾向。抽象人本主义发展观以抽象的、概念化的或"类"意义的"人"为出发点和归宿点,把抽象的、概念化的或"类"意义的"人"视为世界的主体和中心,看做发展的根本。按照这种发展观的逻辑,现实的人不是人,社会发展是凌驾于"现实的人"之上的、把人当做手段来达到自己的目的。这种发展观在实践中表现为,打着某种"崇高的绝对精神""全人类""全能国家""集体至上"等旗号,以牺牲"现实的人"为代价,谋求所谓"一般人"的发展;把追求抽象的理性沉思、虚幻的崇高理想、绝对的历史使命等,视为发展的主要内容和根本目标。这种发展披着"人"的外衣,实现着"非人"的内容。这种发展观在实践中引发了绝对国家主义、极权主义、集体暴政等社会问题。

单纯物本主义发展观中的"物"主要指两个方面:一是单一的经济增长,在理论上主要表现为"增长至上主义"或"经济帝国主义";二是极端的环境保护,在理论上主要表现为"自然中心主义"或"生态中心主义"。由此,物本主义发展观表现为两种:一是经济增长至上发展观,把发展等同于经济增长,把发展归结为物质财富的增加,以经济指标作为衡量社会发展水平的唯一标准。二是自然中心主义或生态中心主义发展观,从当代人类所面临的日益严重的环境问题出发,把人类对生态环境的保护极端化,认为人类应抛弃或停止工业文明。现实地看,自然中心主义发展观的影响非常有限,而经济增长至上发展观则被普遍认同和持有。因而,我们目前所说的物本主义发展观中的"物",主要是指单纯追求经济增长的实践行为及其观念,如商品拜物教、货币拜物教、资本拜物教、利润拜物教、GDP拜物教等。经济增长至上发展观把社会发展引入了"生产主义"的轨道。这种"生产主义"表现为,唯生产力论、生产支配消费、经济发展的根本目的是获利而不是满足人的需要、拜物主义精神世界等等。深层地看,经济增长至上发展观是以"人类"为本位,在人类与自然的二元对立中,把发展理解为人类对自然的物质征服和改造。它离开现实的人的需要和幸福，谋求所谓整个人类的进步。同时，物本主义发展观把人仅仅理解为"经济人"，认为追求物质享受是人的最重要的目的，进而，满足人的物质需要便成为发展的根本目标。因而，这种经济增长至上发展观充斥着一种人类中心主义价值观和一种片面的人性观，本质上也是一种抽象人本主义发展观。这表明，抽象人本主义发展观与物本主义发展观本质上有一致性，二者都无视"现实的人及其发展"，使发展走向了"无人性"的轨道。用马克思的话来说，物本主义发展观的根本缺陷在于，对发展"只是从客体的或直观的形式去理解，而不是把它们当作感性的人的活动，当作实践去理解，不是从主体方面去理解"①。

科学人本主义发展观是关于现实的人及其历史发展的学说，是马克思实践唯物主义思想的具体体现。科学人本主义发展观视域中的"人"，是指"现实的人"，这些个人是在一定的物质的、不受他们任意支配的界限、前提和条件下进行物质生产的人。"现实的人"在其现实存在形式上，是个体、群体和类的有机统一。科学人本主义发展观视域中的"物"，主要有两个内涵：一是在哲学意义上，"物"指客观实在及其规律。恩格斯说："物、物质无非是各种物的总和，而这个概念就是从这一总和中抽象出来的。"② 列宁指出："物质是标志客观实在的哲学范畴，这种客观实在是人通过感觉感知的，它不依赖于我们的感觉而存在，为我们的感觉所复写、摄影、反映。"③ 二是在实体意义上，"物"指各种客观实在的自然物如动物、植物、无机物等；各种客观实在的社会物，如权力、组织、制度等政治设施，产品、商品、货币、资本等经济设施，知识、科技等文化设施。马克思实践唯物主义并不否定一般唯物主义的"物"，而是批判旧唯物主义忽视人的主体能动性特别是人的实践对改变世界的伟大作用等"敌视人"的缺陷。实践唯物主义不再是关于外在于人的"物"的信念及劝导人单纯服从"物"的规律的旧唯物主义，也不

---

① 《马克思恩格斯文集》第1卷，人民出版社2009年版，第499页。
② 《马克思恩格斯文集》第9卷，人民出版社2009年版，第500页。
③ 《列宁选集》第2卷，人民出版社2012年版，第89页。

再像庸俗唯物主义者那样,"把唯物主义理解为贪吃、酗酒、娱目、肉欲、虚荣、爱财、吝啬、贪婪、牟利、投机,简言之,即他本人暗中迷恋着的一切龌龊行为"①。实践唯物主义所讲的"物"只是表明,一方面,现实的社会发展首先是人和自然之间的物质变换的过程,但是,"人在生产中只能像自然本身那样发挥作用,就是说,只能改变物质的形式。不仅如此,他在这种改变形态的劳动本身中还要经常依靠自然力的帮助"②。另一方面,现实的社会发展的"每一阶段都遇到有一定的物质结果、一定的生产力总和,人对自然以及个人之间历史地形成的关系,都遇到有前一代传给后一代的大量生产力、资金和环境,尽管一方面这些生产力、资金和环境为新的一代所改变,但另一方面,它们也预先规定新的一代的生活条件,使它得到一定的发展和具有特殊的性质"③。在科学人本主义发展观看来,社会发展既是人改造自然并使自然不断人化的过程,更是人追求自己目的和满足自己的需要的过程,是人的潜力和能力不断实现和提高的过程。科学人本主义所说的"发展",既包含客体("物")的发展,从而有别于抽象人本主义发展观,更包含主体("人")的发展,从而有别于物本主义发展观,是合规律性与合目的性的统一。

2. 物役性:现代社会发展中的"反发展"现象

美国发展伦理学家德尼·古莱指出:"如果一个社会的'发展'培养了新的压迫和结构性奴役,那就是'反发展'。"④ 古莱主要是从发展的政治社会效果来解释"反发展"问题的。实际上,"反发展"在社会经济、政治、文化、生态、人本身等发展诸领域都有不同程度的表现。"反发展"不是"反对发展"的意思,而是指发展中所出现的与发展的预期目的相反的结果或效果。

马克思认为,人类发展会经历一个从"人的依赖关系"阶段到"以

---

① 《马克思恩格斯文集》第 4 卷,人民出版社 2009 年版,第 286 页。
② 《马克思恩格斯文集》第 5 卷,人民出版社 2009 年版,第 56 页。
③ 《马克思恩格斯文集》第 1 卷,人民出版社 2009 年版,第 544—545 页。
④ [美] 德尼·古莱:《残酷的选择:发展理念与伦理价值》,高铦、高戈译,社会科学文献出版社 2008 年版,第 206 页。

物的依赖性为基础的个人独立性"① 阶段再到"建立在个人全面发展和他们共同的社会生产能力成为他们的社会财富这一基础上的个性自由"② 阶段的过程。根据马克思三社会形态理论,"物的依赖性"阶段是一个包含着痛苦经历的积极阶梯,是社会发展的必要阶段。马克思没有一般地仅仅从道德形而上角度谈论"物的依赖性"现象,而是辩证地分析"物的依赖性"现象,既正视其非人的、恶的一面,也关注其对社会进步、对人的自身发展、对处理人与自然之间的关系等方面的巨大意义。他认为,"物的依赖性"推动了现代意义的独立个体的产生,使人获得了一种特定意义的平等和自由,扩大了人与人之间的普遍交往,"形成普遍的社会物质变换、全面的关系、多方面的需要以及全面的能力的体系"③。具体地说,"物的依赖性"的积极意义在于,"这种物的联系比单个人之间没有联系要好,或者比只是以自然血缘关系和统治从属关系为基础的地方性联系要好。"同时,从人对于他们的社会联系的自觉掌握程度来看,"在个人创造出他们自己的社会联系之前,他们不可能把这种社会联系置于自己支配之下",人还不可能成为这种社会联系的主人。还有,在社会历史进程中,"全面发展的个人——他们的社会关系作为他们自己的共同的关系,也是服从于他们的自己的共同的控制的——不是自然的产物,而是历史的产物。要使这种个性成为可能,能力的发展就要达到一定程度和全面性,这正是以建立在交换价值基础上的生产为前提的,这种生产才在产生出个人同自己和同别人的相异化的普遍性的同时,也产生出个人关系和个人能力的普遍性和全面性"④。

但是,"物的依赖性"催生了一种普遍的"物役性"现象,这种物役性现象本质上是一种"反发展"现象。历史地看,一切发展都包含诸如

---

① "物的依赖性"中的"物",在根本意义上是指与人的生产生活实践相关联却并非人本身成分的事物、要素等,在马克思批判资本主义社会的特殊语境中,它主要是指商品、商品交换、交换价值、货币、资本、市场体系、价值规律等社会事物,或者说,主要指那些并非个人所属和所控范围的事物、情势、系统等。
② 《马克思恩格斯文集》第8卷,人民出版社2009年版,第52页。
③ 同上书,第52页。
④ 同上书,第56页。

异化或物化①之类的"反发展"倾向。但只有在特定的社会历史条件下，对象化才能转化为异化或物化。所谓异化或物化，就是人类本身所创造的东西成为一种不受人类控制并统治人类的物质力量。"这种情况既发生在客观方面，也发生在主观方面。在客观方面是产生出一个由现成的物以及物与物之间关系构成的世界……在主观方面——在商品经济充分发展的地方——人的活动同人本身相对立地被客体化，变成一种商品。"②在异化状态中，"物的世界的增值同人的世界的贬值成正比。"③ 人总是表现出被某种外部力量奴役的特性，即物役性。马克思认为，以私有制为基础的资本主义社会充斥着全面的"物役性"。这种"物役性"主要表现，人的劳动本身由于它的雇佣性质而颠倒地畸变为一种资本的力量，劳动产品、生产工具和科学技术等也成为一种支配人的异己力量；人的丰富社会关系被简化为商品交换关系、金钱关系、功利关系，人与人的关系颠倒地表现为商品、货币和资本的物与物的关系，个人受物化的社会关系的摆布。在资本主义社会，人所创造的一切有价值的东西都变成它自己的反面，人则成为人自己创造出来的物的力量的奴隶，人的价值被归结为物的价值，人的能力转化为物的能力。

马克思认为，以资本为基础的市场经济，"创造出一个普遍利用自然属性和人的属性的体系，创造出一个普遍有用性的体系，甚至科学也同一切物质的和精神的属性一样，表现为这个普遍有用性体系的体现者，而在这个社会生产和交换的范围之外，再也没有什么东西表现为自在的

---

① 马克思提出"物化"的两个规定，一是"个人在其自然规定性上的物化"，即人在一定社会形式中进行的对自然的占有，亦即生产劳动的对象化；二是"个人在一种社会规定（关系）上的物化"，即在商品交换中历史地形成的特定的社会关系的物化，如货币关系、资本关系等，这种物化的实质是人创造出来的物反过来奴役人。（参阅《马克思恩格斯全集》第 46 卷上册，人民出版社 1979 年版，第 176 页）所以，广义地说，"物化"有两种，一种是对象化的物化，一种是异化的物化。作为对象化的物化是对人的肯定（这也包括了美学或德性意义上的"物化"含义，即消除一切差别、物我不分的精神境界），而"异化的物化"在某种意义上则是对人的否定。卢卡奇的"物化"概念在现代学术思想史中有广泛影响，他的"物化"概念指称的是"异化的物化"。我这里所说的"物化"概念也仅仅指称"异化的物化"。

② ［匈］卢卡奇：《历史与阶级意识》，杜章智等译，商务印书馆 1992 年版，第 147 页。

③ ［德］马克思：《1844 年经济学哲学手稿》，人民出版社 2014 年版，第 47 页。

更高的东西，表现为自为的合理的东西"①。市场经济是从人作为物的有用性的角度去看待人、重视人的，人的物化正是在把人纳入到这个普遍的有用性体系之内产生的。在这个普遍有用性体系中，人本身沦为市场的构成要素之一，人的价值及其大小是根据市场的有用性来衡量的。物成为衡量和评价包括人在内的一切最高的尺度，"对大多数人来说，货币象征着目的论序列的终点，并提供给他们以各种兴趣统一联合的一个尺度、一种抽象的高度、对生活细节的统合"。"货币到处都被视为目的，迫使众多真正目的性的事物降格为纯粹的手段。"② 人的主体性属性，如劳动、才能、名誉、良心、爱情等，在物的诱使下会像商品一样被买卖和交换；商品、金钱、财富本来是人的创造物，但它反过来会成为支配人的主体（假主体），使人受它的奴役。在"物的依赖性"阶段，"物化结构越来越深入地、注定地、决定性地沉渗入人的意识里"③，形成商品拜物教、货币拜物教、资本拜物教等物化意识，这种物化意识成为一种普遍性的社会心态。

在"物的依赖性"阶段，人更为关注身体意义的物欲。毋庸置疑，讲究吃穿，追求"性"富，修身美容，是人们生活的正当内容。但是，人们对身体物欲的关注往往会走过了头。许多人把自己的生活和人生当成一个纯粹的"物理事件"来处置。他们信奉纯粹物质主义价值观，要求解放身体，主张放纵人的本能和感性欲望，把追求身体物欲的"最大化"视为自己生活和人生的主要内容和根本目标。毋庸置疑，人是在"物"的世界中不断生成和发展的，"物"满足了人的"生理机能"，并使人的本质力量得以对象化。但人必须不断超越"物"的世界的诱惑和腐蚀，通过这种超越不断返回人本身，检视自己并提升自己。

3. 在"人"对"物"的不断超越中谋求合理性发展

谋求"人"对"物"的超越，实现人的自由全面发展，是马克思科学人本主义发展观的根本价值指向。恩格斯曾指出，人类社会的发展必

---

① 《马克思恩格斯文集》第8卷，人民出版社2009年版，第90页。
② ［德］西美尔：《货币哲学》，陈戎女等译，华夏出版社2002年版，第167、347页。
③ ［匈］卢卡奇：《历史与阶级意识》，杜章智等译，商务印书馆1992年版，第156页。

将经历两次提升,即"在物种方面把人从其余的动物中提升出来"和"在社会方面把人从其余的动物中提升出来"①。第一次提升凸现的是人与自然的关系,标志着人在自然界中的自由;第二次提升凸现的是人与人、人与社会的关系,标志着人在社会中的自由。"两次提升"的根本目的在于确立人的主体地位,实现人的自由全面发展。马克思主义认为,人的自由全面发展是社会发展的最根本的价值目标。在科学人本主义发展观视域中,发展的最终目的就是要使人摆脱一切"物"的奴役和自在必然性的束缚,实现人的真正自由。在这种自由中"人终于成为自己的社会结合的主人,从而也就成为自然界的主人,成为自身的主人——自由的人"②。这里的关键在于"社会结合",即人在高度发达的生产力基础上重新联合起来。只有这样,才能克服个体活动的自发性、内耗性,摆脱人类在社会关系上的动物性生存状态,实现恩格斯所说的人"第二次提升",使人进入真正的自由王国。在这种自由王国里,人与物、人与自然、个人与社会、主体与客体、身体与心灵、目的与手段等的对抗已不再存在,物的发展、社会的发展不再以牺牲个人的发展为条件,而是以保证个人的自由发展为根本,消除一切不依赖于个人而存在的状况。

目前,我国经济社会发展仍存在不同程度的"物本"倾向,表现为"以金钱为本""以资本为本""以利润为本""以 GDP 为本""以技术为本""以权力(官)为本"等。在现实的经济社会发展中,追求单纯经济指标,高投入低产出、高消耗低效率,官本位、权本位,热衷上项目、铺摊子,倾心"形象工程""政绩工程""面子工程",搞"假数字""假政绩"等等,都是"以物为本"的具体表现。"以人民为中心"并不是否定"物"在发展中的地位和作用,而是说不要让"物"遮蔽了人本身的存在及主体地位,人要不断超越"物",唯此才能真正实现人的自由全面发展。

合理性的发展既强调物的发展,更强调人的发展,要求在物的发展与人的发展的统一中,通过物的发展来实现和确保人的发展。在合理性

---

① 《马克思恩格斯文集》第 9 卷,人民出版社 2009 年,第 422 页。
② 《马克思恩格斯文集》第 3 卷,人民出版社 2009 年,第 566 页。

发展中，人与物的关系表现为，物是基础，人是主导，发展实践应"既见物更见人"。"既见物"，是因为，人是一种对象化的存在物，"人不仅像在意识中那样在精神上使自己二重化，而且能动地、现实地使自己二重化，从而在他所创造的世界中直观自身。"因而，"工业的历史和工业的已经生成的对象性的存在，是一本打开了的关于人的本质力量的书，是感性地摆在我们面前的人的心理学。"发展是人的本质力量对象化的过程，这个过程是以"物"为载体来实现的。"物"是人的活动的对象，人是"物"与"人"综合作用的产物。"更见人"，是因为，虽然直接的物质的生活资料的生产是社会发展的基础，物的发展以及人的物质需要的满足是基础、是手段，但人本身的存在、人的全面发展才是社会发展的根本和目的。

关于发展中"人"与"物"及其关系，一方面，在发展中，既要重视"物"的因素，更要重视"人"的因素，不能"见物不见人"。另一方面，在发展中，既要更加重视"人"的因素，但也不能无视"物"的因素，不能"见人不见物"。社会发展是"人"与"物"的交融互动过程。没有"物"的发展，不掌握强大的物质力量，就不可能有人的全面发展；没有人的全面发展，发展就失去其根本价值。德尼·古莱区分了发展中的两种物质主义："第一种是健康的物质主义，防止人们产生遁世主义，后者把物质缺乏视为不重要，把苦难视为命运的结果、上帝的意志或者轮转周期中某个必然的阶段。所有这种看法都把物质货品视为无足轻重。相反，健康的物质主义对生命的有形条件给予适当强调。它对合理的获得愿望给予道德认可并坦率承认人类美德不能包括对人类苦难的视而不见。可是，还存在着第二种形态的物质主义，它把人转变为操纵者或者操纵的对象。人的存在降低为他所拥有的东西：以货币衡量所值替代了价值。这种物质主义既幼稚又致命，它依靠一个无思考的、不敏感的体系让追求丰裕使得生命非人性化。对物质财富无批判的自鸣得意使人们看不到在贫困文化中和丰裕文化中都有真正的人类价值。物统治了人。"[①] 在发展进程

---

① ［美］德尼·古莱：《残酷的选择：发展理念与伦理价值》，高铦、高戈译，社会科学文献出版社2008年版，第208页。

中，要倡导"健康的物质主义"，抵制"第二种形态的物质主义"。

四 身心自由、德性与真实自我

自由即和谐。身心和谐是人作为"自由人"和保持真实自我的主体人格基础。保持身心的和谐，守护真实自我，离不开德性的滋养和培育。德性是人性的重要构成因素，也是人性成熟和完善的重要标志。守护心灵的秩序，实现身心的和谐，成就真实自我，是德性的本质要求和价值指向。

1. 身心失衡和失真：自我迷失的根源

人的生命是身体与心灵的统一。身体是人的生命的物质承担，心灵是人的生命的意义寄托。身体与心灵及其关系，是每一个人都会遇到而且必须予以回答的人生哲学问题。但许多人往往不能平衡自己的身心关系，使二者在很多时候处于一种失衡状态，从而陷入人生的误区。

只关心身体的人，把自己的生活和人生当成一个纯粹的"物理事件"来处置。这种人信奉物质主义和享乐主义价值观，要求解放身体，主张放纵人的本能和感性欲望，把追求食色、金钱、权力等的"最大化"，视为自己生活和人生的主要内容和根本目标。

只关心心灵的人，把自己的生活和人生当成一个纯粹的"精神事件"来处置。这种人信奉理性主义和禁欲主义价值观，认为身体是心灵的牢笼，是心灵的坟墓，是罪恶的策源地；主张"存天理，灭人欲"，要求用心灵来驾驭、压制乃至消灭身体，把追求抽象的理性沉思、虚幻的崇高理想、绝对的历史使命等，视为自己生活和人生的主要内容和根本目标。这两种人都是身心不和谐的人，二者都无视人的生命的完整性，因而都无法享受生活的真实内容，也无法体验人生的真正意义。

改革开放前，由于"左"倾思潮的影响，中国人更多地注重生命的"心灵"之维。生活和人生被演绎为对某种绝对理想目标的理性设计、虔诚服从和狂热追求，"身体"成为卑鄙、肮脏、丑恶的象征物，是一个"臭皮囊"，因而是该诅咒和惩罚的"恶魔"。人们不敢言谈"食色"，不敢追求物质享受，生活和人生被纳入禁欲主义的"宗教轨道"。由于无视身体的正常需求，贬低乃至掏空了生活和人生的物质内容，把身体逼入生活和人生的阴影中，使人的心灵脱离身体，最终既肢解了人的生活和人生的完整性，也扭曲了人的精神世界。

改革开放和市场经济体制的逐步确立，解放了久被压制的身体，还原了身体在生活和人生中应该享有的合法地位，生命的"身体"之维得以凸现。物质财富，个人利益，商品货币，成为人的正当追求；讲究吃穿，追求"性"富，修身美容，成为人们生活的正当内容。但是，在市场主导的社会中，由于财富、利益、商品、金钱等"物质因素"的强势地位，以及由此滋生的各种"拜物教"观念的影响，人们对身体和"物"的关注很容易走过头。现在，不少人倾向于让身体限制、挤压和虚化心灵，扬言"我是流氓我怕谁"，高喊"玩的就是心跳，活的就是下半身"。于是，放纵本能欲望，嘲讽一切理想，躲避任何崇高，渴望精神堕落，成为很多人对待生活和人生的一种时尚。

历史地看，现代人比古代人更关心自己的身体，这是社会进步的一个重要标志。但是，当身体离开心灵的真切关照时，身体就可能会被像动物一样来技术性地处置。现在，越来越多的（男）人，通过暴食、酗酒、吸毒、嫖娼等"自残身体"的方式来填充精神的空虚，打发生活的无聊；也有越来越多的（女）人刻意按照他人关于身体美的规范，通过种种技术手段"规训"自己的身体，心甘情愿地接受各种各样针对身体的"暴力"：隆胸、抽脂、去毛、种毛、拉皮、染发等。在这种对"身体美"的追求中，人们真正忘记的是他自己，很多时候只是仅仅获得了一种虚幻的满足感和意义感。在现代社会，很多人承受着巨大的工作和生活压力。不少人甚至通过透支生命，来追求工作和生活中的种种愿景。还有一些人，则使自己的人生更为感性化一些。他们口中享乐，舞中得乐，牌中取乐，情中欢乐，游中寻乐，通过各种方式不断寻求刺激以获得感官快乐。可是，一旦他们从喧嚣的世界中抽身出来时，便常常感到，幸福的生活离他们其实很远。这是因为，人的身体与心灵不可能是绝对排斥的，但也不可能自然而然地相容。正如有的学者所言，对一个人来说，"灵魂与肉体在此世相互找寻使生命变得沉重，如果它们不再相互找寻，生命就变轻"。人的生命、生活和人生的完整意义体现在"身体"与

"心灵"相互找寻的过程中，体现在"身体"与"心灵"的和解与和谐之中。每一个有志于优化和完善自己生命、生活和人生的人，都应该自觉地致力于让心灵成为"身体的心灵"，让身体成为"有心灵的身体"，实现身体与心灵的和解与和谐。德性的意义在于，守护心灵的秩序，实现身心的和谐。人生的意义和幸福，离不开德性。对人生意义的思考，本质上是对德性的思考；对人生意义的追寻，根本上是对德性的追寻。

2. 德性：身心自由的根基

从一般意义上看，德性就是人所拥有的人之为人的卓越的或优秀的功能特性和人性品质，它表现为人对于其自然属性的超越和对于更高层次的生命境界与生活状态的追求。从伦理学意义上看，德性则是个性结构中可以进行善恶评价的那部分心理特质和行为方式，它是一种与价值相关的个性特质，是指个体所具有的提升自己的道德境界和成就自己的理想道德人格的品质与特性，个体具有的向善意愿、知善能力、为善勇气、履善行动等特性，以及获得的一种自觉的道德观念和道德意识。这种道德观念、道德意识和道德品质已经融化到个体的个性、本性中，成为一种真正稳定的属于个体本身的东西，变为一种自然而然的行为习惯和行为方式，即孔子说的"从心所欲不逾矩"。就此而言，德性是个体完善自身的一种境界，是个性发展的最高层次和个性成熟的标志，它表征的是一个内在的"道德自我"。可以说，德性既是人性构成的重要因素，又是人性成熟和完美的重要标志。

人是由各种要素构成的复杂统一体，这些要素相互矛盾地交织在一起，共同推动着人性的发展。当代法国著名思想家埃德加·莫兰（Edgar Morin）把人的形象描述为"智者+狂徒"："制造工具的人和制造神话的人；客观-技术-逻辑-经验的思想和主观-幻觉-神话-巫术的思想；一方面是理性的，能够控制自己的，善于怀疑、检验、建设、组织、完成任务的人；另一方面是非理性的，对自我无意识的，不能控制的，不能完成任务的人，破坏的，用离奇事物来启发的，冒失的人。"[①] 一个人

---

① [法] 埃德加·莫兰：《迷失的范式：人性研究》，陈一壮译，北京大学出版社1999年版，第97页。

是多面性的,他是一个"生产的人、技术的人、建设的人、焦虑的人、享乐的人、亢奋的人、歌舞的人、不稳定的人、主观的人、想象的人、神话的人、充满危机感的人、神经症的人、色情的人、放纵的人、破坏的人、有意识的人、无意识的人、巫术的人、理性的人。这是同一面孔的许多侧面,……,所有这些特点分散、组合、再组合,根据个人、社会、时代而不同,增加着人类难以置信的多样性。这种多样性不能从一个简单的统一原则出发来理解。它的基础处于一种不确定的可塑性中,任由环境和文化根据特殊的情况来塑造"①。也是在这个意义上,恩格斯指出:"人来源于动物界这一事实已经决定人永远不能摆脱兽性,所以问题永远只能在于摆脱得多些或少些,在于兽性或人性的程度上的差异。"②德性是人在不断超越自身的"兽性"的过程中所获得的一种优秀的"人性"。对一个人来说,兽性摆脱得多一些还是少一些,兽性和人性的差异是大一点还是小一点,取决于他的心灵对于身体的介入和提升程度,以及他的身心良性互动的程度。本能欲望等是人性的基础,但它不构成人性本身,因为本能在未人性化的状态下是个别性的,本能的构成因素往往相互冲突,不能彼此协调。本能性的冲动或情感本身无所谓善恶,它们如何表现和实现才会有善恶评价问题。人性的高尚并不在于人能够压抑、超越甚至摧残自己的本能欲望,而在于人能够通过心灵的介入不断自觉地调整和升华自己的本能欲望,能够把自己的身体从动物性的"肉体"状态提升到社会性的"精神"状态。

由此可见,人的生命有两种表现形式,一是以"人欲"表现出来的生物性的生命,这是"身体"的生命;一是以"天理"呈现出来的伦理道德生命,是"心灵"生命。人的生命意义的大小与人的心灵状态、与人的身心和谐程度密切相关。对于没有音乐感的耳朵来说,最美的音乐毫无意义;经营矿物的商人只看到矿物的商业价值,而看不到矿物的美和独特性。人的心灵状态和身心和谐状态制约着人的行为状态,或者说,

---

① [法]埃德加·莫兰:《迷失的范式:人性研究》,陈一壮译,北京大学出版社1999年版,第130页。
② 《马克思恩格斯文集》第9卷,人民出版社2009年版,第106页。

人的行为状态是他的心灵状态、身心和谐状态的外在表现。心灵是道德的城堡，纯洁的心灵容易引向纯洁的行为。人的心灵不能不存在，但它又不是一种本体性的存在，它不是自足的。一般地说，只有当心灵活在物质化的身体中时，它才可能是真实的存在，我们也才有可能对它进行切实的培育和提升。我们不能也不应该把生命完全精神化，人的感官的甚至动物性的功能也有它们的存在权利，我们不能从完善的生命中排除人的这些功能。人们常说，"安身立命"。只有满足身体的各种正当需要，安顿好身体，人才可能谈得上心灵境界的提升。所以邓小平指出："不重视物质利益，对少数先进分子可以，对广大群众不行，一段时间可以，长期不行。革命精神是非常宝贵的，没有革命精神就没有革命行动。但是，革命是在物质利益的基础上产生的，如果只讲牺牲精神，不讲物质利益，那就是唯心论。"①

但是，正如上述，随着人们物质生活一天比一天丰富和滋润，很多人享受物质生活的趣味与能力却在大幅度地下降。究其根源，在于不少人仅仅注目于生命的身体之维，放弃了对"心灵"的自觉操心和修炼。心灵修炼的缺失，使人的精神世界处于一种无序状态。这种无序意味着，一个人经营自己生活和人生的能力的降低甚至丧失。美国思想家范伯格指出："一个人如果既没有愿望、目的和理想的层次结构，也不清楚自己在其所属的主观世界中在何处安身立命，那他将成为本身所有构成因素冲突的战场，被这些因素拖来拖去，最后毫无希望地土崩瓦解。这样的人丧失了自主性，并非因为他是一个因袭他人价值的墨守成规者，而是因为他的欲望、理想、思虑缺乏内在的秩序和结构，尽管它们本身可能是真实的并为他自己所固有的。……一个放纵散漫的人会不断陷入内在的冲突、无出路的困境和反复无常中，他虽然并不受外界或内在支配力量的约束，却始终是不自由的。换句话说，他是一个没有外在束缚的人，但却被他自身的欲望之绳束缚着。"② 缺乏心灵关照的生活和人生，充满

---

① 《邓小平文选》第 2 卷，人民出版社 1994 年版，第 146 页。
② [美]范伯格：《自由、权利和社会正义》，王守昌等译，贵州人民出版社 1998 年版，第 16—17 页。

了"物"性,丧失了"灵"性,毋宁说是一种"行尸走肉"。在这种生活中,人们受尽了生活的物质之累,却很难感受到生活的真实意义。

德国伦理学家包尔生指出:"人的灵魂是世界上所有事物中最复杂最难驾驭的,因而驾驭灵魂的技艺也是最难的技艺。而且,由于它是我们的幸福最为重要的一种技艺,它需要人们以更大的注意力加以研究。"①德性是人性在理性基础上的进一步发展,理性把人与存在的关系设定为主体与客体的关系,德性则进一步把这种主体与客体的关系转化为主体内或主体间的关系,使欲望和情感得到理性的过滤。德性是一种普遍化和理智化了的人性,它突破了个人欲望和情感的狭隘性,使一个人的欲望和情感能够与他者相通并彼此尊重,在一种"共在"和"共识"中满足自己的欲望和情感需要。德性对人的本能、欲望、情感、意志等因素进行调节与导向,赋予人的生命的物质形态即"欲(得)"以价值与秩序,使人超出自然必然性的本能,与本能取得距离,对本能进行改造和升华,获得一个自主的精神空间。这种精神空间是人的灵魂的安顿之处,人的情感、理智和意志在这一空间中相互化通,从而使人的精神达到高尚的境界。所以,包尔生认为,德性"就它们代表着善者的品性而言,它们也不仅是一个外在的目的的外在手段,而是本身也是完善的人生和至善的一部分"②。德性"既是完善的生命的手段和工具,又是这一完善的生命内容的一部分"③。一般地说,德性包含着人性的提升、人的目的性、自我实现、义务感等含义,是人的一种内在的、稳定的"善"品质。拥有德性是人的多样性"自我整合"的可能途径之一,德性使人能够在主观意义上,把构成自己人性的杂多的多样性因素有机地统一起来,使人的心灵处于稳定的有序状态,进而使人达到身心和谐。从这个意义上说,德性是能够使人获得幸福的内在品质。

德性一旦形成,便逐渐凝聚为一种较为稳定的精神定势,这种精神定势在某种意义上成为人的第二天性,并相应地具有恒常的性质。荀子

---

① [德]包尔生:《伦理学体系》,何怀宏、廖申白译,中国社会科学出版社1988年版,第429—430页。
② 同上书,第213页。
③ 同上书,第236页。

说：" 生乎由是，死乎由是，夫是之谓德操。"(《荀子·劝学》)"德操"即德性或品德。在否定意义上，德性是人的一种自我约束、自我规范，显现了人的独特性和人的尊严；在肯定意义上，德性是人的一种自我完善、自我提升，显现的是人在超越中不断实现自己的生命的意义和人生的价值。美国伦理学家麦金太尔指出："一种德性不是一种使人只在某种特定类型的场合中获得成功的品质，……，某人真正拥有一种德性，就可以指望他能在非常不同类型的环境场合中表现出它来。"① 事实上，随着社会文明程度的提高和人的精神生活的丰富，道德需要会越来越成为人的一种基本精神需求，道德生活会越来越成为人的一种自我实现的需要。道德生活是一种德性支配下的精神生活，这种生活本质上是人对自己身心关系的调适与优化，对自身生命意义的体认和追求，特定的道德生活是实现人生价值的本体。

3. 真实自我：德性追寻的根本

在本体论意义上，基于德性的身心和谐，能够成就一个真实的自我。但是，现实地看，个体总是具有二重性品格，他的生命既有内在的本质力量，又离不开外在的展现形式。前者赋予个体以内在价值，后者规定了个体潜能展开的社会历史性。在现实生活中，个体人格往往是多重化的，而且具有内在的冲突性。这种冲突集中表现为所谓"真实的自我"同"人格面具"的对立。在这种对立中，人格面具仿佛是外来的。但实际上，任何面具都表现了个体的社会适应机制，表现了人的现实性和理性的方面。

"真实自我"与"人格面具"的冲突根源于自我的内在矛盾，是自我分化的产物。人们试图通过面具减轻个体的差异，缓和个人与社会、主观与客观的矛盾。人格面具体现着适应和服从规范的要求，"真实自我"体现着超越规范的自由创造的要求。人格面具的成功当然是以对所谓"真实自我"的压制为前提的。因而，尽管人们在社会生活中成功地扮演着各种角色，但总是产生失落自我的感觉，总会感到有另一个自我与此格格不入。对于个体来说，完全被外在的东西所支配意味着自我的沦丧，

---

① [美]麦金太尔：《德性之后》，龚群等译，中国社会科学出版社1997年版，第258页。

但撇开内在本质力量借以展开的社会历史过程,则自我实现同样流于空幻。从这个意义上说,个体的自我认同不仅表现为自我固有潜能的充分发展,而且表现为按照外在要求塑造自己,或是对某种普遍模式的认同。在这种认同过程中,自我由自在向自为过渡,并逐渐获得自由的人格、健全的个性和内在的尊严。个体在自我认同中不断追求"自我真实性"或"真实自我"。

近代以来,许多思想家认为,人类是一种具有内在深度的存在物,人类拥有一种天赋的道德感,即一种对是非的直感。这种具有内在深度的道德感是道德的本体,宇宙自然、社会结构、神界等都不再可能是道德的本体。卢梭是推动这种思想观念的最重要的思想家之一,他把道德问题表述为人类遵从自身本性之呼唤的问题。卢梭认为,一切道德问题的解决有赖于人与"自身的真实本性"的道德接触,他阐释了一种与道德本体的内在性相关的"自决的自由"的思想。卢梭赋予自我,以及自我与自己的内在本性的接触等无比的道德重要性。后来,道德本体和道德要求的重心发生了进一步的转移,由于康德、席勒等人对审美艺术的强调,自我真实和自我完满越来越不再被视为道德的手段,不再被认为是独立定义的,而被看作是自身就是有价值的东西。一种将真实性与道德对立起来的真实性研究发展起来,他们认为,真实性涉及原创性,它要求反叛惯例,而道德及其规范压抑了人的原创性。在现代社会,"自我与自己的内在本性的接触"有被丢失的危险。原因在于,现代个体往往对自我持一种工具主义态度,使自己可能失去倾听自己内在本性之呼唤的能力。所以,从严格意义来说,"自我真实性"是进入现代社会以来的一种普遍性的社会文化现象和个体人生追求。自我真实性可以作为现代社会的一个文化理想和道德理想,"真实性应该被严格地当作一个道德理想","真实性的确是一个值得信奉的理想"。①

自我真实性意味着,个人在自己的生活谋划和生活方式问题上具有"自决的自由"。因为,每个人都希望过一种人的生活,在这种生活里包

---

① [加]查尔斯·泰勒:《现代性之隐忧》,程炼译,中央编译出版社 2001 年版,第 27、83 页。

含着人的一切，也就是说，过一种精神的、历史的生活，在这种生活里为所有属人的精神力量和性格留有活动空间。自我真实性可以从形式和实质两个方面来理解。从形式上看，自我真实性与信奉某个生活目的或行使某种生活方式有关，在这个层次上，真实性显然是自我指示的，即这必须是"我"的取向，它说明，作为个体的我的存在是真实的。但是，这并不意味着，真实性的内容也必须是自我指示的。我的生活目标体现的是以某个在我之外的东西为背景而表达出来的我的欲望或希求，这种欲望或希求的真实性在根本上不取决于"自我指示"。因而，从实质上看，个体的真实性涉及的是个人存在在何种意义上是真实的问题。

由于自我真实性有着形式与实质的区别，因而在其现实性上，"自我真实性"的理想追求可能具有双重实践后果。其积极的方面是，它给我们指引了一个更自我负责的生活形式，容许一个更丰富的个体存在方式；其消极的或者危险的方面是，可能产生自恋主义、利己主义、人类中心论等倾向。如果混淆自我真实性的两个方面，就会误解真实性的实质及其伦理意义。前马克思主义思想家强调"人的本质先于人的存在"，他们从人的先天本质（实质上反映的是他们对人的本真性的一种价值预设）中引出人的存在；现代西方思想家，尤其是存在主义者，强调"存在先于本质"，从人的存在本身直接引出人的本质，从"是"直接引出"应该"（人的真实性），夸大了个人自由。前者所说的本真自我只是一种被抽象化的虚幻的自我，后者所说的本真自我只是一种为孤独、焦虑、恐惧等所笼罩的自我，二者的共同错误在于割裂了个人存在的社会性及其本质。

现代自由主义对自我真实性的理解是形式主义的，它所追求的自我真实性本质上是"自恋主义"的、个人主义的。现代自由主义将自我本真的持有或自我实现作为生活的主要价值，很少或甚至不承认外部道德要求和对他人的道德承诺。自由主义的自我真实性追求常以所谓的"自我实现理想"为矫饰，以两种变体形式出现：一是仅仅将"自我实现"集中于个人的实现，以纯粹工具性态度对待周围的人，由此培育出一种原子主义真实性理想；一是将自我实现仅仅看成是自我的，忽视甚至无视来自自我之外的社会的、传统的要求，这种自我不受任何道德理想的驱动,由此培育出一种激进的纯粹唯我主义的真实性理想①。

马克思"现实的个人"思想把个人的社会性作为个人存在的真实性的内涵,在存在论与本质论的统一中说明人的真实性问题。这种统一正如恩格斯所说的:"我们必须从我,从经验的、有血有肉的个人出发,不是为了像施蒂纳那样陷在里面,而是为了从这里上升到'人'。"② 自我真实性意味着,一个人一方面与其他社会成员没有什么两样,能够同他们进行交往,同他们处于一种相互作用的关系之中,熟悉并认同社会的道德规范;但另一方面作为独特的个体,他在道德规范的网络中突显自己的能力。仅仅熟悉社会规范,承认这些规范是普遍有效的,并不能导致自我同一性或自我真实性的形成。因为面对现存的规范系统,人是不自由的。只有当自我的内在自然既不拒斥规范系统的约束,又在社会的规范系统中使自身的内在需要得到实现,自我真实性才可能形成和发展。而这在根本上呈现的是一个人的德性的涵养与提升的问题。

个体的自我真实性就在于成为他所应当是的,做他所应当做的,成为真正的自我。这种基于"现实的个人"的自我真实性具有深刻的伦理意义,它要求我们发现和弄清我们自己的同一性,使自己成为一个能够承担社会道德责任的独立主体,从而突破现代自由主义的自我真实性理想的缺陷。个体道德追求的最高境界可以用儒家说的"止于至善"来概括。"止"是一个人的成人之路,是人的价值所在,它可以安顿人们的价值思虑和追求,并在其中得到价值证实,人们应该发挥自己的全部精神能力去实现它。没有"止"境,就意味着个体的无所安顿。"为人君,止于仁;为人臣,止于敬;为人子,止于孝;为人父,止于慈;与国人交,止于信。"(《大学·第一章》)"止"的价值学和伦理学意义就在于,它指明了人的存在的德性之维。一个人的所有追求和努力要在他所"止"的地方返回到他自身本身,即生成一个"真实自我"。这是一个人的德性的自我展现。

---

① [加]查尔斯·泰勒:《现代性之隐忧》,程炼译,中央编译出版社2001年版,第66页。
② 《马克思恩格斯文集》第10卷,人民出版社2009年版,第25页。

第六章 自由的实践哲学视界

自由既是一种价值观念,更是一种实践行动;既是一种成文的或法律的规定,更是人的一种存在形式和生活状态。前现代社会,人们把自由更多置于心理的、心灵的和精神的层面,至多在道德意义上谈论"自由的实践"。在现代社会,自由越来越成为一种大众行为,成为人们的一种社会活动,呈现于现代政治、经济、文化和日常生活诸领域,成为一种真正的实践。

一 当代中国人自由观念的三个转向

对当代中国人来说,自由的重要性和价值意义自不待言。但是,何谓自由,如何理解不同文化传统中的自由观念,我们需要何种自由,作为社会主义核心价值观的自由的本质规定是什么,诸如此类的前提性和基础性问题,我们远未厘清。相反,对这些问题的理解却存在不少偏解、误解和曲解。本文着重从哲学层面分析和说明当代中国人自由观念存在的主要偏颇及其矫正方向。

1. 从"内心的自由"到"定在的自由"

近年来,各种"心灵鸡汤"充斥于国人日常生活和精神世界。许多"心灵鸡汤"作品流传坊间,学佛信教灵修的人日渐增多。在这个崇尚快阅读、浅阅读的网络时代,"心灵鸡汤"也已然成为微博、微信等公众平台甚至自媒体的主打内容之一,成为人们频频转发的最热门主题之一。

就价值观念形成的基因谱系而言,"心灵鸡汤"在一定程度上可以说是中国传统心性自由观念的一种现代变体。在中国古代社会,由于正统思想和正式制度把自由主要视为一种私人任情随意的态度或行为,使得在传统社会语境中自由成为一个更具修辞色彩的边缘化词汇,导致自由思想的内向化发展。这种内向化发展,形成了中国传统独特的心性自由思想。心性自由思想彰显了人的道德自觉、道德自主、道德自律等道德自由精神,成就了一大批传统社会所需要的圣贤君子,推动了传统社会道德的发展,有着积极的历史作用和重要的现实借鉴意义。但是,心性自由是一种自居的自由、先知的自由,而不是一般人的自由。心性自由所内蕴的"内圣"要求,因其具有极强的精英主义和道德理想主义而在其现实性上常常走向"道德专制",从而在现实生活中滋生"精神专制",产生了鲁迅所说的"吃人"礼教。近现代以来,中国自由主义的发展经历了一个从早期关注现实政治转向后来的倾心政治哲学再到最后走向人生态度的发展轨迹,从中也可看出近现代自由理念的一种内向化发展趋势。

在外在束缚或奴役不可避免的世界,个体的内在精神一定程度上也可以构筑起抵御外在束缚或奴役的堡垒。在这个精神堡垒中,个体可以培植自己最初的尊严,人的自由感最初也是在这里形成的。对于时常感受到失落、迷惘、脆弱、绝望和无助等情绪的现代人来说,"心灵鸡汤"如同饥寒交迫时喝下的一碗鸡汤,让人通体舒泰,精神怡然,感受到人世间的一些温情和美好希望。充满正能量的"心灵鸡汤"会让人有所感、有所思,获得一定的心灵慰藉和身心健康。但是,"心灵鸡汤"遵循的基本逻辑是从主观到主观、从意识到意识、从精神到精神。许多"心灵鸡汤"告诉人们,人世间的一切不合理、不公正或丑恶现象,以及由此而来的人的各种不满、抱怨和悲观,都源于人的心态。许多"心灵鸡汤"不是教人勇敢地直面问题和有效地解决问题,而是把克己、守本、感恩、知足等视为摆脱困境的不二法门,要求人们改变心态和心境,教人在"心灵的自我转换"中换个角度看问题,从而在"心灵的自娱自乐"中回避或逃避问题,最终获得一种所谓的"心灵自由"。但就其现实性和指向性而言,这种所谓的"心灵自由"不过是殷海光先生所说的"心灵的牢房",它要么是不经审视和批判地接纳一些所谓的人生导师的人生智慧和生活格言,要么是被"时代的虐政"即特定意识形态和聒噪的无根之谈所迷惑。[①] 一味追求这种"心灵自由",很容易滋生和助长各种"精神奴

---

① 张斌峰、何卓恩编:《殷海光文集》第1卷,湖北人民出版社2009年版,第260页。

役",使人抱持一种"不求改变外部世界,只求改善自我心性"的内敛式的自我压抑的人生观,最终把"自觉奴性"等同于自由。

"心灵鸡汤"仅仅诉诸人的意识和心灵的改变,力图通过"解释世界"来化解现实世界的矛盾和问题,这与马克思所极力批判的青年黑格尔派如出一辙。马克思说:"意识和存在是不同的,而当我只是扬弃了这个世界的思想存在,即这个世界作为范畴、作为观点的存在的时候,也就是说,当我改变了我自己的主观意识而并没有用真正对象性的方式改变对象性现实,即并没有改变我自己的对象性现实和其他人的对象性现实的时候,这个世界仍然还像往昔一样继续存在。"所以,"这种改变意识的要求,就是要求用另一种方式来解释存在的东西,也就是说,借助于另外的解释来承认它"①。许多"心灵鸡汤"往往忽视或无视社会不合理现象,客观上甚至不自觉地纵容了社会不合理现象的滋生蔓延。我们应谨记殷海光先生半个多世纪前的警告:"当一个时代的人为'外部自由'而奋斗但情势不利时,唯心的哲学家板起面孔责备大家浮动,劝人要追求'内心自由',这是一种冷血的逃避主义",它"充其量只能算是自全的行为"。②

马克思在其《博士论文》中,赞赏伊壁鸠鲁原子偏斜说所包含的自由思想,但也批评他把自由仅仅看成是人脱离外界的自我意识的宁静的观点。马克思认为,孤立主体的内心自由是"脱离定在的自由,而不是在定在中的自由。它不能在定在之光中发亮"③。

"定在的自由"即"关系中的自由"。自由是人的本质规定,自由的主体只能是现实的人,现实的人是一切社会关系的总和。在其现实性即"定在"意义上,自由必然体现为一种社会关系,自由是作为主体的人在对象性关系和对象化活动中追求和表现出来的一种自觉、自为、自主的存在状态④。自由是人的一种自觉的存在状态,这种自觉性相对于盲目性,以目的形式表现出来,人的行为的目的性和围绕这种目的性的自我

---

① 《马克思恩格斯文集》第1卷,人民出版社2009年版,第358、516页。
② 张斌峰、何卓恩编:《殷海光文集》第1卷,湖北人民出版社2009年版,第261页。
③ 《马克思恩格斯全集》第1卷,人民出版社1995年版,第50页。
④ 参阅袁贵仁《马克思主义人学理论研究》,北京师范大学出版社2012年版,第250—252页。

决定、自我创造和自我实现，就是人的自由的一种确证和表征。自由是人的一种自为的存在状态，这种自为性相对于自在性或自发性，表征的是人的一种认识能力和行为选择能力。自由是人的一种自主的存在状态，这种自主性相对于强制性或被迫性，表现为人拥有各种活动的权利因而成为自己活动的主人。这种自觉、自为、自主的存在状态体现于人与自然、人与人、人与自我等关系中，呈现为经济自由、政治自由、社会自由、个性自由等等。

"定在的自由"表现为各种权利。自由观念在人类社会历史和思想史中的正式确立，源于因公共权力与个人权利之间的张力而产生的从个人权利角度对公共权力的限制和反抗。康德认为，在现代社会，首要的问题是权利问题，人"通过权利的概念，他应该是他自己的主人"[①]。伯林把权利视为自由的核心要素，他指出："除非受两个多少相互关联的原则统治，没有一个社会能是自由的。一个原则是，只有权利，而非权力，才能被视为绝对的，从而使得所有人，不管什么样的权力统治着他们，都有绝对的权利拒绝非人性的举动。另一个原则是，存在着并非人为划定的疆界，在其中人必须是不可侵犯的；这些疆界之划定，依据的是这样一些规则：它们被如此长久与广泛地接受，以至于对它们的遵守，已经进入所谓正常人的概念之中，因此也进入什么样的行动是非人性与不健康的概念之中。"[②] 严复把穆勒的《On Liberty》翻译为《群己权界论》，意指群体权力与个人权利的界限。梁启超在《十种德性相反相成》一文中，直接用"权利"定义"自由"，他说："自由者，权利之表征也。"

"定在的自由"是权利、机会与能力的统一。伯林认为，"自由是行动的机会"[③]，是行动的"可能性"。阿马蒂亚·森把自由与能力联系起来，把自由定义为"享有人们有理由珍视的那种生活的可行能力"[④]。他

---

① [德]康德：《法的形而上学原理——权利的科学》，沈叔平译，商务印书馆1991年版，第50页。
② [英]以赛亚·伯林：《自由论》，胡传胜译，译林出版社2003年版，第238页。
③ 同上，第39页。
④ [印]阿马蒂亚·森：《以自由看待发展》，任赜、于真译，中国人民大学出版社2002年版，第62页。

强调,一个人可以实现的功能性活动的范围,构成他的"实质"意义的自由。作为一种权利,自由体现为人是他自己的主人,有自己独立人格,是自由自觉的行动者;作为一种机会,自由体现为人获得权利和实现自己目的的可能性和现实性;作为一种能力,自由体现为人认识和改造世界的能力。马克思说:"人不是由于有逃避某种事物的消极力量,而是由于有表现本身的真正个性的积极力量才得到自由。"① 由此,马克思才强调人的自由全面发展、自由个性等。在其现实性上,体面劳动、政治参与、自愿结社、信仰自由、思想自由、个性发展等等,都是自由的具体形式。

2. 从"任性的自由"到"规则的自由"

近年来,"中国式过马路"成为人们广泛关注和议论的话题。所谓"中国式过马路",就是不管红绿灯、凑够一撮人就过马路的集体闯红灯现象。"中国式过马路"凸显了中国人规则意识的集体性淡漠。当前,在我国社会生活中,人们对公共规则的遵守程度普遍比较弱,许多人总想极力摆脱各种合理性规则的约束。于是,社会生活领域的各种任性散漫现象司空见惯,经济生活中无照经营、偷税漏税、制假售假等,政治生活中暗箱操作、潜规则、有法不依、执法不严等,社会生活中公德缺失、言行随意、我行我素等。在许多人的潜意识中,无视规则、违背规则、挑战规则甚至破坏规则,是精神独立和意志自由的表现。也因此,在我们的社会生活中充斥着各种各样的能够"灵活变通"的"潜规则"。潜规则是相对于"明规则"而言的,是那些没有显现出来,但已是心照不宣的"江湖规矩",是一种"只可神会、不可言传、进不了文件、上不了台面、见不得阳光"的为人处世规则,这些规则虽然没有成文却又被人们彼此默认。在"潜规则"的通行中,人们似乎获得了很多自由,但这些自由大多是散漫的、自我中心主义的,不是真正的自由。

"中国式过马路"一定程度上传承了传统道家自由思想及其所内蕴的无政府主义观念和行为方式。道家崇尚"自然",在道家看来,"自由"即"自然"。"自由"就是按照自然本性,由着自己的性情去做事。在道

---

① 《马克思恩格斯文集》第 1 卷,人民出版社 2009 年版,第 335 页。

家那里，自由表现为"游心"与"游世"的统一。一方面，要在精神上达到超脱尘世的绝对自由；另一方面，在现实生活中往往又"身不由己"，因而玩世不恭。道家的自由观念以身心二元分离为前提，在保身中追求精神的逍遥与超脱，"形随俗而志清高，身处世而心逍遥"，使人"有人之形，无人之情。有人之形故群于人。无人之情，故是非不得于身"（《庄子·德充符》）。有人认为，庄子的"无君论"开创了中国无政府主义传统。"道家式无政府主义"崇尚无秩序、无规则、无法度，追求自我解脱和自我自在，易使人成为老于世故、玩世不恭之徒，滋生一种"流氓化"意识，把自由等同于任性或放纵。潘光旦说："任何社会里，总有一部分人在行为上很放纵，很私心自用；但这种人决不自承为放纵，为私心自用；他们一定有许多掩饰自己的设词或饰词，其中很普通的一个，特别是晚近二三百年来最流行的一个，就是'自由'。"①

孙中山认为，中国近代以来之所以被列强欺凌，源于中国人的一片散沙。"一片散沙的意思是什么呢？就是个个有自由和人人有自由。人人把自己的自由扩充到很大，所以成了一片散沙。"② 孙中山这里所说的自由，显然更多指的是传统道家式的任性随意的自由。1920年代，陶行知在谈到当时中国人的自由和自治观念及其存在的问题时说："中国人大多数是无政府党。我们中国人骨髓里，都含有无政府主义。"而"一国当中，人民情愿被治，尚可以苟安；人民能够自治，就可以太平；那最危险的国家，就是人民既不愿被治，又不能自治"③。毛泽东在革命年代所批评的"自由主义"，更多的也是中国传统"道家式自由主义"在革命队伍中的具体表现。1929年，毛泽东在《关于纠正党内的错误思想》中概括了当时党内存在的诸多错误思想，如极端民主化、非组织观点、个人主义、流寇思想等，并认为"极端民主化的来源，在于小资产阶级的自由散漫性"④。1937年，在《反对自由主义》中，毛泽东把"自由放任""事不关己、高高挂起""个人意见第一""闹意气、泄私愤、图报复"

---

① 潘光旦：《自由之路》，上海三联书店2008年版，第8页。
② 《孙中山全集》第9卷，中华书局2006年版，第272页。
③ 胡晓风等编：《陶行知教育文集》，四川教育出版社2007年版，第173、55页。
④ 《毛泽东选集》第1卷，人民出版社1991年版，第88—89页。

"工作随便、学习松懈"等观念和行为都囊括在自由主义名下。中国近现代历史中的一盘散沙、军阀割据、宗派主义、山头主义、本位主义等,很大程度上都是道家式"自由主义"的表现。1975年,邓小平反复谈到各行各业领导班子存在的诸多问题,其中之一就是"散"。"散,就是争权夺利,搞不团结,捏不到一起""主要表现在有派性和组织纪律性差这两个方面";闹派性是宗派主义,就是"树山头、垒山头,或者站到这个山头、那个山头"①。部门本位主义、地方保护主义、行业垄断、市场壁垒等,是我国经济社会发展中一直存在的一些突出问题。

黑格尔把那种认为"自由就是指可以为所欲为"的看法视为"完全缺乏思想教养","通常的人当他可以为所欲为时就信以为自己是自由的,但他的不自由恰好就在任性中","任性是作为意志表现出来的偶然性"。②尽管任性具有自由的形式特征即非限制性,但它悖逆客观必然性和规律性,只能是一种虚假的、形式的自由。黑格尔说:"自由也可以是没有必然性的抽象自由。这种假自由就是任性,因而它就是真自由的反面,是不自觉地被束缚的、主观空想的自由——仅仅是形式的自由。"③作为形式的自由,任性是非理性的,是无视任何规则和秩序的。

自由是人在"受动"中所表现出来的一种主体能动性。马克思认为,能动的创造性是人的本质,但人的能动性是一种"受动"的能动性。因为,人是环境的产物,自然界是人存在和发展的永恒前提,社会实践是人存在和发展的基本形式。自然界和社会实践有其内在必然性和规律,这些必然性和规律既是人的自由的边界和限度,又是人的自由的前提和根据。自由概念包含着客体、必然、规律、现实、可能、条件、目的等一系列范畴,自由体现的是人与必然性、主体与客体的关系。"自由不在于幻想中摆脱自然规律而独立,而在于认识这些规律,从而能够有计划

---

① 《邓小平文选》第2卷,人民出版社1994年版,第75、16、13页。
② 参阅[德]黑格尔《法哲学原理》,范扬、张企泰译,商务印书馆1961年版,第25—27页。
③ [德]黑格尔:《哲学史讲演录》第1卷,贺麟、王太庆译,商务印书馆1959年版,第31页。

地使自然规律为一定的目的服务。"① 自由是对必然和规律的认识与改造，昭示的是主体与客体辩证统一中人的本质力量的自我实现以及人的能力的全面发挥。人的本质力量的实现和人的能力的发挥，既需要特定的感性对象，也需要一定的物质条件。因此，马克思在《资本论》中区分了两个王国，即"必然王国"和"自由王国"。必然王国即受制于自然必然性的生产领域，自由王国即作为目的本身的人的能力不断得以发展和发挥的生活领域。必然王国是前提和手段，自由王国是归宿和目的。"自由王国只是建立在必然王国的基础上，才能繁荣起来。"②

自由意味着秩序与法治。在行为方式层面，自由体现个人行动与环境、私人领域与公共领域、个人权利与公共权力等之间的关系，这种关系以秩序和法治的形式表现出来，便是社会的或政治的自由，这种自由本质上是人们在制度、法律许可的范围内不受约束地行使自己的权利。自由观念与民主、公正、平等、秩序等理念密切关联。法治的基本精神在于维护和保障自由。法治保护人们的自利欲望和利益追求，它把个人的欲望和利益转化为权利。对人而言，权利意味着可以自由地做某事；对物而言，权利就是财产权。个人权利相互之间、个人权利与社会权力之间常常存在着冲突和矛盾。法治确定了权利享有者之间的相互义务，为协调权利与权利、权力与权力、权利与权力等之间的关系提供了一个社会理性框架，这种社会理性框架体现了一种秩序中的自由，即在法律与秩序的范围内不受他人干涉而行动的可能性。也是在这个意义上，黑格尔认为，法律是自由的具体表现。

自由是人的意愿、意志和行为方式的自律。在本源意义上，自由是作为主体的人对自身的反思与要求。自由观念的产生和发展以人的自我意识为前提，人的自我意识本质上是人对自我的行为和思想的一种"范围"意识。这种"范围"意识，一方面是肯定性的，是对主体行为和思想范围的确认，在这种范围内架构起了人的尊严与价值；另一方面又是否定性的，是对主体思想观念和行为的限制。人既想保持既有范围，又

---

① 《马克思恩格斯文集》第9卷，人民出版社2009年版，第120页。
② 《马克思恩格斯文集》第7卷，人民出版社2009年版，第929页。

想突破既有范围。正是在这种肯定与否定、保持与突破之间，产生了自由观念。可见，在始源意义上，人最初的自由观念本身就是一种道德观念和道德意识，它包含道德自觉和道德自律。自律即人自己为自己所定的规律。自律本身首先是一种具有一贯性的自由意志，它是对自由意志的任意性和自发性的一种克制，是对自由意志的任意选择的预先选择，因而可以说是一种高出于单纯任性之上的更高级的意志自由。意志自由的自发性和任意性选择还只是自由的一个初步规定，真正的自由意志乃是自律。自律是一种更高层次的自由，它体现的是一种自由的必然性：人为自己的行为立法。当这个自己所定的法畅行无阻时，人便达到了自由的境界。

3. 从"竞技的自由"到"平等的自由"

目前，我国社会流动"缓慢化"现象明显，社会分层"凝固化"趋势渐强，社会阶层呈现出固化和内循环的趋向。官二代、富二代、星二代、农二代、穷二代等"世袭现象"日益突出。在今天的中国，除了传统意义的底层阶层如农民、农民工、下岗工人等，还出现了一个因缺乏基本社会保障和收入保障的"新底层阶层"如失地农民、被拆迁的城市居民以及不能充分就业的大学生群体等，他们共同组成了庞大而复杂的底层社会。他们是罗尔斯所说的"最不利者"，他们拥有的权利、机会、财富、收入等"基本善"有限，在政治参与、就业提升、子女教育、社会保障等方面的机会也有限，底层阶层越来越难以向上流动，底层社会正在逐渐走向刚化。

如何认识社会流动"缓慢化"和社会分层"凝固化"现象及其根源，仁者见仁，智者见智。其中，自由至上主义解释模式及其观点颇为流行，并具一定代表性。自由至上主义者认为，在市场社会，自由自发原则高于一切，无限竞争规则至高无上，优胜劣汰法则天然合理，社会要进步首先必须保护更具创造性能力的优秀者或精英，那些"被淘汰"的社会弱势群体理应忍受贫困和不幸，对弱者的救济会助长他们的"懒惰"，而且这种救济也是对优秀者的不公正。自由至上主义把人与人之间的关系理解为纯粹的"自由竞技"关系，在这种关系中，不是你死就是我活，不是你劣就是我优。它把个人自由等同于自由竞争，断言自由竞争是人类自由的终极形式。用马克思的话来说，在这种"自由竞技"中，"各个人看起来似乎独立地自由地互相接触并在这种自由中互相交换"，但"这种独立一般只不过是错觉，确切些说，可叫做——在彼此关系冷漠的意义上——彼此漠不关心"的独立①。自由至上主义坚持权利优先立场，要求保护个人生活空间，给个人完全自由，至于人们用这种自由去干什么，他人或社会都无权干涉。这种"竞技的自由"使自由变为一种封闭的自私思想，人们可能最大限度地发展个人自由，却不考虑或不顾及对他人承担的义务。由此，权利维护常常演变为"各自打扫门前雪，莫管他人瓦上霜"的人际冷漠，个性张扬常常演变为"他人就是地狱"的自我中心主义，竞争常常演变为你死我活的搏斗。纯粹的"竞技的自由"会带来严重的社会问题，易使人们缺失公共意识和公共精神，无视公共道德和公共责任，对公共事务和公共问题日渐冷淡，对他人的不幸、贫困和危难日益冷漠。当前，在我国社会生活中，假冒伪劣泛滥，欺骗欺诈蔓延，诚实守信缺失，利他、关爱、互助等美德边缘化，人际关系冷漠，孤独感、无援感滋长，等等，都与"竞技的自由"观念的盛行有着重要的关联。

由于贫富差距拉大、社会发展失衡、社会阶层断裂、行政垄断或壁垒严峻、利益格局相对固化、个人上升空间被挤压、社会救助乏力等，导致各种社会排斥现象发生。富人与穷人之间的"自由"分布不平衡，一些权贵阶层对公共资源的侵占甚至豪夺，使能力有限的普通人的基本自由受到限制和威胁。许多人尤其是社会弱势群体的"实质自由"变得非常有限，他们找不到出路，看不到希望，从而产生一种压抑、郁闷的情绪，产生不公平感、受伤害感、被剥夺感等心理，进而形成一种"怨"的情绪状态。如果不能有效化解这种不公平感、受伤害感和被剥夺感等心理，积"怨"难平，人们"怨"的情绪状态便会转向"恨"的心理，形成一种"怨恨"心态。这种心态的长期积聚会使一个人变得"冷酷"，使他信奉脸厚心黑、情感冷淡、为人冷酷的为人处世原则，以瞒、骗、欺诈甚至暴力手段，伤害他人和社会。

---

① 《马克思恩格斯文集》第8卷，人民出版社2009年版，第58页。

自由是人的类本质，是人的主体性的确证。所以，"没有一个人反对自由，如果有的话，最多也只是反对别人的自由。可见，各种自由向来就是存在的，不过有时表现为特殊的特权，有时表现为普遍的权利而已"①。在人分化为阶级、阶层、集团的情形下，自由作为权利往往具有特权的性质。当自由表现为"特权"时，自由实际上只是少数人的一种专制的自由、特权的自由。当自由表现为法意义上的"普遍权利"时，"自由获得了一种与个人无关的、理论的、不取决于个别人的任性的存在"②，表现为"平等的自由"。罗尔斯提出正义的两个基本原则，其中第一个原则是：每个人对与其他人所拥有的最广泛的基本自由体系相容的类似自由体系都应该有一种平等的权利③。这些基本自由包括思想和良心的自由、政治自由、集会自由、人身自由、财产自由等。罗尔斯的第一原则实即"平等的自由"原则。"平等的自由"是所有人都平等享有的普遍自由，它要求一切资源、权利和机会等，向所有社会成员开放，使每个社会成员都能凭自身的能力通过公平竞争获得相应的资源、权利和机会。"平等的自由"体现为马克思所说的"每个人的自由"与"一切人的自由"的统一。马克思恩格斯反复强调每个人、每一个个人、每一个社会成员等概念，把每个人的自由视为一切人的自由的前提和基础，视为社会发展的根本目的。

就自由本身的构成而言，"平等的自由"指各种自由的均衡性和有机性。马克思把一般自由称为"类自由"，把各种具体的、特殊领域的自由称为"种的自由"或"自由的种"，如思想自由、财产自由、行业自由、出版自由、宗教自由等。马克思指出："自由的每一种形式都制约着另一种形式，正像身体的这一部分制约着另一部分一样。只要某一种自由成了问题，那么，整个自由都成问题。"④ 殷海光强调自由的整全性，他说："自由是整全而不可分割的。自由的展开固然因作不同的分殊而得到不同

---

① 《马克思恩格斯全集》第1卷，人民出版社1995年版，第167页。
② 同上书，第176页。
③ [美]约翰·罗尔斯：《正义论》，何怀宏等译，中国社会科学出版社1988年版，第60—61页。
④ 《马克思恩格斯全集》第1卷，人民出版社1995年版，第201页。

的名谓,例如言论自由、谋生自由、集会自由等等,但是,却不可只许有这项自由而不许有那项自由。只许有这项自由而不许有那项自由,那么自由的整全性便遭到破坏。自由的整全性遭到破坏,自由很可能完全丧失。"① 马克思关于自由的"类"与"种"及其关系的思想以及殷海光有关自由的整全性的思想,给我们一些有益的启示。我们今天所说的自由,理应包括广泛的内容,既有主观层面的言论、思想、意志等自由,又有客观层面的自主劳动、政治参与、社会自治等自由,既有国家社会层面的主权独立、领土完整等自由,又有个人层面的生命尊严、个性实现、全面发展等自由,这些自由是有机统一的。

二 "美好生活"的自由逻辑

党的十九大报告把新时代我国社会主要矛盾概括为"人民日益增长的美好生活需要和不平衡不充分的发展之间的矛盾",并反复强调,"人民对美好生活的向往"是中国共产党的奋斗目标,是党治国理政的根本价值理念。对"美好生活"的这一定位,使得近年来在我国广泛流行的"美好生活"这个大众公共词汇,非常显著和明确地被概念化和主题化了。"美好生活"必将成为学术理论研究的一个重要问题域。本文力图从马克思主义哲学角度阐发个体层面的"美好生活"的形上自由意蕴。

1. "美好生活"概念的"自由"意蕴

人类总是力图把美、自由与生活勾连起来,凸显生活的审美性、本真性和自主性。在思想史上,康德首次明确把"自由"引入审美,凸显"美"的自由意蕴,使美与人的存在、人的生活相联系,把对美的思考与对人的存在的理解统一起来,强调人的存在的根本在于信仰和追求本体性的自由,而审美的本质正在于开启出这个本体性的自由。席勒进一步把美和人的自由生活连在一起,认为美是主体的一种存在状态,审美是人通达自由生活的一个途径,是人的一种最高生活境界。黑格尔把自由、无限和解放规定为美的性质,他说:"无论就美的客观存在,还是就主体

---

① 张斌峰、何卓恩编:《殷海光文集》第1卷,湖北人民出版社2009年版,第247—248页。

欣赏来说，美的概念都带有这种自由和无限；正是由于这种自由和无限，美的领域才解脱了有限事物的相对性。"① 马克思把美视为人的生活活动的"种的尺度"与"固有的尺度"的有机统一，"动物只是按照它所属的那个种的尺度和需要来构造，而人却懂得按照任何一个种的尺度来进行生产，并且懂得处处都把固有的尺度运用于对象；因此，人也按照美的规律来构造"②。"种的尺度"即真，"固有的尺度"即善。

从实践美学角度看，美是自由的形式、象征或表现。李泽厚强调"美是自由的形式"，"这里所谓'形式'，首先是种造型的力量。其次才是必须在对象外观上的形式规律或性能"。③ 李泽厚所说的"形式"，类似于亚里士多德"四因"说中的"形式因"，更接近康德哲学意义上的主体的设立。据此可说，自由的形式即自由的力量。高尔泰强调"美是自由的象征"，认为自由是生命的前提，是生命的形式，是生命的意义，是生命力的升华，而美则是自由的确证和表现④。蒋孔阳强调"美是自由的形象"。他说："美的形象，应当都是自由的形象。它除了能够给我们带来愉快感、满足感、幸福感和和谐感之外，还应当能够给我们带来自由感。比较起来，自由感是审美的最高境界，因此，美都应当是自由的形象。"⑤ 刘纲纪强调"美是自由的感性表现"，他区分"好"与"美"，"好"是人对需要得到了直接满足的评价，当超出这种满足，从人的活动及其产品中还看到人的创造的智慧、才能，看到人的自由的表现时，就看到了"美"。美越出了物质生活需要满足的领域，与社会关系相联系即同善的实现相联系，成为社会精神生活需要的一个独立方面⑥。

美是一个涉及真和善的词汇。美涵盖真和善，是真与善的统一。美好生活必然是真实的生活和良善的生活。真、善、美的统一，即自由。自由是美好生活的基质。美好生活就是既拥有自由的外在生活样式，更

---

① ［德］黑格尔：《美学》第一卷，朱光潜译，商务印书馆1996年版，第148页。
② 《马克思恩格斯文集》第1卷，人民出版社2009年版，第163页。
③ 李泽厚：《华夏美学·美学四讲》，生活·读书·新知三联书店2008年版，第282页。
④ 高尔泰：《美是自由的象征》，人民文学出版社1986年版，第37—54页。
⑤ 蒋孔阳：《美学新论》，人民文学出版社1995年版，第188页。
⑥ 刘纲纪：《美学与哲学》，湖北人民出版社1986年版，第118—119页。

富有自由的精神生活空间。外在的生活样式的独立自由,表明生活是可欲的、可能的和安全的,有着巨大的物质生活空间;精神生活的自由,表明生活是有目标的、有价值的和超越性的,是充实的和愉悦的,有着丰富的灵性空间。

生活是一个包括目标、条件、过程、结果等要素的有机体。所以,恩格斯说:"我们应当体验生活,体验完全的生活。"① 完全的生活具有定在性、整体性和过程性。幸福更侧重生活的结果和主体对生活的主观体验。幸福注目于欲望、快乐、利益等生活要素,这些要素更具主观性、消费性或工具性。人们追求欲望、快乐和利益,总归是期待有一个结果,而把结果看得很重的活动,其意义必定是有限的。在现代社会,人的欲望、快乐等易变而易满足,因而也变得极为廉价。这种廉价的快乐不但不能增加人的幸福感,反而可能更彻底地消解人的幸福生活。美好生活则凸显生活结果与生活过程的统一。只有当生活的目标和过程都是美好的,才能在结果意义上说生活既是幸福的,更是美好的。强调美好生活,能够避免把生活仅仅理解为追求某种单一目的的结果,呈现生活的整体性、有机性、自主性和过程性。

2. 美好生活的日常性与自在性

在宽泛意义上,生活是指人为了生命的存在和发展而进行的一切活动的总和,包括政治生活、经济活动、文化生活等等。但在精准意义上,生活总是同个体生存直接相关的,生活的逻辑起点是作为生存主体的个人,生活是维持个体生存和再生产的各种活动的总和,它表现为与个体生命的生产、发展与扩展直接相关的各种活动,如衣食住行、婚恋家庭、人际交往、心性追求、精神依托等。这种围绕个体生存和再生产的生活活动是人们每日都经历的、熟悉的,既是身体的、物质的、感性的、情感的,又是心理的、精神的、理性的、法理的,具有规则性、秩序性和重复性。

20世纪30年代以来,由于胡塞尔、维特根斯坦等思想家的引领和以列斐伏尔为代表的"日常生活批判"流派的推动,"回归生活世界"成为

---

① 《马克思恩格斯文集》第9卷,人民出版社2009年版,第125页。

20世纪中后期以来世界范围的一股强劲的学术思潮。倡言"回归生活世界",是因为,生活世界原本是我们生存于其中的场域,但因各种原因人类一度疏远、遗忘甚至肢解了自己的生活世界,现在需要重新注目、找回和重建生活世界。

现象学、存在主义、"日常生活批判"理论等,都极为关注现代生活世界存在的内在困境。海德格尔把日常生活主体描述为"常人",常人在"沉沦"状态中处于服从、平凡、迁就、公众性、不负责任和适应感等状态。加缪揭示了"生活的荒谬",认为荒谬是人类生活的真相。萨特揭示了日常生活中的虚无、情欲、自欺、冷漠、憎恨等。列斐伏尔认为,日常生活因其习惯性、重复性、保守性而是一个"平庸"的世界,日常生活不断被技术理性、市场交换所入侵,正在蜕变成为冷冰冰的消费世界。居伊·德波把生活世界概括为"景观世界",人们因为对景观的入迷而丧失对本真生活的渴望和追求,而资本则依靠控制景观的生成和变换来操纵生活世界。让·鲍德利亚把生活世界描述为"符号社会",这种符号既不指向世界,也不指向主体,它指向市场本身,人的消费本身被编织进符号的结构中。科西克认为,日常生活世界是一个以直接功利主义实践为基础的、具有规则性、自发性、沉沦性、盲目性和机械性的伪具体世界。哈贝马斯强调生活世界正被现代资本主义市场与国家的双重体制蚕食殆尽。

但这种对日常生活的批判不是否定日常生活本身及其意义,而是力图在更深层意义上肯定、认同和重构日常生活,呈现日常生活的本真性和自主性。胡塞尔在反思西方科学危机时指出,现代自然科学用一件人工裁制的理念外衣遮蔽了生活世界的原初丰富性,忘记了科学与生活世界、与人的价值和理想的关系,使科学失去了其目的、意义和价值,从而陷入危机。胡塞尔强调生活世界之于科学世界和形而上学世界的奠基意义,强调生活世界的自主性和建构性。他说:"现存生活世界的存有意义是主体的构造,是经验的,前科学的生活的成果。世界的意义和世界存有的认定是在这种生活中自我形成的。"因此,"我们处处想把'原初的直观'提到首位,也即想把本身包括一切实际生活的(其中也包括科学的思想生活),和作为源泉滋养技术意义形成的、前科学的和外于科学的生活世界提到首位"①。后期维特根斯坦放弃早期对科学语言或人工语言的追求,要求以日常语言的分析代替人工语言的逻辑分析。他认为,语言的真正的意义就呈现于丰富多彩的生活形式之中,使用一种语言就是采用一种生活形式,语言的意义来源于生活形式。在列斐伏尔看来,日常生活固然有其顽固的习惯性、重复性、保守性等特征,但同时也具有超常的惊人的动力论与瞬间式的无限的创造能量。他说:"日常生活与一切活动有着深层次的联系,并将它们之间的种种区别与冲突一并囊括于其中。日常生活是一切活动的汇聚处,是它们的纽带,它们的共同的根基。也只有在日常生活中,造成人类的和每一个人的存在的社会关系总和,才能以完整的形态与方式体现出来。在现实中发挥出整体作用的这些联系,也只有在日常生活中才能实现与体现出来,虽然通常是以某种总是局部的不完整的方式实现出来,这包括友谊,同志关系,爱,交往的需求以及游戏等等。"② 日常生活是社会活动与创造性的汇聚地和策源地。居伊·德波也强调,必须"将日常生活置于一切事情的中心。为了获得它的真实意义,每一项计划都从日常生活开始,每一项成就都必须返回到日常生活。日常生活是所有事情的尺度:人类关系完成或未完成的尺度;生活时间运用的尺度;艺术实验的尺度;革命政治学的尺度。"日常生活是"概念制作和经验社会学公开集会的场所","是政治学和文化革命复兴的支柱"。③

在中国语境中,日常生活被称为"过日子"。"过"强调人的能动性,即人能够克服各种困难把生活不断地再生产出来。对一个人来说,"过日子"包括出生、成长、成家、立业、生子、教子、养老、送终、年老、寿终等环节,是一个生命不断展开和发展的过程。对中国人来说,"过日子"是生活的常态。在汉语中,"常"指自然万物和人世生活变化发展的必然性与规律性,以及这种变化发展所呈现出来的相对稳定的结构与秩

---

① [德]胡塞尔:《欧洲科学危机和超验现象学》,张庆熊译,上海译文出版社1997年版,第81、70页。
② 转引自刘怀玉《现代性的平庸与神奇:列斐伏尔日常生活批判哲学的文本学解读》,中央编译出版社2006年版,第103页。
③ [法]居伊·德波:《景观社会》,王昭凤译,南京大学出版社2006年版,第179页。

序。荀子所谓"天行有常",李颙所谓"常者,道之纪也",其中的"常",都是规律、秩序的意思。"日常"中的"常",也有规律、秩序的意义。"日常"在根本上指称人的一种有秩序的"在世"状态。这也就是古人所谓的"日用即道"。尊重和珍惜"日常",就是尊重和珍惜人的存在本身。老子说:"知常曰明,不知常,妄作,凶。"认识和把握了规律与秩序,人就会变得聪明和理智;若不能认识和把握规律与秩序,人就会轻举妄动,盲目蛮干,从而使自己陷入各种危境。在汉语语境中,"生"指生命、出生、生生不息,即"生存";"活"指生命的活动状态,指有意义、有境界的"存在"。"生"是自然的、受动的,"活"是人为的、能动的。"生"与"活"的合一即生活,内蕴受动性、能动性及其辩证统一。马克思说:"人的现实的实现,是人的能动和受动,因为按人的方式来理解的受动,是人的一种自我享受"①。日常性本身蕴含自在的"美",即生活常态中的自在、自得和自乐。享受"日常",是每个人在生活"常态"中的一种自我享受,即享受自在和自由。

这种自我享受的最高境界体现为席勒所说的"游戏"境界。席勒认为,人在生活中一般被感性冲动和理性冲动所影响和控制。感性冲动的对象是生命性和身体性的欲望、物欲、意志等,但单纯的"感性冲动"使人受自然的强迫,是一种"限制";理性冲动的对象是理性、道德法则等,但单纯的"理性冲动"使人受人为的强迫,也是一种"限制"。人性的完满实现要求把两者结合起来,即超越有限以达到无限、达到最高的自由。为此,席勒提出人应具有的第三种冲动,即"游戏冲动"。游戏冲动是感性冲动与理性冲动之间的集合体,是实在与形式、偶然与必然、受动与自由等的统一,这种统一使人性得以圆满完成,使人的感性与理性同时得到发挥。游戏冲动的对象是活的形象,亦即最广义的美。"游戏"不是百无聊赖地打发日子,也不是盲目任性地肢解生活,更不是虚无主义地毁灭生活。"游戏"的本质在于追求一种身心的解放与自由,以一种审美态度去体悟生活,建构和品味生活的惬意与舒适。"游戏"即人的自由生活状态。所以,席勒说:"只有当人是完全意义上的人,他才游

---

① 《马克思恩格斯文集》第1卷,人民出版社2009年版,第189页。

戏；只有当人游戏时，他才完全是人。"① 用马克思主义创始人的描述，这样的人"有可能随自己的兴趣今天干这事，明天干那事，上午打猎，下午捕鱼，傍晚从事畜牧，晚饭后从事批判，这样就不会使我老是一个猎人、渔夫、牧人或批判者"②。

3. 新时代"美好生活"的日常图景及其自由面相

"生活"是马克思创立唯物史观的逻辑起点，也是马克思主义哲学的主题。1845年，马克思在《德意志意识形态》中指出："人们为了能够'创造历史'，必须能够生活。但是为了生活，首先就需要吃喝住穿以及其他一些东西。因此第一个历史活动就是生产满足这些需要的资料，即生产物质生活本身，而且，这是人们从几千年前直到今天单是为了维持生活就必须每日每时从事的历史活动，是一切历史的基本条件。"所以，"人们的存在就是他们的现实生活过程。"③ 1883年，恩格斯在马克思墓前的讲话中指出："马克思发现了人类历史的发展规律，即历来为繁芜丛杂的意识形态所掩盖着的一个简单事实：人们首先必须吃、喝、住、穿，然后才能从事政治、科学、艺术、宗教等等；所以，直接的物质的生活资料的生产，从而一个民族或一个时代的一定的经济发展阶段，便构成基础，人们的国家设施、法的观点、艺术以至宗教观念，就是从这个基础上发展起来的，因而，也必须由这个基础来解释。"④ 晚年恩格斯提出"两种生产"理论："历史中的决定性因素，归根结底是直接生活的生产和再生产。但是，生产本身又有两种。一方面是生活资料即食物、衣服、住房以及为此所必需的工具的生产；另一方面是人自身的生产，即种的繁衍。一定历史时代和一定地区内的人们生活于其下的社会制度，受着两种生产的制约：一方面受劳动的发展阶段的制约；另一方面受家庭的发展阶段的制约。"⑤ 这里凸显了以家庭为核心的日常生活在唯物史观中

---

① ［德］弗里德里希·席勒：《审美教育书简》，冯至、范大灿译，上海人民出版社2003年版，第124页。
② 《马克思恩格斯文集》第1卷，人民出版社2009年版，第537页。
③ 同上书，第531、525页。
④ 《马克思恩格斯文集》第3卷，人民出版社2009年版，第601页。
⑤ 《马克思恩格斯文集》第4卷，人民出版社2009年版，第15—16页。

的重要地位和意义。

但是,在唯物史观的传播和发展过程中,生产力、生产关系、经济基础、上层建筑、阶级等被中心化和主题化,生活、日常生活、现实的个人等则被忽视、遮蔽乃至遗忘。西方马克思主义"日常生活批判"理论着力于批判这一倾向。列斐伏尔不止一次地公开申明,他对马克思主义的最重要贡献就是提出了"日常生活批判"这个概念。他认为,马克思主义主要不是一种政治革命实践的理论,而是一种关于日常生活异化批判的理论,他提出建构"作为日常生活批判性知识的马克思主义"。在列斐伏尔看来,社会主义在本质上不仅仅是一种经济政治制度,更是一种全新的现代日常生活方式。他甚至说:"没有自己的日常生活空间的社会主义便不是真正的社会主义。"①

改革开放以来,尤其是进入 21 世纪,生活哲学、生活政治、生活美学等在我国日益成为显学。现在,生活、生活世界、日常生活、美好生活等概念,成为学界和坊间都极为关注和使用的词汇。2010 年代以来,"美好生活"日益从一个大众日常话语上升为中国特色社会主义话语体系的主导性概念之一。追求和实现美好生活,成为新时代中国主流意识形态和执政党治国理政的根本理念。2012 年 11 月,习近平在十八届中央政治局常委与中外记者见面会上的讲话中指出:"我们的人民热爱生活,期盼有更好的教育、更稳定的工作、更满意的收入、更可靠的社会保障、更高水平的医疗卫生服务、更舒适的居住条件、更优美的环境,期盼着孩子们能成长得更好、工作得更好、生活得更好。人民对美好生活的向往,就是我们的奋斗目标。"② 这是对"美好生活"及其日常性的生动描绘。中共十九大报告从"站起来、富起来到强起来"的新时代高度,把"日益增长的美好生活需要和不平衡不充分的发展之间的矛盾"确立为我国社会主要矛盾,反复强调把人民对美好生活的向往作为执政党治国理政的根本目标。报告把新时代"美好生活"的日常图景更精炼地概括为

---

① 转引自刘怀玉《现代性的平庸与神奇:列斐伏尔日常生活批判哲学的文本学解读》,中央编译出版社 2006 年版,第 200 页。
② 《十八大以来重要文献选编》(上),中央文献出版社 2014 年版,第 70 页。

幼有所育、学有所教、劳有所得、病有所医、老有所养、住有所居、弱有所扶，并指出人民美好生活需要日益广泛，不仅对物质文化生活提出了更高要求，而且在民主、法治、公平、正义、安全、环境等方面的要求日益增长。报告强调，保障群众基本生活，不断满足人民日益增长的美好生活需要，使人民获得感、幸福感、安全感更加充实、更有保障、更可持续。

日常生活更多是物质性的、直接性的和感性的，它所蕴含的自由首先是一种"定在中的自由"，体现为权利、机会与能力的统一。作为一种权利，自由就是个人生存权、发展权等生活权利的制度性确认和保障。作为一种机会，自由体现为个人获得权利和实现自己生活目的的可能性和现实性。作为一种能力，自由是人实现各种可能的功能活动的力量，是人们享有生活的可行性能力。作为权利、机会和能力的统一，自由集中表现为个人生活空间的有效保障和不断扩大，这个生活空间是由各种社会资源所充实的。2014年3月27日，习近平总书记在中法建交50周年纪念大会上的讲话中指出："我们的方向就是让每个人获得发展自我和奉献社会的机会，共同享有人生出彩的机会，共同享有梦想成真的机会，保证人民平等参与、平等发展权利，维护社会公平正义，使发展成果更多更公平惠及全体人民，朝着共同富裕方向稳步前进。"① 党的十九大报告围绕人们对美好生活的向往，提出确立"以人民为中心"的新发展观、健全人民当家做主制度体系、扩大人民有序政治参与、激发全民族文化创新创造活力、使人人都有通过辛勤劳动实现自身发展的机会、保护人民人身权财产权和人格权、实施健康中国战略、打造共建共治共享的社会治理格局、建设美丽中国、构建人类命运共同体等一系列举措。习近平讲话和十九大报告所强调的每个人自由发展、机会平等、发展权利、公平正义、普惠共富等理念，呈现了社会主义自由在经济、政治、文化、社会等领域的基本面相，凸显了社会主义自由之于美好生活的价值意蕴和动力意义。

---

① 《习近平关于全面深化改革论述摘编》，中央文献出版社2014年版，第102页。

4. 积极自由、美德与道德生活

自由主义是现代生活世界的最重要意识形态之一。自由主义把个人的自主选择权置于至高无上的地位，认为这种自主选择权高于善价值。在自由主义那里，对于一个人来说，首要的问题不是他所选择的目的，而是他选择这些目的的能力。因而，自由主义主张对生活、幸福等保持"价值中立"，强调在合法的范围内应该容许个人追求他们各自的生活理想，即使一个人选择平庸的、甚至错误的生活，只要这种生活不侵害他人，人们也应予以尊重。"对自由主义的个人主义来说，社会共同体只不过是一个活动场所，在这里，每个个人寻求着他自己的自我选择的好生活的观念，而政治机构的存在，则提供了使这种自我确定的活动能够进行的制度性尺度。政府和法律是，或应当是，在相互匹敌的好生活的观念面前保持中立，因此，虽然政府的任务就在于促进法律的遵守，而就自由主义的观点而言，政府的合法性功能里毫不包括灌输任何一种道德观的内容。"① 在生活问题上，自由主义总体上持一种消极自由观念。消极自由即一个人能够不受阻碍地做自己想做的事的自由，亦即"不受限于……（free from）"的自由，表达的是个人为自己保留一个国家或社会力量不允许进入和干涉的"私人领域"。从这个意义上说，自由主义是一种关于私人领域的边界在哪里、依据什么原则来划定这种边界、干涉从何而来以及如何加以制止的学说。美国学者理查德·桑内特指出，消极自由的生活观会把人引向过度的自恋主义。"我们试图生活在私人领域中，我们只要生活在这样一个由我们自己和亲朋好友构成的私人领域之中就够了……在人们看来，心理自身又仿佛有一种内在的生活。人们认为这种生活是非常珍贵、非常精致的花朵，如果暴露给社会世界各种残酷的现实，它就会枯萎；只有被保护和隔离起来，它才会盛放。每个人的自我变成他首要的负担，认识自我变成了人们认识世界的目的，而不是手段。"② 因而，"公共生活和亲密生活之间出现了混淆，人们正在用个人感情的语言来理解公共的事务，而公共的事务只有通过一些非人格的

---

① ［美］麦金太尔：《德性之后》，龚群等译，中国社会科学出版社1995年版，第246页。
② ［美］理查德·桑内特：《公共人的衰落》，李继宏译，上海译文出版社2008年版，第4页。

规则才能得到正确的对待"①。在这种情形中,"每个人都变得极其自恋,所有的人类关系中无不渗透着自恋的因素……自恋就是不断追问'这个人、那件事对我有什么意义'。人们总是不断地提出别人和外界的行动跟自己有什么关系的问题,所以很难清晰地理解其他人以及他人所做的事情"②。

就生活的价值取向和生活世界公共性的拓展而言,积极自由较之消极自由具有更大的意义。积极自由指自我引导与自我主宰、以做自己的主人为要旨的自由,即"可自由地去做……（free to）"的自由,表达的是人自己所期望、所愿望、所立志要实现的价值目标和权利。马克思说:"人不是由于具有避免某种事物发生的消极力量,而是由于具有表现本身的真正个性的积极力量才是自由的。"③ 积极自由意味着人的理想自我的建构、自由个性的塑造和自我价值的实现。

消极自由更多地指向具体政治、法律、社会等领域,需要外在物质条件的保障；积极自由则更多地指向人的精神、道德领域,需要人的精神的自我操持和守护。马克思说:"对于没有音乐感的耳朵来说,最美的音乐也毫无意义……囿于粗陋的实际需要的感觉,也只具有有限的意义……忧心忡忡的、贫穷的人对最美丽的景色都没有什么感觉；经营矿物的商人只看到矿物的商业价值,而看不到矿物的美和独特性；他没有矿物学的感觉。"④ 所以,马克思强调,现实的个人在"满足需要的活动和已经获得的为满足需要而用的工具"的基础上,应该不断产生"新的需要"。这里所谓"新的需要",不是数量意义的诸如票子、房子、车子之类的需要的扩展或最大化,而是指质量意义的诸如马斯洛所说的爱的需要、自我实现的需要等的不断转换和升华,其终极指向就是马克思说的"作为目的本身的人类能力的发展"。在马克思看来,不断追求自我实现的人,是"富有的人"。"富有的人同时就是需要有人的生命表现的完整性的人,在这样的人的身上,他自己的实现作为内在的必然性、作为

---

① ［美］理查德·桑内特:《公共人的衰落》,李继宏译,上海译文出版社2008年版,第6页。
② 同上书,第9页。
③ 《马克思恩格斯文集》第1卷,人民出版社2009年版,第335页。
④ 同上书,第191—192页。

需要而存在。"①

　　人的生活包含着各种不同的价值属性，如真与假、好与坏、善与恶、美与丑、正当与不当等等，这些价值属性构成了生活的内在张力。真、好、善、美、正当等是生活的目的论要素，只有确立这些价值要素在生活中的主导地位，才能使生活富有秩序和意义。人类很早就认识到，美与善的统一，并发现美德是实现美好生活的前提条件。苏格拉底说："你以为善是一回事，而美是另一回事吗？你不知道吗，一切既美又善的东西，都是联系着同一的目的以成其为既美又善的。"②柏拉图说："你若认为善的范型比真理和知识更美，那将是对的，善比科学和真理有一个更高尚更荣誉的地位。善必定是不可思议的美，它是科学和真理的作者，而远胜于科学和真理的美。"③斯多葛派代表人物芝诺认为："美就是道德，而且美分有道德的性质；这种论断与另外的论断是相等的，即是凡是善的都是美的，善与美是相等的名词，因此两者恰好相同。由于它是善，所以美；由于它是美，所以善。"④在《理想国》中，智者认为"隐身人"必然纵欲而不守道德，因为"隐身人"的信念与行为象征着人性的自然倾向，以及现实生活中强权者的价值与实践。但从人本身的存在来说，"隐身人"并不幸福，他并没有占全所有的好或最好之好。"隐身人"固然可以任意妄为、满足自己的所有自然欲望而从不被发现，名利双收。但是，未曾做一个本真的、自由选择的人去生活一世，岂不是最大的恶或亏损？所以，伦理学家强调智慧、勇敢、勤劳、友谊等美德之于好生活的内在价值。美德意味着一个人的功能的实现或能力的发挥，意味着人的卓越性（按照希腊理解）或者人的最优状态（按照先秦的理解），显示着人的长处、优势能力或优越性（virtue 的本义）。亚里士多德说："幸福是灵魂的一种合于完满德性的实现活动。"⑤我们可以从这个意

---

①《马克思恩格斯文集》第 1 卷，人民出版社 2009 年版，第 194 页。
② 周辅成编：《西方伦理学名著选辑》上卷，商务印书馆 1964 年版，第 48 页。
③ 同上书，第 171 页。
④ 同上书，第 220 页。
⑤［古希腊］亚里士多德：《尼各马可伦理学》，廖申白译注，商务印书馆 2003 年版，第 32 页。

义上来理解习近平的如下论断:"核心价值观,其实就是一种德,既是个人的德,也是一种大德,就是国家的德、社会的德。""我们倡导的富强、民主、文明、和谐,自由、平等、公正、法治,爱国、敬业、诚信、友善的社会主义核心价值观……寄托着各族人民对美好生活的向往。"①

道德表达了人类追求"美好生活"的愿望和努力,是人的生活实践固有的一种内在价值属性。"美好生活"就是有道德价值的生活。在道德生活中,个人可以根据自己的道德意识在善恶之间进行选择,这种选择体现了个人在道德实践中的自主性,表明个人在道德领域是自由的。道德自由即人们寻求其道德上的完善与发展的自由,它是人的一种社会权利。道德自由表现为人们对一定的道德准则的自觉认同和根据这种道德准则对自己的行为作出合乎意愿的自觉选择。儒、道、释是中国古代思想的三大主干,它们虽各有特色,但"三教归一",都把"心"视为自己的内核和精髓。儒有"人心""道心""良心""养心",道有"心斋""灵台心",佛有"三界唯心""万法一心"。孔子的"从心所欲不逾矩",孟子的"尽心知性而事天",老子的"虚心无为",庄子的"无听之以耳而听之以心"的"心斋",禅的"自心即佛"的"心法",都典型地呈现着一种心性自由理念。心性自由思想蕴含一种关于人的自我发展辩证法。心性之学把"内在超越"作为解脱枷锁的根本之路,通过"内在超越",人回到自己的"内心",不断发现、塑造和完善自己的人性,最终成为精神自由的人。心性自由思想主要涉及的是人性的存在、人的个体性与个体自身及其超越性和道德完善等问题,因而,心性自由总体上体现的是一种道德生活。这种道德生活是"为己"与"为人"、"成己"与"成人"、"独善"与"兼善"的统一,是个人私人生活空间与公共生活空间的对接与融通,是个人生活空间的有机拓展。事实上,随着社会文明程度的提高和人的精神生活的丰富,道德需要会越来越成为人的一种基本精神需求,成为人的一种自我实现的需要。道德生活是一种美德调适的精神生活,这种生活本质上是人对自己身心关系的协调与优化,对自身生命意义的体认和追求。道德生活是"美好生活"的内核。

---

① 《习近平谈治国理政》,外文出版社2014年版,第168、181页。

三 "美好生活需要"内涵的自由意蕴

人的需要是人类社会发展的原始动因,满足人的需要是人类一切活动的根本目的。人的需要是马克思建构唯物史观的逻辑起点,基于人的需要的利益分析方法,是历史唯物主义的根本方法。因此,在理解和处理人民日益增长的美好生活需要和不平衡不充分的发展之间的矛盾这一新时代我国社会主要矛盾时,厘清"美好生活需要"的基本内涵和时代指向,具有前提性和基础性意义。当代中国社会经历了"站起来"到"富起来"再到"强起来"的发展逻辑,这一发展逻辑愈益凸显了"美好生活需要"的自由意蕴。

1. 幸福—美好:生活的自主性

幸福这个古老而赋有无穷魅力和诱惑的词,因其内涵的多维性、多样性和多变性,而使其义理充满了模糊性、歧义性和不确定性。尤其在现代社会,面对多样多元多变的流动性生活,幸福概念更难以获得共识性的定义,以至于今天人们更愿意说,只存在因人而异的幸福感。

当代英国学者弗格森(Harvie Ferguson)认为,西方世界的幸福概念具有极强的主观性倾向,幸福概念是通过五种基本模态被理解的,即信心(Faith)、信念(Belief)、道德(Morality)、激情(Passion)、感官性(Sensuousness)[①]。就这些理解模态的生成而言,宗教发挥了主导性作用。中世纪基督教提供了信心、信念、道德的理解模态,近代功利主义则提供了激情、感官性的理解模态。从根本上说,"感官性并不是对宗教前概念的解构,而是把基督超越性的本体论结构吸收化入日常意识"[②]。这些理解模态看似颇具主观性、自我性或自由意志性,但就深层而言,则充斥着一种内在的"宿命性"。

在词源学意义上,印欧语系中用来指称"幸福"的词语,都与指称"幸运""运气"或"命运"(luck, fortune, Fate)的词语同源。英文的

[①] [英]弗格森:《幸福的终结》,严蓓雯等译,中国人民大学出版社2003年版,第9页。
[②] 同上书,第297页。

"happiness"（幸福）一词的词根来自中古英语和古斯堪的纳维亚语的"happ"，意思是机遇、运气、世界上发生（happens）的事情，由此衍生出的词语包括"happenstance"（偶发事件），"haphazard"（偶然），"hapless"（不幸），以及"perhaps"（也许）。法语中的"bonheur"（幸福）也是衍生自"bon"（好）和古法文的"heur"（运气）；中古高地德文的"Glück"也有同样的字源，而且这个词至今在德语里还是表示"幸福"和"幸运"这两种意思。在意大利文、西班牙文和葡萄牙文中，"felicità""felicitacl"以及"felicitade"这三个词语都起源于拉丁文"felix"（"幸运"，有时也表示"命运"）这个词，而希腊文中的"eudaimonia"则把"好运"与"良善的神"这两种含义结合在一起。可见，在印欧语系中，幸福的词源深深地植根于机遇的土壤之中[①]。

在西方，古希腊思想家虽然也注意到幸福的人为因素，但更多地把这种人为性因素限于特别受到眷顾的极少数人，对绝大多数人来说，幸福是不可掌控的，是降临的。在中世纪，幸福概念被赋予神秘的宗教色彩。在宗教教义中，幸福存在于彼岸的天国。在现实的、不快乐、不公平的俗世，幸福只在于在对现实的顺从或隐忍中等待来世的拯救。所谓幸福，就是通过苦难本身来达到结束苦难。在近代，幸福被世俗化和感官化，获得幸福成为每个人的天赋权利。功利主义从"趋乐避苦"的人性论出发，把幸福等同于欲望、偏好、快乐、实惠、好处、利益、福利等的满足。追求幸福的最大化，在现实性上被归结为追求利益和享乐的最大化，归结为财富、权力、名望、成功等的获取。但在获得幸福的现实路径上，市场这只"看不见的手"成为左右幸福的新的上帝。在激烈的市场竞争中，在对欲望、苦乐、偏好、利益等的不断计算和换算中，对于个人来说，幸福的降临似乎成为一种比教徒获得上帝青睐还要难的偶然中彩。在17、18世纪，"追求"（pursuit）一词在词源学上有着比今天更深的意义。该词保留了与其同源词"prosecute"（控告）和"persucute"（迫害）这两个词语的紧密关系。在18世纪编纂的一本《英语词

---

① ［美］达林·麦马翁：《幸福的历史》，施忠连、徐志跃译，上海三联书店2011年版，第20页。

典》中，这个词被解释为：一是 To pursue：追逐，带有敌意地追逐；二是 Pursuit：怀有敌意的追逐行为。如果我们把追求幸福看成是像在追捕一个逃亡者，那么，"追求幸福"就呈现出某种特别的意味，即人类为了获得快乐、免除痛苦而无休止地挣扎奋斗。于是，我们会产生对幸福的敌意，即是对那种永远可以逃避我们捕捉的东西的敌意，因为它总是不停地纠缠我们，使我们苦恼不已。从这种意义（带着敌意的追逐）来说，追求幸福就是参加一场不断带给人挫折、令人沮丧的游戏，在这场游戏中，欲望从来不可能获得永久的满足[①]。

在中国传统思想中，幸福始终与天、自然、命等纠缠在一起。在汉语语境中，"幸"有幸运、侥幸、幸亏、希冀、庆幸、宠爱等意思，"福"本意是祭祀用的酒肉，引申为保佑、护佑等意思。中国古典思想中有发达的"命运哲学"，如孔子的"畏天命"、老子的"自然无为"、墨子的"天志论"、孟子的"正命论"、庄子的"安命论"、董仲舒的"天人感应"、王充的"自然命定论"、魏晋玄学的"任自然"、朱熹的"天理"等。人们信奉生死由天、富贵在命、乐天安命、自然逍遥、崇祖法古、德福报应等生活观念。道教、佛教是民间普遍信奉的宗教，成为古代中国人日常生活的精神土壤。禁醮祈禳、禁咒画符、印剑镇妖、占卜扶箕、祈雨止风、相宅择墓等等道术流行于民间，满足了一般民众福祸长生的愿望。轮回、天堂、地狱、因果报应等佛教观念也是中国人幸福观的重要内容。中国民众相信，生老病死、衣食住行、婚嫁生育等各种日常生活需要都被不同的神灵掌管着，这些神灵存在于人们的生活世界。于是，人们"见神便磕头，逢庙必烧香"，以求"福如东海长流水"。

幸福概念历经几千年的洗礼，其中或是自然命定的，或是宗教启示的，或是理性自证的，或是市场催生的，浸渍了自然无为主义、意志神秘主义、抽象理性主义、功利实用主义等不同传统，成为一个更具生活符号指称意义的词汇。20世纪中后期以来，"生活质量"成为社会科学研究生活问题的主导范式之一，人们力图用"生活质量"概念来规避幸福

---

① ［美］达林·麦马翁：《幸福的历史》，施忠连、徐志跃译，上海三联书店 2011 年版，第 284—285 页。

概念的主观性、歧义性和不确定性，确认原来用幸福概念所指称的"好生活"的客观的社会性内容、形式和指标体系。在这个过程中，一些人提出"美好生活"概念，并从享乐主义、偏好满足、理想实现等角度，对"美好生活"做出社会学意义的阐释①。

人类总是力图把美、自由与生活勾连起来，凸显生活的审美性、本真性和自主性。美是一个涉及真和善的词汇。美涵盖真和善，是真与善的统一。美好生活必然是真实的生活和良善的生活。真、善、美的统一，即自由。自由是美好生活的基质。美好生活就是既拥有自由的外在生活样式，更富有自由的精神生活空间。外在的生活样式的独立自由，表明生活是可欲的、可能的和安全的，有着巨大的物质生活空间；精神生活的自由，表明生活是有目标的、有价值的和超越性的，是充实的和愉悦的，有着丰富的灵性空间。

2. 谋生—生生：工作的自为性

劳动是人的本质，是人的存在方式。马克思把劳动视为唯物史观的根本观点和最高原则。在《1844年经济学哲学手稿》和《穆勒评注》中，马克思批判资本主义把劳动完全变成了一种谋生手段，提出了基于人的自由自觉活动本质的自由劳动思想。在《1857—1858年经济学手稿》中，马克思在与"剥削社会中的劳动"相对的意义上系统阐述了"真正自由的劳动"，这种自由劳动不是依据具有"单纯外在必然性"的"外在目的"来进行的，而是依循劳动主体"自己提出的目的"来进行的。在《哥达纲领批判》中，马克思明确指出，在共产主义社会的高级阶段，劳动不仅是谋生的手段，而且本身成了生活的第一需要。但是，马克思同时强调，在共产主义低级阶段的社会主义社会，劳动仍具有很强的谋生性，按劳分配是主导性分配原则。但社会主义劳动的人本意义会不断发展和涌现。恩格斯说，在社会主义社会，"一方面，任何个人都不能把自己在生产劳动这个人类生存的必要条件中所应承担的部分推给别人；另一方面，生产劳动给每一个人提供全面发展和表现自己的全部能力即体

---

① ［澳］马克·拉普勒：《生活质量研究导论》，周长城等译，社会科学文献出版社2012年版，第28页。

能和智能的机会,这样,生产劳动就不再是奴役人的手段,而成了解放人的手段,因此,生产劳动就从一种负担变成一种快乐"①。当然,在马克思恩格斯看来,劳动由"谋生手段"变成"生活第一需要",由"奴役"变成"享受",这将是一个持久的历史过程。

我国处于并将长期处于社会主义初级阶段,对于绝大多数人的生存发展来说,劳动的谋生性仍是并将长期是主导性的认同,但在社会主义社会的谋生劳动中会不断孕育并生成劳动"作为生活第一需要"的意义和现实。事实上,随着我国社会主义社会的不断发展和完善,对于越来越多的人来说,劳动"作为生活第一需要"的意义也日益凸显出来。如果说在"富起来"的时代,我们的劳动和工作更具"谋生"的意义,那么,在"强起来"的时代,我们的劳动和工作可以说越来越趋向于"作为生活第一需要"的意义。这里的"作为生活第一需要"不是马克思所说的共产主义社会消除了劳动谋生性的绝对意义上的"作为生活第一需要",而是在立足劳动"谋生"的基础上,在劳动和工作中更加注重发展个人潜力和能力、实现个人自我价值等。用中国传统话语来表达,就是更加注重劳动和工作的"生生"意义。《易传·系辞上》曰:"日新之谓盛德,生生之谓易。""生生"即生命的生成、生长、展开、充实和更新,这是宇宙万物、历史演进和人世百态的根本法则。人的一切行为和活动都应遵循这一根本法则,追求生命的不断生长、展开、充实和更新。马克思说劳动成为人的第一需要,所谓"第一需要",就是人的能力本身的发展成为劳动的根本目的,人的生命的生产成为劳动的核心,人的本质的对象化成为劳动的本质。在这里,成为第一需要,体现了人的自足性。借用亚里士多德说法,这种自足性表现为劳动本身就值得欲求且无所缺乏。

在现代社会,科学技术的迅猛发展、社会生产方式的不断变革和劳动组织形式的不断优化,使得劳动和工作(在现代社会主要表现为职业形式)为人的潜能的发展和自我价值的实现提供了越来越有利的条件。任何一种正当的职业都有着超出"谋生性"的意义指向,职业在很大程

---

① 《马克思恩格斯文集》第9卷,人民出版社2009年版,第310—311页。

度上决定着一个人的生活范围和价值视野。马克思在谈到作家的职业时说:"作者当然必须挣钱才能生活,写作,但是他决不应该为了挣钱而生活,写作……诗一旦变成诗人的手段,诗人就不成其为诗人了。作者绝不把自己的作品看作手段。作品就是目的本身。"① 一个人的生活态度和价值观念在很大程度上是由自己的职业活动所塑造的。一个人要通过自己的职业,既建构自己的生活世界和价值世界,又建立与他人和社会的精神联系,从而通过职业来彰显自己生命的整体意义。

3. 权力—权利:行动的自决性

在人类历史进程中,权力是一种特殊的社会力量。尤其在进入阶级社会后,权力更是成为维持社会组织和社会秩序的最重要力量之一。在所有的社会权力中,最核心的权力是社会政治权力。在以私有制为基础的阶级对立社会,权力总是被剥削阶级和少数人所攫有和掌控。权力反映统治阶级的意志,成为维护剥削阶级和少数人利益的工具。在反对封建专制集权的历史进程中,早期资产阶级思想家大力倡导权力的公共性理念,对权力的公共性进行理论阐释和宣传,通过自然权利、社会契约论、主权在民、三权分立等学说,表达对权力公共性的关切和维护。

在社会主义社会,一切权力本质上都是公共权力,权力来源于最广大人民群众的根本利益和意志。作为一种组织起来的力量,权力归属于整个社会,服务于社会的整体利益,维护最大多数社会成员的利益。社会主义权力的公共性在制度上获得了保障。但是,在其现实性上,社会主义政治权力在其实际运行中,也会在一定范围和一定程度上偏离其公共性。导致权力公共性缺失或丧失的原因有体制等客观方面的因素。由于党和国家领导体制、政府管理体制、社会治理机制等的不完善,加之市场经济体制的侵蚀,权力滥用、权力"寻租""官本位"意识等仍大量存在,使得权力成为一些领导者为自身谋利益的工具。权力腐败的本质是公共权力的变质,是"公权"向"私权"的蜕化,表现为以权谋私、化公为私、权钱交易等现象。

传统"权力崇拜"和"官本位"观念的影响,是造成我国现阶段权

---

① 《马克思恩格斯全集》第1卷,人民出版社1995年版,第192页。

力公共性不同程度缺失的一个重要原因。中国封建社会专制制度的长期统治以及"普天之下，莫非王土；率土之滨，莫非王臣"的帝王思想，新中国成立后相当长一个时期的高度集权体制，使人们"产生了对国家以及一切同国家有关的事物的盲目崇拜。尤其是人们从小就习惯于认为，全社会的公共事务和公共利益只能像迄今为止那样，由国家和国家的地位优越的官吏来处理和维护，所以这种崇拜就更容易产生"①。福、禄、寿、财、土是传统社会中国人的五大价值取向。"禄"表示人们对于权力的崇拜和追求，反映了人们试图通过权力来提高自己社会地位的心态。权力至上、权力崇拜、官本位等意识，不仅在中国历史上持久存在，即使在今天仍广泛流行。在这种"权力崇拜"传统中，个人成为臣民、子民、草民，有的只是长幼、尊卑、顺从。

许多近现代中国思想家都认为，民众没有自主的权利，是中国积贫积弱的一个重要原因。梁启超说："三代以后，君权日益尊，民权日益衰，为中国致弱之根源。"② 谭嗣同说："中国所以不可为者，又上权太重，民权尽失。"③ 梁启超说："有人或者要问，奈何朝廷压制民权？答之曰：不然，政府压制民权，政府之罪也。民不求自伸其权，亦民之罪也。"梁启超把权利作为人的生存的根本。他说："吾所谓权利思想者，盖深恨吾国数千年来有人焉长拥此无义务之权利，而谋所以抗之也。而误听吾言者，乃或欲自求彼无义务之权利，且率一国人而胥求无义务之权利，是何异磨砖以求镜、炊沙以求饭也？"④

在我国传统政治和社会生活中，权力与权利不分、权力脱离权利、权力僭越权利等现象长期存在。人们往往把个人权利诉求视为"自私自利"和"无法无天"，把个人的行为"越轨"归结为国家权力的"失控"，希望借助于国家权力来"管理"个体，建立社会秩序。改革开放以来，由于体制和观念等方面的原因，公共权力的公共性遭遇侵蚀。权力滥用、权力"寻租"等大量存在，使得权力成为一些领导者为自身谋利

---

① 《马克思恩格斯文集》第 3 卷，人民出版社 2009 年版，第 111 页。
② 梁启超：《饮冰室合集·文集》第 1 册，中华书局 2015 年版，第 128 页。
③ 《谭嗣同全集》上册，中华书局 1981 年版，第 248 页。
④ 梁启超：《新民说》，中州古籍出版社 1998 年版，第 178—179 页。

益的工具。同时，长期以来，我们多侧重于公民的义务主体身份，而忽视其权利主体身份；多侧重于公民的义务意识、守法意识和道德意识的培养，而忽视公民的权利意识、参与管理国家和社会事务的意识的培养。

权利是人们为满足一定的需要和获取一定的利益而采取一定行为的资格和可能性。作为一种自由，权利体现为人是他自己的主人，有自己独立的人格，是自由自觉的行动者。自由就其现代意义而言，并不是指个体在自己的私人生活和行为中的自在自得，而是指个体在社会团体生活和公共生活中权利的认肯、保障和实现。一个人拥有权利，就意味着他能够通过现实途径提出自己的要求，拥有提出这种要求的法律资格，能够得到某种现实权威的支持，拥有起码的人身自由和选择自由。一句话，权利是个体作为社会成员所享有的为社会制度所承认的利益、要求、资格、权能和自由等的统一①。

对一个人来说，拥有权利，意味着拥有行动的自由。行动自由是权利的存在形式和载体，权利实际上是一定社会中所允许的人们行为自由的方式、程度、范围、界限和标准。伯林把权利保障视为自由的基础，他提出了一个保障人的自由的基本原则："只有权利，而非权力，才能被视为绝对的，从而使得所有人，不管什么样的权力统治着他们，都有绝对的权利拒绝非人性的举动。"② 权利是权力的根基，权力是权利的保障。确认和赋予公民权利就等于同时确定公共权力和责任范围。有效的公民权利都对应着政府某些方面的责任和义务，公民权利离不开政府权力的支持和保障。列宁指出："宪法，就是一张写满人民权利的纸。"③社会主义国家的一切权力都以人民权利为本。国家和法律赋权于民的过程，以及人们争取和维护权利的过程，也就是人们不断获得行动自决的过程。

4. 规则—德性：精神的自逸性

随着"强起来"时代的不断发展，自我完善和自我价值实现，将会

---

① 参阅夏勇《人权概念起源——权利的历史哲学》，中国政法大学出版社2001年版，第46—55页。
② ［英］以赛亚·伯林：《自由论》，胡传胜译，译林出版社2003年版，第238页。
③ 《列宁全集》第12卷，人民出版社1987年版，第50页。

日益成为越来越多人追求的人生目标和生活愿景。人的完善包括自身行为的完善和自身人格的完善，前者更多涉及规则问题，后者更多涉及德性问题。"规则"着力于解决"人应当做什么"和"为什么要这样做"以及"如何做"的问题，"德性"着力于解决"人应当成为什么样的人"和"为什么要成为那样的人"以及"如何成为那样的人"的问题。前一个问题更多属于"行为规范"或"做事"问题，后一个问题更多属于"人格规范"或"做人"问题。

中国传统社会建立在血缘、家族、地域、文化、传统等基础之上，是一个熟人社会、礼俗社会。在这种社会结构中，做人成为第一要务，而德性养成则是"做人"的核心和根本。人口流动快速化、人际关系陌生化、社会分工精细化、利益冲突尖锐化、价值观念多元化，是现代社会的基本特质。社会成员的个体利益意识明确，利益冲突和矛盾普遍化，社会必须通过建立各种理性化的规范，才能更好调节社会成员之间的各种关系。因此，现代社会注重规章制定、制度建构和法治建设。在现代社会，规则问题成为第一要务。邓小平在改革开放初期说："制度好可以使坏人无法任意横行，制度不好可以使好人无法充分做好事，甚至会走向反面。"[①] 可谓透视到了中国社会从传统礼俗社会、熟人社会向现代法理社会、生人社会转型中面临的一个根本性问题。

就当代中国建设和改革开放的实践逻辑来看，相对于"站起来"和"富起来"的时代，"强起来"的新时代更加彰显并进一步要求物质文明与精神文明、制度建设与人的提升、法治与德治、经济社会进步与人的全面发展等的统一。行为规正与人格塑造的统一，是"强起来"时代人的实践活动和精神世界的基本遵循。"规则"强调行为归正，推崇正当性和合理性，凸显理性、利益、权利、制度、法规、他律等"做事"规则的意义和作用。"德性"强调人格养成，推崇内在好和内在善，凸现情感、人格、教养、品质、美德、良知、关怀、同情、友爱、奉献、共同善等"做人"品德的意义和作用。

但在现代性进程中，规则被过度推崇了。作为现代性的一种主导意

[①]《邓小平文选》第2卷，人民出版社1993年版，第333页。

识形态，自由主义把规范行为的问题看作现代社会治理和现代人生活秩序的核心问题，认为行为的正当性、合理性的确定，具有优先性和公共性。而至善、终极目的、人格塑造等问题，则是一个私人的或私域的问题。"做人"是每一个人自己的事情，社会和国家都无权介入或干涉。但在生活实践中，人们也认识到，"规则"从根本上说是利益的产物，是通过利益的让步而确立的可以得到公认的普遍准则。而一种在行为规范层面上可普遍化的原则和规则往往只能是低限度的，表现为一种齐一化的普遍性社会要求和外在约束，以至于人们称规则只是一种行为"底线"。在一切只讲"底线"的社会，人不可能拥有完整的归宿感、意义感和幸福感。所以，20世纪晚期以来，要求恢复和凸显"德性"在现代社会的地位和作用，成为一种世界性的社会思潮，这从一个方面反映了人们对心灵生活和精神生活的吁求和向往。

从"富起来"走向"强起来"，人们当然会继续期盼有更好的教育、更稳定的工作、更满意的收入、更可靠的社会保障、更高水平的医疗卫生服务、更舒适的居住条件、更优美的环境，但在这些需要已经达到一定高度并相对容易满足的情况下，"强起来"时代更加凸显了人们的更丰富的精神文化生活需要。随着我国经济社会的发展，中国人物质生活和社会生活日益丰富，消费水平不断提高，经济自由和社会自由不断提升，闲暇时间不断增加。在这种背景下，谋求自我价值实现，寻求精神家园，越来越成为一种大众化需求。人们害怕在"富裕"中被淹没，力图在塑造自我和彰显自我中获得存在感和意义感。于是，越来越多的人把自我本身当作最大的艺术品来塑造，寻求各种各样"修身成人"的途径。德性养成是"修身成人"的根本。因为，"德性"意味着人所拥有的人之为人的卓越的或优秀的功能特性和人性品质，它表现为人对于其现存境遇的不断超越和对于更高层次的生命境界与生活状态的追求。德性是心灵的秩序，是精神的自逸。

四 陌生化境遇中的社会心态及其道德风险

德国思想家舍勒在谈到现代社会生活的特征时说："最令人确信无疑

的恐怕莫过于深深的陌化……陌化并非是触及到我们社会秩序的这一或那一个方面或某类现象，而是触及我们的社会秩序之总体。"① 陌化即陌生化。20世纪晚期以来，随着市场化、城市化、网络化的推进，随着人们的社会交往和社会流动性的加速，陌生化日益成为当代中国社会的一种客观趋势和中国人的一种强烈的经验感受。这种陌生化引发的效应是多方面的和多重的。陌生化所催生的社会心态，以及这种社会心态所孕育的道德风险，是陌生化效应的重要方面，需要给予深入思考和研究。

1. 陌生化及其风险②效应

一般地说，人类社会在任何时候都会面临陌生问题，陌生是人类社会固有的一种属性。但是，陌生化则是现代社会的产物，是现代社会所独有的重要特性。因而，陌生化也成为现代思想家关注的问题。德国社会学家齐美尔把研究陌生人问题视为解决"社会是如何可能的"这一问题的关键。美国法学家劳伦斯·弗里德曼首先提出"陌生人社会"这一概念，用以指称现代社会的本质。费孝通认为，乡土中国是熟人社会，现代社会则是陌生人社会。

陌生化既是现代社会高度发展的产物，更是现代社会高效发展的动力。一方面，陌生化是现代化进程的必然产物，是市场化、工业化、城市化、理性化、民主化、信息化、个人化等现代社会要素日益发展的产物，指称现代社会的速变性、异质性、新颖性、流动性、疏离感、孤独感等特质。陌生化是现代社会高度发展的重要标志之一；另一方面，陌生化也是现代社会高效发展的动力机制。现代社会是以"物"的依赖性为基础的社会，健全的市场经济、完备的民主政治、成熟的理性文化、有序的社会生活等等，都需要一种必不可少的"陌生关系"来支撑和维系。契约、民主、理性、法治等，都蕴含着对"陌生关系"的肯定、尊重和张扬。"如果现代生活要继续下去的话，就必须保护和培养陌生关

---

① 刘小枫选编：《舍勒选集》下，上海三联书店1999年版，第1194—1195页。
② 广义地说，所谓风险，是指某种不确定性，这种不确定性在未来既可能带来某种有利后果，也可能带来某种有害后果，还可能带来既无害也无利的后果。狭义地说，所谓风险，只是指某种不确定性及其所可能带来的有害后果。这里主要在狭义上使用风险概念。

系。"① 同时，陌生化还意味着创新和重生②。陌生化是相对于熟悉而言的。熟悉是人的日常生活的一种常态。日常生活的一切东西因熟悉而会逐渐成为人的习惯、经验和无意识，人会由此对熟悉的东西习焉不察、熟视无睹。但是，熟知不等于真知。"熟知的东西所以不是真正知道了的东西，正因为它是熟知的。有一种最习以为常的自欺欺人的事情，就是在认识的时候先假定某种东西是已经熟知了的，因而就这样地不去管它了。"③ 一味固守熟知，人便会陷入海德格尔所说的沉沦和"常人"状态。陌生化意味着对人的熟悉状态的批判、否定、剥离、解构、颠覆、变形、创造等，它代表着差异性、独特性、新颖性、复杂性等。从广义上说，"陌生化"是克服人的异化状态的一种方式。通过陌生化方式，使人摆脱虚妄、流俗等"常人"生存状态，唤醒和激发人的质疑、批判和改善现状的决心，达到对本真生活的更深刻的理解与熟悉。可见，"陌生化"与其说是"使之陌生"，不如说是"使之新颖"。从这个意义上说，当代中国社会从传统"熟人社会"走向现代"陌生人社会"，具有历史的必然性和合理性。

陌生化具有风险效应，这种效应是多方面的和多重的。陌生化对人的社会心态的影响最为直接和持久。陌生化意味着无序、混乱、危险。在陌生化进程中，失衡、忐忑、空虚、焦虑等会成为一种普遍性的社会心态。英国思想家吉登斯提出"本体性安全"概念，用以描述和批判现代人所普遍具有的一种"本体性焦虑"或"存在性焦虑"。"本体性安全"即人们对其自我认同之连续性以及对他们行动的社会与无助环境之

---

① ［英］齐格蒙特·鲍曼：《后现代伦理学》，张成岗译，江苏人民出版社2003年版，第187—188页。
② 在文论意义上，"陌生化"是一种艺术创作方法。陌生化意即使创作对象陌生、奇特、不同寻常，也就是在文艺创作中，通过采用新奇的艺术技巧，对人们习以为常、熟视无睹、从未质疑的熟知对象进行"陌生"的艺术加工，使之成为陌生的文本经验，使对象与审美主体之间保持一定距离，打破审美主体的习惯性感知方式和思维定式，唤醒审美主体对生活的感受，使其以一种新奇的眼光去感受熟知对象的生动性和丰富性，从而延长审美主体对熟知对象的感知历程，提高审美快感，最终获得"陌生美感"。后来，陌生化方法由文论范围拓展到更为广泛的学科领域，马尔库塞等社会批判理论家把陌生化方法作为批判现代社会人的思维单一、批判精神缺失等现象的理论工具。
③ ［德］黑格尔：《精神现象学》上，贺麟、王玖兴译，商务印书馆1979年版，第20页。

恒常性所具有的信心，这是一种对人与物的可靠性感受①。安全感是人的心理需要的重要方面，是人格中最基础、最重要的成分之一。马斯洛把安全需要视为继生理需要之后的人的第一需要，它具体表现为依赖感、稳定感、归属感，对秩序、体制、法律、界限等的需要，以及对恐吓、焦躁、混乱等的规避。只有安全需要得到很好的满足，人才会产生爱、情感和归属的需要。当这种最基础、最重要的安全需要受到威胁时，人的心态便会产生诸多问题。

近年来，"彭宇案""小悦悦被碾压"等公共道德事件的频发，使得"陌生""陌生人""陌生人社会"等概念，在中国社会被广泛谈论和运用。长期生活于"乡土社会"的中国人，对现代社会的陌生化表现出更为强烈的忧虑、排斥甚至否定。陌生、疏离、孤独、无情、冷漠等，被视为陌生人社会的特质和标志。对多数人来说，"熟人"是可亲可信的，是"自己人"，人们希望生活在一个"熟人社会"中。陌生人则因其来历不明或形迹可疑而被视为"外人"或"路人"，被视为潜在的"坏人"或"敌人"，甚至被视为可怕的"妖魔"。于是，在中国社会的陌生化进程中，产生了各种社会心态，这些社会心态孕育着一定的道德风险。

2. 犬儒心态与道德信任危机

作为一个概念，犬儒或犬儒主义具有多义性，其内涵和外延在思想史上经历了不断演化、变形和重构的过程。起源于古希腊的犬儒主义，最初是褒义词，指称一种远离世俗、回归自然、追求真善的人生态度和生活方式。后来具有了更为积极的意义，指称一种鄙视虚伪、愤世嫉俗、针砭时弊的批判精神和反抗意识。到了现代，犬儒主义具贬义化色彩，指称一种因愤世嫉俗而怀疑一切、绝对否定、玩世不恭的心理习性和游戏心态。犬儒主义的含义发生了较大变化，但贯穿其中的一个根本理念却没有变，即对于世界的不信任和拒绝。"不相信"是现代犬儒主义社会心态和行为理念的集中体现。有学者认为，现代犬儒主义是一种"以不相信来获得合理性"的社会文化心态，它的彻底不相信表现在它甚至不相信还能有什么办法改变它所不相信的那个世界。这种"不相信"心态

---

① ［英］安东尼·吉登斯：《现代性的后果》，田禾译，译林出版社2000年版，第80页。

的普遍蔓延，会造就一个"犬儒社会"①。在这种社会，人们总是疑心重重，对很多事和人都不相信或不信任，包括对一些本来值得信任的事和人也持普遍怀疑态度。

现代社会的陌生化进程，强化了这种"不相信"犬儒心态，而这种"不相信"犬儒心态又成为社会信任危机产生的重要原因之一。2011年9月1日，《人民日报》发表题为《我们的信任哪儿去了》的文章。文章起首便指出，不信、不信、还是不信——"不相信"的情绪正在越来越多人的生活中蔓延。2013年1月，中国社会科学院发布的《中国社会心态研究报告2012—2013》显示："目前，中国社会的总体信任进一步下降，已经跌破60分的信任底线。人际不信任进一步扩大，只有不到一半的调查者认为社会上大多数人可信，只有两到三成信任陌生人。"今天，每一个中国人都直观而深切地感受到了信任危机及其所引发的负面效应。法国学者阿兰·佩雷菲特提出"信任社会"与"疑忌社会"。他认为，疑忌社会是畏首畏尾、赢输不共的社会：这种社会是一种"零和博弈"，甚至"负和博弈"；这种社会倾向忌妒和自我封闭，盛行侵犯他人权利的相互监视。信任社会则是一种扩张的、共赢社会，是一种团结互助、共同计划、开放、交换和交流的社会②。也许我们正生活在一个"疑忌社会"。

我们目前所遭遇的信任危机，根本上是"陌生人信任危机"。人们基于血缘姻缘地缘业缘或因机缘熟悉而形成的信任，是一种有限的"特殊信任"。这种信任是与传统农业社会或相对固化的社会结构相适应的，它无法满足现代社会公共生活的需要，尤其无法适应现代社会的陌生化进程。美国学者埃里克·尤斯拉纳认为，对熟人的信任，是一种"策略性信任"，它取决于个人的经验和他人是否可信的假定。"策略性信任"只能使人与已经认识的人合作。而信任问题的真正内容，是信任我们不认识的人。"对陌生人的信任是一个公民社会的最关键的基础。"但是，"由于陌生人是否值得信任这个问题是没有证据作为基础的，因此必须有其

---

① 参阅徐贲《颓废与沉默：透视犬儒文化》，东方出版社2015年版，第3—27页。
② [法]阿兰·佩雷菲特：《信任社会——论发展之缘起》，邱海婴译，商务印书馆2005年版，前言，第5页。

他的基础,我认为就是道德基础。信任他人是基于一种基础性的伦理假设,即他人与你共有一些基本价值"①。埃里克·尤斯拉纳把这种对陌生人的信任称为"道德主义信任"。这种信任基于一种乐观主义世界观,这种世界观以"相信"为核心理念,它相信世界是美好的,相信人是善良的,相信人与人之间必然会共有一些基本的道德价值。

目前,在中国,面对信任危机,当必然遭遇陌生人、当必须与陌生人打交道时,人们总是更多采用传统"熟人"策略。所谓"熟人"策略,就是通过调动血缘、地缘、姻缘、学缘、职缘等各种"关系",把"陌生人"转换为家族宗法式"熟人",变为"自己人"。"熟人"策略是中国社会转型期传统文化与当下不完善制度体制交互作用的产物。中国传统道德思想主要围绕基于血缘宗法的"五伦"关系展开,强调"爱有差等""内外有别"和"防人之心",讲究"逢人且说三分话,不可全抛一片心",处处流露出对"陌生人"的戒心和排斥。当下中国社会总体上仍存在浓厚的人治色彩、泛滥的宗法式"关系",使得人们常常必须借助传统"熟人"策略,才能回避公共生活中存在的诸如"门难进、脸难看、事难办"之类的"陌生人困境"。同时,近年来,"彭宇案""小悦悦被碾压"等屡屡发生的公共道德事件,多指向"陌生人"或"路人",使人们对关怀他人、助人为乐、奉献爱心等心存疑虑,对"陌生人"心存戒意甚至恐惧。"熟人"策略在局部意义上化解了某些"陌生人"的信任危机,建立了一些"策略性信任"。但是,就根本而言,这种基于"熟人"策略的"策略性信任"非但不能从根本上化解道德信任危机,反而加剧了道德信任危机。因为,"熟人"策略只能使人治、"情大于法和理""潜规则"等现象在更大范围滋长和蔓延。"熟人"策略使亲情、交情、友情等被大量渗透或移植到国家管理、社会管理、企业管理等领域,弱化甚至消解了现代社会组织和社会权力的公共性、有序性和高效性;"熟人"策略使私与公、情与理、情与法的界限被模糊甚至混淆,"熟人"的"情感"代替了制度程序和法律章程,导致社会生活中潜规则猖獗,使社会正义和

---

① [英]埃里克·尤斯拉纳:《信任的道德基础》,张敦敏译,中国社会科学出版社2006年版,第18、2页。

公平的天平在熟人的"情"中发生倾斜和偏差。"熟人"策略的泛滥，使任人唯亲、任人唯熟、官官相护、包庇纵容、保护伞、拉帮结派等成为官场的顽症，使攀亲戚、认老乡、找同学、拉关系等成为不少人办事的不二法门。总之，"熟人"策略阻碍社会信任的制度化、法治化建构，遏制普遍主义信任或道德主义信任的发展。

3. 冷漠心态与道德情感萎缩

陌生化的过程，也是一个冷漠化的过程。广义而言，冷漠可视为一个中性词，冷漠即冷淡、不在意、不关心等。这种意义的"冷漠"是亚当·斯密所说的"公正的旁观者"的特性，意味着客观、公正。从这种意义上说，冷漠是现代人生存必备的精神素质。这种冷漠一如罗尔斯所说的"相互冷淡"。"相互冷淡"是罗尔斯对原初状态人的行为动机的假设。"相互冷淡"是一种由于兴趣或利益之缺失而持有的不关心或漠然的心态，即彼此无兴趣、无嫉妒、无怨恨等，意味着一种客观公正的相互对待的态度。罗尔斯认为，"相互冷淡"是实现公正、民主等所必要的一种社会心态。在现代道德生活中，"冷淡"意义的"冷漠"往往也是现代人自我保护的一种手段。萨特认为，只有当"我"聚集自己的力量反对他者，与他者对"我"的自由之威胁做斗争时，"我"才成为我自己，成为自我。所以，在萨特那里，疏远、冷漠是人的主体性产生的行为，主体性就是陌生化。德国思想家鲍曼认为，与陌生人相处，需要一种"去道德化的尊重"或"冷漠的尊重"，这可以使人把陌生人视为与自己具有同样人格尊严的人，使人与人之间互不侵犯，彼此保持相互的独立人格和自主性[①]。在现实生活中，冷漠也是人们对在实施道德行为时可能遭遇的道德风险的考量中所产生的道德不作为，而这种道德不作为又具有某种合理与合情，如对待诈骗性乞讨的冷漠等。

但是，在严格意义上，冷漠即缺乏情感、无动于衷、麻木不仁。在道德意义上，冷漠是指一种人与人之间道德生活关系的相互冷淡、疏远、隔膜乃至相互排斥和否定，以及由此引起的道德同情丧失、道德情感缺

---

① ［英］齐格蒙特·鲍曼：《后现代伦理学》，张成岗译，江苏人民出版社2003年版，第181—187页。

乏、道德意志懦弱等。道德冷漠的表现是多样的和多层面的，既表现为对道德本身的冷漠，更表现为对道德生活的冷漠。对道德本身的冷漠，如信奉道德虚无主义、拒绝道德信仰、搁置道德判断、消解道德义务等等。对道德生活的冷漠，如在社会生活中缺失道德关怀、缺乏道德勇气、无视败德行为、放弃道德践行等。调查显示，在有关我国公共伦理领域中存在的最突出问题的访谈回答中，占据前两位的是：人际关系冷漠（61.5%）和诚信缺乏（61.4%）。中国人目前最为认同的五个德目依次是：爱（78.2%）、诚信（72.0%）、责任（69.4%）、正义（52.0%）、宽容（47.8）①。冷漠与爱，是两种彼此对立的道德情感。冷漠的蔓延和爱的缺失，凸显了我国社会生活中道德情感的萎缩。依照费孝通的"差序格局"来看，在我国目前的社会生活中，仍存在着一定程度的道德差序格局，即道德认知-道德情感的"差序格局"。这种"差序格局"是以"伦"为本位的。所谓"伦"，"就是从自己推出去的和自己发生社会关系的那一群人里所发生的一轮轮波纹的差序"。在这种差序中，社会关系包括道德情感是一圈圈推出去，愈推愈远，也愈推愈薄②。于是，在我们的社会生活中，许多人总是以防范的心态面对"陌生人"，告诫自己或劝诫亲朋好友"不要和陌生人说话""不要和陌生人交往"。另有一部分人则信奉脸厚心黑、情感冷淡、为人冷酷等，以瞒、骗、欺诈等手段，伤害或损害"陌生人"。20世纪90年代以来，以重印民国初期李宗吾所著《厚黑学》为标志，一批与"厚黑学"相关的作品相继问世。这些以"厚黑"为"卖点"的"厚黑学"书籍的相继问世与热卖，使社会一度出现"厚黑"热，滋生一种"脸皮厚，心底黑，手段狠"的"厚黑"心态，使人以"冷酷"的眼光看待他人和社会，用"恶"的手段对付他人和社会。

同时，在市场交换原则的极度扩张中，我们的社会生活中也出现了亲情友情等不断被商品化或货币化的倾向，出现了"杀熟"现象。"杀熟"就是通过损害、侵害、欺骗熟人及其利益而达到利己的目的。充分

---

① 樊浩等：《中国伦理道德报告》，中国社会科学出版社2012年版，第14、19页。
② 费孝通：《乡土中国生育制度》，北京大学出版社1998年版，第27页。

利用人与人之间的"情",是"杀熟"的杀手锏。非法传销是"杀熟"的经典行为。20世纪90年代以来,在我国持续蔓延的各种非法传销活动,主要利用亲情友情等"熟人"关系,教唆参与者以"善意的谎言"诱骗亲朋好友参与传销。在这种传销模式中,大批受骗者为了挽回个人损失,会很轻易地越过道德底线,走向"杀熟"之路①。非法传销活动冲击人伦道德底线,使夫妻相向、父子反目、朋友成仇、引发亲情衰落、友情丧失,对人的情感世界造成巨大破坏。

道德冷漠既表现为心理或观念上的不动心、无所谓,也表现为实践或行为上的不介入、不参与。当前,道德认知与道德行为脱节、知行不一,是我国道德生活中一个较为普遍的现象,道德生活中的"旁观"及"旁观者"问题日益突出。在道德意义上,旁观者即面对他人或公共领域遇到困难或危机需要帮助时在现场围观而没有积极援助或有意回避的人。调查显示,在有关我国公民道德素质中最突出的问题的回答中,选择"有道德知识,但不见诸行动"的受访者达80.7%②。旁观者冷漠常常具有一种集体性的扩散效应和极强的传染力,对道德的存在和成长具有很大的腐蚀性和破坏力。

4. 怨恨心态与道德感恩意识弱化

近年来,在我们的社会生活中,弥漫着各种各样的抱怨、怨恨和仇视。失利者抱怨权益受到侵害,既得利益者抱怨权益得不到保障,无直接利益冲突或非直接利益冲突频发,"羡慕、嫉妒、恨"成为流行语,"仇富、仇官"成为群体情绪,"焦虑郁闷易怒"成为公众性格特质,"动辄开骂"成为大众习惯。社会各个群体或阶层似乎都处于抱怨和相互仇视中,怨恨已成为一种普遍性和弥散性的社会心态。《人民论坛》2011年6月推出题为"怨恨心理解救"的系列文章。文章指出,动辄开骂的不良情绪在网络及民间舆论场上的传导与扩散,反映了人们的"压抑"情绪,折射出部分人心底的"怨恨"③。

---

① 郑也夫:《走向杀熟之路》,载郑也夫等《中国社会中的信任》,中国城市出版社2003年版,第263—290页。
② 樊浩等:《中国伦理道德报告》,中国社会科学出版社2012年版,第20、22页。
③ 人民论坛"特别策划"组:《怨恨心理解救》,《人民论坛》2011年第10期。

在语义上,"怨"即因委屈、压抑而不快或不满;"恨"即因不快、不满而憎恶或仇视。"怨"者必有"恨","怨"与"恨"有不解之源。"怨恨"即因委屈、压抑、伤感、抑郁而痛恨、仇恨、憎恨等。怨恨具有一种持续集聚、蓄积于心的内指性和内敛性。怨恨的形成有诸多原因,或源于个体的需要及其满足的有限性,或源于个体的过度欲望及其被遏止,或源于个体的自我中心主义,或源于客观环境的不公正等。在心理学意义上,怨恨缘起于心理或精神的受伤害感(这种受伤害感可能是一个客观事实,也可能只是个体的一种"主观认定或虚幻想象"),没有心理或精神的受伤害感,怨恨难以滋生。但是,由于主客观方面的原因,被伤害者客观上无力回击伤害者,或无法消解这种受伤害感,他只能委屈、隐忍或埋怨。积怨既久,便生恨意。在社会学意义上,由于个体在社会中的角色、身份、地位与其自身的"主观定位"不相符(这种"不相符"可能源于个体的自我中心主义,也可能源于社会环境的不公正),在这种社会性生存价值的比较中,个体会产生一种社会生存无力感。怨恨心态便在这种"社会生存无力感"中形成。尼采说:"怨恨发自一些人,他们不能通过采取行动做出直接反应,而只能以一种想象中的报复得到补偿。"①

德国思想家舍勒把"怨恨"作为基本范式,用以解析现代社会道德价值的根源及现代道德精神的特质。他认为,在西方,现代人的怨恨,最初来自于宗教-形而上学的绝望感,但根本上则源于在由传统社会转向现代社会的进程中现代人所形成的不公平感、受伤害感、压抑感、无力感等生存性的情感体验或心理感知状态。怨恨造就了现代人的精神气质和道德人格,即"怨恨情结"和"怨恨人格"。就其本质而言,"怨恨是一种有明确的前因后果的心灵自我毒害。这种自我毒害有一种持久的心态,它是因强抑某种情感波动和情绪激动,使其不得发泄而产生的情态;这种'强抑'的隐忍力通过系统训练而养成。其实,情感波动、情绪激动是正常的,属于人之天性的基本成分。这种自我毒害产生出某些

---

① 转引自刘小枫选编《舍勒选集》下,上海三联书店1999年版,第399页。

持久的情态，形成确定样式的价值错觉和与此价值错觉相应的价值判断"①。在舍勒看来，作为一种情感体验或心理感知状态，"怨恨"主要表现为报复感和报复冲动、仇恨、恶意、嫉妒、阴险等。

舍勒认为，与传统社会相比，现代社会更容易滋生"怨恨"心态。因为，在前现代社会，"每个人都只在他的等级的范围内攀比……在这样的历史时期，上帝或天命给予的'位置'使每个人都觉得自己的位置是'安置好的'，他必须在给自己安定的位置上履行自己的特别义务，这类观念处处支配着所有的生活关系。他的自我价值感和他的要求都只是在这一位置的价值的内部打转"。在现代社会，"实事性的职份及其价值的观念，原则上要在所有人之间的态度基础上才会展开；这态度便是希求更多、更大存在的愿望。于是，每一个'位置'都变成这场普遍追逐中的一个暂时的起点"②。同时，在现代社会，"随着实际权力、实际资产和实际修养出现极大差异，某种平等的政治权利和其他权利（确切地说是受到社会承认的、形式上的社会平等权利）便会不胫而行。在这一社会中，人人都有'权利'与别人相比，然而'事实上又不能相比'。即使撇开个人的品格和经历不谈，这种社会结构也必然会积聚强烈的怨恨"③。

当前，在我国社会生活中，由于存在贫富差距拉大、社会发展失衡、社会阶层断裂、利益格局相对固化、个人上升空间被挤压、社会救助乏力等，导致各种社会排斥现象的发生，使许多人找不到出路，看不到希望，从而产生一种压抑、郁闷的情绪，产生不公平感、受伤害感、被剥夺感等心理，进而形成一种"怨"的情绪状态。如果不能有效化解这种不公平感、受伤害感和被剥夺感等，积"怨"难平，人们的"怨"的情绪状态便会转向"恨"的心理状态，形成一种"怨恨"心态。这种心态的长期积聚很可能会使一个人最终"残酷"地去报复他人和社会。2013年6月7日发生的厦门公交车纵火案致47人死亡、34人受伤，纵火案嫌犯陈水总，被警方称为"因生活不如意，悲观厌世而泄愤"的人。国内

---

① 刘小枫选编：《舍勒选集》上，上海三联书店1999年版，第401页。
② 同上书，第412—413页。
③ 同上书，第406页。

多家媒体通过采访报道拼凑了陈水总的人生碎片，其关键词包括：贫困、孤僻、沉默、古怪、爱找碴、不被重视、人际关系紧张（他曾一天拨打9次110投诉邻居）等，以及被广泛提及的直接诱因：陈水总因外出打工，低保被取消，年龄被派出所弄错，过了60岁仍办不了社保医保，长达数月的上访无济于事。

在实际生活中，由于人的主观期望及其满足的有限性，相对剥夺感以及由此滋生的"怨恨"心态，往往会成为一种普遍的社会心态。现在，不少人有一种"受害者心态"，有一种弱势心态或"自我弱势想象"。据调查，认为自己是弱势群体的，党政干部受访者达45.1%，公司白领受访者达57.8%，知识分子受访者达55.4%①。作为2012年度最热的网络流行语之一，"屌丝"（指出身卑微、相貌丑陋、收入微薄的男青年，与"高富帅"相对）一词被当代中国青年争相认领，反映了当代中国青年对于社会不合理现状及自身窘境的改变的无力感②，也折射出青年的一种或许被放大了的普遍性的"自我弱势想象"。"弱势"心态会诱发各种抱怨和怨恨。一些人总是站在受害者立场，带着一种受害情绪，看待社会问题和参与社会问题的讨论，总是习惯性地把自己想象成一个受害者、一个易被侵犯的弱者，总是倾向于认为，其个人社会地位与其对社会的贡献相比偏低。有数据显示，在我国，近一半的公众认为与周围的人相比，自己的社会地位偏低。公众相当广泛地存在着对先富者的致富手段的正当性与合法性的怀疑心理，认为他们实际上都是靠钻法律、政策的空子，靠偷税漏税、违法乱纪先富起来的，形成"妒富"或"仇富"心理。这种"受害者心态"，在社会中生成了一种怨恨情绪。生活在怨恨中的人，心灵永远不安宁。世上没有什么会让他感到满意，他对世界心灰意冷，甚至满怀敌意。

怨恨心态会减弱、遮蔽甚至泯灭人的感恩意识。近年来，我们的感恩意识出现了一些问题，也因此使感恩问题成为社会各界和学者关注的热点话题之一。现在，"端起饭碗来吃肉，放下筷子骂娘"，成为一种普

---

① 人民论坛"特别策划"组：《"弱势心态"蔓延》，《人民论坛》2010年第12期。
② 侯丽羽：《从"屌丝"流行看当代青年的社会心态》，《当代青年研究》2013年第1期。

遍的社会心态。不少人无偿索取意识强烈，感恩图报意识淡薄。一些人面对父母的哺养之恩，只知被爱，不知回报，孝心和赡养观念在许多人的心目中大打折扣；一些人享受着别人带给自己的快乐，只知索取，不知奉献；一些人在处理人际关系中唯"我"为中心，只知受惠，不知回馈；一些人视国家、社会给予的关爱为理所当然，只知接受，不知责任；更有人忘恩负义，以怨报德。

感恩意识有助于消除怨恨心态。"百善孝为先""滴水之恩，当涌泉相报""知恩不报非君子""吃水不忘挖井人"，这些传统格言教诲人们，当我们受人恩惠时一定别忘了感恩。感恩就是对别人所给予的帮助表示感激，就是对他人的帮助和恩惠给予回报或回馈。感恩是一个人应具备的美德，感恩既表现为一种知恩、尊恩、敬恩的感恩意识，即意识到自己所获得的一切，除了自己的努力，还有许多人的支持、帮助和奉献；更表现为一种强烈报恩的感恩行动。拥有感恩意识，说明一个人对自己与他人和社会的关系有着正确的认识；实施感恩行动，则是一个人基于感恩意识而产生的一种责任。感恩源于心理和精神的满足，源于对人和世界的良好心态。感恩能使人少些抱怨，多些宽厚，少些仇恨，多些友善，少些对抗，多些和谐，促进人与人之间的相互信任、相互理解、相互尊重，有利于良好人际关系的形成。

第七章　自由的生态哲学视界

控制、支配和改造自然，是现代自由观念的内核。这种意义的自由，被悬设为现代文明的最高目标之一。现代科学技术的发展和现代市场经济模式，一方面提升了人类认识和改造自然的水平，加快了人的自由进程，提高了人的自由能力；但另一方面也塑造了人类对自然界的功利主义态度和"控制自然"的心态，这种态度和心态，通过资本逻辑的推动，形成对自然的过度开发和改造，使人和自然之间关系高度紧张，导致生态危机。生态危机是自然危机，更是社会危机、人性危机和自由危机。

一　自然、自由与生态文明

在现代性文明模式中，自由与自然总体上是二元的、疏离的，甚至是对抗的。人类今天所遭遇的生态危机，在显层面呈现为一种自然危机，但在深层面则表现为一种自由危机。我们所致力的生态文明建设，可以说既是一种新自然观的重塑，更是一种新自由观的重构。

1. "自然"拒斥"自由"："自然中心主义"生态思潮的一个偏颇

在20世纪不断兴起的各种生态思潮中，动物中心主义、生物平等主义、生态中心主义、深层生态主义、生态无政府主义、生态原教旨主义等，是一些颇有影响的流派。这些流派具有"家族相似性"，它们都极力批判"人类中心主义"，具有极强的"自然中心主义"倾向。它们都不同程度地秉承后现代主义消解主体性、敌视理性、拒斥现代性等理念，不加区别地批判任何形式的"人类中心论"，崇拜"原始自然"或"荒野"，质疑乃至否定现代科技和工业文明及其所创造的一切，要求人类"回到自然去"。生态原教旨主义更是提出"反主体、反生产、反技术、反政府"的消极保守的生态观。

"自然中心主义"思潮试图克服现代性自然观存在的人与自然二分的特质，挑战有关人类相对于自然的独立性和优越性的观念，认为生态危机根源于现代性的二元论、还原论、功利论等实践态度和实践方式，提出自然内在价值论、自然共同体和谐论、物种平等论、动物权利论、动物解放论等。其中，温和者主张把人和其他非人存在物放在同等的价值位阶，给予同等的价值确认和伦理关怀；激进者则要求消解"以人为中心"的观念，把非人存在物置于高于人的价值位阶，要求用"自然本位"或"生态本位"取代"人类本位"，把维护生态平衡作为环境保护与生态运动的最高信念和准则。

早在1920年代就提出生命伦理学基本理念的德国思想家阿尔贝特·施韦泽（一直到1965年去世）反复强调，生命没有高低贵贱之分，一切生命都是神圣的。美国哲学家奥尔多·利奥波德于1930年代首创"大地伦理"，强调人只是自然界的普通一员，要求把"权利"概念扩展到自然界的实体和过程，赋权自然万物。1975年，英国学者彼得·辛格出版《动物解放》一书，提出"动物解放"口号，把动物解放视为20世纪继和平运动、反种族运动、妇女运动等之后的新解放运动。他认为，用智力或理性等特征来划分人与其他生存物的界线，是一种武断的做法。在他看来，感觉能力是关系其他生存物的利益的唯一可靠的界限，感受苦乐的能力是一个存在物获得道德权利的根本特征。基于此，辛格于1993年以美国独立宣言的风格撰写了一篇《关于大猩猩的宣言》，要求给黑猩猩、猩猩和大猩猩以"生存权利""保护它们的自由"。1986年美国环境学家保罗·沃尔夫·泰勒出版《尊重自然：一种环境伦理学理论》一书，建构了一种生物中心论的伦理学体系，强调人不应限制和干涉生物有机体追求自身目的和实现自身"善"的自由。1987年，美国学者罗德里克·纳什在《大自然的权利》一书中肯定并重申马尔库塞在1960年代提出的"解放大自然"的口号，要求赋予所有自然物以权利。1995年，美国学者霍尔姆斯·罗尔斯顿出版《哲学走向荒野》，主张所有生命形式从其"内在价值"看都是平等的，提出"哲学的荒野转向"：要求突破仅仅从利用自然的角度研究自然的西方主流范式，从欣赏自然的野性、自然自发的再生力量和自然的美等角度去研究自然。20 世纪末期，美国学者托马斯·柏励在《伟大的事业》（1999）等论著中提出"生态纪"思想，强调人是主体，宇宙、地球及万物也是主体；人有目的性，宇宙、地球及万物也有目的性；科学和技术不仅仅属于人类，宇宙、地球及动植物也有各自的"科学"和"技术"；等等。

"自然中心主义"者要求让自然自主地延续，避免对自然做人类生存与生活所必需以外的任何改变。这种"为自然而自然""为环保而环保"的极端主张，显然忽视了现实的人及其与生态文明的内在关联性。美国学者默里·布克金把这种"自然中心主义"生态学称为"神秘生态学"①，因为这种生态学思潮力图通过复活万物有灵论、大地女神崇拜、自然神秘直觉等，不加选择地使用"神圣"一词来指称自然现象，意图达到对"自然"的"重新神圣化"或"神秘化"，把人类视为一种物种进化的异常产物，甚至认为人类是生物圈中的一种"癌变"，贬低、排斥甚至否定人的一切创造性行为的价值和意义，坚执各种神话、隐喻甚至宗教仪式等神秘主义的自然习俗和自然信念，偏爱一种前技术时代的原始简朴生活，崇尚一种"回到自然"的犬儒式生活。这种"神秘生态学"难免走向一种文明虚无主义。挪威哲学家阿伦·奈斯等提出的"深生态"思想，把一种源于斯宾诺莎的自然神论、印度佛教的自我论等，作为其立论根据，认为个体意识的转变和生态自我的建构是解决生态问题的根本。英国生态社会主义代表人物大卫·佩珀批评道，说得好一点，深生态学在政治上是天真的；说得坏一点，深生态学在政治上是反动的。② 这个批评适宜于一切"自然中心主义"生态思潮。这是因为，包括深生态学在内的"自然中心主义"生态思潮犯了"自然主义谬误"，把"自然（是）"等同于"自由（应该）"，实际上是以"自然"拒斥"自由"，从而将生态运动引入一种自然崇拜或神秘的个人直觉崇拜，忽视了生态危机背后的社会问题，使生态文明建设偏离现实的实践轨道。如

---

① ［美］默里·布克金：《自由生态学：等级制的出现与消解》，郇庆治译，山东大学出版社 2012 年版，第 3 页。

② ［英］Pepper David. *Modern Environmentalism: An Introduction*, New York: Routledge, 1996, p. 29.

果否认人在生态文明中的主体地位，拒斥人的自由创造性，无视生态危机的社会根源，那就从根本上否定了生态文明建设的必要性、重要性与现实性。

2."自由"殖民"自然"：西方现代性文明的一个悖谬

"自然中心主义"以"自然"拒斥"自由"，是对西方现代性文明所内蕴的"自由"殖民"自然"的特性的一种激进回应和矫枉过正。在西方，自然在基督教中便开始被降格了。在基督教教义中，上帝创造了万物，主宰和支配自然；人是上帝按照自己的形象来创造的，人的地位仅次于上帝；自然的地位最为低下，受上帝的绝对统治，并被人类直接管制。上帝创世的观念使自然成了一个纯粹的受造物。同时，伊甸园代表着丰饶和善，亚当、夏娃被从伊甸园驱逐到的荒野则代表着一个无序、荒凉和罪恶的自然，这种自然应被征服和开垦。这种作为"受造物"和荒野的自然，成为西方现代性进程中自然观念的原点和原型。但就现实性而言，科学技术、大工业、资本、自由市场等，才是现代文明"殖民"自然的一些最主要的引擎和推进器。

在近代西方，自然由上帝的创造物转变为一种"自然法"，即万事万物不证自明的规则和秩序。英国化学家罗伯特·波义耳认为，自然法中的"法"，严格地说，是"一种表意的东西，有智慧的、自由的主体必须根据它来调整自己的行为"，这种主体，它们自己能够"调整对自己力量的运用"①。在近代西方，首先出现了一种道德的或法理的"自然法"学说，它衍生出一种基于"自然状态"和"契约"的关于个人自由的"自然权利论"。这种道德的或法理的"自然法"具有规范性特质，内含自然主义义务和命令。这种道德的或法理的"自然法"成为挑战神学或封建等级制度的思想武器，因为自由是这种自然法的首要观念，自由被界定为"天赋权利"。荷兰思想家胡果·格劳修斯首先改造了古典自然法，使自然法脱离了与宗教权威的关联，强调自然法来自于权利，强调自然的自治。他说："即使与我们的信仰相左，天主不存在，仍然存在何为正当

---

① [美]弗朗西斯·奥克利：《自然法、自然法则、自然权利——观念史中的连续与中断》，王涛等译，商务印书馆2015年版，第34页。

和何为错误的自然法。"① 霍布斯把自然法奠基于作为人的首要本性的"自我保全",自由被确立为人的自然,被视为人的最基本的自然权利。洛克则从人的理性、良心、世界的恰当建构、社会交往和联盟、善恶观念的存在等五个方面论证自然法的存在根据②,他将自由分为自然自由和社会自由,所谓自然自由,就是只以自然法作为准绳的自由③。作为个人的自由和权利之根据的道德的或法理的"自然法",凸显了一种颇具神圣性和崇高性的自然观念。从自然到自由,成为近代西方政治哲学证成自由与权利的基本路径之一。16 世纪盛行有机论的社会模型和国家模型,人体、蜜蜂、蚂蚁等成为社会与国家的摹本和范型。问世于 17 世纪早期的《太阳城》(1602)和《基督城》(1619),都把自然提升到神性工匠的地位,置人于自然之中,试图建立一个基于有机自然观的理想社会,反映了底层社会成员的一种基于人与自然和谐而谋求平等与共享的愿景。

但是,17 世纪中后期以降,一种被用来描述物理世界运动规律的"科学自然法"日益成为主流,并居主导地位。在这种"科学自然法"中,自然不再被认为能够按照它的内在法则而运动,相反,自然运动是由外部施加的,是人为的结果。在"科学革命"中,尤其是在力学和数学的内在进步中,自然被客体化和机械化。古典的有机自然被近代的机械的、可量化的并可被转化为数学表达的自然所取代,自然成为"物"的集合体,成为一架"机器"。对自然的征服和统治,获得了合理性与合法性,也成为现代世界的核心观念之一。培根"知识就是力量"的口号唤醒和开启了人类理性对自然的征服欲,他的《新工具》和《新大西岛》则成为现代文明控制、支配和改造自然的宣言书。笛卡尔创设了一种人-自然二元对立的实体学说,奠定了现代自然观念的形上根据。笛卡尔以后,"立法"成为自然哲学的核心理念之一。洛克关于自然物体"两种性质"的思想,在贝克莱那里被转换为"物是观念的集合"和"存在就是被感知"。休谟据此进一步提出因果律只是人的联想或想象,是人的

---

① [法]耶夫·西蒙:《自然法传统——一位哲学家的反思》,杨天江译,商务印书馆 2016 年版,第 75 页。
② [英]洛克:《自然法论文集》,李季璇译,商务印书馆 2014 年版,第 6—11 页。
③ [英]洛克:《政府论》下篇,叶启芳、瞿菊农译,商务印书馆 2011 年版,第 15 页。

观念的建构。康德通过认识论的"哥白尼革命",明确提出"人为自然立法",强调自然界的最高立法在人的心中,在人的理智中,理智规定自然界。康德将自然因果性与自由因果性视为可以设想的两种因果模式。自然因果性适用于现象界,自由因果性则属于本体界。在现象界,自然以其因果必然性拒斥自由;在本体界,自由以其先验绝对性拒斥自然。因而,自然与自由是不可能同时并存的。费希特用内含敌意性、对抗性意蕴的"对象"概念指称自然,而作为"对象"的自然,只是"自我"确证自己的创造性和自由的必不可少的一个中介。在黑格尔那里,自然在时间上具有优先性,但是从本体论意义上说,理念则是绝对在先的,自然不过是理念自我实现必经的沉沦于物的异己化客观环节。当绝对理念发展到一定阶段,"自然便逐渐消除一切自然规定性,从而转化成作为比自己更真理的精神"[①]。作为"自然"之否定的精神,其最高规定是自由。

在现代性文明中,自由对自然的"殖民",通过精神对物质的超越、思维对存在的建构、灵魂对肉体的操纵、理性对感性的疏离、文化对自然的僭越、资本对人性的遮蔽等不同形式,得以全面呈现和不断强化。在现代性进程中,"理性从现实的一种内在特征向一种有效控制技术的退化,带来了客观理性自身的消解。客观理性的来源——尤其是客观现实本身,降低为仅仅是工具理性借以显示其力量的物质基础。科学与技术一起,使整个宇宙变成了一个僵硬的技术殖民与控制的领域。通过使人类像自然一样客体化,工具理性将取代充满意义的现实变成了它胜利的目标。结果,手段不仅变成了目的,而且目的本身被简约为机器。支配与自由在一个征服自然与人类的统一过程中,变成了可以互换的术语——其中每一个都被用来证明一个对另一个控制的合法性的借口"[②]。我们看到,理性、科学和技术这些一直被视为实现人类自由的三个伟大工具,在其历史发展中走向悖谬之境:"理性变成了理性主义,一种适用于对人类与自然进行复杂控制的冰冷逻辑;科学变成了科学主义,一种把世界视为

---

① [德]黑格尔:《自然哲学》,梁志学等译,商务印书馆1980年版,第18页。
② [美]默里·布克金:《自由生态学:等级制的出现与消解》,郇庆治译,山东大学出版社2012年版,第267页。

伦理中立的、从根本上说是被操纵的机械化体系的意识形态;技术变成了现代技术,一种用于证实那接受过技术化训练的、在很大程度上是官僚化精英的权威的强大工具系统。这些把自由从一个教权的与神秘化世界包围中拯救出来的'手段',现在已显示了其可能妨碍自由的黑色一面——事实上,它们削弱了理性、科学和技术曾经推动的一个自由社会与人类自由心灵的前景。"①

更为重要的是,科学技术与工业的日益结合,使自然的观念在实践领域发生了更为根本的变化。控制、支配和改造自然,成为人类实践尤其是工业资本主义实践的根本原则。资本主义生产方式以"人对自然的支配为前提",将自然变成生产的物质资源,变成物质生产力的一个抽象要素。资本主义对自然的支配,是通过资本逻辑和自由市场逻辑而实现的。以资本和市场为基础的生产,"创造出一个普遍利用自然属性和人的属性的体系,创造出一个普遍有用性的体系,甚至科学也同一切物质的和精神的属性一样,表现为这个普遍有用性体系的体现者,而在这个社会生产和交换的范围之外,再也没有什么东西表现为自在的更高的东西,表现为自为的合理的东西"②。自然界被商品化和资本化。由资本和市场驱动的生产,以及由此滋生的现代消费主义,不断要求人在极限意义上去"探索整个自然界,以便发现物的新的有用属性……采用新的方式(人工的)加工自然物,以便赋予它们以新的使用价值。要从一切方面去探索地球,以便发现新的有用物体和原有物体的新的使用属性"③。在这种生产方式中,自然界"不再被认为是自为的力量;而对自然界的独立规律的理论认识本身不过表现为狡猾,其目的是使自然界(不管是作为消费品,还是作为生产资料)服从于人的需要"④。于是,实现功利最大化,成为人类处理自身与自然的关系的最高原则;谋求实用性,成为检验自然价值的最高标准;围绕资源开发和财富积累而展开的自由竞争,

---

① [美]默里·布克金:《自由生态学:等级制的出现与消解》,郇庆治译,山东大学出版社2012年版,第262—263页。
② 《马克思恩格斯文集》第8卷,人民出版社2009年版,第90页。
③ 同上书,第89—90页。
④ 同上书,第90—91页。

被尊崇为自由的终极形式。

3."自由"与"自然"的会通：古典思想的一个生态意蕴

在西方，自由一词最初写为"阿玛吉（amargi）"，其字面意思是"回归母亲"。至于为什么用这一比喻用来指称"自由"，我们无从知晓。但从那以后，"自由"保持了作为一种"回归母亲"的渴望的规定或特性。"自由"也许意指对原始的有机社会中母权至上的环境的回归，也许是对被视为一个富足丰满母亲的自然的回归。① 自由即自然，自然即自由，自由与自然的相涵融通、相生互动，是中西方古典思想的基本观点。

在古典思想中，"自然"被释义为涌现、显现、本性等，自然主要不是指实体或物本身，而是指实体或物所呈现出来的生成、运动、变化和发展的内在本性或必然性。在古希腊语境中，"自然"来源于"生长"这个词。自然就是生长，是事物生成与发展的根源，自然即事物按自身的本性充分显现自身。就人而言，自然即人的内在本性或内在冲动；就物而言，自然即事物变化发展的创生力或规约力，是事物的本质、秩序和形式。亚里士多德认为，自然指实体、物性和本质，它们与生长、活动、运动和发展有着内在联系。自然是一种存在方式，它通过不断的生成而展现自身。亚里士多德在《物理学》中指出："自然一词具有两层含义，一是当作质料，一是当作形式，形式就是目的。"形式是自然的内在本性或本质，是自然之所以成为自然的内在根据；质料是自然运动的载体，自然本性通过质料而显现自己。"所谓自然就是最初以自身而非偶然地依存于事物的运动和静止的某种本原和原因"②。中国古典思想也有同样的自然观念。"生"是中国古典思想的主题。"生"即生命创造。《周易·系辞》强调"天地之大德曰生"，道家力主"道生万物"，儒家倡言"天生万物"，都旨在强调自然界是一个不断生长、生成、发育的过程，是在不断的生命创造中存在的，是一个不断创造生命的有机体。《易传·系辞上》曰："日新之谓盛德，生生之谓易"。"易"即自然万物运动变化之

---

① ［美］默里·布克金：《自由生态学：等级制的出现与消解》，郇庆治译，山东大学出版社2012年版，第156—157页。

② 苗力田：《古希腊哲学》，中国人民大学出版社1989年版，第426、415页。

道，其根本特质是"生"。汉代王充《论衡》中的《自然篇》专论"自然"。他写道："天地合气，万物自生……天动不欲以生物，则物自生，此则自然也。"① 天地生成万物都是自然而然的，是无为的。自然是生生不息的，而生生不息的自然状态即"生态"。

在古希腊思想中，自然是一个包括人与万物在内的有机体，自然充满目的性甚至神性。自然是有机的，它有自己的目的和定局。人与自然的关系是人与高于自己的"目的"的关系，自然高于人为，自然是人的目的，"符合自然"一切人造物的目的论指向，一切技艺都是对自然的"模仿"。因而，古希腊人更崇尚"自然艺术"，如农耕、畜牧和医药等。这些活动之所以是"自然的"，是因为其与自然变化及其秩序具有一致性。人只有通过对自然的模仿，才能"参与"到永恒的自然中。"自然"对人而言既是根源性的，是人的最原始本真的存在状态；又是目的性的，是人的生命活动的归宿。从这个意义上说，"自然"概念具有规范性特征，自然是人的一切行动的根本条件和最终根据。如上所述，古典自然观念的这一特征，成为近代早期自然法思想的渊源。古希腊思想在自然视域中探讨自由问题，断言自然是一切存在物的原因，是超越的自由存在。在古希腊，自由的原始意义与自然的原始含义相关，自由即按照自然本性而行动。晚期希腊斯多葛学派潜心于从自然中寻求个人幸福和安身立命之本，强调善就是以一种顺从自然的方式生活。

在中国古典思想中，"自然"与"自由"的交汇和融通始于并集中呈现于道家思想。在老庄哲学中，自然是事物自身的存在方式与实现自己的过程。"自然"包含两层含义：一是自在，即自己独立存在，不仰仗他物；二是自为，自己就是行动，就是目的，自己成就自己。在老庄看来，自然与自由本身都不是实体或物，它们都只是实体或物的存在方式或状态，自然表达的是实体或物的存在方式和过程，自由表达的是实体或物的存在样式和状态。当自然表示必然关系时，自然未必就是自由的。因为有两种自然的东西：一是作为自然的道，它是自在与自为的，因而是超越的、自由的；二是作为自然的物（包括人），它是被决定的，因而不

---

① 王充：《论衡校注》，张宗祥校注，上海古籍出版社2013年版，第264—265页。

是自由的①。但是，在"人法地，地法天，天法道，道法自然"的视域中，自由显现于体道、识道、悟道、得道的过程中，体现为对作为自然的道的体验、认知、参悟和把握，而这样的自由本身就是自然。作为中国古典思想主题的"生"的哲学，不只是从自然观上讨论自然界的生命现象，而是着眼于"天人关系"，从人与自然的有机关系揭示人的生命及其意义，从而形成了作为中国古典思想主题的"心性之学""性理之学"等。人不能脱离自然的生生之"德"而存在，世界的本源（道或天）与自然万物（包括人）之间呈现为一种生成关系，这种生成表现为生命的创造，表现为生命意义上的人与自然的和谐，这种和谐即自由，它体现为老子的"人法地，地法天，天法道，道法自然"、庄子的"天地与我并生，万物与我唯一"、儒家的"赞天地之化育，则可以与天地参也"等等。

4. 追求"自然自由"：生态文明建设的一个愿景

生态危机凸显了人与自然关系的失衡，反映了人在自然面前的不自由状态。从这个意义上说，生态危机本质上是人的自由危机。正是在这个意义上，有学者强调，从征服自然的自由走向生态自由，是生态文明建设的必由之路②。但是，"自然自由"概念较之"生态自由"概念，可能更精准、更适宜。这不仅是因为"自然自由"这一概念在近现代相关学术思想谱系中被广泛运用和阐述，更因为这一概念能够更精确表达和恰当呈现自然与自由的内在关联性。所谓自然自由，是指自由与自然的相涵融通与相生互动，既意味着自然是自由的，更蕴含着自由是自然的，体现为自然的自由性与自由的自然性的统一。

在最一般意义上，自然自由意味着自然的内在的自我发展，意味着自然的自组织性和有序演化。康德早在 18 世纪就认识到从混沌到有序是自然界自身演化所固有的本性。他在《一般自然史与天体理论》（1755年）一书中写道："从物质彻底的分离和分散中能够完全自然而然地发展出一个美好的、井然有序的整体。这种情况之所以发生，并不是由于一种巧合和偶然，相反可以看到，大自然的特性必然造成这种状况。"因

---

① 李大华：《自然与自由——庄子哲学研究》，商务印书馆 2013 年版，第 290—297 页。
② 曹孟勤、黄翠新：《论生态自由》，上海三联书店 2014 年版，第 1 页。

为，自然具有"一种从混沌中自行形成完善的世界状态"的"完美设计的自由"潜质①。也是在这个意义上，黑格尔强调，应"把自然看做在其特有的生命活动内是自由的""精神的无限自由也允许自然界有自由"。所谓让自然界自由，是"让事物听其自然，自由地在其自身规定自己"②。20世纪的系统论、控制论、信息论以及耗散结构论、协同论、突变伦等表明，通过不断与外界交换物质、能量和信息，自然系统能够从混沌无序的状态转变为一种在时间、空间或功能上的有序结构。20世纪晚期，美国生态学家默里·布克金指出："自然向不断复杂形式进化所包含的独特重要性是，它由此进入一个主体性本身的历史"。这种主体性表现为，"在其组织的每一个层面上以及其所有的具体形式中，物质都能动地发生作用以维持其身份、平衡、丰产和在一个既定现象组合中的位置"③。布克金据此确认自然隐含着"萌芽状态的自由"。当隐含了"萌芽状态的自由"的生物界的第一自然与人造自然即第二自然相互融合后，就可以形成一种富有整体性的自然，他称这种自然为"自由的自然"。

但是，从根本上说，自然自由根源于人类的实践活动，表现为自然的人化或人化的自然。自然自由本质上是"自然界对人来说的生成"，这种生成使自然界成为"人的无机的身体"，成为人的"家"。"生态"一词源于古希腊字"Oikos"，原意为房子、家或者我们的环境。就本质而言，"家"绝不仅仅是指一座房子或一些家具，也不仅仅是指有一些人聚在一起。"家"是物与人的统一，是人、房子、生活设施以及适宜环境等诸多因素的有机统一。勃兴于20世纪的生态学，"恢复了'自然'概念的崇高地位，使人生根于自然。自然不再是无序、被动、无定形的环境，它是复杂的整体。人对于这个复杂的整体不再是封闭的实体，而是一个开放系统，以组织形态上的自主—依存的关系处于生态系统的内部"④。

---

① 李秋零主编：《康德著作全集》第1卷，中国人民大学出版社2003年版，第223—225页。
② ［德］黑格尔：《自然哲学》，梁志学等译，商务印书馆1980年版，第8、617、18页。
③ ［美］默里·布克金：《自由生态学：等级制的出现与消解》，郇庆治译，山东大学出版社2012年版，第270页。
④ ［法］埃德加·莫兰：《迷失的范式：人性研究》，陈一壮译，北京大学出版社1999年版，第14页。

美国学者霍尔姆斯·罗尔斯顿指出:"当生态学成为关于人类的生态学时,就把人类安置于他们的Oikos——他们的'家'的逻辑之中。"① 晚期海德格尔把大地和自然抬高到"存在"的高度,其意图在于强调人和自然的和谐相处,这样才能使人"诗意地居住"。在海德格尔看来,"居住"并不仅仅是住下来,而是要爱护、营造和扩展一个生命空间,使这个空间里的存在物能够与人一起得以展现、成长和完善。因而,存在本身是一个"敞开域",人则是打开这个"敞开域"的"可敞开者"。而"向着敞开域的可敞开者的自由让存在者成其所是。于是,自由便自行揭示为让存在者存在"。自由不能被归结为任意的行动和对他者的压迫和控制,更不在于控制和征服自然,而是参与到自然本身的"可敞开性"过程中,这种参与过程是一个"解蔽"的过程。因而,自由即解蔽。"自由的本质显示自身为进入存在者之被解蔽状态的展开。"② 自由主体的行为应该保持开放的状态,实现与它所对待的东西相协调,并协调存在者整体。

自然自由意味着人类与自然的和解。这种和解体现为自然的人的本质与人的自然本质的统一。在《1844年经济学哲学手稿》中,马克思把人与自然的关系作为探究人的类本质的起点,提出了"人的自然本质"和"自然界的人的本质"的概念。马克思认为,能动的创造性是人的本质,但人的能动性是一种"受动性"的能动性。一方面,人能最大限度地把自然界的属性和规律"同化"于自身,使自然界的丰富属性转换为人自身的内在特质;另一方面,人能够"再生产整个自然界",把自身的本质力量"对象化"到自然界中去,使自在的自然界转化为合乎人的目的的、属人的、人化的自然界。马克思揭示了人与自然的一体性关系,以自然来规定人的本质,又以人来规定自然的本质,消解了把人与自然抽象化为两个实体的弊端,自然的历史和人的历史在这里达到统一,并进入同一个进程,从而达到马克思所说的,"社会是人同自然界的完成了的本质的统一,是自然界的真正复活,是人的实现了的自然主义和自然

---

① [美]霍尔姆斯·罗尔斯顿:《哲学走向荒野》,刘耳、叶平译,吉林人民出版社2000年版,第18页。
② [德]马丁·海德格尔:《路标》,孙周兴译,商务印书馆2000年版,第216—217页。

界的实现了的人道主义"①。这里，自然界不再在狭隘的功利性或实用性意义上被理解，不再仅仅作为被无限利用和榨取的"资源"，而是被视为人的存在的"根源"。由此，自然界全部的丰富性得以显现，人像对待自己生命的丰富性一样对待自然界的丰富性。20世纪60年代，马尔库塞把自然列入应获得自由的主体行列，提出"自然的解放"的命题。他指出，对人的统治是通过对自然的统治来实现的，人的解放依赖于自然的解放；只有使自然得到解放，让它自由发展，人自身的自由和解放才有可能。

马克思指出："环境的改变和人的活动的一致，只能被看做是并合理地理解为革命的实践。"② 所谓"革命的实践"，在人类生态学意义上是指，人类必须"合理地调节他们和自然之间的物质变换，把它置于他们的共同控制之下，而不让它作为盲目的力量来统治自己；靠消耗最小的力量，在最无愧于和最适合于他们的人类本性的条件下来进行这种物质变换"③。在其现实性上，由于各种原因尤其是人为的因素，如人口增长、人的需要无限膨胀、生产模式的内在缺陷、技术的过渡干预等等，人与自然的物质变换会出现裂缝、断裂甚至对抗，从而产生各种"生态危机"。合理调节人与自然界之间的物质变换的思想，与现代生态学的理念是相互契合、内在一致的。人与自然之间的物质变换过程，在生态意义上，不是单向的征服与被征服的过程，而是物质、能量和信息的双向交换过程。通过合理的物质变换，人与自然达致统一与和谐。因此，作为"革命的实践"的人与自然之间的合理的物质变换，是实现"人类与自然的和解"的基本途径。这种"和解"是"自然自由"的根本标志，是生态文明建设的根本价值指向。

二 "人的自然本质"与"自然界的人的本质"的统一

近代以来关于人的理论的主导范式是建立在人与动物、文化与自然

---

① 《马克思恩格斯文集》第1卷，人民出版社2009年版，第187页。
② 同上书，第504页。
③ 《马克思恩格斯文集》第7卷，人民出版社2009年版，第928—929页。

不仅分离而且对立的基础上的，所有不符合这种范式的人学理论都被斥之为"自然主义""生物主义"或"社会达尔文主义"等等。当代法国著名思想家埃德加·莫兰（Edgar Morin）称这种关于人的理论是一种"岛屿似的人类学"①。因为，这种人学理论建构了一个封闭的人学范式，在这种范式中，人失去了与自然的一体性关系，人和人文世界成了一个脱离大自然的"孤岛"。自然界在人文世界中被剥夺了任何自身的内在特质，人们更多地从外在的有用性来理解自然界。对自然界的这种纯粹功利主义的理解，既遮蔽了自然界内涵的丰富性和自然界力量的全面性，也遮蔽了人的本质内涵的丰富性和人的本质力量的全面性。

马克思在《1844年经济学哲学手稿》中提出"人是类存在物"的命题。在马克思看来，作为"类存在物"，人的本质体现在人与自我、人与人、人与自然的关系及其有机统一之中。马克思把人与自然的关系作为探究人的类本质的起点，提出了"人的自然本质"和"自然界的人的本质"的概念，揭示了人与自然的一体性关系，呼吁建立一个人与自然高度和谐的社会。这种社会是"人同自然界的完成了的本质的统一，是自然界的真正复活，是人的实现了的自然主义和自然界的实现了的人道主义"②。

马克思认为，能动的创造性是人的本质，但就人与自然的一体性关系而言，人的能动性是一种"受动性"的能动性，因而，必须辩证地理解人的能动本质。一方面，人能最大限度地把自然界的属性和规律"同化"于自身，使自然界的丰富属性转换为人自身的内在特质。也是在这个意义上，马克思强调指出，人不仅仅是自然存在物，而且是"人的自然存在物"，人必须不断探究和发现"人的自然本质"，自觉地意识到人的能动性本质上是以"人的受动性"为前提的；另一方面，人的能动的创造性本质表现在，人能够"再生产整个自然界"，把自身的本质力量"对象化"到自然界中去，使自在的自然界转化为合乎人的目的的、属人的、人化的自然界。也是在这个意义上，马克思强调指出："自然界，就

---

① ［法］埃德加·莫兰：《迷失的范式：人性研究》，陈一壮译，北京大学出版社1999年版，第6页。
② 《马克思恩格斯文集》第1卷，人民出版社2009年版，第79—80页。

它本身不是人的身体而言,是人的无机的身体。"① 人的能动的创造性本质最终体现在,人不是仅仅把自然界变成人的外在的、有用的"资源库",而是把自然界"变成人的无机的身体"。人必须不断探究和发现"自然界的人的本质",自觉地意识到人对自然界的受动性"是人的一种自我享受"。② 马克思在实践本体论意义上解答人与自然界的辩证关系,揭示了自然界对于人的存在和发展所具有的前提性与根源性意义,阐明了"人的自然本质"与"自然界的人的本质"的内在统一性。

在马克思之前,康德从认识论意义上较为系统、深刻地探究了人与自然界之间的依存关系,揭示了作为"物自体"的自然界对于人的存在和发展所具有的伦理价值意义。康德认为,人只能通过认识形式去认知事物,我们所能认知的事物显然不是物自身而只是事物对我们的表现(即显现出来的形象),物自身则被理性的认识形式和经验隔离在认识之外。正是由于人只能认识事物的"表现"而不能认识"物自身","物自身"才是存在的。但是,物自身尽管不能被认识,但却可以被"思想"。对"物自体"(即存在本身)的"思想"是人类理性的一种超验的形上冲动,这种冲动唯有在以自由为前提的伦理学中才能得到真正满足,或者说,唯有人的道德活动才能使人的理性超越感性界限而达到对"物自体"的"思想"。在康德看来,知识确有价值,但也有局限性,如果无限地夸大理性的认识要求,夸大知识的作用,只能把一切都变成现象并且把人的本性也变成现象。传统哲学在知识论框架中,把超验对象即"物自体"作为认识对象处理,结果建立起来的是一种非人的、机械论的"科学世界观"。康德认为,知识不可能达到超验的东西,真正能够满足人类理性之根本要求的,不是知识而是德性。只有作为新型形而上学的伦理学才能实现人类理性超越感性界限的根本理想。纯粹理性的最终目的乃在于通过人的道德活动来超越经验的界限,以便真正体现人生最深刻的实在,体现对自由、不朽和上帝的向往。所以,从一定意义上说,康德是以不可知论的形式反对人们纯粹认知主义地对待自然界,他要把

---

① [德] 马克思:《1844年经济学哲学手稿》,人民出版社2009年版,第52页。
② 同上书,第82页。

人的理性从科学理性扩展到道德理性，用"德性就是力量"取代"知识就是力量"的口号，从而为人与自然的关系开辟一条非知识论意义的形上伦理维度。康德限制科学知识为人的道德理性和道德自由争取地盘，本质上也是为自然界能够作为一种"自为的力量"而争取地盘。因为，正如新马克思主义代表人物科西克（Karel Kosik）所深刻指出的，"'物自体'不是普通的物；确切说，它根本不是什么物。哲学探讨的'物自体'就是人及其他在宇宙中的位置，换言之：它是人在历史之中揭示的世界总体和存在于世界总体之中的人"①。自然界保持其一定程度的"自为性"，保持其对人来说的"不可知性"（即不可计算性），这是维护人与自然和谐的重要条件。也正是在这个意义上，康德要求人们应该对"在我之上的星空"和"居我心中的道德法则"保持一种"敬仰和敬畏"的态度。因而，可以说，康德的"物自体"思想与马克思"自然界是人的无机的身体"的思想具有共同的生态主义底蕴。

现代西方思想家更多地用"存在"概念来指称自然界、世界、宇宙、万物等等传统哲学概念，把人与自然的关系置换为人与存在的关系。英语中"存在"（being）一词有多种含义，作为一个分词，它兼有名词和动词的特征。作为一个名词，它是各种存在者，即万事万物的名字。作为一个动词，它表示事物"向着……存在"（to-be）。海德格尔认为，全部西方思想史集中于探讨作为名词的存在，即存在着的事物，而遗忘了作为动词的存在，即存在着的事物的存在。也就是说，从一开始，西方人的思想就系留于事物，系留于客体。忽视了"存在着的事物的存在"，实际上也就是否定了自然界所具有的自为本质和"自为力量"。胡塞尔的现象学思想，以及继之而起的存在主义哲学，实际上接续了康德的"物自体"思想，蕴含着深刻的生态智慧。"现象"在希腊文中表示"自行显现"，现象学以"让事物自己说明自己"为目的。存在主义则认为，"假若存在不能在概念中反映出来，那不是由于存在太普遍、太遥远、太微妙而无法设想，而是因为存在太稠密、太具体、太丰富了。"存

---

① ［捷克］卡莱尔·科西克：《具体的辩证法——关于人与世界问题的研究》，傅小平译，社会科学文献出版社1989年版，第153页。

在主义的目的在于告诉人们,"必须把存在从它堕入的遗忘状态中找回来。人必须学会让存在存在,而不是揉搓、打乱它,来使它对我们追求强力的需要作出回答"①。海德格尔晚年思想主要集中于拯救地球和人类未来。他的一些重要概念都是围绕"存在"概念表达出来的,如"人从属于存在""人是存在的看护者""语言是存在的家"等。他的"存在"概念主要是指自然界和大地。现代西方思想家把自然界、宇宙、万物等提高到"存在"的高度,其意图在于强调自然界对于人的存在与发展的本源性意义,强调人与自然的和谐相处。

如果说哲学关于"人是自然界的无机的身体"的论述,更多地是在形上层面展开的,给人更多的是一种"悟性的智慧",那么,现代生态科学对这一问题的阐释则可以说更多的是在形下知识论层面展开的,给人更多的是一种"理性的智慧"。

生态思想古已有之,但作为一门学科的生态学则产生于 20 世纪。生态学"恢复了'自然'概念的崇高地位,使人生根于自然。自然不再是无序、被动、无定形的环境,它是复杂的整体。人对于这个复杂的整体不再是封闭的实体,而是一个开放系统,以组织形态上的自主-依存的关系处于生态系统的内部"②。生态学是一门具体学科,但生态学的整体论自然观和价值观作为反思生态危机、批评机械论自然观和人类中心主义价值观的科学理论依据,是 20 世纪 60 年代以来世界生态运动的最重要思想支柱之一。生态学由于为社会—文化批评提供了价值基础而被称为"颠覆性的科学"。从这个意义上说,生态学又具有深厚的形上意蕴。

生态学的形上意蕴主要体现在生态学的几个重要概念上。一是"群落"(community)概念,这个概念在社会学意义上被译为"社区"或"共同体"。"群落"概念蕴含着一种整体主义的自然观,它揭明,自然界是一个有机体,不可以被割裂开来加以考虑或利用。在自然界中,关系"优先于"发生关系的事物,由这些关系构成的系统整体也"优先于"它

---

① [美]威廉·巴雷特:《非理性的人——存在主义哲学研究》,杨照明等译,商务印书馆 1995 年版,第 161、229 页。
② [法]埃德加·莫兰:《迷失的范式:人性研究》,陈一壮译,北京大学出版社 1999 年版,第 14 页。

的组成部分。二是"食物链"概念。在自然界中,从太阳到植物,再到动物,相互间存在依存关系,形成了一种类似于金字塔的食物链。这种食物链是生态系统的结构基础,"食物链"概念,表达了物种间的相互依存关系。如果去掉食物链金字塔顶级上的生物,如人类,整个食物链金字塔几乎不会受到破坏。但是,如果去掉食物链金字塔的基础部分,如植物或藻类,那么整个食物链金字塔就会垮塌。所以,在本体论意义上,人没有自视至尊和高贵的理由,因为从根本上稳定整个生态系统的生物,不是人类,而是复杂多样的生命形式。正是在这个意义上,一些极端的生态主义者声称,抽掉了自然界的基础部分,人类将无法生存下去;但如果抽掉了人类,自然界的其他部分乃至自然界本身将可能会生活得更好。三是"生态位"概念。任何物种都在生物群落中占据特定的地位,承担特定的"角色",履行特定的"义务"。"生态位"概念表明,任何一个生命有机体都不是"为人"而存在的,物种相互间不存在上下或好坏之分,每一个物种都有其特定的功能,都在维持生态系统的完整和健康中发挥着自己的作用。四是"整体性与多样性"概念。整体性是生态系统最重要的特征,多样性是维持生态系统稳定和健康的重要因素。

生态系统的最大的价值在于,成就了人。但人并不是生态系统价值的唯一聚集地,人的价值不可能高过作为整体的生态系统的价值。这并不是因为生态系统与人无关,而是因为生态系统既先于人的产生,又是人不断繁衍和持续发展的沃土。自然科学的历史发展已经证明,生命和精神现象本质上是建立在自然物质、能量和信息有序流动的基础上的,是自然界存在与演化的结果。罗尔斯顿指出:"在自然的演化过程中,人类的出现也许是一个最有价值的事件,但如果以为是我们的出现才使得其他事物变得有价值,那就未免对生态学太无知且太狭隘了。"① 生态科学表明,生态系统的机能整体性是一切生物与环境相互作用、相互依存所形成的功能特性,它对于维护人类和其他生物的生存以及整个地球生物圈的完善和健康都是有价值的。自然界的价值本质上是生态系统中各

---

① [美]霍尔姆斯·罗尔斯顿:《环境伦理学——大自然的价值以及人对大自然的义务》,杨通进译,中国社会科学出版社2000年版,第5页。

组成部分及其结构的功能关系，自然界的各个部分都参与了生态系统的演化。因而，生态系统的各个组成部分以及生态系统本身都具有其内在价值，正是生态系统及其构成部分的多样性才产生了众多的生命现象。从这个意义上说，自然界也能创造价值，没有自然价值载体，人类的劳动是不可能变换出价值来的。人在劳动中"只能像自然本身那样发挥作用，就是说，只能改变物质的形式。不仅如此，他在这种改变形态的劳动中还要经常依靠自然力的帮助"①。自然界的价值是原初性的，自然界是价值的原初创造者和载体，劳动产生的价值则是在这种原初价值的基础上的再创造的产物。人也许是万物价值的唯一衡量者和评价者，但这并不意味着人是万物价值的唯一衡量尺度。生态学的形上意蕴成就了一种新型世界观，即生态世界观。这种生态世界观所建构的价值体系不再以人为中心，摈弃了"操纵—控制自然"的价值观，倡导一种适度的、自我节制的、整体性的价值观。这种生态世界观既不是以人为中心的，也不是以自然为中心的，而是以"人—自然"系统的健全发展为中心的。

埃德加·莫兰在其《迷失的范式：人性研究》一书中，提出"人的半岛似的概念"。这个概念既表明了人在自然中的特异性，又使人不孤立于他的自然起源。莫兰认为，人不能被仅仅简约为"制造工具的人"的技术性面孔，也不能被仅仅简约为"智慧人"的理性面孔。人是一个复合系统，构成"人"这个复合系统的子系统至少有四个，即遗传系统、脑系统、社会—文化系统和环境系统。这四个子系统相互关联、相互作用，共同构成人的存在状态，推动人的进化和发展，每个子系统都是整体的共同组织者、共同创作者和共同控制者。环境系统控制遗传密码，共同组织和控制脑和社会。遗传系统产生和控制脑，而脑制约着社会—文化系统的发展。社会—文化系统实现脑的智能和天分，改变环境系统，甚至还在遗传的选择和进化中发挥它的作用。人类的任何行为都受遗传—大脑—社会—文化—环境系统的决定②。

---

① 《马克思恩格斯文集》第5卷，人民出版社2009年版，第56页。
② [法]埃德加·莫兰：《迷失的范式：人性研究》，陈一壮译，北京大学出版社1999年版，第171—181页。

人类既栖身于社会—文化共同体中，也栖身于自然共同体中。因而，一种完整的伦理学不仅需要阐明社会—文化共同体的道德价值，说明人际关系中的伦理原则，而且也要阐明自然共同体的道德价值，说明人与自然关系中的伦理原则。迄今为止，伦理学把自己定位于仅仅阐明和处理人与人的关系，而把人与自然的关系排除在自己的视野之外。产生于20世纪70年代的生态伦理学旨在阐明人与自然之间的道德关系和伦理原则，从而一方面为人类对自然的认同提供伦理依据和伦理辩护，另一方面也使伦理学走向更加成熟和更加完整的理论形态。从这个意义上说，生态伦理学的诞生，也意味着一场新的伦理启蒙运动的开始。"人们曾经认为，那种把黑人视为人、并要求人道地对待他们的观念是荒谬的。这种曾被认为荒谬绝伦的观念现在已变成真理。今天人们可能仍会认为，下述主张有些夸大其词：一种合理的伦理，要求人们一以贯之的关怀所有的生物。"[1] 生态伦理学试图把自己的一些基本原则建立在生态学的基础上，通过生态学向伦理学的转换来实现伦理学的质的变革。

事实上，在社会历史的演进过程中，人类的伦理关系经历了从最初的血缘关系扩展到亲缘关系，再扩大到种族、国家以及全人类的历史发展过程。在原始社会，人们所理解的共同体的范围只限于本部落或本民族，因而原始人只对本部落或本民族的人讲道德；在古希腊和罗马时期，道德对象只限于奴隶主和平民；中世纪的基督教徒认为，他们只对上帝和上帝的信徒负有道德义务；近代早期的欧洲，把道德对象的范围仅仅限于白种人，不包括黑人；美国独立后的80年间，黑人一直被排除在伦理共同体之外；到了20世纪，随着"地球村"共同体的形成，人们已经把道德关怀的范围扩大到人类的每一个成员。现在，随着生态共同体意识的形成，伦理对象也将从社会范畴向自然范畴扩展，伦理关系将包括整个地球生态系统及其一切存在。所以，当代美国著名环境伦理学家纳什认为，"广延共同体"（expanded community）是生态伦理学的基石[2]。

在工具价值的意义上，自然界对人来说是一种"资源"（resource）；

---

[1] [美]纳什：《大自然的权利》，杨通进译，青岛出版社1999年版，第242页。
[2] 同上书，第21页。

但在内在价值的意义上，自然对人来说则是一种"根源"（source）。在"资源"意义上，人类只是从自我需要的满足的角度来理解自然以及人与自然的关系；但在"根源"的意义上，人类则力图根据自然的整体结构和进化之流来探寻人本身的起源、人类的归属以及人与自然的关系。对自然界的纯粹功利主义理解凸现了自然界对于人的"资源性关系"，遗忘了自然界对于人的"根源性关系"。"资源性关系"是一种纯粹实用性的、单向性的和技术性的关系；在这种关系中，人与自然是分立的，人力图控制、改造和征服自然。"根源性关系"则是全面的、双向性的和伦理性的关系；在这种关系中，人与自然是一体的，人力图亲近、关爱和认同自然，人希望把自然变成"人的无机的身体"。"当我们探寻的不是资源，而是我们的根源时，我们就上升到了环境伦理学的高度"。生态伦理学是"关于我们的根源（而非资源）的伦理，它也是一种关于我们的邻居和其他生命形式的伦理"①。

生态伦理学赋予非人类存在以内在价值，把道德义务的对象从人这一物种扩展到人之外的其他物种和整个生态系统，对传统的人类中心主义的伦理观念提出了挑战。生态伦理学意味着伦理学的一种"范式革命"，即从"人类中心主义的人际伦理学"向"生态整体主义的种际伦理学"的转变。传统伦理学只关注人与人的关系，只关注一个物种的福利，是一种种族利己主义的伦理学。这种伦理学无法解决现代社会面临的诸多涉及威胁非人类生命存在与进化的问题。传统伦理是为了"人的利益"，是关于人的利益的伦理学，因而，它是一种人类中心主义的人际伦理。这种伦理学患上了当代美国著名环境伦理学家霍尔姆斯·罗尔斯顿所说的"物种盲视"（species-blind）症。生态伦理学把伦理对象的范围从人类社会扩展到自然存在，力图建构一种不仅适宜于人类，而且也适宜于整个地球及其生命共同体的伦理学，用道德来约束人对自然存在物的行为，关注千百万个物种的福利。生态伦理学把人类的角色从自然共同体的征服者转换成自然共同体的普通成员，它不仅隐含着对这个共同

---

① ［美］霍尔姆斯·罗尔斯顿：《环境伦理学——大自然的价值以及人对大自然的义务》，杨通进译，中国社会科学出版社2000年版，第269、41页。

体中的每一个成员的尊重,而且隐含着对自然共同体本身的尊重。因而,它是一种生态主义的种际伦理学。

一切自然存在物都是生命本身,是生命进化阶梯中的一个环节,它们相互依赖,生生不已,共同成就了人的生命。也正是在这个意义上,马克思说自然界是"人的无机的身体"。传统的人际伦理学只关注作为生态系统进化之最高结果的人本身,而把其他自然存在乃至生态系统本身降低为人的纯粹工具或奴仆。其错误在于,把一颗果实当作了整棵果树,把生命故事的最后一章当作了生命故事的全部。传统伦理学只把道德价值配置给个体(自然物种之一的人类或人类中的某些成员),生态伦理学则要把道德价值不仅配置给个体(包括所有物种的个体),而且要配置给生态共同体。它甚至认为,整体所承载的道德价值大于它们任何一个组成部分所承载的道德价值。

三 现时代的"身体生态"危机及其伦理消解

每个人都不可避免地生活在自己的身体当中。身体是个体的生物基础,是个体唯一的、不可替代的、最珍贵的私有物。现代人对自己的身体给予了前所未有的关注和利用。身体是自我的象征,"在寻找自我真实性的直接和基本具象中,身体,我的身体是决定性成分";"它同时又是现实(人本身就是血肉之躯,是身体感觉的对象)和个人身份的最确实的证明"。① 我们只有了解身体的意义,才能更完整地把握自我及世界。

1. 何谓"身体生态"

在汉语原始语境中,身体指称三方面含义,一是无规定性的肉体、身躯;二是受内驱力如情感、潜意识等作用的躯体;三是受外驱力如社会道德、政治等作用的身份。身体即肉体、躯体和身份的统一,但后世汉语言思想更多地在"身份"意义上使用"身(体)"概念,把"身(体)"等同于"身份",从而遮蔽和遗忘了作为本源的"身躯"或"躯

---

① [法]让-克鲁德·考夫曼:《女人的身体,男人的目光》,谢强、马月译,社会科学文献出版社2001年版,第14—15页。

体"。① 这一倾向在西方传统思想中也很明显。20世纪日益勃兴的"身体"思潮，旨在纠正人类思想史上长期居主导地位的"扬心抑身"观念。身体思潮从多义的、多形态的角度阐释身体概念，如美国技术哲学家伊德提出"三个身体"理论，即物质身体、文化身体、技术身体；美国学者约翰·奥尼尔区分了五种身体，即世界身体、社会身体、政治身体、消费身体、医学身体；等等。"身躯"或"躯体"意义的身体，即作为肉体的身体、作为欲望的身体、作为情意的身体等，是身体思潮着力强调和彰显的身体概念的始源意义和本体内涵。这个意义的身体，是个体真实性存在的物质基础，是个体自我的一个最切身的具象和象征。但是，在其现实性上，身体不是一个单纯的物质性肉体，而是肉与灵、感性与理性、主观与客观、意识与无意识等的统一体，身体处于一种生态状态。

生态指一切生物的生理特性、生活习性和生存状态，以及生物物种、生物与其环境等之间相互依存的关系。生态概念蕴含多样性、生成性、有机性、整体性、秩序性等意义，意味着平衡、和谐、美好、健全等。对于人来说，生态观念更具身体意蕴，生态与身体是耦合的，二者之间存在着根本性关联。一方面，"身体在其周围投射某种'环境'"，"身体有一种'环境意向性'"②，环境是被身体体验、创造和建构着的环境。只有肯定人是一个身体性存在，环境的生态意义方可获得存在的价值和显现的机缘；另一方面，身体是被环境塑造着的身体，身体是生态环境的恩典，生态环境是身体的"家"。正是在生态环境中，身体才足以彰显其存在的价值和意义。

在空间意义上，身体生态有两方面的内涵。一是从外部环境及其演化来看，身体生态指人的身体与外部环境的生态匹配和人的身体对所处环境的生态适应。人与自然环境的关系在本体论意义上是身体性的，"在实践上，人的普遍性正是表现为这样的普遍性，它把整个自然界变成人的无机的身体"③。二是从身体内环境及其价值指向来看，身体生态指身

---

① 葛红兵、宋耕：《身体政治》，上海三联书店2005年版，第16—17页。
② 参见［法］莫里斯·梅洛－庞蒂《知觉现象学》，姜志辉译，商务印书馆2001年版。
③ 《马克思恩格斯文集》第1卷，人民出版社2009年版，第161页。

体内部环境的有机整体性和健全性，它将肉体与欲望、本能、情感、意志、直觉、思维、精神等诸多内在要素融为一体。"如果说18世纪的关键词是幸福，19世纪的关键词是自由，那么20世纪的关键词就是健康。"① 在20世纪，健康权成为一项新的人权，人们像以前审视自己的灵魂那样精心呵护和仔细盘点着自己的身体。健康更具"身体生态"意蕴，它不仅指身体的外部形态、内部结构、生理生化过程的和谐平衡与健全康泰，而且必然关涉人的心理、情感、认知、思维和精神状态，包括主观与客观、自我与他者、个体与环境等的有机统一。通过外环境与内环境的动态平衡和协调统一，身体呈现出有序、和谐、健康、优美、高度自组织的存在状态，这即"身体生态"。身体生态凸显了身体是一个场所，是一种将躯体与环境、肢体与器官、肉体与心灵、主体与对象等都包容和整合为一体的"身体场"，它好像是一棵"身体树"，既包含着它的肉体触觉、灵魂触觉和思维触觉，也与外部环境形成一个不可分割的连续统②。

在时间意义上，身体生态指身体不断超越"自在"状态而进入"自为"状态。"自在的身体"即未被任何知觉、观念和理性因素所渗透的自然生成的、由纯生物性的血肉、本能、情感等要素共同建构的一个自然性、生物性、生理性的肉体，这是一种可以通过解剖学方法来进行研究的身体。"自为的身体"即经理性谋划、科学嵌入、文化塑造和社会建构而形成的有机性、智慧性和能动性的身体。自为的身体是随着自然科学和人文社会科学对人自身的认识的不断深化而生成的。现代高科技正在日益将肉体和物体、人体和机器、人脑和电脑、生命和技术、生物和文化等相互融合，构成新的人体，使人成为自然和科技的共同产品，人的身体成为一种由人造器官、人造物件与人的自然肉体有机融合的人—机系统，而不再是一种纯粹的自然肉体。③ 自为的身体也就是一些思想家所说的文化身体、技术身体、政治身体等。自为的身体凸显了身体的自然

---

① ［法］让-雅克·库尔第纳主编：《身体的历史》卷三，孙圣英等译，华东师范大学出版社2013年版，第4页。
② 张之沧等：《身体认知论》，人民出版社2014年版，第75页。
③ 参阅张之沧等《身体认知论》，人民出版社2014年版，第19—43页。

性、社会性和历史性及其高度统一，表明人的身体不是纯粹的物质或肉体，而是自然与文化、肉体与精神、情感与理性相互作用的有机统一体，是整体化的结构与功能的整合。身体是自然与文化交织生产的产物。自在的身体是基础，自为的身体是根本。自在的身体是给予的，是生物性、自然性、肉体性的，自为的身体是人为地加之于自在的身体之上的社会建构。身体不是一个既定的或已经完成了的要素集合体，而是一个开放的、可变的、不断趋于成熟的过程集合体。所以，马克思说："'特殊的人格'的本质不是它的胡子、它的血液、它的抽象的肉体，而是它的社会特质。"①"五官感觉的形成是迄今为止全部世界历史的产物。"②

2. 作为问题域的"身体"

意识哲学在人类思想史上源远流长，并长期以来居主导地位。蒙昧时代的"万物有灵"论、对"梦"的解释等，产生对人的灵魂的信仰。柏拉图用"洞穴隐喻"传递了灵魂对身体的敌意，由于身体的欲望和需求会搅乱灵魂的纯粹探究，身体是灵魂的坟墓，灵魂必须撇开身体，摆脱视觉、听觉以及其他一切身体感觉。基督教禁欲主义旨在把灵魂从身体设置的诱惑中解救出来，维护免受身体奴役的灵魂火精神的自由。笛卡尔把这种抑身扬心的传统发展到极致。笛卡尔从解剖学角度理解身体，把自我与身体看作两种不同的实体。人的肉身存在于空间，服从物体的机械法则，是物质性、广延性的东西。身体是精神、思维的铁镣，人的精神、思维可以而且必须离开肉体，截肢割腿无害于我思，因而，"我思故我在"。"我"就是"我思"，是无经验内容的纯粹的自我。只有这种纯粹的自我，才具有真实性和确定性。笛卡尔提出明确的身心二元论思想。这直接影响了康德等后世许多思想家。康德的"自我"也是没有"肉身"的自我，因为，肉身涉及外部直观。在黑格尔那里，理性已经成为超脱肉体之外，能够自主运动、自主发展和自我实现的"绝对精神"，绝对精神体系中是没有身体地位的。老子曰："吾所以有大患者，为吾有身；及吾无身，吾有何患？"（《老子》第十三章）中国古代的阉

---

① 《马克思恩格斯全集》第3卷，人民出版社2002年版，第29页。
② 《马克思恩格斯文集》第1卷，人民出版社2009年版，第191页。

割（男）、裹脚（女）、酷刑，"文革"时代的统一服饰、统一发型以及肉体批斗、劳动改造等，都或多或少表现出一种企图通过蔑视、压制乃至摧残身体的方式，来成就和提升心灵的思想倾向。

西方传统意识哲学将意识与身体二分，认为意识是本体或本质，是可以脱离身体的实体，身体被高度抽象化和象征化。在意识哲学看来，心灵代表理性、必然性、真理、确定性、无限性、普遍性，身体则代表感性、偶然性、易变性、不确定性、暂时性、有限性、错觉、虚幻性，是卑鄙、肮脏、丑恶的象征物，是一个"臭皮囊"，因而是该诅咒和惩罚的"恶魔"。为了实现自我意识的本质，人必须肢解和消解自己的身体。"身体在道德领域中是罪恶，在真理领域中是错觉，在生产领域中是机器。"① 可见，西方近代以来关于人的理论的主导范式是建立在人与自然、灵魂与肉体、心与身不仅分离而且对立的基础上的，由此所建构的"人学"理论，既割裂了人与外部自然的一体性关系，也肢解了人自身自然的有机整体性，使人成为一个脱离自然的"孤岛"。当代法国学者埃德加·莫兰（Edgar Morin）称这种关于人的理论是一种"岛屿似的人类学"②。

马克思在质疑和批判传统意识哲学和人学观念以及现代社会"身体异化"现象的过程中，较早提出了一种具开拓意义的"身体生态"思想。马克思的身体思想以"自然"和"需要"为生存论维度，在马克思那里，身体的在场是以"需要"和"自然"为标志的。马克思认为，现实的个人是社会历史的前提和基础，全部人类历史中"第一个需要确认的事实就是这些个人的肉体组织以及由此产生的个人对其他自然的关系"③。在马克思看来，个人的存在是一种身体性存在。人有两个身体，一个是内在的"有机的身体"，即血肉之躯或肉体组织；一个是外在的"无机的身体"，即外部自然界。就外在的"无机的身体"而言，"自然界，就它自身不是人的身体而言，是人的无机的身体"。自然界不仅仅是人生命活动

---

① 汪民安主编：《身体的文化政治学》，导言，河南大学出版社2004年版，第1页。
② [法] 埃德加·莫兰：《迷失的范式：人性研究》，陈一壮译，北京大学出版社1999年版，第6页。
③ 《马克思恩格斯文集》第1卷，人民出版社2009年版，第519页。

及生产活动所必需的生产对象和材料,是人无法离开的对象世界,而且还是人类精神资料的来源。"从理论领域来说,植物、动物、石头、空气、光等等,一方面作为自然科学的对象,一方面作为艺术的对象,都是人的意识的一部分,是人的精神的无机界,是人必须事先进行加工以便享用和消化的精神食粮;同样,从实践领域来说,这些东西也是人的生活和人的活动的一部分。"① 马克思揭示了人与自然界之间的根源性和一体性关系。"说人是肉体的、有自然力的、有生命的、现实的、感性的、对象性的存在物,这就等于说,人有现实的、感性的对象作为自己本质的即自己生命表现的对象;或者说,人只有凭借现实的、感性的对象才能表现自己的生命。"② 自然界是人的第一个"现实的、感性的对象"。"自然界是人为了不致死亡而必须与之处于持续不断的交互作用过程的、人的身体。所谓人的肉体生活和精神生活同自然界相联系,不外是说自然界同自身相联系。"③ 就内在的"有机的身体"而言,人的身体感觉在始源意义上决定着人的对象化的方式和文明成果的形式及其程度。马克思指出:"人不仅通过思维,而且以全部感觉在对象世界中肯定自己。"④ 我们对世界的把握在相当程度上依赖于我们的视觉。"人对世界的任何一种人的关系——视觉、听觉、嗅觉、味觉、触觉、思维、直观、情感、愿望、活动、爱,——总之,他的个体的一切器官,正像在形式上直接是社会的器官的那些器官一样,是通过自己的对象性关系,即通过自己同对象的关系而对对象的占有,对人的现实的占有;这些器官同对象的关系,是人的现实的实现。"因此,人必须把自己塑造成为"具有丰富的、全面而深刻的感觉的人"⑤。这样的人才可能呈现出身体的生态性。身体的生态性,是马克思所说的全面发展的人的重要特征。

20 世纪以来,身体成为众多学科日益关注和深入探讨的主题,产生了身体社会学、身体政治学、身体哲学等新兴学科。身体哲学努力把身

---

① 《马克思恩格斯文集》第 1 卷,人民出版社 2009 年版,第 161 页。
② 同上书,第 209—210 页。
③ 同上书,第 161 页。
④ 同上书,第 191 页。
⑤ 同上书,第 189、192 页。

体拖出西方传统意识哲学的深渊。尼采、弗洛伊德、福柯等力图用"身体"来反抗意识哲学的独断性,明确提出"以身体为准绳",从身体的角度重新审视人类历史和社会文明。尼采认为,身体是"本能与冲动的集合,是力的集合"。身体不仅是美德的起源,也是一切知识和真理的起源,思想只不过是内驱力的一种功能,人类追求知识,是因为有"征服欲"。这样,对知识的追求就从理性活动转变成人的生命活动。弗洛伊德强调欲望的身体,认为欲望的身体是一种基于生理感觉的肉身体验,把生物性(性欲)本能视为人的本质规定,以此对抗文化理性对感性的一贯压抑。福柯凸显了身体经验与自我关怀的意义,揭示了人在现代性进程中作为大我(理性主体)的工具性地位,确立自我关怀的小我(身体经验)的审美生存形象。

胡塞尔、梅洛-庞蒂等更进一步将身体置于知识的起源和演进,旨在消解意识在这个领域的独断地位。梅洛-庞蒂提出"知觉现象学",把知觉置于首要地位,认为知觉不是"在作为人们可以用因果关系范畴来解释的世界中的一个事件",而是前意识的,是在世界未加区分之前对世界的一种整体观照。当我作为"主体"看某物时,身体不是"接受"某物,也不是"表象"某物,而是使某物"形成"。知觉不是通常意义上的"意识",它是一种"非思"或"前思"。知觉是认识的起点,而身体是知觉的基础。这表明,身体是先于反思的,身体通过介入到世界之中的方式已经原发地生成了意义。梅洛-庞蒂说:"我们通过我们的身体在世界上存在,因为我们用我们的身体感知世界。""如果我们用我们的身体感知,那么身体就是一个自然的我和知觉的主体。"① 梅洛-庞蒂强调身体诸官能的统一,他从现象学意义上丰富和完善了"身体图式"概念。他认为,"'身体图式'是一种表示我的身体在世界上存在的方式",表示"身体的'各个部分'在动力方面相互认识",它是一系列相互作用的知觉-运动的系统及其能力,它通过对身体姿势和身体运动的无意识调适,使得世界中许多有意义的部分被身体整合到人的经验中。通过"身体图式","身体的感受器随时准备通过协同作用使关于物体的知觉成为可

---

① [法]莫里斯·梅洛-庞蒂:《知觉现象学》,姜志辉译,商务印书馆2001年版,第265页。

能"①。梅洛-庞蒂借助"身体图式"这个颇具身体生态意义的概念，阐释身体的知觉性及其综合性和稳定性。在他看来，"身体图式"是稳定的，自我对世界的理解和把握是依靠知觉的身体和"身体图式"来完成的。涂尔干、莫斯和布尔迪厄等重视个人的身体实践和训练，意图克服意识在认知和实践中对身体的压制。

勃兴于20世纪80年代的具身认知理论认为，人的身体的整体结构决定人类特有的感官和大脑，身体是各种生理、心理、行为、认知的主体和根据。身体经验（如身体洁净）能够影响内在的、抽象的心理过程，如身体感到温暖会促使个体对人际关系作出积极评价、人们认为洗手可使霉运转为好运等。身体并非心智的容器，环境也非心智的活动场所，而是心智嵌入大脑，大脑嵌入身体，身体嵌入环境之中。人的认知不是大脑内部的抽象符号加工过程，而是大脑、身体和环境交互作用的结果。认知不是感觉器官在其行为活动中建立的各种感觉相互联合的单纯结果，"而是在感觉间的世界中对我的身体姿态的整体觉悟，是格式塔心理学意义上的一种'完形'"②。认知在本质上是身体的一种系统活动，是脑、眼、手、足及整个躯体的综合性实践。认知不仅仅是一种内部过程，也同呈现的背景环境紧密联系，体现着大脑、身体与环境的交互作用。身体美学以具身认知理论为依据，认为整全性的身体是审美活动的主体，强调人体诸感官在审美活动中的持续在场和全方位参与，凸显了身体生态在审美活动中的地位和重要性。当代女性主义思潮关注女性身体的被分类、规训、侵犯、破坏、修饰、愉悦等问题，将生物、性别、性征及其关系作为主题，探究女性身体、父权压迫、性别歧视、物化、酷儿等问题。

针对传统"岛屿似的人类学"概念，埃德加·莫兰提出"半岛似的人"的概念，这个概念凸显了一种"身体生态"理念。"半岛似的人"的概念既表明人在自然中的特异性，又使人不孤立于他的自然起

---

① ［法］莫里斯·梅洛-庞蒂：《知觉现象学》，姜志辉译，商务印书馆2001年版，第138、297页。
② 同上书，第137页。

源，不隔绝于他的自然特性。人是一个复合系统，构成"人"这个复合系统的子系统至少有四个，即遗传系统、脑系统、社会—文化系统和环境系统。这四个子系统相互关联、相互作用，共同构成人的存在状态，推动人的进化和发展，每个子系统都是整体的共同组织者、创作者和控制者。环境系统控制遗传密码，共同组织和控制脑和社会。遗传系统产生和控制脑，而脑制约着社会—文化系统的发展。社会—文化系统实现脑的智能和天分，改变环境系统，甚至还在遗传的选择和进化中发挥它的作用。人类的任何行为都受遗传—大脑—社会—文化—环境系统的决定①。

在新近的生态环境史研究中，与老一辈生态环境史学者较多关注自然环境不同，新生代研究者将人与动物体内的环境也纳入生态环境史的研究范围②。例如，苏珊·琼斯在《珍视动物：现代美国的兽医及其患者》中，将"牲畜的身体与外部环境"区分开来加以研究。南希·兰斯顿所著《有毒的身体：荷尔蒙干扰素和 DES 的遗产》把人、牲畜、野生动物的身体与自然环境加以区别，并把它们视为同一个生态系统的组成部分而加以并列。《美国环境史百科全书》则将抗生素的环境影响分为"宏观环境"与"个体环境"，指出畜牧业滥用抗生素已对宏观环境和人体内部环境造成了双重危害。有学者则侧重于对人与动物的关系以及生态伦理的阐发，杰里米·里夫金在《超越牛肉：牛文化的兴衰》、瓦茨拉夫·斯米尔在《食肉：进化、模式与后果》、迈克尔·波伦在《杂食动物的两难处境：四种饮食的自然史》等文章中指出，关于人的身体健康隐患的讨论应该始于动物本身，人们首先应当关注和尊重动物的身体生态及其权利，由此才有可能克服人的身体健康隐患问题。但是，现代养殖业则以注射抗生素、断角、阉割等方式对待动物，最终危害到人体健康。这些研究使"环境"一词的内涵得到了延展，拓展了生态环境史研究的领域。

---

① ［法］埃德加·莫兰：《迷失的范式：人性研究》，陈一壮译，北京大学出版社 1999 年版，第 171—181 页。
② 施雱：《抗生素引发的新环境史研究》，《中国社会科学报》2013 年 7 月 24 日。

有关基因与环境及其相互作用的问题，是现代科学研究的一个热点。人类基因组图谱揭示了人类与其他物种之间存在的基因联系，借助基因技术，人类可以弥补人体自身的缺陷。人们相信多数疾病与基因相关，对疾病的基因基础的探索，成为现代医学的焦点。现代遗传学发展的目的就是绘制出一幅决定身体发展的隐秘结构的图谱，遗传学的发展前景不再只是治疗疾病，"不再只是保护身体不受疾病的伤害，还意味着使身体更强壮、更美丽、更聪明"①。在大数据时代，人体数据也是大数据的一个组成要素，是未来大数据市场的重要组成部分。就像互联网 IP 地址一样，人体也是一个 IP 终端，承载着各类人体生理指标数据，包括脂肪含量、BMI 值（用以衡量人体胖瘦程度以及是否健康）、心率、血糖、肺活量等成百上千种数值，最终生成了巨大的人体数据源。人类可以将采样的数据信息进行计算机三维重建，构建包含人体形态结构的三维数字模型，从而形成"数字化可视人"。数字化可视人构成人体形态学信息研究的实验平台，能够为医学、生命科学等的研究和应用提供技术支撑。在数字化可视人的基础上，结合人体内组织结构的物理特性，构建具有组织结构物理参数的数字模型，形成"数字化物理人"。数字化物理人在航天航空、体育竞技、影视虚拟、国防建设、舞蹈编排、服装设计、家具设计、驾驶室设计、医学教育和科研等领域中具有广阔的发展空间。随着网络和传感技术的发展，人类可以利用人体数据，进行人体联网，开展大数据疾病治疗、健康管理、商业营销等。来自人体生理和行为参数监护的数据经日积月累而构成的个人大数据，含有个人的健康状况和疾病风险的重要信息。分析这些数据能够得到个人较为完整的健康状态以及疾病预警信息，再结合个人基因谱和完整病史数据，能够更准确地跟踪病程进展，判断短期风险和长期后果，进行更有效更个人化的临床干预和健康指导。随着能够感知身体机能的智能手腕、智能手机、智能手表、智能眼镜等可穿戴设备，以及智能血压计、智能心电监测等设备的发展和普及，人们将可以按照自己的喜好来定制自己的"身体机能"。

---

① ［法］让-雅克·库尔第纳主编：《身体的历史》卷三，孙圣英等译，华东师范大学出版社 2013 年版，第 51 页。

所以，有人断言，手机现在不仅仅是一个通信工具，它在一定程度上已经变成人的身体的一个数字器官。21世纪初，产生了一种具革命性前景的新技术——会聚技术。它集合了四个分支技术领域，即纳米技术、生物技术（包括生物制药和基因工程）、信息技术（包括计算机和通信）和认知科学（包括认知神经科学）。以往的技术主要通过扩展人类某些器官的能力来改造世界，会聚技术则将使人类在纳米的物质层面上重新认识和改造世界以及人类本身，它把提升人类自身能力作为其根本目标。在会聚技术的应用中，机器人和软件将实现个性化，所有器具将由智能新型材料构成，智能系统将普遍应用于工厂、家庭和个人。会聚技术的本质在于人机合一，它体现了一种大一统、大科学、以人为核心的整体性的科技发展趋势。

20世纪50年代迅速发展的人类工效学，也凸显了身体生态的意义。人类工效学根据人的心理、生理和身体结构等因素，研究人、机、环境相互间的合理关系，为产品和环境的人性化设计提供技术和数据支持，以营造安全、健康、舒适、高效的工作生活环境。人类工效学的基础参数主要由人体形态、人体力学和人体感知（视、听、触）等各类与消费品、服装、工具、设备和环境设计相关的人体特性参数组成，是从工业设计的角度对特定人群生理、心理特征整体状况的科学描述。人类工效学基础参数与工业设计和社会生产生活息息相关，它的应用几乎涉及人类活动的大部分领域。如座椅要多高，大多数人坐着才舒服？服装型号中身高和腰围的比例是多少，才能适体？药盒上的字体多大，老人才能看清楚？这些与日常生活息息相关的设计，都有赖于人类工效学基础数据的采集分析。汽车座椅设计需要坐高、腿长、脊柱弯曲等人体尺寸数据，冰箱把手设计需要手指长短、粗细等数据，地铁刷票机设计需要人群的身高、臂长等数据，等等。目前，我国工效学基础参数数据缺失严重，成年人人体尺寸数据已严重滞后，力量、视觉、听觉等工效学基础参数数据基本空白，已严重影响我国工效学研究和应用，以及工业设计水平的发展和人们生活质量的提高。2013年，"中国成年人工效学基础参数调查"工作正式启动，计划于2018年完成。标志着人性化产品和环境设计所需要的中国人体数据调查开始实施。只有用中国人的人体数据，才能设计和生产出适合中国人的产品。①

3."身体生态"危机的具体表现

"生态危机"是现代社会面临的最严重问题之一。"身体生态"危机是现代生态危机的重要表现形式。"身体生态"危机本质上是"身体的异化",它既表现为身体与外部环境的失衡与错位,也表现为身体内环境的失序与错乱,还表现为自在身体到自为身体的阻隔和断裂。

(1)生产的身体

在现代社会,身体日益被商业或资本逻辑所操纵。资本的逻辑是生产的逻辑,身体被当作劳动能力的载体。在马克思看来,身体异化是现代生产的伴生物。身体异化的根源在于,资本对生命的优先性,资本逻辑对生命逻辑的统治,资本对生命的赤裸裸的占有和利用。马克思最为关注被资本所统治和异化的工人的身体。在《1844年经济学哲学书稿》《资本论》等论著中,马克思深入分析了工人及其身体被资本循环和持续积累的外部力量所异化和塑造,认为工人的身体成为承担特定经济角色(劳动力)的被动实体。资本家"把工人只当做劳动的动物,当做仅仅有最必要的肉体需要的牲畜","工人在精神上和肉体上被贬低为机器",工人只配得到与其"牲畜般的存在状态相适应的最低工资"。②工人作为劳动者,他的身体只是一种工具性和技能性的身体。马克思指出,在资本主义异化劳动中,工人"不是自由地发挥自己的体力和智力,而是使自己的肉体受折磨、精神遭摧残"。异化劳动"使人本身,使他自己的活动机能,使他的生命活动同人相异化""使人自己的身体同人相异化",它"不仅把人当做商品、当做商品人、当做具有商品的规定的人生产出来;它依照这个规定把人当做既在精神上又在肉体上非人化的存在物生产出来"③。

生产的身体是受机器限制和管理驯服的,它常常违背身体的自然性,违背作为自然身体的结构和限度。在极端的科学主义管理中,劳动或工

---

① 赵朝义:《人体数据调查测国人"尺寸"》,《北京日报》2013年12月11日。
② 《马克思恩格斯文集》第1卷,人民出版社2009年版,第115—125页。
③ 同上书,第158—171页。

作程序可以概括为身体姿势的分解，人作为有机体整体被分解，头、四肢、肌体都分开动作，强制其所为，使其进入一种严密的程序化状态。由此，身体的工具性突出，身体被严重损害。在我国，劳动者职业健康和安全状况不容乐观。2013年12月，国家卫计委等4部门颁布《职业病分类和目录》，确定的职业病种类达130余种。目前，我国职业病患者累计数量、死亡数量及新发病人数量，均居世界首位。我国生产安全问题突出，仅2013年上半年，全国共发生各类生产安全事故22万多起，死亡和下落不明的有2.7万多人。近年来，以强迫劳动、劳动剥削为目的的人口拐卖案件一度呈上升趋势，这些案件以拐卖儿童强迫行乞盗窃、拐卖妇女强迫卖淫等为普遍形式，一些领域甚至出现奴工、黑工、包身工等。同时，市场交换原则和资本逻辑"使我们变得如此愚蠢而片面，以致一个对象，只有当它为我们所拥有的时候，就是说，当它对我们来说作为资本而存在，或者它被我们直接占有，被我们吃、喝、穿、住等的时候，简言之，在它被我们使用的时候，才是我们的"。由此，"一切肉体的和精神的感觉都被这一切感觉的单纯异化即拥有的感觉所代替"[1]。在"拥有感"的宰制下，人的五官感觉不过是徒有生理形式的分殊，在内容上则指向同一个方向，即把自己的身体变成赚钱的机器。目前，在我国，由于劳动力严重过剩、资本处于绝对强势地位、就业竞争的激烈以及各种生活压力的加大，不少人往往通过透支生命，来追求工作和生活中的种种愿景。"加班"成为一种普遍现象，"加班"使人们付出了大量的时间和精力，身体健康被严重透支。现在，越来越多的上班族出现焦虑、失眠、记忆力衰退等症状，过劳导致诸如亚健康、过劳死等负效应。随着器官移植等技术的开展，活体器官的非道德的、非法的商品交易以及盗窃人体器官等现象也滋生蔓延。"在第三世界，贩卖穷人和难民器官的现象造就了现代社会的奴隶制。"[2]

---

[1] 《马克思恩格斯文集》第1卷，人民出版社2009年版，第189—190页。
[2] [法]让-雅克·库尔第纳主编：《身体的历史》卷三，孙圣英等译，华东师范大学出版社2013年版，第30页。

（2）消费的身体

当今时代，消费宰制一切的消费主义成为社会的主流风尚，"劳动的身体"业已转化为"欲望的身体"。身体日益以感官享受或欲望化为指向，强调对身体表面即肉体的操控，成为性与欲望的代名词，成为一种消费品，成为欲望的身体。"我消费故我在"。随着消费时代的到来，铺天盖地的广告、流行出版物和影视传媒充斥着各种各样的身体意象。波德里亚认为，生产/消费的社会结构促成了人的与自身身体不和谐的双重实践：作为资本的身体的实践，作为偶像（或消费物品）的身体的实践。两者都需要经济投入和心理投入。生产身体唯"创造资本"的目的马首是瞻，而消费身体则力图把身体本身变成获取资本的资本。现代人对自己的身体给予了前所未有的关注和利用，围绕身体的消费行为与人的自我认同直接相关，身体消费成为现代人自我认同的一种重要途径之一。

"身体转向"是消费文化的表征，消费文化突出了身体的在场性，"身体是快乐和表现自我的载体。体态美好、性感逼人而且被认为与享乐、悠闲、表现紧密相连的种种形象所强调的是外表和'样子'"[①]。身体"美学化"，是消费社会中人的日常生活"美学化"的重要标志。所谓身体"美学化"，就是人们对于身体的外观、身体的视觉效果、观赏价值以及消费价值的突出强调，追求身体的时尚性和炫耀性。当今流行的一个基本理念是，身体美是可以人为加工和创造的。这促使人们注重通过各种技术手段来塑造自身的美，由此，身体部位的整饰性消费不断增多。于是，塑身美容业成为当今的朝阳产业。塑身美容业充斥着各种技术主义的数字崇拜，它运用现代科技测量与量化的概念，为人们量身制定所谓的标准躯体，然后借助玩弄或发明各种花样翻新的有关塑身美容的"科技"术语，动员和利用各种似是而非的有关塑身美容的"科学"权威和"科学"理论，通过强大的和极富夸张的塑身美容广告，不断激发和诱导人们对于标准躯体的盲目认同和执著追求。在自称"高科技"产业的塑身美容业看来，身体美与不美不以人的身体舒服和快乐为目的，而

---

① 汪民安、陈永国编：《后身体文化、权力和生命政治学》，吉林人民出版社 2003 年版，第 323—324 页。

以符不符合"标准躯体"为目的。在这种技术主义理念的引导下,许多(女)人刻意按照塑身美容业有关身体美的规范,通过种种技术手段重塑自己的身体,心甘情愿地接受各种各样针对身体的"暴力":隆胸、抽脂、去毛、种毛、拉皮、染发等。很多时候,塑身美容常常会不顾人体生长规律,忽视人体生理机能,无视人体生态平衡,危害甚至牺牲人的身体健康。

(3)驯服的身体

技术本来只是人的身体器官的延伸,但技术的迅猛发展,不断挑战和超越人的身体,甚至改变和控制人的身体,如器官移植、生殖技术、人体实验、人类基因组研究等。过度依赖高科技的生活方式使现代人身体运动不足,导致文明病、亚健康等,竞技运动领域出现"虐身体化""肉欲化"等现象。吉登斯认为,在现代社会,把身体视为自然的"给定特征"的观点越来越不合时宜了,因为,主宰身体的那些过程只在些微程度上受制于人自身的干预,技术进展和专家知识已经侵入了人的身体,打磨和重构了人的身体。现代性的一个悖论是,我们所获得的有关自己身体以及如何控制身体的知识越多,我们有关何谓身体以及应当如何控制身体的确定性就越是遭到侵蚀①。

现代社会发明了诸多规训身体的技术,人们通过种种技术"规训"自己的身体。身体的技术有两个基本层面,一是塑造身体的技术,包括现代身体工业和现代医学的种种发明,如化妆技巧、形象设计、美容等;二是运用身体的技术,即在特定时候文化背景中使用自己的身体进行社会交往和传达意义的种种技术,如身体语言、舞蹈、体育运动、演艺动作等。这些身体技术一方面给身体的展示和交往带来了新的自由,但另一方面又导致对身体的压制、暴力和伤害②。福柯在《规训与惩罚》一书中从现代规训技术的角度揭示了身体的被动性及其异化,发现了有关身体的"权力技术学"和"政治经济学"。他指出,古典时代的人已经发现

---

① [英]克里斯·希林:《身体与社会理论》,李康译,北京大学出版社2010年版,第173—174页。
② 周宪:《读图、身体、意识形态》,载汪民安主编《身体的文化政治学》,河南大学出版社2004年版,第141页。

身体是权力的对象和目标，并对身体进行操纵、塑造和规训，形成了一种规训身体的"政治解剖学"或"权力力学"，"它规定了人们如何控制其他人的肉体，通过所选择的技术，按照预定的速度和效果，使后者不仅在'做什么'方面，而且在'怎么做'方面都符合前者的愿望"①。这种规训身体的技术，其目的在于使人的身体变得既有用又顺从，或者因顺从而更有用。在福柯看来，现代社会是一个规训的社会，监狱、军营、学校、工厂、疯人院等，都是现代社会驯服个人身体的工具。这种规训主要是通过身体的空间定位、行为的节奏控制、训练的有效开展、力量的合理配置等技巧来进行的。福柯提出"规训权力"概念，用来描述权力对于身体的管理、控制和改造。现代体育运动充斥着一种对技术的迷恋，锻炼项目、动作姿势、极限挑战等日益繁多，服用兴奋剂等成为普遍现象。所谓锻炼，就是呈现身体在自然状态下无法出现的方式。人们"坚信人可以无限支配自己的身体，坚信能够逃避任何体质上根深蒂固的问题，而且能够自我创建一种其可能性不可限量的身体机制"②。身体经过"技术化"和"碎片化"，成为"驯服的身体"。在数据安全日益严峻的当今时代，人体IP技术的运用，无疑增加了个人隐私暴露的风险。人体数据的泄露，不仅仅会侵犯个人的隐私，甚至可能危及个人的生命安全。

现代教育充斥着一种唯智主义的教学理念和实践，在其中，心智活动以获得普遍、确定的知识为旨趣，在获得知识的途径上，只要大脑参与即可，并不依赖身体及其感官经验，身体的地位被贬低。这是一种"成人本位"的教育，它按照成人的观念预设和规训被教育者尤其是儿童和青少年。儿童和青少年本应得到最精心的呵护、最可靠的保护，得到最健康的体质和最好的教育。但是，现在有关"留守""拐卖""流浪""童工""性侵""非正常死亡"以及"学习压力大""健康问题堪忧""厌世"甚至犯罪、自杀等新闻，都与儿童和青少年联系在一起，使人生

---

① [法]米歇尔·福柯：《规训与惩罚》，刘北成、杨远婴译，生活·读书·新知三联书店2003年版，第156页。
② [法]让-雅克·库尔第纳主编：《身体的历史》卷三，孙圣英等译，华东师范大学出版社2013年版，第141页。

中这个最快乐的阶段承受了太大的压力和痛苦。儿童和青少年长期充当了成年人及现有教育体制实现自己目的的工具。家长要望子成龙,校长和地方官员要高考状元,他们联合在一起给学生加压,摧残儿童和青少年的身体和心灵。有学者指出,中国目前儿童教育的危机最根本的症结是童年生态的被破坏。其中的一个重要表现就是,在功利主义的儿童教育中,童年的身体生活被挤压甚至被剥夺,从而造成儿童生活中的身体不在场①。

(4) 有毒的身体

在现代社会,人的身体被现代生产、科技、商业等不断重塑,这种重塑使人的身体成为一个"有毒的身体"。其一,空气、水等污染。2011年,我国废气中二氧化硫(SO_2)排放量2217.9万吨,氮氧化物(NO_x)排放量2404.3万吨。雾霾严重威胁人的健康。细颗粒物(PM2.5)是我国雾霾形成的罪魁祸首。细颗粒物的化学成分众多,除影响空气能见度外,可经呼吸道进入肺部、血液,对人体的呼吸系统、心血管系统等造成严重伤害,婴幼儿、儿童、老年人、心血管疾病和慢性肺病患者对其更为敏感。国土资源部发布的《2012中国国土资源公报》显示,全国198个地市级行政区的4929个地下水水质监测点中,综合评价结果为水质呈较差级的为1999个,占40.6%;水质呈极差级的为826个,占16.8%。

其二,食品安全。我国食品安全问题频发,食品安全质量堪忧。在我国的食品安全问题中,有些是由于自然环境或客观条件的影响而造成的食品污染或变质,但更多的是由于利益相关者出于私利或盈利目的而人为造成的食品质量问题,比如,反季节果蔬生产加剧了农产品中的药物残留,动物"速成班"将鸡、鸭、鹅等禽类生长周期缩短至28—45天,猪出栏时间缩短至2.5—4个月;地沟油、瘦肉精、毒奶粉、毒豆芽、漂白大米、苏丹红鸭蛋、染色花椒、染色馒头、激素蔬菜、死猪肉、人

---

① 朱自强:《童年的诺亚方舟谁来负责打造——对童年生态危机的思考》,载方卫平主编《中国儿童文化》第一辑,浙江少年儿童出版社2004年版,第1—10页;《童年的的身体生态哲学初探——对童年生态危机的思考之二》,载方卫平主编《中国儿童文化》第二辑,浙江少年儿童出版社2005年版,第8—20页。

造鱼翅等更是日益泛滥。

其三，过度医疗。"过度医疗"已成为我国公共卫生领域的一个普遍现象。自20世纪90年代以来，由于静脉输液具有给药直接、见效快、不过敏等口服药不具备的优势，加之医院、医生和医药代表之间的利益驱动，静脉输液在我国迅速被病患者和医生所普遍认同和接受，获得快速推广。2011年，我国医疗输液100多亿瓶，平均每人输液8瓶，远远高于国际上2.5—3.3瓶的水平，成为世界首屈一指的"输液大国"，是全球抗生素滥用最严重的国家。滥用抗生素，已经成为我国一个重大的公共卫生问题。世界卫生组织多次警告：如果中国不控制抗生素滥用问题，将不仅是中国的灾难，可能引发全人类的灾难。因为，抗生素滥用，会造成细菌的耐药性①，而细菌是不分国界的。一旦人类面临普遍性传染病，可能会出现"无药可用"的危险。在我国，每年能监测收集到几十万份药品不良反应，2011年高达84万例，其中化学药品即"西药"的不良反应占86%，其中，抗生素类药品不良反应占53%。不少人把板蓝根、感冒清热冲剂等当作预防感冒的饮料喝，滥用补益类、排毒养颜类等中成药，也极为普遍。一些幼儿园为逐利甚至长期给幼儿集体服用抗病毒药物"病毒灵"，导致许多幼儿头晕、腿疼、肚痛等。医学成像检查利弊并存，比如放射性检查，对人体有较大危害，主要是电离辐射，它有可能造成人体DNA损伤甚至断裂。DNA损伤累积可能引发基因突变、基因置换、基因融合等，最终形成肿瘤。目前，成人CT检查除用于有症状病患者，还大量被用于无症状人群，如结肠CT检查、吸烟者肺部CT检查、全身CT扫描等。在现代社会，医学专制甚至成为比政治专制更为严重的专制，几乎没有人有能力反抗这种医学专制。医学渗透到现代生活的每一个领域，不仅在医院的问诊治疗和住院治疗之中，而且在人们四处求

---

① 20世纪中期科学家已开始注意到抗生素滥用与耐药菌出现之关联性问题。1945年，青霉素的发明者弗莱明就曾在《纽约时报》的访谈中警告世人，细菌可以产生针对青霉素的耐药性。1960年代，美国科研人员发现耐药性不仅能够在同种细菌之间垂直传播，还可在不同种类的细菌之间实现水平传播。2004年，美国总审计局（GAO）在一份调查报告中承认，在美国和世界范围内，抗生素耐药性是一个正在增长的公共健康问题，抗生素耐药性可以从动物向人类传播。美国科学界普遍承认，耐药性具有易传播的特性。（参阅施雯《抗生素引发的新环境史研究》，《中国社会科学报》2013年7月24日）

助的健康建议中,在事故鉴定、残疾裁定、求职体检中,医学制造出各种所谓合格或不合格的"政治身体"。为了适应现代社会对身体素质的高要求和出于对生命质量及寿命延长的需要,现代人越来越臣服于医学专制。医生对病人的专制已经不仅仅是一种技术权力,而且还是一种政治权力①。

4. "身体生态"危机的伦理消解

技术在本质上是人类利用、控制与改造自然界和社会的一种实践方式,是人的一种存在方式,是人的主体能动性的一种表现。在本源意义上,技术是人的身体的延伸,身体是理解技术的基点。因而,消解"身体生态"危机,首先需要不断彰显技术的身体维度和身体意蕴,对于技术的发展以及通过技术介入而控制和改造身体的行为,进行合理规制和正当控制。

技术是人与自然界的感性中介,它承载着人与自然界之间的能动关系,体现着人对自然界的自由。科学和技术只有沿着马克思所提出的把自然界变成"人的无机的身体"的价值方向发展,才能真正实现和体现自己的人学本质。现代技术不仅仅是人的身体的延伸,而且更从根本上改造和重塑着人的身体。也因此,美国技术哲学家伊德提出与物质身体、文化身体不同的"技术身体"概念。技术身体即技术所建构起来的身体,它凸显了技术与人的身体的一体性关系,显示了现代技术发展的身体意蕴。技术是人的生活的一部分。技术不仅仅指机器、工具,还包括它的使用者和操作者的技能、技艺等诸多因素。因此,技术必须适应人的行为方式和生活模式。

在本体意义上,人的身体感觉决定着人的对象化的方式和文明成果的形式及其程度。马克思指出:"人不仅通过思维,而且以全部感觉在对象世界中肯定自己。"我们对世界的把握在相当程度上依赖于我们的视觉。"人对世界的任何一种人的关系——视觉、听觉、嗅觉、味觉、触觉、思维、直观、情感、愿望、活动、爱,——总之,他的个体的一切器官,正像在形式上直接是社会的器官的那些器官一样,是通过自己的

---

① 葛红兵、宋耕:《身体政治》,上海三联书店2005年版,第145—154页。

对象性关系,即通过自己同对象的关系而对对象的占有,对人的现实的占有;这些器官同对象的关系,是人的现实的实现。"从这个意义上说,消解"身体生态"危机,更需要人类不断把自己塑造成为"具有丰富的、全面而深刻的感觉的人"①。

道德感是这种"丰富的、全面而深刻的感觉"的核心因素之一。在西方人看来,身体洁净与道德之间有一定的关联性②。弗洛伊德在医学临床观察中发现,有负罪感的心理患者往往会有强迫性洗手行为。2006 年,钟晨波等在美国《科学》杂志上发表的心理学实验报告称,个体被唤起不道德情绪体验之后,有身体洁净(如洗手)的心理和行为倾向,而当身体洁净之后,不道德情绪体验便会降低。可见,个体做过不道德行为的情绪体验可以经由身体洁净来排除。2010 年,钟晨波等人以更为缜密的实验揭示出,身体洁净会导致个体对某些社会现象(诸如婚前性行为、随意的性行为等)进行道德判断时更为苛刻,这是因为当一个人身体洁净之后,会觉得自己身体"一尘不染",道德上也"无瑕疵",这种得以提升了的道德自我意象致使个体判断他人行为道德与否时更为严厉。在一个强调洁净的社会里,其成员容易将不同于自己的人看得更为不道德,并将他们隔离、孤立起来,这可能是某些社会种姓制度、社会歧视制度背后的部分机制。

杜维明提出"体知"概念。他认为,"体知"在知识论上的含义是要彻底转化以个人为中心的主客对待的困境。"体知"不能成就一般所谓的科学知识,但却与道德等人文知识有不可分割的关系,是关乎修身的活动。在这里,"体"是一个关键词。"体"是动词,即身体力行的体,"身体"即体之于身,表示人的自我道德实践转化过程③。儒家修身的根体是"体仁"与"成仁",生命的痛感体验,一直是儒家体仁的一个重要内涵。孟子把"恻隐之心"视为"仁心"最重要的表征,是人禽之别的关键。恻隐即痛感,即伤痛之极。王阳明认为,良知是"真诚恻",恻即

---

① 《马克思恩格斯文集》第 1 卷,人民出版社 2009 年版,第 191、189、192 页。
② 阎书昌:《"洗掉罪恶感":身体洁净与道德的关联性》,《中国社会科学报》2012 年 5 月 2 日。
③ 张兵:《身体观研究视野下的"体知"述议》,《哲学动态》2010 年第 11 期。

伤痛、哀痛。痛感体验是儒家仁爱学说的核心要素之一，表达了儒家对人的关怀之情。人何以会"识痛痒"？因为人与天地万物是一体的。张载在《西铭》中表达了这种人与天地万物的"一体感"："天地之塞，吾其体；天地之率，吾其性。民，吾同胞；物，吾与也。"① 一个人一旦达到这一境界，他便把自己塑造成为一个如深层生态学所说的"生态自我"。

西方传统思想中的"自我"（self）是一种分离的自我，它把自我看成是特定的、单个的人，而不是各种因素紧密联系的个人；同时，它又把自我割裂成"主体的自我"与"客体的自我"两个部分。这种自我概念常常与"本我"（ego）概念相联系，强调个人的欲望和"为己"的倾向，追求享乐主义的满足感，或一种狭隘的对个人的此生或来世的拯救感。深层生态学用大写的"自我"（Self）替代传统的小写的"自我"（self）。阿伦·奈斯认为，自我的成熟需要经历三个阶段，从"本我"（ego）到社会的"自我"（self），从社会的自我到形而上的"自我"（Self）。他用"生态自我"（Ecological Self）来表达这种形而上的自我，以表明这种自我是与人类共同体、与生态共同体关联中的自我，是一种"关系中的自我"（Self-in-relationship）或"扩展的自我"（expanded Self）。这种自我是在人与生态环境的交互关系中实现的。阿伦·奈斯指出："所谓人性就是这样一种东西，随着它在各方面都变得成熟起来，我们就将不可避免地把自己认同于所有有生命的存在物，不管是美的丑的，大的小的，是有感觉的无感觉的。"② 生态主义的自我实现的过程，就是人不断扩大其自然认同的范围的过程。随着自然认同范围的扩大和加深，人不断把其他自然存在物纳入自己的生命链条和生命进化的序列之中，人与自然之间的疏离感便会不断减少。当达到"生态自我"的阶段时，个体既能在与之认同的所有存在物中看到自己，又能在自我之中看到所有存在物。通过扩大认同范围，个体在自己的生存与他人的生存、自我的存在与自然的存在之间建立起某种有意义的联系，个体在对"大我"的自我实现的追求过程中，不断履行着自己对自然存在物的关爱。如果人的自我是属于

---

① 《张子全书》，林乐昌编校，西北大学出版社2015年版，第53页。
② 转引自雷毅《深层生态学思想研究》，清华大学出版社2001年版，第46页。

一个包含了人生存于其中的整个生态共同体的大写的自我,那么,对植物、动物及山河大地的破坏就成了对人自己的破坏,保护生态环境就会成为人的一种"自卫"。所以,阿伦·奈斯指出:"如果你的自我在广义上包含了另一个存在物,那么,无需劝告,你也会从道德上关心它。你在关心自己时不会感到有任何道德压力——除非你患上了某种倾向于自我毁灭或自恨的神经官能症。"①

生态主义的"自我实现"原则把人视为生态系统的一部分,在它看来,人的自我实现同时也就意味着所有生命的潜能的实现,人的自我实现有赖于其他自然存在物的"自我实现"。因而,生态主义自我实现原则要求人应该通过对自然的深切理解和道德关怀,在尊重其他自然存在物的生命进化的基础上,发现、发展和提升自己的本性,实现人的潜能。人是自然界的道德主体,能够从道德的角度来考虑问题,并用道德来约束自己的行为。具有道德意识,能够设身处地地为其他存在物着想,是人的优越性的表现。这意味着,人可以道德地对待其他存在物,但人不可能要求其他存在物也对人做出道德行为。人应当意识到并努力地把自己作为自然之子的功能体现出来,站在生态系统的角度,"为天地立心",成为大自然的神经和良知,成为大自然的守护者,关爱一切自然存在物,维护生态系统的完美和健康。阿伦·奈斯指出:"从系统而非个体的观点看,最大化的自我实现意味着所有生命最大的展现。由此引申出的第二个术语是'最大化的(长远的、普遍的)多样性'!一种必然结果是:一个人达到的自我实现的层次越高,就越是增加了对其它生命自我实现的依赖。自我认同的增加即是与他人自我认同的扩大。'利他主义'是这种认同的自然结果。……由此我们得出'一切存在的自我实现'这一原则。从原则'最大化的多样性'和最大多样性包含着最大的共在这一假定,我们能得到原则'最大化的共在'!进而,我们为其他生命受到最小的压制创造条件。"②

"生态自我"根基于人的需要的多样性、和谐性和整体性。从最一般

---

① 转引自雷毅《深层生态学思想研究》,清华大学出版社2001年版,第155页。
② 同上书,第41页。

意义上说，人的一切需要都具有身体性特征，人的一切需要都可称之为身体需要。恩格斯指出："我们必须从我，从经验的、有血有肉的个人出发，不是为了像施蒂纳那样陷在里面，而是为了从那里上升到'人'。只要'人'不是以经验的人为基础，那么他始终是一个虚幻的形象。简言之，如果要使我们的思想，尤其要使我们的'人'成为某种真实的东西，我们就必须从经验主义和唯物主义出发。"① 我们应清醒地认识到，"人来源于动物界这一事实已经决定人永远不能完全摆脱兽性，所以问题永远只能在于摆脱得多些或少些，在于兽性或人性的程度上的差异"②。人的需要又是一个系统，具有整体性和生态性。马斯洛认为，生存需要、安全需要、友爱需要、尊重需要、自我实现需要等是人的需要的基本元素，但这些元素不是彼此分开的，而是一个完整的生态体系。只有保持需要的多样性，并使各种需要同时呈现和被要求，人才能不断产生超越的冲动和动机，进行创造性活动，实现自己的潜能，达到完美境界，产生一种对于人生的"高峰体验"。人必须不断平衡自己的各种需要，使其保持一种有机生态状态。只有这样，一个人才能从这种需要的平衡与和谐中，把身体从自然性或动物性的"自在的身体"不断提升为社会性或文化性的"自为的身体"，遏制和消解身体的沉沦或异化。

四 "自我实现"的生态维度

人的自我实现问题，一直被置于心理学、哲学、教育学等领域来研究。现在，随着环境问题的日益突出，生态伦理学成为一门显学。人的自我实现问题，也成为生态伦理学探究的主题之一。生态伦理学尤其是深层生态伦理学认为，对自然的道德关怀和伦理认同，是人完善自我、提升自我和实现自我的一种必要形式。深层生态伦理学提出了人的自我实现的一个新维度，即生态维度。

"深层生态学"思想是挪威哲学家阿伦·奈斯（Arne Naess）于1973

---

① 《马克思恩格斯文集》第10卷，人民出版社2009年版，第25页。
② 《马克思恩格斯文集》第2卷，人民出版社2009年版，第106页。

年首次提出的,是当代西方环境主义思潮中最具革命性和挑战性的生态哲学思想。"深层生态学"把那种以人类利益作为出发点和归宿点、主张在不削弱人类利益的前提下改善人与自然的关系的生态学理论称为"浅层生态学"。这种浅层生态学对自然持一种功利主义的、人类中心主义的态度,试图在不触动人类的伦理价值观念、生产与消费模式、社会政治经济结构的前提下,单纯依靠改进技术的方式来解决人类面临的生态环境危机。

深层生态学认为,生态危机是一种生存危机、文化危机和价值观危机,产生生态危机的价值论根源在于,传统的机械自然观、主客二分的认识论模型、人类中心主义的世界观、功利主义的价值取向、物质主义的发展目标,等等。它提出,必须对人类现有的价值观念进行根本性变革,唯有如此,生态危机才能得到根本解决。深层生态学之所以是"深层的",就在于它对浅层生态学不愿过问的根本性问题提出质疑并不断向深层追问。深层生态学强调问题的深度,"深层"是指"追问的深度"。因而,深层生态学可以称为深层追问的生态学(deep questioning ecology)①。深层生态学从整体论立场出发,把整个宇宙看成一个生态系统,认为在生态系统中没有严格的本体论划分,包括人在内的整个世界,不可能分为各自独立存在的主体与客体,一切事物都是相互联系、相互作用的。人类世界与非人类世界之间也不存在根本的界限,人类只是整个生态系统中的一部分。人既不在自然之上,也不在自然之外,而在自然之中。人类的生存与生态系统的其他部分的存在状况紧密相连,生态系统的完整性决定着人类的生活质量。把自然的价值仅仅等同于对人类的价值,这种观点是极大的偏见。因此,深层生态学强调不仅仅要从人出发,更应该从整个生态系统的角度、从人与自然的关系出发,把"人—自然"作为一个统一体,来认识、处理和解决生态问题。

深层生态学把根治生态危机的希望集中在个体意识的转变上。在深层生态学看来,在现代社会,大多数人所形成的生态意识都是一种基于经验和直觉之上的浅层生态意识,是自发性的和感性的;生态危机的根

---

① 雷毅:《深层生态学思想研究》,清华大学出版社2001年版,第25页。

治最终有赖于人们形成一种自觉的、深层的生态意识。这种深层生态意识要求每个个体改变自己对待自然的态度,转变自己的自然价值观念,转变自己的生活方式。它相信,当足够多的人都做到了这一点,生态环境就会得到根本的改观。深层生态伦理认为,必须从人对自然的认同开始,使人首先在精神上获得一种自身与外在自然的一体感。人对自然的认同,本质上表现的是人对一切相互联系的事物的洞察力,人对自然存在物生存与进化的关注力,人对自然存在物的道德敏感力,以及人对自身与自然之间亲和关系的营造能力。这种认同无须借助外部的力量,不需要专家和政府的强制,只需要每个人自己不断地向深层发问、思考和求解①。尽管人们彼此间对自然的认同程度各不相同,但只要具有这种认同的道德冲动和道德意向,并感受到了这种认同,那么,追求人与自然的和谐、维护生态稳定和健康,就会成为人们的内在需要和自觉行动。生态意识是一种在与生态系统的亲近和融通过程中所达到的一种认同状态,是一种狭隘的自我观念在心理上扩展的结果。所以,许多深层生态伦理学家把生态意识的培养看成是"超世俗的"和"准宗教的",认为仅仅靠理性不可能完全培养出一种生态意识,生态意识和生态道德的养成需要道德直觉和道德信仰。深层生态伦理要求人们充分展现自己的内在本质力量,实现自己的内在潜能,使人们把保护自然的期望转变为自己一种内在的道德情感、道德冲动和道德责任意识。

在深层生态学的视野中,人是整个宇宙的道德代理人,人不应只把道德当作维护人这种生命形式的生存的工具,而应用道德来维护所有的生命形式。大自然的完整性、丰富性、多样性和各种自然事物的独特性,是人类及其个体维持其完整性、丰富性、多样性及独特性的自然前提和必要保证。马克思说,自然界是"人的无机的身体"。恩格斯说,在人身上"自然界获得了自我意识"②。人的价值和优越性,不仅表现在人有表达、追求和实现自己的愿望、发挥自己潜力的能力,而且表现在,人具有理解整个世界的能力和超越自我的能力,能够以更为宽广的胸怀和更

---

① 雷毅:《深层生态学思想研究》,清华大学出版社2001年版,第93页。
② 《马克思恩格斯选集》第9卷,人民出版社2009年版,第420页。

为超越的视野关心和维护包括人自己在内的所有存在物。一个人如果只捍卫其同类的利益,那么,他的境界就并未超出其他自然存在物,说明他与其他自然存在物一样,仅仅是在依据自然选择原理来行动,因为非人类存在物只关心和维护自己及其同类。

冯友兰先生曾提出境界论意义的自我实现思想。他认为,人生境界有四个层次,这四个层次由低到高依此为:自然境界(顺着本能或习惯做事)、功利境界(从利己出发为自己做事而不损害别人)、道德境界(具有道德意义的为社会的利益做事)、天地境界(为包括人与社会在内的整个宇宙的利益做事)。"自然境界、功利境界的人,是人现在就是的人;道德境界、天地境界的人,是人应该成为的人。前两者是自然的产物,后两者是精神的创造。"① 天地境界的人凭借自己的觉解,把宇宙看成一个整体,把意义世界与客观世界视为一体,把自己的境界(意义世界)拓展到宇宙(天或大全整体)。天地境界是人对天道的觉解而表现出的主动顺应,具有这种境界的人,不仅了解人在社会中的"伦""职",而且了解人在宇宙中的地位和作用。在天地境界中,人的行为已不仅仅停留在"行义",而是"事天"。因此,"天地境界"使人的生活获得最大的意义,使人生具有最高价值。冯友兰先生所说的人生天地境界,蕴含着一种生态主义意蕴。而深层生态伦理学则提出了最具生态主义色彩的"自我实现"理论。

深层生态伦理认为,人们的基本物质需要得到满足以后,应该追求更加丰富多彩、更加充实高尚的生活目标和生活方式,转向对诸如"爱""幸福"之类的德性主义目标的追求。"用简朴的手段达到丰富的目的",通过心灵的解放和心灵的丰富,达到对自然的高度认同,获得一种巨大的精神力量,从而提高生活的内在质量。为此,人们在自己的生活实践中,当面对人与自然的关系时,应该遵循"需要平衡"的道德原则。这个原则的基本要求有三点:一是根本需要原则。在从利益上权衡人与自然的先后顺序时,应遵循生存需要高于基本需要、基本需要高于非基本需要的原则。人的生存需要高于自然的生存需要,但自然的生存需要要

---

① 冯友兰:《三松堂全集》第6卷,河南人民出版社2001年版,第285页。

高于人的奢侈需要，否则就是不道德的。二是亲近原则。当人与自然的同类利益发生冲突时，应优先考虑人的利益；当人必须作出选择时，应优先考虑与人的关系亲近者的利益。三是整体利益高于局部利益原则。对于一个物种来说，物种的整体利益高于个体的利益；对于生态系统而言，任何一个物种的活动都必须服从生态系统的整体需要①。

"自我实现"（self-realization）是阿伦·奈斯为深层生态学创立的两个"最高规范"之一（另一个最高规范是"生物中心主义的平等"），是深层生态伦理思想的重要理论基础。深层生态伦理的自我实现（Self-realization）概念与心理学和社会学意义上的"自我实现"（self-realization）概念既相关，又有所不同。深层生态学的"自我实现"概念超越了传统哲学的"自我实现"概念。西方传统思想中的"自我"（self）是一种分离的自我，它把自我看成是特定的、单个的人，而不是各种因素紧密联系的个人；同时，它又把自我割裂成"主体的自我"与"客体的自我"两个部分。这种自我概念常常与"本我"（ego）概念相联系，强调个人的欲望和"为己"的倾向，追求享乐主义的满足感，或一种狭隘的对个人的此生或来世的拯救感。深层生态学用大写的"自我"（Self）替代传统的小写的"自我"（self）。阿伦·奈斯认为，自我的成熟需要经历三个阶段，从"本我"（ego）到社会的"自我"（self），从社会的自我到形而上的"自我"（Self）。他用"生态自我"（Ecological Self）来表达这种形而上的自我，以表明这种自我是与人类共同体、与生态共同体关联中的自我，是一种"关系中的自我"（Self-in-relationship）或"扩展的自我"（expanded Self）。这种自我是在人与生态环境的交互关系中实现的。只有当人不再把自己看成分离的、狭隘的自我，自我便会不断扩展，超越个体范围达到人类层面，进而又超越人类层面达到生态层面，达到对自然界的深切认同。在这种不断的超越中，人性得以完善和提升。所以，阿伦·奈斯指出："所谓人性就是这样一种东西，随着它在各方面都变得成熟起来，我们就将不可避免地把自己认同于所有有生命的存在物，不管是美的丑的，大的小的，是有感觉的无感觉的。"

---

① 雷毅：《生态伦理学》，陕西人民教育出版社2000年版，第283—284页。

生态主义的"自我实现"不是一个人所能达到的某个终点，而是一种人生谋划的取向和趋向，它是一个生态的、心理的、社会的和文化的过程。生态主义的"自我实现"，就是通过发掘人内在的善，来实现人对自然的认同。因而，这种生态主义的"自我实现"原则更深刻、更系统地表达了一种个体现代认同思想，它否定了传统的人类中心主义自我实现观，它把人对自然的认同视为一种崇高的境界，试图通过最大限度地发掘并弘扬人的内心的善，来达到人与自然的内在和谐。在生态主义的"自我实现"原则中，自然界是人类生存和进化的"母体"，是人类文化的"底基"（罗尔斯顿语）。我们每一个人不能仅仅对自然抱有控制、征服和改造的情结，我们还需要对自然持有敬畏感和感恩情怀。

一般地说，人们实践某种道德，就是在追求一种特定的自我实现方式，就是在用特定道德所设定的"完美的人"的形象来塑造自己，展现和确证这种道德所理解和预设的自我境界。法国学者阿尔贝特·施韦泽（A. schweitzer）提出的"敬畏（生命）伦理"是深层生态伦理思想的一种具体体现，蕴含着一种"超世俗的"和"准宗教的"自我实现思想。

施韦泽认为，伦理是生命意志的体现，"善是保持生命、促进生命，使可发展的生命实现其最高的价值；恶则是毁灭生命、伤害生命，压制生命的发展。这是必然的、普遍的、绝对的伦理原则"①。人应该关怀他周围所有的生命，保护、促进、完善所有生命。人必须像敬畏自己的生命意志那样敬畏所有的生命意志，在自己的生命中体验到其他生命。人际伦理只是处理人与所有生命普遍关系的伦理学的一个特殊部分，虽然涉及人对同类行为的伦理会很深刻和富有活力，但它仍然是不完善的。这种伦理是建立在弱肉强食、适者生存的利己主义基础上的，它不可能产生充分的伦理功能。一种完整的伦理，要求对所有生物行善。只有当人认为所有生命，包括人的生命和一切非人类的生命都值得尊重和关怀的时候，只有当人把一切植物和动物的生命看作与人的生命同等重要的时候，人才可能是真正道德的。在生活过程中，一个人要偶尔地杀死某个生命，其前提必须是，这样做是为了促进另一个更强大的生命的存活，

---

① [法]施韦泽：《敬畏生命》，陈泽环译，上海社会科学院出版社1996年版，第9页。

人必须对被牺牲的生命怀有怜悯心、同情心和责任感。"敬畏生命"的伦理原则本质上是与爱的原则一致的。敬畏生命本身就包含着爱的命令和根据,并要求同情所有生物。

在施韦泽看来,"敬畏(生命)伦理"不是寻求某种外在的行为规范,而是一种内在的德性追求。敬畏生命是一种内在的精神信念,即人们时时刻刻都要保护生命、促进生命,使可发展的生命实现其最高价值。"敬畏生命伦理的关键在于行动的意愿,它可以把有关行动效果的一切问题搁置一边。"① 所以,敬畏生命伦理的意义主要在于,它把人的德性如爱、奉献、同情等扩展于一切生命体,要求人们在更加宽广的意义上更加自觉地追求这些德性,践履这些德性,提升自己的生命质量,完善自己的道德境界。罗尔斯顿认为,自然虽然不是培养人的德性的充分条件,但却是培养人的德性的必要条件。因为,对于人来说,自然除了具有物质性的功利价值,它还具有审美的价值、文化象征的价值、塑造性格的价值、宗教的价值等,这些价值都有助于人的德性的塑造和发展。同时,自然是一个能够使人学会谦卑并懂得分寸感的地方,与大自然的亲密接触有助于人的身心健康。人们能够通过反思自然而提炼出某些道德,即学会如何生存。不研究自然秩序,人就不可能进入生命的圣境;不能在终极意义上与自然秩序和谐相处,人就不可能变得真正聪明起来。所以,敬畏生命、敬畏自然,是人成就自己生命、提升自己精神境界的重要环节。

"敬畏"蕴含着一种"极限意识"。"极限意识"就是人所具有的一种对自己存在状态的有限性的自觉意识,即人对自身作为自由的和有限的存在物的地位的积极肯定。"极限意识"一方面把有限性当作人的存在的本真状态所不可缺少的维度,当作人的自由和创造性活动的可能性基础;另一方面则强调把对人的极限的积极肯定转变为人的自由和超越性的源泉和根基。在前现代思想史上,人们对人自身的有限性本质都有不同程度的认识。但是,那时在总体上是把人的有限性当作人类特定发展阶段的暂时现象,相信人类最终会消解自身的有限性。现代人本主义思

---

① [法]施韦泽:《敬畏生命》,陈泽环译,上海社会科学院出版社1996年版,第25页。

潮不再把人的有限性视为特定发展阶段上的现象，而是将之设定为人的存在本体。尼采认为，是人杀死了上帝，因为人不能容忍自己最丑陋的（有限性）一面遭到任何窥探。存在主义有着对于人类有限性的强烈感觉，海德格尔力图使人从属于存在本身，以此消解尼采的虚无主义。海德格尔视野中的人，是一个受大地和时间束缚、具有极大有限性的生灵。但是，存在主义对人的有限性的肯认，并没有最终陷入纯粹消极的虚无主义之中。相反，在存在主义者看来，人的有限性恰恰是人采取行动的意志的可能性基础。人的有限性恰恰表明，在本体论意义上，人是自然共同体的一个成员。人的优越和高贵体现在，人是自然界的守护者。因而，人必须"诗意地栖息在大地上"，而不可能完全凭借理性和技术征服和占有大自然。所以，存在主义者认为，"人是有限的，这并不仅仅是个人的或人这一物种的心理特征，也不仅仅是因为他能活在地球上的岁月是有限的。人是有限的，因为'不存在'——否定——渗透到他的存在的最核心之中。而这个'不存在'是从哪里来的呢？从存在本身。人是有限的，因为他在对存在的有限领悟中生活和活动"①。

由此可见，"敬畏"就是人们在面对一种巨大而又伟大的力量时内心所产生的一种敬仰感和谦卑感。当我们面对作为人类"母体"的大自然的神秘、伟大和巨大魅力时，我们既应该对自然保持一种敬仰感和谦卑感，更应对自然怀有深深的感恩意识。海德格尔深刻论述了人对自然应该抱有的感恩意识。海德格尔要求人们放弃对自然界的功利主义实用态度，抛弃对自然界的理性主义分析思维，摈弃对自然界的技术主义统治方式，而要对自然界保持一种情感主义的感恩态度，在一种"思"的境界中亲近自然、感谢自然，与自然融为一体。在英语中，"思"（think）和"感谢"（thank）是同源的词根，德语中的"思"（an-denken）按字面意义理解是"想念"。所以，对海德格尔来说，"思""感谢"和"想念"是同源的概念。"思存在就是感谢存在，充满感激地记忆存在。"②

---

① ［美］威廉·巴雷特：《非理性的人——存在主义哲学研究》，杨照明等译，商务印书馆1995年版，第223页。

② 同上书，第231页。

在海德格尔看来，人应该"诗意地栖息于大地"，保持对大地的敬畏。"栖息"不是仅仅居住下来，而是要努力去营造一个空间，守护和关爱这个空间中的一切存在物，使这些存在物能够自己不断成长和展现自己，进而使这些存在物真正成为人的无机的身体。我们不要总是力图把自然纳入自己的存在秩序之中，也要努力把我们自己不断地纳入自然存在的秩序之中，达到一种与自然一体的存在状态。这正是冯友兰先生所说的人的自我实现的天地境界。

参考文献

一 马克思主义经典著作

《马克思恩格斯文集》第1—10卷,人民出版社2009年版。
《列宁选集》第1—4卷,人民出版社2012年版。
《毛泽东选集》第1—4卷,人民出版社1991年版。
《毛泽东文集》第1—8卷,人民出版社1993—1999年版。
《邓小平文选》第1—3卷,人民出版社1993年、1994年版。

二 中文著作

陈刚:《马克思的自由观》,河南人民出版社,1996年版。
陈永森:《告别臣民的尝试——清末民初的公民意识与公民行为》,中国人民大学出版社2004年版。
丛日云:《在上帝与恺撒之间——基督教二元政治观与近代自由主义》,生活·读书·新知三联书店2003年版。
冯契:《人的自由和真善美》,华东师范大学出版社2016年版。
高力克:《自由与国家:现代中国政治思想史论》,浙江大学出版社2016年版。
葛红兵、宋耕:《身体政治》,上海三联书店2005年版。
顾肃:《自由主义基本理念》,中央编译出版社2003年版。
郭台辉、余慧元:《历史中的公民概念》,天津人民出版社2013年版。
郭忠华、刘训练编:《公民身份与社会阶级》,江苏人民出版社2007年版。
郭忠华:《公民身份的核心问题》,中央编译出版社2016年版。

《儒家与自由主义》，生活·读书·新知三联书店2001年版。

韩水法等：《从市民社会到公民社会——理解"市民—公民"概念的维度》，北京大学出版社2011年版。

贾高建：《三维自由论》，中共中央党校出版社1994年版。

寇东亮：《德性重建的自由根基——现代道德困境的人学解读》，河南人民出版社2006年版。

寇东亮等：《人文关怀论》，中国社会科学出版社2015年版。

雷毅：《深层生态学思想研究》，清华大学出版社2001年版。

李大华：《自然与自由——庄子哲学研究》，商务印书馆2013年版。

李德顺：《价值论》，中国人民大学出版社2013年版。

李强：《自由主义》，中国社会科学出版社1998年版。

李石：《积极自由的悖论》，商务印书馆2011年版。

李石：《自由：公共领域的私人空间》，广东教育出版社2012年版。

李志：《马克思的个人概念》，人民出版社2014年版。

梁启超：《新民说》，中州古籍出版社1998年版。

刘敬东：《理性、自由与实践批判：两个世界的内在张力与历史理念的动力结构》，北京师范大学出版社2015年版。

刘伟：《马克思的自由理论》，中国社会科学出版社2012年版。

刘泽华等：《公私观念与中国社会》，中国人民大学出版社2003年版。

孟锐峰：《马克思政治哲学对自由主义的超越》，南开大学出版社2013年版。

王浩斌：《市民社会的乌托邦——马克思主义的社会历史哲学阐释》，江苏人民出版社2011年版。

王小章：《从"自由或共同体"到"自由的共同体"：马克思的现代性批判与重构》，中国人民大学出版社2014年版。

吴钧：《中国的自由传统》，复旦大学出版社2014年版。

晏阳初：《平民教育概论》，高等教育出版社2010年版。

应奇、刘训练编：《第三种自由》，东方出版社2006年版。

应奇：《从自由主义到后自由主义》，生活·读书·新知三联书店2003年版。

郁建兴：《自由主义批判与自由理论的重建——黑格尔政治哲学及其影响》，学林出版社 2000 年版。

袁贵仁：《价值观的理论与实践——价值观若干问题的思考》，北京师范大学出版社 2006 年版。

袁贵仁：《价值学引论》，北京师范大学出版社 1991 年版。

袁贵仁：《马克思的人学思想》，北京师范大学出版社 1996 年版。

袁贵仁：《马克思主义人理论研究》，北京师范大学出版社 2012 年版。

袁祖社：《权力与自由》，中国社会科学出版社 2003 年版。

张宝明：《自由神话的终结》，上海三联书店 2002 年版。

张之沧等：《身体认知论》，人民出版社 2014 年版。

章清：《"胡适派学人群"与现代中国自由主义》，上海三联书店 2015 年版。

三 译著

［法］雷蒙·阿隆：《论自由》，姜志辉译，上海译文出版社 2014 年版。

［英］阿克顿：《自由与权力——阿克顿勋爵论说文集》，侯健、范亚峰译，商务印书馆 2001 年版。

［德］包尔生：《伦理学体系》，何怀宏、廖申白译，中国社会科学出版社 1988 年版。

［德］鲍吾刚：《中国人的幸福观》，施忠连、徐志跃译，江苏人民出版社 2004 年版。

［英］埃德蒙·柏克：《自由与传统——柏克政治论文选》，蒋庆等译，商务印书馆 2001 年版。

［英］齐格蒙特·鲍曼：《后现代伦理学》，张成岗译，江苏人民出版社 2003 年版。

［英］齐格蒙特·鲍曼：《生活在碎片之中—论后现代道德》，郁建兴等译，学林出版社 2002 年版。

［英］以赛亚·伯林：《自由论》，胡传胜译，译林出版社 2003 年版。

［美］埃里希·弗洛姆：《逃避自由》，刘林海译，上海译文出版社 2015 年版。

［美］范伯格：《自由、权利和社会正义——现代社会哲学》，王守昌等译，贵州人民出版社 1998 年版。

［法］邦雅曼·贡斯当：《古代人的自由与现代人的自由》，阎克文等译，商务印书馆 1999 年版。

［德］黑格尔：《法哲学原理》，范扬、张企泰译，商务印书馆 1961 年版。

［德］黑格尔：《精神现象学》上、下，贺麟、王玖兴译，商务印书馆 1979 年版。

［英］哈耶克：《自由秩序原理》上下册，邓正来译，生活·读书·新知三联书店 1998 年版。

［英］霍布豪斯：《自由主义》，朱曾汶译，商务印书馆 1996 年版。

［德］康德：《实践理性批判》，韩水法译，商务印书馆 1999 年版。

［法］让－弗朗索瓦·利奥塔：《后现代道德》，莫伟民等译，学林出版社 2000 年版。

［美］约翰·罗尔斯：《正义论》，何怀宏等译，中国社会科学出版社 1988 年版。

［美］约翰·罗尔斯：《政治自由主义》，万俊人译，译林出版社 2000 年版。

［美］霍尔姆斯·罗尔斯顿：《环境伦理学——大自然的价值以及人对大自然的义务》，杨勇进译，中国社会科学出版社 2000 年版。

［美］霍尔姆斯·罗尔斯顿：《哲学走向荒野》，刘耳、叶平译，吉林人民出版社 2000 年版。

［意］卡洛·罗塞利：《自由社会主义》，吉林出版集团有限责任公司 2000 年版。

［法］埃德加·莫兰：《迷失的范式：人性研究》，陈一壮译，北京大学出版社 1999 年版。

［美］麦金太尔：《德性之后》，龚群等译，中国社会科学出版社 1995 年版。

［美］麦马翁：《幸福的历史》，严蓓雯等译，上海三联书店 2011 年版。

［英］约翰·密尔：《论自由》，程崇华译，商务印书馆 1959 年版。

［美］纳什：《大自然的权利》，杨勇进译，青岛出版社1999年版。

［德］马克斯·舍勒：《价值的颠覆》，罗悌伦等译，生活·读书·新知三联书店1997年版。

［法］施韦泽：《敬畏生命》，陈泽环译，上海社会科学院出版社1996年版。

［印］阿马蒂亚·森：《以自由看待发展》，任赜、于真译，中国人民大学出版社2002年版。

［英］昆廷·斯金纳：《自由主义之前的自由》，李宏图译，上海三联书店2003年版。

［古希腊］亚里士多德：《尼各马可伦理学》，廖申白译注，商务印书馆2003年版。

［古希腊］亚里士多德：《政治学》，吴寿彭译，商务印书馆1965年版。

［日］植村邦彦《何谓"市民社会"——基本概念的变迁史》，赵平等译，南京大学出版社2014年版。

后 记

我对自由问题的关注和研究，始于2001年至2004年攻读博士学位期间。2001年9月，我考入北京师范大学哲学系，师从袁贵仁先生，攻读马克思主义哲学专业博士学位。当时，在确定博士论文选题的过程中，基于对中共中央2001年9月20日颁布的《公民道德建设实施纲要》的关注和对我国道德建设实践的思考，基于对自己在此之前十多年高校马克思主义理论教学科研工作经验的反思和总结，同时，也考虑到我的博士研究方向是马克思主义人学理论，我感到有必要从人学角度深入研究自己一直比较感兴趣的伦理学理论和公民道德建设问题。于是，我便围绕道德与人学的关系问题，摸索着博士论文的选题。

在确定论文主题、切入点和基本思路的过程中，《德性之后》（麦金太尔）、《正义论》（罗尔斯）、《人的自由和真善美》（冯契）、《马克思的人学思想》（袁贵仁）这四本书直接促成了我的博士论文选题的确定和论文基本思路的形成。麦金太尔的《德性之后》吁求在现代社会"重建德性伦理"，罗尔斯的《正义论》谋求在现代社会"重建自由规则"，冯契的《人的自由和真善美》强调"道德教育的自由原则"，袁贵仁的《马克思的人学思想》全面呈现了马克思思想的"人学"维度，四位学者对"德性""自由""人学"的深刻阐释，启发了我对道德问题的进一步思考。我认识到，人性的塑造和提升是道德建设的根本目标，而人性的塑造和提升集中体现为人的德性的养成；德性是道德的本质规定，而自由是德性存在和发展的必要条件；德性与自由相融通，才能使道德持续健康发展，才能使道德真正成为塑造和提升人性的一种实践-精神活动；"德性重建"是当代道德建设的根本目标，而"自由原则和自由精神"则是德性重建的根基。这些想法构成我的博士论文的核心内容。

2004年7月，博士毕业后，我到郑州大学哲学系工作。入职伊始，我便着手进一步修改和完善博士学位论文。在深化博士论文相关问题研究和修改完善博士论文的过程中，我把博士论文的部分内容按不同主题整理成论文，先后在《哲学动态》《伦理学研究》《科学技术与辩证法》《高等教育研究》《社会主义研究》《浙江社会科学》《学术论坛》《河南社会科学》《探索》《安徽大学学报》《河南大学学报》《郑州大学学报》《广西大学学报》《河南师范大学学报》等刊物发表。在此，向这些刊物和责任编辑表示诚挚感谢！

我到郑州大学工作时，正值"郑州大学公民教育研究中心"被确立为教育部人文社会科学重点研究基地。我感到这是一个可资利用的良好科研平台。在对自由、道德和价值问题的进一步研究中，我感到，公民身份是现代人最重要的社会身份之一，是认识和理解现代人生存方式、价值观念和精神世界的一个很重要的切入点。2007年，党的十七大报告提出加强公民意识教育，并把"自由"确立为社会主义公民意识的基本要素之一。从公民道德和公民意识角度深化自由、伦理道德、发展观等问题的研究，成为我在郑州大学十多年学术研究的一个重要方向。2012年，党的十八大报告明确提出培育和践行社会主义核心价值观，并把"自由"确立为社会主义核心价值观的基本要素之一，这使我更加执着和着力于自由问题的研究。围绕自由与公民道德建设、自由与公民意识教育、自由与人的全面发展、中国传统自由观、西方自由思想、当代中国人自由观及其转型等，我在《马克思主义与现实》《自然辩证法研究》《伦理学研究》《中国特色社会主义研究》《中州学刊》《福建论坛》《广东社会科学》《山东社会科学》《云南社会科学》《内蒙古社会科学》《学习与实践》《郑州大学学报》等刊物发表相关研究成果。在此，向这些刊物和责任编辑表示诚挚感谢！

2016年9月，我到陕西师范大学哲学与政府管理学院工作。在学校、学院和各位同仁的关心和指导下，2017年我以"中国特色社会主义自由观建构中的思想资源及其创新整合研究"为题申报国家社科基金项目，被确立为2017年度国家社科基金重点项目。两年来，我进一步聚焦社会主义自由及其思想资源问题，深化社会主义自由观研究。我感到必须在比较、甄别和融通马克思主义、中国传统文化、自由主义等不同自由思想资源和优化社会主义自由观研究思想资源结构的基础上，廓清社会主义自由思想谱系，拓展和丰富社会主义自由观研究的视野和空间，分析、阐明和建构社会主义自由观的历史逻辑、理论逻辑和实践逻辑，提升社会主义自由观研究的学术水准，为培育和践行社会主义自由观提供学理根据和理论支撑。围绕这些设想，近两年来我在《哲学研究》《哲学动态》《自然辩证法研究》《现代哲学》《伦理学研究》《科学社会主义》等刊物发表相关研究成果。在此，向这些刊物和责任编辑表示诚挚感谢！

学术研究是一种公共性的社会行为。马克思说："当我从事科学之类的活动，即从事一种我只在很少情况下才能同别人进行直接联系的活动的时候，我也是社会的，因为我是作为人活动的。不仅我的活动所需的材料——甚至思想家用来进行活动的语言——是作为社会的产品给予我的，而且我本身的存在就是社会的活动；因此，我从自身所做出的东西，是我从自身为社会做出的，并且意识到我自己是社会存在物。"这也是我在科研工作中一直勉励自己的座右铭。我自知自己的学术水平很有限，学问做得也非常笨拙。但我对读书、研究和教学的兴趣，几十年如一日，我愿意尽心竭力做好这份工作。

感谢工作和生活之路上相遇和相助的每一位恩师、家人、同仁和朋友！

寇东亮
2018年金秋于长安